»Damit hatten wir die Initiative verloren«
Zur Rolle der bewaffneten Kräfte in der DDR 1989/90

Militärgeschichte der DDR
Begründet vom Militärgeschichtlichen Forschungsamt, Potsdam

Herausgegeben vom Zentrum für Militärgeschichte und Sozialwissenschaften der Bundeswehr
Band 23

»Damit hatten wir die Initiative verloren«

Zur Rolle der bewaffneten Kräfte in der DDR 1989/90

Mit Beiträgen von Heiner Bröckermann, Daniel Niemetz, Matthias Uhl und Rüdiger Wenzke

Im Auftrag des Zentrums für Militärgeschichte und Sozialwissenschaften der Bundeswehr hrsg. von Rüdiger Wenzke

Ch. Links Verlag, Berlin

Die **Deutsche Nationalbibliothek** verzeichnet diese Publikation in der Deutschen Nationalbibliografie; detaillierte bibliografische Daten sind im Internet über www.dnb.de abrufbar.

2., durchgesehene Auflage, Januar 2015
© Christoph Links Verlag GmbH, 2014
Schönhauser Allee 36, 10435 Berlin, Telefon (030) 44 02 32-0
www.christoph-links-verlag.de; mail@christoph-links-verlag.de

Redaktion, Korrektur und Satz: Zentrum für Militärgeschichte und
　　Sozialwissenschaften der Bundeswehr, Potsdam
Koordination: Wilfried Rädisch
Lektorat: Jana Fröbel (Berlin)
Satz: Christine Mauersberger und Carola Klinke
Grafiken: Yvonn Mechtel und Bernd Nogli
Covergestaltung: Ch. Links Verlag
　　Potsdamer Platz in Berlin am 12. November 1989. Foto: Paul Glaser, Berlin
　　(Vorderseite)
　　Demonstration am Abend des 40. Jahrestages der Gründung der DDR am
　　Marx-Engels-Forum, 7. Oktober 1989. Foto: Andreas Schoelzel, Berlin
　　(Rückseite)
Druck und Bindung: Freiburger Graphische Betriebe, Freiburg
ISBN 978-3-86153-809-7

Inhalt

Vorwort VII

Rüdiger Wenzke
Einleitung 1

Heiner Bröckermann
Zur Militär- und Sicherheitspolitik der SED am Ende der DDR 17
    Sicherheitspolitik auf dem Nebengleis 20
    Rüstungskontrolle und Vertrauensbildung 23
    Sicherheitspolitische Initiativen und der Machtverlust der SED 26
    Neues Denken und der Einflussverlust der SED im Militär 28
    Die SED und die Militärreform während der Friedlichen Revolution 33

Rüdiger Wenzke
Von der Parteiarmee zur Volksarmee? Die NVA und die Grenztruppen der DDR in Krise und Umbruch 43
    Zwischen Umstrukturierung und Vertrauensverlust 46
    Grenzsicherung und die Grenztruppen der DDR in den 1980er Jahren 56
    NVA und Grenztruppen im Vorfeld des 40. Jahrestages der DDR 61
    NVA-Hundertschaften im Einsatz gegen Demonstranten 63
    Die Mauer fällt – Führungschaos bei NVA und Grenztruppen 71
    Zwischen Reform und Auflösung. Die NVA und die Grenztruppen der DDR in der Endphase ihrer Existenz 1989/90 80

Daniel Niemetz
Einen neuen »17. Juni« verhindern. Volkspolizei-Bereitschaften und »Kampfgruppen der Arbeiterklasse« im Herbst 1989 91
    Aufbau nach dem 17. Juni 1953 92
    Leipzig: Vom »Friedensgebet« zur »Montagsdemo« 100
    Dresden und die Folgen 108
    Schlagstöcke und Wasserwerfer zum »Republikgeburtstag« 119
    9. Oktober 1989: Kein »17. Juni« in Leipzig 129

Matthias Uhl
Die sowjetischen Truppen in der DDR zwischen Perestroika, »Wende« und Mauerfall 137
    Von der Besatzungstruppe zur offensiven Speerspitze –
    ein historischer Abriss 138
    Exkurs: Gorbačev und die Reform des sowjetischen Militärs 148
    Die Westgruppe der Truppen und die Friedliche Revolution
    in der DDR 153
    Schlussbemerkung 159

Anhang
    Zeittafel 163
    Ausgewählte Dokumente 183
    Abkürzungen 233
    Literatur 237
    Personenregister 251
    Ortsregister 255
    Autoren 257

Vorwort

Im Herbst 1989 vollzogen sich für die Geschichte der Deutschen bedeutsame historische Ereignisse. In der DDR wurde in einem friedlichen revolutionären Prozess das SED-Regime hinweggefegt und die Grenze zwischen Ost und West geöffnet. Damit war auch der Weg zur Wiederherstellung der deutschen Einheit geebnet. Der 25. Jahrestag dieser denkwürdigen Ereignisse bildet den Anlass zu dieser Publikation.

Die Beiträge im vorliegenden Sammelband bieten luzide Einblicke in die innere Verfasstheit wichtiger bewaffneter Kräfte der DDR am Ende der 1980er Jahre. Dabei wird deutlich, dass diese Machtinstrumente der SED im Herbst 1989 zwar noch insgesamt funktions- und einsatzfähig waren, sich aber ebenso wie andere Teile der DDR-Gesellschaft vor dem Hintergrund des zerbrechenden Ostblocks bereits in einer tiefen Struktur- und Sinnkrise befanden. Die Beiträge zeigen darüber hinaus, dass die Nationale Volksarmee, die Grenztruppen der DDR und die »Schutz- und Sicherheitsorgane« der DDR nicht autonom handelten, sondern über verschiedene Stränge mit dem Partei- und Staatsapparat sowie mit den sowjetischen Streitkräften verbunden waren. Letztere spielten in der DDR als »Parallelmacht« stets eine besondere Rolle.

Zu den im Band aufgeworfenen Fragen im Zusammenhang mit dem Verlauf der Friedlichen Revolution in der DDR gehört natürlich auch die bereits anderenorts vielfach diskutierte Frage nach den Gründen, warum die DDR-Führung im Herbst 1989 – anders als beispielsweise in der Krisensituation 1953 – letztlich vor dem Einsatz militärischer Gewalt zurückschreckte. Der vorliegende Band fügt meines Erachtens der Beantwortung dieser Frage wichtige Mosaiksteine hinzu. Er macht allerdings auch sichtbar, dass diese hochbrisante Frage weiterer wissenschaftlicher Untersuchungen bedarf.

Der Herausgeber und Autor Dr. Rüdiger Wenzke sowie die anderen Autoren des Bandes Dr. Heiner Bröckermann, Dr. Daniel Niemetz und Dr. Matthias Uhl haben im vorliegenden Buch die Entwicklung und die Rolle von bewaffneten Kräften in einem dramatischen Zeitabschnitt unserer jüngeren deutschen Geschichte kompakt analysiert und dadurch weitere Forschungen angeregt. Dafür danke ich ihnen. Mein Dank gilt zudem allen Mitarbeiterinnen und Mitarbeitern meines Hauses, die zum Gelingen des Bandes beigetragen haben. Besonders hervorgehoben seien hier Herr Wilfried Rädisch als Koordinator der Schriftleitung für diese Publikation, Herr Bernd Nogli als Leiter der Zeichenstelle sowie Frau Christine Mauersberger als professionelle Textgestalterin. Nicht zuletzt geht mein Dank an die Lektorin, Frau Jana Fröbel, für ihre exakte Arbeit sowie an den Verleger, Herrn Dr. Christoph Links, für die erneut fruchtbringende Zusammenarbeit.

Dr. Hans-Hubertus Mack
Oberst und Kommandeur des
Zentrums für Militärgeschichte und
Sozialwissenschaften der Bundeswehr

Einleitung

»Das Jahr 1989 war für den, der eine Uniform trug, egal ob Soldat oder Eisenbahner, es war das beschissenste Jahr, weil man vollkommen draußen stand, niemand wusste, wo geht das hin [...][1].«
»Die Dummen sollten wir Soldaten sein, wie immer. Aber nicht mit mir[2].«

Die politische und militärische Führung des SED-Staates sah sich in den ausgehenden 1980er Jahren vor enorme Herausforderungen gestellt. In der stets devisenklammen ostdeutschen Wirtschaft fehlten Investitionsmittel in beträchtlicher Größenordnung, was zu einem schrittweisen Niedergang vieler wichtiger Industriebetriebe sowie zur Verstetigung von Versorgungsengpässen führte. Obwohl die DDR immer mehr zu einem Schuldenstaat wurde, sollte sie aber nach dem Willen der SED-Führung weiter an der bisherigen ausgabenintensiven Sozialpolitik festhalten. Ernüchterung und eine zunehmende Desillusionierung über diese Politik des Stillstands zeigten sich daher vermehrt in allen Bevölkerungsschichten. Die Menschen drängten auf längst überfällige Veränderungen in der Gesellschaft und in der Wirtschaft. Die Zahl der Ausreisewilligen stieg beständig und überschritt 1987 die Einhunderttausend-Marke – eine vernünftige Reiseregelung lehnte die Partei engstirnig ab. Frustration, Ausweglosigkeit und Unverständnis machten auch vor den Mitgliedern der SED nicht halt, wenngleich sich die Prozesse dort verhaltener entwickelten.

Beim »großen Bruder« im Osten hatte zudem 1985 der »junge«, dynamische Generalsekretär Michail Gorbačev die Führung übernommen, der nicht nur eine Politik der Reformen im Innern ankündigte, sondern auch begann, die internationale Abrüstung mit eigenen Initiativen voranzutreiben. Ein Ergebnis dessen war die 1987 verkündete neue Militärdoktrin des Warschauer Paktes, in der die Sowjetunion ihren Verbündeten einen militärpolitischen und militärischen Kurswechsel verordnete. In den »Bruderländern« brodelte es, und die dortigen Reformbestrebungen drohten auf die DDR auszustrahlen. Druck kam zudem

---

1 So die Aussage eines Ex-Oberstleutnants der NVA im Rahmen einer Befragung 1991/93. Zit. nach: Knabe, Unter der Flagge des Gegners, S. 114.
2 So die Aussage eines Ex-Generalleutnants der NVA im Rahmen der Befragung 1991/93. Zit. nach: ebd., S. 113.

aus dem Westen, der immer wieder auf die Durchsetzung der Menschenrechte und demokratischer Forderungen verwies.

Die SED-Führung unter dem 77-jährigen Generalsekretär Erich Honecker war jedoch auch noch im Sommer 1989 keineswegs gewillt, sich diesen Herausforderungen realistisch zu stellen, sondern ging vielmehr in die ideologische Offensive: So zeige Gorbačevs Politik in der Sowjetunion kaum die gewünschten Ergebnisse. Und die westlichen Forderungen seien nichts anderes als eine Einmischung in die inneren Angelegenheiten. In der DDR sei dagegen mit dem »bewährten« Kurs der Partei seit dem VIII. Parteitag der SED 1971 alles richtig gemacht worden, sodass kein Grund für Veränderungen und Experimente bestehe. Das 8. ZK-Plenum vom Juni 1989 fügte dieser Lesart nichts Neues hinzu, kritisierte jedoch reformorientierte Kräfte in den eigenen Reihen. Es gebe auch keinen Anlass, so die Argumentation der Parteiführung weiter, die Politik zu ändern, da sich ja im Mai 1989 fast 100 Prozent der Bürger für die SED-Politik ausgesprochen und zu Pfingsten eine dreiviertel Million Jugendliche ihre Verbundenheit mit der DDR bekundet hätten. Der jetzige Kurs der Partei werde daher auf dem für Mai 1990 geplanten XII. Parteitag festgeschrieben und weitergeführt werden.

Das ganze Ausmaß der Krise in der DDR, die 1988/89 praktisch alle Bereiche der Gesellschaft erfasst hatte, wurde von den Herrschenden offensichtlich unterschätzt. Zudem glaubten sie, über die erforderlichen Instrumente zu verfügen, mit denen sie ihre Macht gegen alle inneren und äußeren »Feinde« erhalten konnten. Zu diesen Instrumenten gehörten zweifellos die bewaffneten Organe des Staates und der Partei. Sie waren Teile des Machtapparats, aber zugleich Teile des Volkes. Sie waren eingebunden in die sich vollziehenden gesellschaftlichen Prozesse und damit auch in die Auseinandersetzung zwischen den Machthabern und den Beherrschten.

Hunderttausende DDR-Bürger standen Ende der 1980er Jahre unter Waffen. Grob überschlagen kam auf 42 DDR-Bürger ein hauptamtlicher Waffenträger[3]. Exakte, quellengestützte Zahlen über die bewaffneten Kräfte, die hier erstmals vorgelegt werden, machen das Gewaltpotenzial noch sichtbarer: Im Frühjahr 1988 zählte die Nationale Volksarmee (NVA) 187 440 Mann, die Grenztruppen der DDR 39 600 Mann, das Wachregiment des Ministeriums für Staatssicherheit (MfS) 10 180 Mann, die 21 Volkspolizei-Bereitschaften (VPB) 10 728 Mann, und die sieben Kompanien der Transportpolizei verfügten über 786 Angehörige, insgesamt also allein im militärischen Bereich 248 734 Personen[4]. Hinzu kamen Hunderttausende Mitglieder paramilitärischer Organisationen wie der »Kampfgruppen der Arbeiterklasse«, der Zivilverteidigung und der Gesellschaft

---

[3] Vgl. Rogg, Armee des Volkes?, S. 6 f.; Heitmann, Schützen und Helfen?, S. 2 f.
[4] Vgl. BArch, SAPMO, IV 2/2039/287, Bl. 222−228, Vorlage von Armeegeneral Heinz Keßler an Erich Honecker über Angaben zu den Streitkräften der DDR, 24.3.1988.

für Sport und Technik, die über Waffen verfügten bzw. bei Notwendigkeit mit Waffen ausgerüstet werden konnten. Nicht unbeachtet dürfen zudem die »Waffenbrüder« des ostdeutschen Militärs, nämlich die in der DDR stationierten sowjetischen Truppen bleiben, die über mehr als doppelt so viele Soldaten verfügten wie die NVA und die Grenztruppen zusammen[5].

Allein das bewaffnete Potenzial, auf das die Machthaber in Ost-Berlin direkt Zugriff hatten, umfasste insgesamt annähernd eine halbe Million ausgebildeter und mit Waffen aller Art ausgerüsteter Menschen. Rein rechnerisch kamen selbst bei Massendemonstrationen oppositioneller Kräfte immer mehrere (bewaffnete) Angehörige des Militärs und der »Schutz- und Sicherheitsorgane« auf einen (unbewaffneten) Demonstranten[6] – ein Kräfteverhältnis, das mehr als auszureichen schien, um jegliche Proteste im Keim zu ersticken. Die meisten Uniformträger in der DDR fühlten sich zudem mit der DDR als sozialistischem Staat eng verbunden und waren auf die Partei eingeschworen.

Warum ließ also die SED-Führung zu ihrer Machtsicherung keine Panzer rollen? Warum fiel kein Schuss? Warum »versagte« der Militär- und Sicherheitsapparat? Warum blieb die Friedliche Revolution tatsächlich insgesamt relativ friedlich?

Ein Vierteljahrhundert nach dem Beginn der gesellschaftlichen Umwälzung in der DDR kann man sich in zahllosen Publikationen über die »Wende«, über die Geschichte der Friedlichen Revolution und die »Maueröffnung« luzide informieren. Kompetente Autoren und Herausgeber beleuchten die verschiedenen Seiten der damaligen Prozesse und geben Antworten darauf, wie es zur Friedlichen Revolution und zur Grenzöffnung kam, wer ihre Akteure waren und welche Folgen diese Ereignisse für den Staat DDR und ihre Mächtigen zeitigten[7]. Auch die Rolle der Gewalt und einzelner bewaffneter Organe wurde bereits zum Thema von wissenschaftlichen Untersuchungen und Publikationen[8]. Hier findet man

---

5 Vgl. Lohmann, GSSD, S. 313. Siehe auch den Beitrag von Matthias Uhl in diesem Band.
6 Vgl. Sabrow, »1989«, S. 11. Sabrow stützt sich auf Berechnungen aus: Süß, Selbstblockierung der Macht, S. 239.
7 Siehe dazu u.a.: Süß, Staatssicherheit am Ende; Heute vor 10 Jahren; Ulrich, Die Bürgerbewegung in Dresden; Neubert, Unsere Revolution; Kowalczuk, Endspiel. Im Weiteren trug vor allem der Historiker Hans-Hermann Hertle mit seinen Forschungen entscheidend zur Aufarbeitung der Geschichte des Mauerfalls am 9./10. November 1989 bei. Siehe dazu u.a.: Hertle, Der Fall der Mauer; Mauerbau und Mauerfall; Hertle, Chronik des Mauerfalls; Der Tag, an dem die Mauer fiel; www.Chronik-der-Mauer.de; Als die Mauer fiel. 50 Stunden, die die Welt veränderten, ARD-Dokumentation, Autoren: Hans-Hermann Hertle und Gunther Scholz, 2009; Der Sound des Untergangs, Tonmitschnitte aus den letzten Sitzungen des SED-Zentralkomitees von Oktober bis Dezember 1989, CD, Berlin 2013.
8 Siehe dazu vor allem: 1989 und die Rolle der Gewalt.

u. a. detaillierte Beschreibungen des Einsatzes gegen Demonstranten in Dresden, Berlin und Leipzig im Oktober 1989 sowie des Verhaltens von Angehörigen der bewaffneten Kräfte am 9. November, dem Tag der Maueröffnung. Teilweise wurden auch Veränderungen im inneren Gefüge der bewaffneten Machtorgane von Partei und Staat analysiert[9].

Und natürlich haben sich auch schon in den vergangenen Jahren Wissenschaftler, Publizisten und Politiker darum bemüht, Erklärungsmuster für die Friedfertigkeit des Umbruchs 1989/90 in der DDR zu finden. Als mögliche Ursachen und Gründe werden immer wieder die Stärke der politischen Opposition, der Massendruck der Menschen auf der Straße, die Unfähigkeit der SED-Führung, die Unentschlossenheit der Funktionäre und Reformer in den eigenen Reihen, aber auch die Besonnenheit einzelner Parteikader auf mittleren und unteren Ebenen sowie von Verantwortlichen in den bewaffneten Kräften und nicht zuletzt das Heraushalten der sowjetischen Truppen genannt.

Darüber hinausgehend hat vor allem Martin Sabrow in seinem sehr lesenswerten und überaus anregenden Sammelband von 2012 unterschiedliche Zugänge zur Frage der Gewalt und der Gewaltbereitschaft auf beiden Seiten der »Barrikaden« herausarbeiten lassen und selbst die Rolle der Gewalt in der DDR 1989 in einem Aufsatz untersucht. Er konzentriert sich auf »strukturelle Ursachen«, die »tiefer greifen als die Klischees einer desorientierten SED-Gerontokratie«[10]. Für ihn zählt auch eine solche These wie die einer »zweckrationalen Einigung auf das gewaltfreie Austragen des Machtkampfs von Regimeträgern und Regimegegnern« ebenso wenig wie die Annahme, dass »die DDR-Diktatoren nicht mehr konnten, wie sie wollten, weil ihnen Gorbatschow schlicht die Bestandsgarantie entzogen hätte«. Sabrow sieht vielmehr die »vielleicht umfassendste Begründung für den friedlichen Untergang des deutschen und europäischen Kommunismus« in der »säkularen Abkehr von der Gewalt«[11] und schlussfolgert:

> »Nicht ihre Waffengewalt hatte die Diktatur am Ende verloren, sondern die kulturelle Hoheit über ihren legitimen Einsatz [...] Es war der schleichend vollzogene und plötzlich hervorbrechende Übergang von der Achtung zur Verachtung der Gewalt als legitimes Mittel politischen Handelns in der sozialistischen Gesellschaft, der das Regime im Moment seiner tödlichen Bedrohung daran hinderte, seine Herrschaft gewaltsam zu verteidigen[12].«

Dem ist grundsätzlich zuzustimmen.

---

9   Günther Glaser fragte bereits 2005 in seiner Publikation »... auf die ›andere‹ Seite übergehen« nach dem Zustand der NVA vor den Oktoberereignissen von 1989 sowie nach den Haltungen und Wirkungen für die Angehörigen der Armee.
10 Sabrow, »1989«, S. 22.
11 Ebd., S. 28.
12 Ebd., S. 30 f.

Die Frage nach den Gründen für den Einsatz oder Nichteinsatz bewaffneter Gewalt, hier bezogen auf die Nationale Volksarmee in der DDR, versuchen auch andere Autoren zu beantworten. Unübersehbar sind dabei unterschiedliche Sichtweisen. Auf der einen Seite wird die NVA als »Garant der friedlichen Revolution« stilisiert. Auf der anderen Seite wird den Angehörigen der bewaffneten Kräfte – den Soldaten von NVA und Grenztruppen, den Volkspolizisten, den Stasi-Mitarbeitern und den Kampfgruppenmitgliedern – undifferenziert eine pauschale Gewaltbereitschaft zugewiesen.

Vor allem ehemalige Funktionsträger im SED-Staat befleißigen sich, nicht allein den Volksmassen den »Ruhm« für die Friedfertigkeit der Revolution zu überlassen, sondern vertreten die Meinung, die NVA habe einen wesentlichen, »aktiven Beitrag« zur Revolution geleistet, weil sie in der Krise ein Blutbad verhindert habe[13]. So schreibt der ehemalige NVA-Oberst Horst Klein unter der Überschrift »Die Nationale Volksarmee – ein Garant der friedlichen Revolution im Herbst 1989«, dass 1989 das »Gewaltmonopol stabil in der Hand des Staates und die Sicherheitsorgane im demokratischen Willen des Volkes der DDR fest verankert«[14] gewesen seien. Zudem habe die ostdeutsche politische und militärische Führung sich der besonderen Verantwortung von DDR und NVA im Ost-West-Konflikt gestellt und beispielsweise »ein mehrmaliges Hilfsangebot des Oberbefehlshabers der Westgruppe der Sowjetarmee, Armeegeneral Snetkow, entschieden« abgelehnt[15]. Diese Sichtweise blendet aus, dass es in der ostdeutschen Militärführung 1989 neben besonnenen, zur Zurückhaltung mahnenden Stimmen nach wie vor auch »Hardliner« gab, die, wie der 1985 verstorbene Armeegeneral Heinz Hoffmann, wahrscheinlich keine Skrupel gehabt hätten, auch mit militärischer Gewalt gegen eine vermeintliche Konterrevolution im eigenen Land vorzugehen[16]. Im Übrigen habe die NVA seit 1962, so Ex-Oberst Klein weiter, keine »innere Funktion« mehr besessen, und der »Verfassungsauftrag« für die Armee habe ausschließlich eine äußere Funktion gehabt. Allein der Hinweis auf die Verfassung, die im Denken und Handeln der DDR-Militärs bis 1989 bekanntlich kaum eine Rolle spielte, ist dabei genauso irreführend wie die Aussage zum inneren Einsatz der NVA. Dieser war von der SED auch nach 1962 einkalkuliert, wie neuere Forschungen nachgewiesen haben[17]. Und ob die »Sinnkrise im Militär«, die von Philosophen in der Armee Ende der 1980er Jahre erkannt worden sei, eine »geistige Vorbedingung« für das Verhalten der NVA 1989 war, kann zumindest aufgrund der geringen »Reichweite« der philosophischen Erkenntnisse in der Truppe hinterfragt werden.

---

13 Vgl. Hanisch, Zur Haltung, S. 102; Glaser, »... auf die ›andere‹ Seite übergehen«, S. 32.
14 Klein, Niemals Waffen gegen das Volk!, S. 81.
15 Ebd.
16 Vgl. Wenzke, Ulbrichts Soldaten, S. 420–423.
17 Vgl. Glaser, Armee gegen das Volk?.

Ein »aktiver« Beitrag der NVA zum friedlichen Umbruch lässt sich zumindest angesichts der Einsätze von NVA-Hundertschaften zur Unterstützung der Volkspolizei gegen Demonstranten im Oktober 1989 schwerlich erkennen, auch wenn der Hinweis von Günther Glaser überlegenswert erscheint, dass, in einem größeren Kontext gesehen, NVA-Angehörige gerade auf unterer und mittlerer Ebene einen »aktiven Beitrag« zum Frieden im Innern und »zur Erneuerung des Landes im ›stürmischen Herbst‹ 1989«[18] geleistet hätten.

Wie unterschiedlich ausgeprägt die Sichtweisen selbst unter den ehemaligen Offizieren der NVA noch heute sind, zeigen die Ausführungen eines anderen ehemaligen NVA-Obersten, Hans-Werner Weber. Für ihn steht fest, dass es »gewiss nicht an Kräften [mangelte], die bis zuletzt einen Einsatz von NVA-Truppen gegen das Volk für gerechtfertigt hielten. Es mutet deshalb wie Hohn an, wenn Honecker und auch Leute seines ehemaligen Gefolges noch heute behaupten, dass eine ›Chinesische Lösung‹ nie in Erwägung gezogen worden sei«[19]. Der ehemalige Offizier bringt den faktischen Nichteinsatz der NVA daher »in erster Linie mit dem hohen Tempo der sich gewaltfrei vollziehenden gesellschaftlichen Veränderungen«[20] in Zusammenhang.

Das bedeutet jedoch nicht, dass die Armee nicht dennoch einen Anteil daran hatte, dass sich die Revolution insgesamt friedlich vollziehen konnte. Hier kann vor allem der Argumentation des Militärhistorikers Hans Ehlert gefolgt werden. Ehlert weist darauf hin, dass sich die ostdeutschen Militärs strikt der politischen Führung unterordneten. Kamen von dort keine Befehle, handelte man auch nicht. Das heißt, dass die NVA-Führung von sich aus offenbar keine eigenen Ambitionen hatte, die Armee in die erste Reihe gegen Demonstranten zu positionieren, und dafür auch keine Verantwortung übernehmen wollte. Ehlert macht sowohl auf Zersetzungserscheinungen bei den Soldaten wie auch auf einzelne besonnene Stimmen in der Militärführung aufmerksam. Dennoch sei die NVA-Elite »eher durch Lähmung als durch Bewusstseinsveränderung in ihrer Führung« gekennzeichnet gewesen. Sein Resümee: »Die Zurückhaltung der NVA kann deshalb aufgrund der vorliegenden Erkenntnisse nur als passiver Beitrag zur friedlichen Revolution gewertet werden, der allerdings gegen konkurrierende Kräfte in Armee und Partei durchgesetzt werden musste[21].« Ganz in diesem Sinne bescheinigte dann auch der Minister für Abrüstung und Verteidigung der DDR, Rainer Eppelmann, in seinem letzten Tagesbefehl den Angehörigen der NVA:

»Seit dem Herbst 1989 haben Sie verantwortungsbewusst Ihren Beitrag dazu geleistet, dass der Umgestaltungsprozess in unserem Lande friedlich verlaufen ist und

---

18 Glaser, »... auf die ›andere‹ Seite übergehen«, S. 32.
19 Weber, Gläubigkeit, S. 59.
20 Ebd., S. 60.
21 Ehlert, Zwischen Mauerfall und Volkskammerwahl, S. 436.

sich Freiheit und Demokratie auch in diesem Teil Deutschlands den Weg bahnen konnten[22].«

Die bisherigen Antworten auf die Frage, warum es in der DDR im Herbst 1989 relativ friedlich blieb und die Sicherheitskräfte nicht schießwütig wie in Rumänien gegen das Volk vorgingen, bilden eine gute Grundlage für den vorliegenden Band. Er will darauf aufbauend den Einsatz, die Führung, die innere Verfasstheit und das Schicksal von bewaffneten Kräften vor, während und nach den Herbstereignissen in der DDR beleuchten, um einen weiteren Mosaikstein zur Beantwortung der Frage beizutragen, warum im Oktober und November 1989 keine Panzer rollten und kein Schuss fiel. Im Mittelpunkt des Interesses stehen daher weder der Ablauf der Ereignisse vom Herbst 1989 noch die Aktivitäten von oppositionellen Kräften und Demonstranten. Der Blick richtet sich vielmehr dezidiert auf militär- und sicherheitspolitische Vorgänge sowie auf ausgewählte bewaffnete Kräfte, die in der DDR zentrale Aufgaben zur Sicherung und Erhaltung der Macht der SED zu erfüllen hatten: die Nationale Volksarmee, die Grenztruppen der DDR, die kasernierten Volkspolizei-Bereitschaften des Ministeriums des Innern (MdI) sowie die »Kampfgruppen der Arbeiterklasse«. Hinzu kommen die in der DDR stationierten sowjetischen Truppen, die mit ihren fast 500 000 Mann gewissermaßen eine Parallelmacht in der DDR darstellten und eine weitgehende, von der SED unabhängige Handlungsfreiheit besaßen. Nach dem 1989 noch immer gültigen Stationierungsvertrag vom März 1957 war zwar eine Einmischung der sowjetischen Truppen in die inneren Angelegenheiten der DDR nicht erlaubt, doch gab der Vertrag den Sowjets durchaus die Möglichkeit, zur Beseitigung einer Bedrohung »selbstständig Entscheidungen« zu treffen.

Auf die Einbeziehung einer Untersuchung zum MfS wurde in diesem Band bewusst verzichtet, da zu diesem fraglos wichtigen »Organ« die voluminöse Einzelstudie »Staatssicherheit am Ende« von Walter Süß vorliegt, der nichts Neues hinzugefügt werden kann[23]. Zur Rolle der Volkspolizei, wenn auch nur für Berlin, ist im Frühjahr 2014 eine informative Arbeit erschienen[24].

Im vorliegenden Buch werden erstmals detaillierte Untersuchungen zur Rolle und Verantwortung mehrerer bewaffneter Organe im Kontext der SED-Militär- und Sicherheitspolitik in einem Band zusammengeführt. Anders als in den meisten bisherigen Publikationen konzentrieren sich die Beiträge nicht nur auf die Monate Oktober und November 1989, sondern sie wenden sich bereits jenen Entwicklungen zu, die vor allem Mitte der 1980er Jahre und früher ihren Anfang nahmen und die bewaffneten Kräfte sowohl prägten als auch sukzessive veränderten. Nicht zuletzt sollen auch die Folgen der revolutionären Ereignisse vom

---

22 Zit. nach: Armee ohne Zukunft, S. 517 (Tagesbefehl des Ministers für Abrüstung und Verteidigung Rainer Eppelmann vom 2. Oktober 1990).
23 Süß, Staatssicherheit am Ende. Siehe auch: »Ich liebe euch doch alle ...«.
24 Mittendrin.

Herbst 1989 für diese ehemaligen Stützen der Diktatur sichtbar gemacht werden. Im Anhang des Bandes sind einige ausgewählte, zum überwiegenden Teil noch nicht veröffentlichte Dokumente abgedruckt. Ebenfalls im Anhang findet sich eine Zeittafel, in der die für die Thematik des Bandes wichtigsten Ereignisse für einen raschen Überblick nochmals aufbereitet sind.

Einen wichtigen Untersuchungsschwerpunkt der Einzelstudien stellte das »Innenleben« der bewaffneten Kräfte u.a. in Form ihrer Befehlsstrukturen, ihres Ausbildungs- und Erziehungsstandes sowie des internen Stimmungs- und Meinungsbildes dar. Womit waren Berufssoldaten und Wehrdienstleistende bis zum Herbst 1989 beschäftigt, und was beschäftigte sie? Der Band versucht auch diesen Fragen nachzugehen, ohne in jedem Fall abschließende Antworten geben zu können. Hier sind die Ergebnisse einer breit angelegten und quellengestützten Studie zur Rolle der bewaffneten Macht in der DDR in der zweiten Hälfte der 1980er Jahre abzuwarten, die sich momentan noch in der Vorbereitungsphase befindet[25].

Allerdings zeigen bereits die Beiträge in diesem Band, dass sich alle bewaffneten Organe, insbesondere die NVA und die Grenztruppen, aber auch die sowjetischen Truppen in der DDR seit 1988/89, teilweise noch davor, in einem Erosionsprozess bzw. in einer schweren Krise befanden. Dadurch waren ihre politische und ihre militärische Zuverlässigkeit für die Herrschenden zumindest infrage gestellt. Eine ähnliche Situation hatte rund 35 Jahre zuvor dazu geführt, dass sich die SED im Juni 1953 – auf Anraten der sowjetischen Besatzer – anfangs nicht auf ihr Militär in Gestalt der Kasernierten Volkspolizei verlassen konnte und es erst unter dem Schutz der Besatzungsmacht zum Einsatz gegen die eigene Bevölkerung kam[26]. 1989 waren nach Jahren der unbedingten Treue und Zuverlässigkeit des DDR-Militärs offensichtlich erneut Zeiten angebrochen, die dessen Einsatz im Innern nicht kalkulierbar machten. Nachdem beispielsweise Anfang Oktober 1989 NVA-Hundertschaften in Sachsen zu Einsätzen bei Demonstrationen befohlen worden waren, kam es schon bald zu kritischen Diskussionen und sogar zu Befehlsverweigerungen.

»Die Bedenken, die in der Truppe laut wurden, in den Oktobertagen 1989, das waren nicht nur die Bedenken des Soldaten, der fürchtete, auf das Volk schießen zu müssen, das waren ja Bedenken von Offizieren, die befürchteten, ihre Truppen gegen das Volk einsetzen zu müssen[27].«

Selbst in der Generalität herrschte keineswegs vorbehaltlose Zustimmung zu allen Beschlüssen der eigenen Führung. Im Kollegium des Verteidigungsministeriums

---

25 Eine umfangreiche Studie von Daniel Niemetz zu diesem Thema ist in Vorbereitung.
26 Vgl. Diedrich/Wenzke, Die getarnte Armee, S. 315–352.
27 So die Auffassung eines ehemaligen Obersten der NVA. Zit. nach: Knabe, Unter der Flagge des Gegners, S. 113.

kam es zu offenen Auseinandersetzungen zwischen besonnenen Kräften und dem alten NVA-Führungszirkel.

* * *

Heiner Bröckermann legt mit seinem Beitrag zur Militär- und Sicherheitspolitik der SED eine wesentliche Grundlage für das Verständnis des Handelns der bewaffneten Kräfte in der DDR. Er steckt damit zugleich den Rahmen ab, in dem sich der Umgang mit Gewalt, Militär und Polizei im SED-Staat vollzog, und verortet die Thematik im nationalen und internationalen Kontext. Die Militär- und Sicherheitspolitik der Partei betraf den Ausbau der Streitkräfte und die Vorbereitung des Territoriums der DDR auf den Verteidigungszustand ebenso wie die Wehrerziehung der Bevölkerung und die Aufgaben der Wirtschaft für die Landesverteidigung. In ihren Verantwortungsbereich fiel aber auch der Ausbau des Unterdrückungsapparates der SED. Vor allem in den 1980er Jahren, im Zuge des KSZE-Prozesses, von NATO-Doppelbeschluss und der Verhandlungen zur Rüstungsbegrenzung, erweiterte sich zudem das Verständnis für die Inhalte der Militär- und Sicherheitspolitik. Dieses Spektrum aufgreifend, beschreibt Heiner Bröckermann, welche neuen Anforderungen an die SED-Politik im Sicherheits- und Militärbereich national als auch international gestellt wurden. Dabei wird sichtbar, dass trotz aller Friedenspropaganda der SED und trotz des »Neuen Denkens« in der NVA kaum Konsequenzen für die Ausbildung und Erziehung der Soldaten gezogen wurden. Der »Sinnkrise des Militärs« begegnete die Politische Hauptverwaltung der NVA z.B. mit einer Kampagne zur Steigerung des »Kampf- und Siegeswillens«. Heiner Bröckermann arbeitet weiter heraus, wie im Vorfeld der Jubiläumsfeierlichkeiten zum 40. Jahrestag der DDR durch die SED auch die geheime Führungsstruktur der Bezirke und Kreise der DDR für den Kriegsfall aktiviert wurde. Seit den 1960er Jahren waren die 1. Sekretäre der SED in den Bezirken und Kreisen zugleich Leiter der sogenannten Bezirks- und Kreiseinsatzleitungen, um damit über die Möglichkeit zu verfügen, »zur Beseitigung von Störungen der Ordnung und Sicherheit sowie anderen ernsthaften Vorkommnissen, die Einfluss auf die staatliche Sicherheit haben, [...] Kräfte ihres Zuständigkeitsbereiches« zu alarmieren[28]. Im September/Oktober 1989 nahm der Vorsitzende des Nationalen Verteidigungsrates dafür sowohl Bezirks- als auch Kreiseinsatzleitungen in die Pflicht. Diese in vielen Übungen erprobten Gremien sollten im Sinne der SED u.a. die Koordinierung der Sicherheitsorgane übernehmen. Der letzte Versuch der SED, die Möglichkeiten der Bezirkseinsatzleitungen zu nutzen, erfolgte Anfang November 1989. Die SED-Führung musste aber erkennen, dass sich die Maßnahmen und Pläne

---

[28] BArch, DVW 1/40337, Bl. 11 f., Alarmdirektive, 13.11.1967. Ausführlicher dazu: Bröckermann, Landesverteidigung, S. 159.

zur Landesverteidigung im Verteidigungszustand in den Einsatzleitungen nicht ohne Weiteres zur Aufstandsbekämpfung verwenden ließen. Als eine Art Sonderstruktur entstand daher auf höchster Ebene zeitweilig eine »operative Führungsgruppe«[29]. Der Kontrollverlust der SED über Armee, Polizei und paramilitärische Organisationen setzte spätestens im Oktober 1989 ein und war danach nicht mehr aufzuhalten.

Der Beitrag von *Rüdiger Wenzke* befasst sich mit den zwei bedeutenden Säulen des Militär- und Sicherheitsapparates des SED-Staates, der Nationalen Volksarmee als Kernstück der Landesverteidigung sowie den Grenztruppen der DDR als eine »Elitetruppe« des Systems. Obwohl beide bewaffneten Kräfte im Herbst 1973 voneinander getrennt und offiziell für selbstständig erklärt wurden, gehörten sie unter Führung des Ministers für Nationale Verteidigung weiterhin untrennbar zusammen. Der Autor zeigt, unter welchem enormen Druck die NVA und die Grenztruppen am Ende der 1980er Jahren standen. Sowohl die NVA als auch die Grenztruppen waren von weitreichenden Strukturveränderungen betroffen, die Unruhe und Zukunftsangst in die Truppe brachten. Eines der gravierendsten Probleme der NVA war jedoch der dauerhafte Einsatz von Tausenden Soldaten als Arbeitskräfte in der DDR-Volkswirtschaft. Diese Armeeangehörigen standen weder dem Gefechtsdienst noch der Ausbildung zur Verfügung. Die Soldaten fühlten sich von ihrer Führung im wahrsten Sinne des Wortes verkauft. Das führte zu Frust und zu einem zunehmenden Vertrauensverlust. Dieser Vertrauensschwund betraf vor allem die militärischen Führungskader in Strausberg. Ihre Inaktivität und Orientierungslosigkeit riefen Kritik und Missstimmung in allen Dienstgradgruppen hervor. Verteidigungsminister Armeegeneral Heinz Keßler zog zu keinem Zeitpunkt konkrete Schlussfolgerungen für die Bewältigung der Krise in den Streitkräften. Keßlers Stellvertreter Generaloberst Horst Brünner vertrat sogar noch Ende Oktober 1989 die Meinung: »Wir haben es nicht notwendig, mit Armeeangehörigen den Dialog zu führen, solange in der NVA eine stabile Lage gegeben ist[30].« Die Sprachlosigkeit der Führung über Wochen hinweg lähmte schließlich auch ihren Apparat, und so entstandene Freiräume nutzten Teile der progressiven Kräfte für eine erste Formierung[31].

Ein wichtiger Schnittpunkt in der Entwicklung von NVA und Grenztruppen im Herbst 1989 stellten ganz ohne Zweifel die Tage um den 9. November 1989 dar, die auch im Beitrag von Rüdiger Wenzke nochmals thematisiert werden,

---

[29] Vgl. BStU, MfS, ZAIG, Nr. 14392, Bl. 14–16, Befehl Nr. 12/89 des Vorsitzenden des Nationalen Verteidigungsrates, 10.11.1989.
[30] BStU, MfS, HA I, Nr. 15215, Bl. 18, Information der HA I des MfS über das Stimmungs- und Meinungsbild in der Leitung des Ministeriums für Nationale Verteidigung, 11.11.1989.
[31] Vgl. Weber, Gläubigkeit, S. 59.

wenngleich die Vorgänge und Ereignisse um den 9. und 10. November 1989 bereits anderenorts detailliert erforscht und dargestellt worden sind[32].

Fest steht, und hier ist Egon Krenz zuzustimmen[33], dass die Nacht des Mauerfalls und die Stunden danach tatsächlich zu den gefährlichsten Situationen im Herbst 1989 gehörten. Die Grenzöffnung war vor allem den friedlichen Bürgern, aber auch den besonnenen Reaktionen der Grenzsoldaten, MfS-Mitarbeiter und Angehörigen des Zolls direkt an der Grenze zu verdanken. Sie warteten nicht auf eine Lösung »von oben«. Sie entschieden sich vielmehr eigenständig gegen bestehende Befehle und verhinderten so eine mögliche Tragödie. Das Handeln des MfS-Oberstleutnants Harald Jäger wurde zum Vorbild für andere Grenzübergangsstellen, die in der Folgezeit sowohl in Berlin als auch an der deutsch-deutschen Grenze geöffnet wurden[34]. Nirgends kam es zu ernsthaften Auseinandersetzungen.

»Es gab keinen Befehl, wie darauf zu reagieren war. Tausende Grenzposten standen mit untergeladenen Waffen in Berlin und an der Staatsgrenze West. Was würde geschehen, wenn sie angegriffen würden? Kein Blutvergießen, hämmerte es in meinem Kopf, als ich mit überhöhter Geschwindigkeit nach Pätz raste«[35], so schrieb später der Chef der Grenztruppen der DDR, Generaloberst Klaus-Dieter Baumgarten, in seinen Erinnerungen.

»Bloß keine Kurzschlusshandlungen, Genossen. Langsam machte sich die Vorstellung in meinem Kopf breit, wir könnten wieder Verhältnisse wie vor dem 13. August 1961 bekommen. Nach 40 Minuten traf ich im Kommando ein. Teichmann meldete völlig aufgelöst, dass die Kommandanten an einigen Grenzübergangsstellen in Berlin dem Druck nachgegeben und die Tore bereits geöffnet hätten. Es habe keine Zwischenfälle gegeben. Damit hatten wir die Initiative verloren. Nunmehr konnten wir den Lauf der Geschichte nur noch zur Kenntnis nehmen[36].«

Allerdings schienen nicht alle Verantwortungsträger in der SED und im ostdeutschen Militär so schnell zu dieser Erkenntnis gekommen zu sein wie Generaloberst Baumgarten. Offenbar gab es tatsächlich auch Personen und Gruppierungen, die in der DDR mit Ausnahmezustand, Untergrundarmeen und militärischer Gewalt den alten Zustand vor der Revolution und vor der Grenzöffnung wiederherstellen wollten. Am 10. November 1989 wurde u.a. für die Potsdamer 1. Mot.-Schützendivision »Erhöhte Gefechtsbereitschaft« befohlen. Und der ehemalige Kampfgruppenkader Horst Grade erinnerte sich später:

---

32 Siehe dazu u.a.: Hertle, Der Fall der Mauer aus der Sicht der NVA; Hanisch, Zur Haltung; Streletz, Der 9. November 1989; Heider, Nationale Volksarmee; Ehlert, Von der »Wende« zur Einheit.
33 Krenz, Widerworte, S. 73.
34 Vgl. Haase-Hindenberg, Der Mann, der die Mauer öffnete.
35 Baumgarten, Erinnerungen, S. 195 f.
36 Ebd.

»Wenige Stunden nach der Grenzöffnung traf ein Mitarbeiter des ZK der SED in Schmerwitz ein. Er fragte an, ob die Kampfgruppen bereit seien, zum Schutz des Staates zu den Waffen zu greifen[37].« Dieses Ansinnen wurde jedoch von den dort Anwesenden ebenso abgelehnt wie es letztlich nicht dazu kam, dass NVA-Truppen nach Berlin marschierten.

»Der 9. November 1989, der Tag an dem die Mauer durchlässig wurde, war ein entscheidendes Datum der Ereignisses des Herbst 1989. Es war nicht der Tag des Zusammenbruchs des alten Systems, aber es war der Tag der Bankrotterklärung alter Mittel und Wege der SED-Führung[38].«

Die NVA und die Grenztruppen der DDR brachten sich trotz Zukunftsangst und Berufsunsicherheit ihrer Angehörigen von nun ab relativ geordnet und verantwortungsbewusst in den Prozess des Umbruchs ein. Die riesigen Waffen- und Munitionsvorräte blieben dadurch sicher und unangetastet.

Daniel Niemetz untersucht in seinem quellengesättigten Beitrag vorrangig zwei bewaffnete Organe der DDR, die explizit auch für den inneren Einsatz aufgestellt, ausgebildet und vorbereitet wurden, die jedoch bisher kaum im Fokus der Forschung standen. Die kasernierten Volkspolizei-Bereitschaften des MdI und die »Kampfgruppen der Arbeiterklasse«. Die allgemein als »Bereitschaftspolizei« bezeichneten Truppen des Ministeriums des Innern waren sowohl für militärische Aufgaben im Rahmen der Landesverteidigung wie auch als »Bürgerkriegstruppe« aufgestellt worden. Ihr Personalbestand, der pro Bereitschaft rund 550 Mann betrug, setzte sich aus Berufskadern und Wehrpflichtigen zusammen. In der DDR existierten 21 Volkspolizei-Bereitschaften. Die Bereitschaften unterstanden den Chefs der Bezirksbehörden der Deutschen Volkspolizei (BDVP) bzw. dem Präsidenten der Volkspolizei in Ost-Berlin. Ab Mitte der 1980er Jahre verschob sich zwar der Ausbildungsschwerpunkt weg vom bisherigen militärischen Kampfeinsatz hin zum polizeilichen Ordnungs- und Sicherungseinsatz, doch konnte der Nachholbedarf auf diesem Feld, auch bedingt durch zusätzliche Einsätze der Wehrpflichtigen in der Volkswirtschaft, bis zum Ende des Jahrzehnts nicht mehr kompensiert werden. Die Angehörigen der Bereitschaftspolizei, mitunter in »Sonderausrüstung« (Schilde, Helme etc.) handelnd, standen den Demonstranten unmittelbar gegenüber. Zweifellos gingen sie aktiv gegen Protestierende vor, doch waren vor allem die wehrpflichtigen Bereitschaftspolizisten keineswegs mehr bereit, jedem Befehl zu gehorchen.

Die »Kampfgruppen der Arbeiterklasse« zählten rund 200 000 »Kämpfer«. Sie waren damit ein zahlenmäßig sehr starkes bewaffnetes Organ. Sie verkörperten faktisch eine paramilitärische Bürgerkriegsarmee in der Hand der SED, die fachlich dem MdI unterstellt war. Anfang 1989 erschien eine neue Ausbildungsanleitung für die Kampfgruppen, die das »Sperren und Räumen«

---

37 Zit. nach: Stich, »Dann haben wir Bürgerkrieg«.
38 Knabe, Unter der Flagge des Gegners, S. 112.

von Plätzen und Straßen zum Inhalt hatte. Man sprach vom Kampf gegen »subversive Banden« und »konterrevolutionäre Gruppierungen«. Daraufhin erklärten zahlreiche Kampfgruppenangehörige ihren Austritt, denn sie wollten im Einsatzfall nicht gegen die eigenen Kollegen vorgehen. Tatsächlich zog das Innenministerium die Ausbildungsanleitung im Mai 1989 wieder zurück, ließ jedoch an der Kampfgruppenschule in Schmerwitz den Bataillonskommandeuren weiter das Rüstzeug für den inneren Kampf vermitteln. Im Herbst 1989 wollte die SED die Kampfgruppen gegen Demonstranten einsetzen. SED-konforme Äußerungen von einigen Kampfgruppenkommandeuren schienen darauf hinzudeuten, dass sich die Partei auf ihre »Hausmacht« verlassen konnte. In der Praxis lehnte jedoch die Mehrzahl der »Kämpfer« jegliches Vorgehen gegen Demonstranten ab. Die Kampfgruppen wurden dadurch für den Machterhalt der SED bedeutungslos.

Matthias Uhl geht in seinem Aufsatz der Frage nach, warum der sowjetische Parteichef Michail S. Gorbačev sich entschieden hatte, im Gegensatz zu 1953, auf den Einsatz militärischer Gewalt zu verzichten und die sowjetischen Truppen in der DDR in ihren Kasernen zu belassen. Dazu führt er den Leser einleitend in die Geschichte der seit 1945 auf dem Territorium der SBZ/DDR stationierten sowjetischen Land- und Luftstreitkräfte ein, erinnert an das brutale Vorgehen sowjetischer Truppen gegen die DDR-Bevölkerung im Juni 1953 und zeigt danach auf, dass der »Stern der sowjetischen Streitkräfte in Deutschland« am Ende der 1980er Jahre »im Sinken« begriffen war. Zudem waren die sowjetischen Truppen, die ab Mitte 1989 die Bezeichnung »Westgruppe der Truppen« (WGT) trugen, durch die politischen und militärischen Entwicklungen in der Sowjetunion und der DDR zunehmend verunsichert. Bereits 1988 war offenbar in Moskau klar, dass jede Art Militäreinsatz durch sowjetische Truppen gegen die Menschen in den Ländern des Ostblocks den Fortgang von Perestroika und Reformen in der Sowjetunion sowie den Zusammenhalt des sozialistischen Lagers gefährdete[39]. Der SED-Führung wurde vor diesem Hintergrund im Sommer unmissverständlich klargemacht, dass die Anwendung von Gewalt nicht toleriert werde und die sowjetische Führung auch nicht beabsichtige, ihre Truppen zur Herrschaftssicherung der SED einzusetzen. Dessen ungeachtet hatte der Oberkommandierende der WGT, Armeegeneral Boris V. Snetkov, seinen »Waffenbrüdern« in der NVA und SED-Chef Erich Honecker persönlich bereits im unmittelbaren Vorfeld der Feierlichkeiten zum DDR-Jubiläum versprochen, an ihrer Seite zu stehen:

»Die DDR ist ein festes Glied der sozialistischen Staatengemeinschaft und auf das engste mit der Sowjetunion verbunden. Es wird niemals eine Abschottung der DDR geben. Dafür spricht auch die Anwesenheit der Westgruppe der sowjeti-

---

[39] Dazu erst jüngst ausführlich: Der Kreml und die Wende 1989. Siehe auch: »Im Kreml brennt noch Licht«.

schen Streitkräfte auf dem Territorium des ersten deutschen Arbeiter-und-Bauern-Staates[40].«

Auch bei der Stabilisierung der inneren Lage in der DDR im Sinne der alten SED-Führung nach dem Mauerfall soll Snetkov wiederholt seine »Hilfe« angeboten haben. Ein ehemaliger Offizier der WGT sah dagegen keine Anzeichen dafür, dass die sowjetischen Einheiten im Herbst 1989 wegen eines Einsatzes gegen die DDR-Bevölkerung ihre Kasernen verlassen sollten.

»Ich habe solche Anzeichen nicht bemerkt. Nach meiner Meinung waren unsere Streitkräfte in einem Zustand völliger Verwirrung, sie wussten nicht, was sie tun sollten [...] Die Bereitschaft, vielleicht nicht gegen das gesamte deutsche Volk, aber gerade gegen die, die man als Faschisten und Neonazis hielt, zu kämpfen, war immer vorhanden [...] Wenn aber ein Befehl von oben gekommen wäre, dann wäre die Armee bereit gewesen, loszuschlagen, sie war psychologisch darauf vorbereitet. Ausschlaggebend war, dass dieser Befehl von oben nicht erteilt wurde[41].«

Armeegeneral Snetkov wurde Ende 1990 von seiner Funktion entbunden.

NVA, Grenztruppen und die anderen bewaffneten Organe standen im Herbst 1989 auf der anderen Seite der »Barrikade«, auf der Seite der Staatsmacht. Der Historiker Stefan Wolle zitierte den Satz eines MfS-Offiziers: »Wir haben die Waffen zu früh abgegeben. Die Plüschheinis von der Friedensbewegung wären beim ersten Schuss auseinandergelaufen[42].« Warum die Waffen ungenutzt blieben und was passiert wäre, wenn es zu einem bewaffneten Vorgehen gegen Demonstranten gekommen wäre, lässt bis heute viel Raum für Diskussionen und Spekulationen. Fest steht, dass zumindest den Streitkräften und den Grenztruppen der DDR ein gewaltsamer Einsatz gegen das eigene Volk dank der Besonnenheit von Verantwortlichen und Beteiligten auf beiden Seiten im Wesentlichen erspart blieb.

* * *

---

[40] BStU, MfS, SdM, Nr. 90, Bl. 31 f., Information von Verteidigungsminister Armeegeneral Heinz Keßler an Erich Honecker über einen Besuch des Chefs der Politischen Hauptverwaltung der NVA, Generaloberst Horst Brünner, beim Oberkommandierenden der WGT, Armeegeneral Boris V. Snetkov, 4.10.1989.
[41] Zit. nach: Kowalczuk/Wolle, Roter Stern über Deutschland, S. 217. In dem Erinnerungsbericht eines 1989 an der Militärakademie »Friedrich Engels« in Dresden studierenden NVA-Offiziers heißt es: »Gleichzeitig signalisierten die Sowjets über die bei uns studierenden Hörer der Sowjetarmee, dass die im Dresdener Norden stationierten Truppen der Sowjetarmee in der Kaserne bleiben würden.« Fonds ZMSBw, Erinnerungsbericht des ehemaligen Hauptmanns der NVA Gunter Flügel, Potsdam 2014, Bl. 25.
[42] Wolle, Die heile Welt der Diktatur, S. 342.

Mein Dank gilt zuerst den Mitstreitern und Autoren dieses Bandes Oberstleutnant Dr. Heiner Bröckermann, Dr. Daniel Niemetz und Dr. Matthias Uhl für ihre überaus informativen und zur Diskussion anregenden Aufsätze. Ich danke darüber hinaus der Führung des Zentrums für Militärgeschichte und Sozialwissenschaften der Bundeswehr (ZMSBw), namentlich dem Kommandeur Oberst Dr. Hans-Hubertus Mack und seinem Leitenden Wissenschaftler Prof. Dr. Michael Epkenhans für die Förderung des Projekts. Dank gebührt in diesem Zusammenhang auch dem Leiter des Forschungsbereiches »Deutsche Militärgeschichte seit 1945« Oberst Dr. Gerhard P. Groß. Ein ausdrücklicher Dank geht an die Damen und Herren der Schriftleitung des ZMSBw, insbesondere an Herrn Wilfried Rädisch, Herrn Bernd Nogli, Frau Carola Klinke, Frau Yvonn Mechtel und vor allem an Frau Christine Mauersberger, für ihre stets hilfreiche Unterstützung und die professionelle Begleitung des Bandes. Für Zu- und Schreibarbeiten schulde ich Frau Anna Hübert und Frau Monika Wenzke ein Dankeschön. Ich danke zudem allen Leitern der Archive, die den Autoren bei ihren Recherchen behilflich waren und Dokumente zur Verfügung gestellt haben. Mein Dank gilt nicht zuletzt dem Ch. Links Verlag sowie der Lektorin des Bandes, Frau Jana Fröbel, für die erneut sehr angenehme Zusammenarbeit.

Rüdiger Wenzke   Potsdam, im Juni 2014

Heiner Bröckermann

Zur Militär- und Sicherheitspolitik der SED am Ende der DDR

»Je stärker der Sozialismus, desto sicherer der Frieden!« – diese »bewährte« Formel der SED-Propaganda galt auch in den 1980er Jahren. Die militärischen Strukturen waren durch eine umfassende Militarisierung der Gesellschaft ergänzt worden. Die sogenannte Vervollkommnung des Systems der sozialistischen Landesverteidigung avancierte nun zum Thema des letzten Jahrzehnts der DDR. Dabei nutzte der militarisierte Sozialismus mehr der Partei als dem Militär selbst. Die Landes- und Bündnisverteidigung war nämlich untrennbar mit der Herrschaftssicherung der SED verbunden. Erich Honecker hatte bereits auf dem IX. Parteitag der SED 1976 das Junktim vom Schutz des Friedens und des Sozialismus artikuliert: »Mit hervorragenden Ergebnissen hat unsere Landesverteidigung aktiven Anteil am kraftvollen Voranschreiten der entwickelten sozialistischen Gesellschaft[1].« Nicht zuletzt diese Aussage erklärt, warum die SED länger auf der Aufrechterhaltung der militärischen Macht und der gesellschaftlichen Militarisierung beharrte, als die Zeichen der veränderten internationalen Militär- und Sicherheitspolitik es eigentlich geboten[2].

Als wesentliche Inhalte der »wissenschaftlich begründeten« und »internationalistischen« Militärpolitik der Partei galten bis in die 1980er Jahre vor allem der Ausbau der Streitkräfte, die Vorbereitung des Territoriums der DDR auf einen Krieg, die Wehrerziehung sowie die Anstrengungen zur Landesverteidigung in Ökonomie und Wissenschaft. Dazu gehörte auch der Ausbau des auf die innere Sicherheit gerichteten Unterdrückungsapparates der SED.

In den 1980er Jahren erweiterte sich das Verständnis über die Inhalte von Militär- und Sicherheitspolitik im Zuge der Konferenz für Sicherheit und Zusammenarbeit in Europa (KSZE), des NATO-Doppelbeschlusses und der Ver-

---

[1] Honecker, Zügig voran, S. 298.
[2] Siehe die grundlegende Studie von Seubert, Zum Legitimitätsverfall; Bröckermann, Landesverteidigung, S. 18.

handlungen zur Rüstungsbegrenzung. Dazu gehörte auch die besondere Ausprägung der sogenannten Friedenspolitik der DDR. Der außenpolitische Aufbruch der Ära Honecker führte hierbei zu einem ähnlichen Junktim wie in der Militärpolitik, nämlich einer »Einheit von Innen- und Außenpolitik«, die sich, wie DDR-Außenminister Oskar Fischer betonte, durch »stete und stabile sozialistische Entwicklung im Innern wie konsequente sozialistische Friedenspolitik nach außen« bewies[3]. Erich Honecker wirkte nicht nur aufgrund seiner Position an der Spitze der SED als Motor dieser Politik. Sein Bestreben war es, im weltweiten »Friedenskampf« für das »Überleben der Menschheit« als Staatsmann von Format zu gelten. In der Tat verstand es Honecker, die Militär- und Sicherheitspolitik bis in das Frühjahr 1989 zu seinem persönlichen Machterhalt zu nutzen und zu einem sinnstiftenden Bestandteil der SED-Herrschaft zu machen[4].

Die DDR war Teil der sozialistischen »Friedensmacht« des Ostblocks. Diese starrte vor Waffen und trat Freiheits- und Menschenrechte mit den Füßen. Philosophische Fragen nach der Glaubhaftigkeit der atomaren Abschreckung und den Vorstellungen eines friedenssichernden Gleichgewichts des Schreckens führten zunächst nur im Hintergrund zu neuen Aspekten im Verständnis von Sicherheitspolitik und Streitkräften. Der atomare Krieg wurde immer weniger als führbar und gewinnbar eingestuft. Nach der immer wieder ausgewerteten Wirkung der Bomben von Hiroshima und Nagasaki war es die Reaktorkatastrophe von Černobyl 1986, die ganz Europa über die Folgen atomarer Verseuchung diskutieren ließ. Im Windschatten dieser Debatte wurden auch Fragen des Umweltschutzes stärker reflektiert.

Der Beginn der 1980er Jahre verdeutlichte zudem mit der militärischen Intervention der Sowjetunion in Afghanistan die aggressive Seite des Warschauer Paktes genauso, wie vor dem Hintergrund der Ereignisse in Polen die Zerbrechlichkeit des Bündnisses sichtbar wurde. Das Verhalten der Sowjetunion gegenüber Polen schien zwar darauf hinzudeuten, dass die Zeit der militärischen Interventionen im eigenen Bündnis vorbei war. Dies resultierte offenbar zunächst aber eher aus der konzeptionellen und vor allem der gesundheitlichen Schwäche der sowjetischen Führung von Leonid I. Brežnev über Jurij V. Andropov bis Konstantin U. Černenko. Erst unter Michail S. Gorbačev sollte ein völlig neues Konzept der Machtverteilung innerhalb der sowjetischen Führungselite greifen. Offen war freilich die Frage, ob die Sowjetunion den technologischen Wettkampf mit dem Westen auf Kosten der eigenen Wirtschaft führen konnte oder

---

[3] Siehe die Beschreibung zum Begriff der Militärpolitik in: Bröckermann, Landesverteidigung, S. 12−15, sowie die Darstellung der außenpolitischen Entsprechung in: Siebs, Die Außenpolitik der DDR, S. 44 f.
[4] Vgl. Bröckermann, Landesverteidigung, S. 878; zur Genese des Sicherheitsverständnisses der SED siehe: Diedrich, Wechselwirkungen; Wagner, Walter Ulbricht; zur »internationalen Solidarität« siehe: Storkmann, Geheime Solidarität?, S. 595−597.

die sich abzeichnende eigene Unterlegenheit akzeptieren wollte. Im Herbst 1984 kehrte die Sowjetunion zumindest an den Verhandlungstisch zurück, als es um die Fortführung der START-Gespräche (Strategic Arms Reduction Talks) zur Reduzierung strategischer Nuklearwaffen ging. Die US-amerikanische Zeitschrift »Time« veröffentlichte im September 1985 ein Interview mit dem neuen sowjetischen Generalsekretär. Gorbačev betonte, dass die Sowjetunion eine »Atempause« benötige und Sicherheit in Zukunft eine politische Aufgabe sei, die man mit politischen Mitteln lösen müsse. Sein Konzept des »europäischen Hauses« schien dagegen eher von ökonomischen Themen besetzt zu sein. Wer wollte, konnte dabei jedoch genug Aspekte der alten sowjetischen Hegemonialpolitik entdecken. Diese Ambivalenz und die realen Zwänge der neuen ökonomisch-politischen Konzepte sicherten andererseits ausreichende Mehrheiten zu ihrer Durchsetzung.

Die DDR und damit die SED-Diktatur waren in diesem Kontext am Ende der 1980er Jahre in vielfältiger Weise herausgefordert – wirtschaftlich, militärisch, aber vor allem ideologisch. War die ideologische Auseinandersetzung mit dem Westen ein Kontinuum der SED-Geschichte, so wurde am Ende des Jahrzehnts zusätzlich die interne Auseinandersetzung mit der sowjetischen Führungsmacht, insbesondere mit der Perestroika Gorbačevs, ein ernst zu nehmendes Problem. Die DDR war plötzlich nicht mehr die ideologische Avantgarde im Einklang mit der Sowjetunion, sondern wirkte fast altstalinistisch in ihrem Beharren.

Auch im Bereich der Militär- und Sicherheitspolitik war die DDR nach der Krise der Détente des sogenannten Zweiten Kalten Krieges nicht mehr »vorn« dabei. Obwohl daran gezweifelt werden darf, dass die DDR im Rahmen der Krise um den NATO-Doppelbeschluss eine maßgebliche sicherheitspolitische Rolle gespielt hatte, schien Erich Honecker mit seiner »Friedenspolitik« in jener Phase zunächst den Nerv der Zeit getroffen zu haben. Plötzlich jedoch veränderten sich am Ende der 1980er Jahre die beherrschenden Themen. Ökonomisch und ideologisch war die DDR nicht mehr auf der Höhe der Zeit. Und schließlich scheiterte der SED-Staat augenscheinlich in dem selbst so vehement propagierten Feld der Menschlichkeit. Der Staat der Staatssicherheit (»Stasi«), der Todesschützen an der Mauer, aber auch der Staat einer hemmungslosen Umweltverschmutzung war in keinem Feld so human, wie er gesehen werden wollte. Am 5. Februar 1989 wurde Chris Gueffroy bei seinem Fluchtversuch aus der DDR nach West-Berlin getötet. Während das Schießen auf Flüchtlinge im Verlauf des Jahres 1989 den Grenztruppen verboten wurde, blieb die Flucht in den Westen über dritte Staaten ein lebensgefährliches Risiko. Der DDR-Bürger Kurt-Werner Schulz starb durch eine Kugel der ungarischen Grenzwache am 21. August 1989 in Lutzmannsburg – bereits 15 Meter auf der österreichischen Seite. Gueffroy und Schulz gehörten zu den letzten Todesopfern des »Eisernen Vorhangs«[5].

---

5   Vgl. Froh, Chronik der NVA, S. 571, 602 und S. 654; Kremb/Wensierski, Tage wie in Trance.

Sicherheitspolitik auf dem Nebengleis

Ende 1983 hatte Erich Honecker als »historische Mission« der DDR verkündet, nach dem NATO-Doppelbeschluss eine neue Runde im atomaren Wettrüsten verhindern zu wollen. Eine Basis dieser Politik bot sich im Rückblick auf die 1970er Jahre. Der Artikel 5 des Grundlagenvertrages hatte die deutschen Staaten zum Wirken für die Abrüstung in Mitteleuropa verpflichtet. Erich Honecker betonte gegenüber dem Westen vor allem historische Lehren als Motivation und argumentierte ganz im Sinne der Friedenspropaganda. Dabei fokussierte er sich sicherheitspolitisch zeitweise auf die chemischen Waffen. So diskutierte ab 1984 eine gemeinsame Arbeitsgruppe von SED und SPD über das Thema einer chemiewaffenfreien Zone. 1985 wurde in einem »Gemeinsamen Kommuniqué« bereits der Rahmen für ein künftiges Abkommen über eine solche Zone skizziert[6]. Dass man dabei über Waffen in Europa sprach, die gar nicht in der Verfügbarkeit der DDR standen, war ein Vorwurf der sowjetischen Seite, der nicht so schwer wog wie die Möglichkeit, sich so die SPD für die Zukunft zu verpflichten und das eigene Profil einer »Friedenspartei« im »Friedensstaat DDR« zu schärfen[7].

In der SPD blieb die »Nebensicherheitspolitik« der Partei nicht unwidersprochen. Aber der in all diesen Fragen maßgebliche Denker, Egon Bahr, konnte sich mit Unterstützung von Willy Brandt und Hans-Jochen Vogel im eigenen Lager durchsetzen. Als der SPD-Kanzlerkandidat Johannes Rau 1986 im SPD-Präsidium anmerkte, dass man sich aufgrund der vielfältigen Kontakte nach Osten nicht zu »Propagandisten der UdSSR« machen lassen sollte, fand er demzufolge keine Unterstützung. Und auch Hans Apel erinnerte sich an seine eigenen vergeblichen Versuche, auf die Gefahren der von Gorbačev im Januar 1986 vorgeschlagenen »Nulllösung« hinzuweisen: »Egon Bahr bestätigt, dass ich auf eine Reihe von Problemen hingewiesen hätte. Sie seien aber nicht so bedeutend, dass wir Gorbatschows Vorschlag nicht voll unterstützen könnten[8].«

Die Kontakte mit der SED blieben weiterhin Teil der Entspannungspolitik der SPD. So stand beispielsweise 1986 das Projekt für einen atomwaffenfreien Korridor in Mitteleuropa ganz unter dem Eindruck der Diskussion um den NATO-Doppelbeschluss und neuer westlicher Kriegsführungskonzepte. Der Korridor sollte jeweils 150 Kilometer westlich bzw. östlich der innerdeutschen Grenze bzw. der Grenze zur Tschechoslowakei verlaufen und von Kernwaffeneinsatzmitteln sowie von atomarer Munition frei gehalten werden. Obwohl beide Seiten die Unverzichtbarkeit von Nuklearwaffen für die jeweiligen Konzepte der Landesverteidigung kannten, fand man offenbar genug Motive, um prag-

---

6   Vgl. Bröckermann, Landesverteidigung, S. 680–682.
7   Vgl. Wentker, Zwischen Unterstützung und Ablehnung, S. 149–153.
8   Apel, Der Abstieg, S. 360.

matisch den Dialog zu sicherheitspolitischen Themen auf dem politischen Nebengleis zu führen. Die Diskussion auf dem ideologischen Niveau sozialistischer Parteien machte die Kontakte dabei unverdächtiger im jeweiligen Lager.

Im April 1987 erfuhr das Projekt des atomwaffenfreien Korridors insofern eine Aufwertung, als es nunmehr auf die staatliche Ebene gehoben werden sollte. Erich Honecker und der tschechoslowakische Ministerpräsident Lubomír Štrougal wandten sich in einem Schreiben an Bundeskanzler Helmut Kohl und schlugen die Schaffung des Korridors vor. Kohl lehnte ab. Ende April folgte dann der Vorschlag der Sowjetunion, der auf die doppelte »Nulllösung« von Raketen mittlerer und kürzerer Reichweite zielte und dabei die entsprechenden Trägersysteme der Bundesrepublik und der DDR einschloss[9]. Im selben Jahr 1987 erlangte auch das aus den gemeinsamen Kontakten von SED und SPD entstandene Diskussionspapier »Streit der Ideologien und die gemeinsame Sicherheit« größere Aufmerksamkeit in Ost und West. Im Westen wurde kritisiert, dass man nicht genug auf die Verknüpfung von Fragen des Friedens und der Menschenrechte geachtet habe. Das »Papier« sorgte auch in der DDR für ideologischen Sprengstoff innerhalb der SED und wurde zum Anknüpfungspunkt für DDR-Oppositionelle. 1988 wurde der militärpolitische Aspekt der Kontakte im gemeinsamen Vorschlag einer Arbeitsgruppe der SPD-Bundestagsfraktion und des Zentralkomitees der SED zur »Zone des Vertrauens und der Sicherheit in Zentraleuropa« noch einmal öffentlich, blieb jedoch im Schatten der mittlerweile vorangetriebenen Abrüstungspolitik der Supermächte und der Diskussion um die Perestroika Gorbačevs[10].

Die Bundesrepublik Deutschland lehnte offizielle Kontakte auf sicherheitspolitischem Gebiet mit der DDR zu diesem Zeitpunkt immer noch ab und wandte sich im Zweifelsfall lieber an die Vormacht in Moskau. Bundesverteidigungsminister Rupert Scholz sprach beim Moskauer Besuch im Oktober 1988 zwar von einem »Konzept gegenseitiger Sicherheit« und griff Aspekte der sicherheitspolitischen Diskussion auf, die auch in den Konzepten von SED und SPD diskutiert worden waren[11]. Fest stand jedoch, dass man sich innerhalb der NATO nicht auseinanderdividieren lassen wollte. An der festen Bindung zu den USA wurden keine Zweifel gelassen. Dafür opferte man wenn nötig Inhalte – nicht aber für die zweifelhaften Initiativen Honeckers.

Kontakte zwischen der Bundeswehr und der NVA waren in diesem Zusammenhang nur innerhalb von internationalen Verpflichtungen bzw. Organisationen vorgesehen. Trotzdem gelang es der SED, Offiziere der NVA in den sicherheitspolitischen Dialog der Bundesrepublik einzubringen. Auch hierbei unterstütze die SPD die Verbindungsaufnahme. Schon Ende März 1986

---

[9] Vgl. ebd., S. 492 f.
[10] Vgl. Gerster, Zwischen Pazifismus und Verteidigung, S. 45–47 und S. 62 f.
[11] Vgl. Militärgeschichte der BRD, S. 498.

sprach der Direktor des Militärgeschichtlichen Instituts der DDR, Generalmajor Reinhard Brühl, als erster Offizier der NVA auf einer öffentlichen Veranstaltung in der Bundesrepublik Deutschland. Am Starnberger See ging es um das Thema »Gemeinsame Verantwortung für den Frieden – Historische Lehre und aktueller Auftrag«[12]. Am 28. und 29. März 1989 trafen sich Offiziere der NVA und der Bundeswehr zu einem halboffiziellen Treffen auf Anregung von Egon Bahr und seinem Institut für Friedensforschung und Sicherheitspolitik an der Universität Hamburg. Für die NVA nahmen als Vertreter der Militärakademie »Friedrich Engels« Generalmajor Rolf Lehmann und Oberst Eberhard Arnold, als Vertreter des Verteidigungsministeriums Oberst Dieter Schuster sowie für die ZK-Abteilung für Sicherheitsfragen Generalmajor Werner Hübner teil[13]. Auch an den »Saarbrücker Gesprächen« zwischen der SED und der SPD über Abrüstung im Juni 1989 beteiligten sich hochrangige Funktionäre aus der DDR, so u.a. der ZK-Sekretär für Sicherheitsfragen Egon Krenz, der Chef des Hauptstabes der NVA Generaloberst Fritz Streletz, der Stellvertreter des Chefs LSK/LV und Chef des Stabes Generalmajor Günter Hiemann sowie der Stellvertreter des Chefs der Militärakademie »Friedrich Engels« Generalmajor Rolf Lehmann[14]. Bereits ein knappes Jahr zuvor hatte die SED im August 1988 den 33. Parteitag der SPD in Münster mit Genugtuung zur Kenntnis genommen. Dort war im Zuge des Leitantrages zur Friedens- und Sicherheitspolitik gefordert worden, weitere Abrüstungsschritte im nuklearen, konventionellen und chemischen Bereich unumkehrbar zu machen. Neben dem Bekenntnis zur strukturellen Nichtangriffsfähigkeit wurde auch die Modernisierung von Nuklearwaffen abgelehnt. Die Idee der chemie- und nuklearwaffenfreien Zonen sollte also weiterverfolgt werden[15].

Die SPD geriet in der Bundesrepublik am Vorabend der Friedlichen Revolution aufgrund ihrer »Nebensicherheitspolitik« und ideologisch verbrämten Gesprächskontakte in die Kritik. Die Rettung kam aus einer unerwarteten Richtung. Der als Parteilinker und Förderer der westdeutschen Friedensbewegung bekannte SPD-Abgeordnete Erhard Eppler führte die SPD mit einer fulminanten Bundestagsrede wieder auf die Höhe der aktuellen Politik. In seiner Rede am 17. Juni 1989 zum Gedenktag des Volksaufstandes in der DDR vom Juni 1953 machte er bereits die sicherheitspolitischen Dimensionen einer künftigen deutschen Einheit deutlich. Eppler ordnete das Recht der Deutschen auf Selbstbestimmung den »Erfordernissen des Friedens« unter. Wenn die Deutschen zusammenkommen würden, müsste dies letztlich »dem Frieden in Europa dienen«. Die Deutschen würden »Deutschlandpolitik als Europäer« betreiben. Es

---

[12] Vgl. Froh, Chronik der NVA, S. 608.
[13] Vgl. ebd., S. 656.
[14] Vgl. ebd., S. 661.
[15] Vgl. Militärgeschichte der BRD, S. 497.

würde auch keinen »deutschen Sonderweg« geben: »Wo wir in Potentialen denken, in ökonomischen, politischen oder gar militärischen, denken wir europäisch. Die Zeiten nationaler Machtpolitik in Europa sind für uns unwiderruflich zu Ende[16].«

Rüstungskontrolle und Vertrauensbildung

Das »Abschließende Dokument« des 2. Madrider Folgetreffens der KSZE vom 6. September 1983 ebnete den Weg zur Einberufung der Konferenz über Vertrauens- und Sicherheitsbildende Maßnahmen in Europa (KVAE). Rüstungskontrolle und Verifikationsmaßnahmen wurden Mitte der 1980er Jahre sehr breit und kontrovers diskutiert. Die DDR und andere Warschauer-Pakt-Staaten versuchten, solche Konzepte wie atomwaffenfreie Zonen oder Fragen des nuklearen Ersteinsatzes in die laufenden Verhandlungen einzubringen. Im September 1986 kam es dann zur Stockholmer Übereinkunft über »Vertrauens- und Sicherheitsbildende Maßnahmen« (VSBM), die einen Meilenstein der europäischen Rüstungskontrolle im Rahmen des KSZE-Prozesses seit 1975 darstellte. Die Übereinkunft umfasste Regelungen zur Information über die Organisation und Dislozierung von Streitkräften, die Vorausmeldung bestimmter militärischer Übungen und die Notifizierung von Manövern vor deren Beginn sowie nicht zuletzt die gegenseitige Einladung von Manöverbeobachtern und Vor-Ort-Inspektionen. Als positiver Effekt der Stockholmer Übereinkunft können auch die Ergebnisse des 3. KSZE-Folgetreffens in Wien gesehen werden. Hierbei kam es zu einem gemeinsamen Vorschlag der DDR mit Bulgarien, Ungarn und der Tschechoslowakei über neue »Vertrauens- und Sicherheitsbildende Maßnahmen«, der bereits während der Budapester Außenministerkonferenz des Warschauer Paktes im Oktober 1988 abgestimmt worden war. In den Verhandlungen gelang es schließlich, die langwierigen, zuletzt gescheiterten Verhandlungen über die Mutual Balanced Force Reduction (MBFR) in neue Verhandlungen zum 1990 geschlossenen Vertrag über konventionelle Streitkräfte in Europa (KSE-Vertrag) überzuleiten[17].

Neben Fragen der Abrüstung bzw. der Rüstungsbeschränkung beschäftigte die Menschen in Ost und West auch die Sorge um eine Bewaffnung des Weltraums,

---

[16] Zit. nach: Maibaum, Geschichte der Deutschlandpolitik, S. 108 (Ansprache von Erhard Eppler vor dem Deutschen Bundestag).
[17] Vgl. Tudyka, Das OSZE-Handbuch, S. 37 und S. 132−134; Bröckermann, Landesverteidigung, S. 644 f. und S. 654; Forndran, Der säkulare Dialog, S. 228 f.; Bange, Der KSZE-Prozess, S. 101.

sinnbildlich geworden durch das amerikanische Projekt der Strategic Defense Initiative (SDI). Bekannter wurde die Idee durch die Verwendung des Titels des Science-Fiction-Films »Star Wars« für das visionäre, aber unausgereifte Projekt. Ähnliche Pläne hatte auch die Sowjetunion bereits verfolgt. Der sich bereits in den 1970er Jahren abzeichnende technologische Take-off des Westens in Fragen der Rüstung wurde aber wohl von keinem Projekt so verkörpert wie von SDI. US-Präsident Ronald Reagan hatte das Gespür für das große politische Potenzial, das darin steckte[18].

Im Januar 1986 hatte sich Gorbačev an US-Präsident Reagan gewandt und den Verzicht und die Vernichtung aller Atomwaffen innerhalb der nächsten 15 Jahre vorgeschlagen. Diese politisch radikale Vision einer atomwaffenfreien Welt basierte nicht zuletzt auf der Einschätzung, dass das bisherige ebenso kostspielige wie politisch riskante Atomwaffenarsenal in der Zukunft durch »neue intelligente Waffen« ersetzt werden müsse. Letztlich war absehbar, dass die nukleare Abschreckung durch das Fortschreiten der Waffenentwicklung eines Tages ausgehebelt werden würde. Reagans Berater kannten dieses Problem, konnten aber die europäischen NATO-Partner offenbar nicht überzeugen – diese verstanden die sich abzeichnende Reduzierung der Atomwaffen als Schwächung Westeuropas. Die beiderseitige Abrüstung im Bereich der atomaren Interkontinentalraketen versprach in den Vorstellungen der politischen Berater Gorbačevs daher auch die Chance auf eine sicherheitspolitische Abkopplung der europäischen NATO-Partner von ihrer Führungsmacht USA, ein Dauerprojekt der sowjetischen Außenpolitik. Die Basis für eine neue Etappe der Verständigung von USA und Sowjetunion schien also aufgrund gleich mehrerer Ursachen gegeben. Der INF-Vertrag vom Dezember 1987 führte zur Abrüstung der Mittelstreckenraketen. In diesem Zusammenhang verzichtete auch die Bundesrepublik Deutschland auf maßgebliche Teile ihres nuklearen Trägerpotenzials. Am Ende des Jahres wurde damit deutlich, dass Honeckers Vorstellungen von einer sicherheitspolitischen Rolle der DDR im deutsch-deutschen Sonderweg von der Realität überholt worden waren. Gorbačev hatte seine Hausmacht gefestigt und holte nun auch innerhalb des eigenen Bündnisses zu weitreichenden Reformen im Geist der Perestroika aus[19].

Die Moskauer Sitzung des Komitees der Verteidigungsminister der Warschauer Vertragsorganisation vom 5. bis zum 8. Juli 1988 wurde zu einer Selbstvergewisserung der sowjetischen Führung, dass der eingeschlagene Kurs von Perestroika und einer neuen, defensiven Militärdoktrin im Gefolge des XXVII. Parteitages der KPdSU von 1986 richtig war. Sicherheit sollte demnach »zunehmend zu einer politischen Aufgabe« werden und diese »gegensei-

---

[18] Vgl. Silomon, Anspruch und Wirklichkeit, S. 549 f.; Bröckermann, Landesverteidigung, S. 624–627.
[19] Vgl. Soutou, La guerre de cinquante ans, S. 677–685.

tig, gemeinsam und allgemein in den internationalen Beziehungen« verwirklicht werden[20]. Die sowjetisch-amerikanischen Gipfeltreffen von Washington und Moskau wurden in ihren Auswirkungen auf die Vereinten Streitkräfte des Warschauer Paktes resümiert. Der große Erfolg des INF-Vertrages, der ersten wirklichen Abrüstung eines ganzen Systems atomarer Mittelstreckenraketen, war dabei für weitere Reformvorhaben bedeutsam.

Die staatlich gelenkte »Friedensbewegung« der DDR führte ähnlich wie die KSZE-Politik einige Jahre zuvor zu innenpolitischen »Kollateralschäden« in der DDR, da die eigentlich nach außen zielende Propaganda als Maßstab für das eigene Verhalten der DDR und des Warschauer Paktes herhalten musste. So wurden ab Ende der 1970er Jahre Fragen der Militär- und Sicherheitspolitik, aber auch Umweltfragen und der politischen Partizipation von vielfältigen Aktivitäten der evangelischen Kirchen in der DDR begleitet, die zudem auch oppositionellen Gruppen sprichwörtlich ein Dach über dem Kopf und einen zeitweiligen Schutzraum bieten konnten. Gemeinsame Worte des Bundes der Evangelischen Kirchen in der DDR und der Evangelischen Kirche Deutschlands beschworen neben dem politischen Appell an die Aufrechterhaltung des Friedens zwischen der NATO und dem Warschauer Pakt die Gemeinschaft der Christen in der besonderen Gestalt einer auch historisch begründeten gesamtdeutschen Verantwortung. Erich Honeckers und Helmut Kohls Moskauer Erklärung von 1985, dass von deutschem Boden kein Krieg ausgehen dürfe, hielt als der kleinste gemeinsame sicherheitspolitische Nenner des deutsch-deutschen Sonderweges bis zum Ende des Jahrzehnts[21]. Über Parteien hinweg wurde in der Bundesrepublik der Beitrag der Kirchen als »Ausdruck gesamtdeutscher Identität« und »Ermutigung für die Fortführung der Entspannungspolitik« gewürdigt.

Die deutschen Kirchengremien waren damals in ihrer Diskussion sowohl von Überlegungen zu aktuellen sicherheitspolitischen Fragen als auch von historischen Bezügen ausgegangen. So vermerkte Martin Ziegler, der Sekretär des Bundes der Evangelischen Kirchen in der DDR, im Jahr 1986, dass es schwierig sei, als Kirche im »Propagandakrieg« überhaupt »unmissverständlich und wahrhaftig« zu sprechen. Zudem versuchte der staatlich gelenkte DDR-Friedensrat, sich durch Beiträge von außen in die kirchlichen Entscheidungsprozesse einzubringen[22]. Historische Gedenktage beeinflussten die Diskussion über die Angemessenheit der Beteiligung am politischen Dialog. So wurde 1987 die Vorbereitung zu einer Stellungnahme anlässlich des Gedenkens an die Reichspogromnacht vom 9. November 1938 im Jahr 1988 von vielfältigen Überlegungen begleitet. Es

---

20 Siehe die Heraushebung der Ergebnisse in: Sozialistische Militärpolitik und Wehrbereitschaft, S. 381 f.
21 Vgl. Bröckermann, Landesverteidigung, S. 510–520, 532 und S. 617.
22 Vgl. Silomon, Anspruch und Wirklichkeit, S. 568–570 und S. 573–583. Zitat von Ziegler: S. 568.

ging im Schatten des westdeutschen Historikerstreits um die Haltung zu Juden und um Antisemitismus in Ost und West sowie um den deutsch-sowjetischen Nichtangriffspakt von 1939.

Sicherheitspolitische Initiativen und der Machtverlust der SED

Erich Honecker stellte sich 1988 auf internationaler Bühne mit einer eigenen Initiative im Rahmen der Sicherheitspolitik dar. Das »Internationale Treffen für kernwaffenfreie Zonen« in Ost-Berlin vom 20. bis zum 22. Juni 1988 wurde zumindest zu einem Propagandaerfolg, da die DDR-Regierung Politiker, Wissenschaftler und Soldaten aus 113 Ländern begrüßen konnte[23]. Aus Moskau kamen allerdings konkretere Initiativen, welche die DDR vor militärpolitische Tatsachen stellten.

Auf der 22. Tagung des Komitees der Verteidigungsminister im Oktober 1988 präsentierte die Sowjetunion Pläne zur Reduzierung der selbstständigen Panzerregimenter der Mot.-Schützendivisionen und jeweils eines Panzerregiments aus den Panzerdivisionen. Während Polen und Ungarn keine Einwände vorbrachten, waren die DDR und die Tschechoslowakei anderer Ansicht[24]. Im November 1988 beschloss der Verteidigungsrat der UdSSR die Umsetzung der neuen Militärdoktrin für den Bereich der Streitkräfte. Kurze Zeit später konnte Gorbačev mit seiner Rede vor den Vereinten Nationen zu weitreichenden Reduzierungen der Streitkräfte des Warschauer Paktes einen weiteren Schritt auf dem Weg der Veränderung der bisherigen offensiv ausgerichteten Militär- und Sicherheitspolitik gehen[25]. Dass selbst in der Sowjetunion die von Gorbačev gesetzten neuen Prioritäten dem Militär offenbar nicht klar waren, daran erinnerte sich der ehemalige Bundeswehrgeneral Jörg Schönbohm im Zusammenhang mit dem Moskaubesuch von Bundesverteidigungsminister Rupert Scholz im Herbst 1988. Auf die Frage des deutschen Ministers nach Rüstungskosten antwortete der sowjetische Verteidigungsminister Armeegeneral Dmitrij T. Jazov eher verständnislos mit der Bemerkung, er »wisse nicht, was seine Waffensysteme kosteten, denn er brauche sie nur zu bestellen und bekomme sie dann auch«[26].

Im Dezember 1988 befassten sich die Verteidigungsminister des östlichen Bündnisses mit dem Verhältnis der zahlenmäßigen Stärke der Streitkräfte und

---

23 Vgl. Militärgeschichte der BRD, S. 497.
24 Vgl. Froh, Chronik der NVA, S. 647.
25 Vgl. ebd., S. 641 f.; Metzler, Nationale Volksarmee, S. 691–696.
26 Schönbohm, Zwei Armeen und ein Vaterland, S. 9.

Rüstungen von Warschauer Pakt und NATO in Europa und den angrenzenden Seegebieten. Ganz im Sinne der Ideen Gorbačevs wurde das Zahlenmaterial vorgestellt, das von einer Parität der beiden Systeme ausging. Die Sowjetunion kündigte an, ihre Streitkräfte einseitig um 500 000 Mann zu reduzieren, 10 000 Panzer, 8500 Artilleriesysteme sowie 800 Kampfflugzeuge abzurüsten. Aus der DDR, der Tschechoslowakei und Ungarn sollten insgesamt sechs Panzerdivisionen abgezogen werden[27].

Die SED befand sich längst in der Defensive zwischen mehreren Gegnern – einerseits dem Westen und der vor allem unter dem Dach der Kirche agierenden Protestbewegung in der DDR sowie andererseits den Reformern im eigenen sozialistischen Lager, in der Sowjetunion. Im Innern behauptete die SED zumindest offiziell die politische Deutungsmacht. Nach außen schien in militär- und sicherheitspolitischen Fragen kein Dissens zu bestehen. So traf die einseitige Abrüstungsinitiative Gorbačevs im Dezember 1988 die SED zwar unvorbereitet, allerdings nutzte Erich Honecker die Gelegenheit, um im Januar 1989 ein eigenes Zeichen seiner »Friedenspolitik« im vermeintlichen Einklang mit Gorbačev zu setzen und zugleich als Nebeneffekt die schwächelnde DDR-Wirtschaft mit einer eigenen einseitigen Abrüstungsinitiative zu unterstützen. Dass Honecker frei werdende Waffensysteme nach Asien, in den Nahen Osten und nach Afrika verkaufte, verschwieg man geflissentlich[28]. Immer deutlicher wurde jedoch, dass die Daseinsberechtigung der SED in ihrem letzten vermeintlichen Kompetenzfeld nicht mehr gegeben war.

Der Frieden zwischen der NATO und dem Warschauer Pakt funktionierte auch ohne die ostdeutsche »Friedenspolitik«. Das Friedensthema war eben kein Thema mehr für die unzufriedene DDR-Bevölkerung, die ab dem Sommer 1989 massenhaft die Flucht wählte, zunächst in Raten im Urlaub in Ungarn und der Tschechoslowakei. In Ungarn war im Mai der »Eiserne Vorhang« geöffnet worden. Der Gründungsaufruf des Neuen Forums in der DDR vom 18. September 1989 enthielt allenfalls noch indirekte Bezüge zur Friedenspolitik. So hieß es: »Wir wollen vor Gewalt geschützt sein und dabei nicht einen Staat von Büttelnund Spitzeln ertragen[29].« Wesentlich für die DDR-Opposition war etwas anderes:

»Die gestörte Beziehung zwischen Staat und Gesellschaft lähmt die schöpferischen Potenzen unserer Gesellschaft und behindert die Lösung der anstehenden lokalen und globalen Aufgaben. Wir verzetteln uns in übelgelaunter Passivität und hätten doch wichtigeres zu tun für unser Leben, unser Land und die Menschheit[30].«

---

27 Vgl. Froh, Chronik der NVA, S. 653.
28 Vgl. Metzler, Nationale Volksarmee, S. 667 f. und S. 702–704.
29 Gründungsaufruf des Neuen Forums.
30 Ebd.

Neues Denken und der Einflussverlust der SED im Militär

Die Militär- und Sicherheitspolitik der SED vollzog sich auf mindestens zwei Ebenen: der internationalen Bündnisebene der Warschauer Vertragsorganisation und der nationalen Ebene der NVA. Verteidigungspolitische Entscheidungen des Bündnisses wurden über diese Ebenen hinweg nicht unbedingt durchgesetzt oder nicht einmal kommuniziert. Der mit der Prager Erklärung der Warschauer Vertragsorganisation von 1983 vollzogene Verzicht auf den Ersteinsatz von Atomwaffen und damit auch die Einsicht, dass es in einem Kernwaffenkrieg keine Sieger und Besiegten geben konnte, wurde im Bündnis mitgetragen und in der Friedenspropaganda verlautbart. In der NVA fehlte es allerdings an der praktischen Umsetzung. Gerade die Folgerungen aus dem »Neuen Denken«, die letztlich ganz allgemein zu einem Bedeutungsverlust des Militärischen führen mussten, wurden in der DDR nicht gezogen. Die Ursachen dafür können zum einen in der grundsätzlichen Weigerung des Militärs gesehen werden, sich selbst und die eigene Tätigkeit infrage zu stellen, zum anderen können sie in dem Beharren der SED auf den herrschaftsstabilisierenden Momenten der Militarisierung vermutet werden. Der offenbar werdenden »Sinnkrise des Militärs« wurde z.B. von der Politischen Hauptverwaltung der NVA mit einer Kampagne zur »politisch-moralischen Vorbereitung auf den bewaffneten Kampf« sowie zur »Stärkung des Kampf- und Siegeswillens« begegnet[31].

Das »Neue Denken«, das sich in der DDR 1984 durch die Publikation des Buches »Die Philosophie des Friedens im Kampf gegen die Ideologie des Krieges« manifestierte, stand mehr im Einklang mit den Projekten der im Geiste der Perestroika agierenden Führungsriege der Sowjetunion als mit den Reformverweigerern in der SED. Die neue Lehre über Krieg, Frieden, den Einsatz von Streitkräften und die Landesverteidigung ging zunächst von der Verletzlichkeit der »Hightech-Zivilisation« aus. Die Welt war »kriegsunverträglich« geworden; der Mensch konnte seine ganze Gattung selbst vernichten. Daher waren die »Mittel des Krieges über den Zweck des Krieges« gewachsen. Der Zweck des Krieges konnte nicht mehr erreicht werden, sondern Krieg führte mit der Vernichtung des Gegners auch zur Selbstvernichtung. Krieg hatte demnach keine politische Funktion mehr, er wurde zur »Ultima Irratio« der Politik. Militärisches Denken konnte keinen sinnvollen Beitrag zur Politik mehr leisten. Das Paradoxon zwischen Verteidigung durch militärische Abschreckung und gesicherter Vernichtungsfähigkeit bot einen »atomaren Frieden«, wenngleich es letztlich die »atomare Geiselnahme aller Erdenbürger bedeutete«[32].

---

[31] Scheler, Die Irrationalität des Krieges, S. 3.
[32] Ebd., S. 4 f.

Der entscheidende Durchbruch für ein »Neues Denken« im Warschauer Pakt erfolgte mit der Verkündigung einer neuen Militärdoktrin des Bündnisses durch Michail Gorbačev auf der Tagung des Politischen Beratenden Ausschusses im Mai 1987 in Ost-Berlin. Der 1985 neu ins Amt gewählte KPdSU-Generalsekretär ließ keinen Zweifel daran, dass das von ihm propagierte »Neue Denken« auch die gemeinsame Verteidigung der sozialistischen Länder betreffen würde. An die Stelle der bisherigen raumgreifenden Offensive sollte nun eine »vernünftige Hinlänglichkeit« rücken. Das bisherige Ziel, dem Gegner auf seinem Territorium eine vernichtende Niederlage zuzufügen, sollte im »Raketen-Kernwaffenkrieg« nicht mehr verfolgt werden. Die Militärdoktrin von 1987 zielte auf eine neue Kultur des Militärischen im Verhältnis zur Politik ab. Der bei aller Führungsstärke der Sowjetunion im Grunde nur schwach entwickelte politische Charakter des Warschauer Paktes weitete sich in diesem Sinne nun auf die militärstrategische Ebene und folgerichtig auch auf die operative Ebene aus. Auf militärpolitischer Ebene kam neben dem Ziel des sozialistischen Ausbaus die friedenserhaltende Aufgabe hinzu[33].

Die neue Militärdoktrin zeigte in allen gesellschaftlichen Bereichen der DDR, vor allem aber in der NVA, mehr oder weniger Auswirkungen. Geheime Untersuchungen aus dem Jahr 1989 wiesen beispielsweise nach, dass über 50 Prozent der Berufssoldaten in den Landstreitkräften eine »deutliche Schwerpunktverlagerung zum Training von Verteidigungshandlungen« erlebten. Die Pionierausbildung, ein wichtiger Faktor im Rahmen der neuen Verteidigungsoperationen, war spürbar verstärkt worden. In der militärischen Fachliteratur, wie der Zeitschrift »Militärwesen«, wurde der Wandel ebenfalls thematisiert. Bei Manövern und Übungen war der Wandel wohl am deutlichsten spürbar. Dabei gaben 72 Prozent der Berufssoldaten an, Veränderungen in Richtung der Verteidigungsdoktrin gesehen zu haben[34]. Der erklärte Verzicht auf ein Feindbild und die Idee von einem führbaren Krieg bedeutete jedoch nicht, dass daraus bis auf die unterste Ebene der militärischen Hierarchie Folgerungen gezogen wurden.

Der Politischen Hauptverwaltung (PHV) innerhalb der NVA kam die schwierige Aufgabe zu, die ideologischen Brüche zwischen der SED-Führung und den Reformern innerhalb der KPdSU so in der NVA zu behandeln, dass kein Zweifel über die Handlungsfähigkeit des Warschauer Vertrages aufkam. Vor allem aber durfte kein Zweifel an der führenden Rolle der SED innerhalb der

---

33 Vgl. Lautsch, Die NVA-Operationsplanung, S. 280−283; Metzler, Nationale Volksarmee, S. 687 f.
34 Vgl. BArch, DVW 1/55659, Bl. 80−82, Protokoll der Sitzung des Kollegiums des Ministeriums für Nationale Verteidigung, 5.6.1989; zu den Zusammenhängen von Motivation, Entwicklung der Bewaffnung und Militärdoktrin siehe auch: Bröckermann, Entwicklungsprobleme, S. 75−87.

DDR entstehen. Der thematische Rückzug auf militärfachliche Lösungen unter Abspaltung von politischen Fragestellungen konnte aus der Sicht der PHV nicht befriedigen. Es galt schließlich, alle Handlungen der NVA politisch-ideologisch zu begleiten und einzuordnen[35].

Umfragen in Militärkreisen, die man gewöhnlich zu den Stützen der SED-Politik zählte, stimmten die Parteiführung in den späten 1980er Jahren zumindest nachdenklich. Während es noch eine grundsätzliche berufliche Motivation gab, blieb die ideologische Motivation immer weiter hinter den Erwartungen der Partei zurück. Im Jahr 1988 begann die PHV der NVA das Projekt »Leutnant 90«, das soziologische Untersuchungen des Absolventenjahrganges 1987 der Offizierhochschulen der NVA umfasste. Danach litten selbst hoch motivierte junge Führungskräfte unter dem als »überwiegend negativ« empfundenen Ausbildungsdienst im Truppenalltag. Hinzu kam, dass Bedenken und die Ablehnung der Perestroika durch ältere Vorgesetzte auf die Zustimmung zur sowjetischen Politik im jungen Führungskorps trafen, die eine bessere »Informationskultur« und »klarere Antworten« auf aktuelle Fragen der Politik verlangten. Die oft gebrauchte Formel »Von der Sowjetunion lernen heißt siegen lernen!« geriet geradezu zur Kritik an der SED.

Besonders das Vorgehen der Staatssicherheit im Zuge der Liebknecht-Luxemburg-Demonstration im Januar 1988, aber auch das Verbot der sowjetischen Zeitschrift »Sputnik« vom November 1988 führten zu dienstgradgruppenübergreifenden Unmutsäußerungen. Hinzu kam, dass die Abrüstungsoffensiven der Jahre 1988/89 das Vertrauen der Berufssoldaten in die Führung destabilisierten. Ängste vor der Zukunft mischten sich mit Ärger über die Informationspolitik der SED und führten zu kritischen Fragen und einer partiellen Verweigerungshaltung. Zu den wenigen konkreten Reaktionen gehörten die 30 Eingaben, die Armeeangehörige schrieben, darunter auch sieben »SED-Genossen« – zwei Offiziere, ein Fähnrich, drei Unteroffiziere und ein Zivilbediensteter der NVA. All dies spaltete das Führungskorps und die in der NVA vertretenen Soldatengenerationen[36]. Dem standen u.a. die weiter aufrechterhaltenen Forderungen nach einer ständig hohen Gefechtsbereitschaft und die ungebrochen weitergeführte aggressive Werbung für militärische Berufe entgegen[37].

Nach den Volkskammerwahlen vom 7. Mai 1989 und der Öffnung des »Eisernen Vorhangs« durch Ungarn wurde die innere Lage der Truppe von der Armeeführung ausgewertet. Es waren jedoch weniger aktuelle Inhalte als vielmehr grundsätzliche Fragen von Kommunikation und Schulung, die thematisiert wurden. Insofern blieb es bei einer eigentümlichen Selbstbestätigung der

---

[35] Vgl. Metzler, Nationale Volksarmee, S. 670 f.
[36] Vgl. Rogg, Armee des Volkes?, S. 562 f.; Wenzke, Zwischen »Prager Frühling« 1968 und Herbst 1989, S. 413 f.
[37] Vgl. Rogg, Armee des Volkes?, S. 563 f.

Führung, im Grundsatz zu wissen, wie man auf die vermehrten Fragen zur Kluft von Theorie und Praxis zu reagieren habe. Bei näherer Betrachtung offenbarte sich auch in dieser krisenhaften Zeit die ritualisierte Abarbeitung von Parteitagsbeschlüssen zur politischen Arbeit. Im Juni 1989 analysierte die PHV sowohl die Führung und Gestaltung der Gesellschaftswissenschaftlichen Weiterbildung und Politschulung als auch Ergebnisse militärsoziologischer Untersuchungen. Verteidigungsminister Armeegeneral Heinz Keßler äußerte sich dazu, indem er zunächst feststellte, dass es die grundlegende Aufgabe der politischen Schulung sei, »alle für die ›Stürme der Zeit‹ zu wappnen«. Keßler betonte, dass »objektive Veränderungen in der Welt [...] neue Fragen« mit dem Anspruch auf eine überzeugende Antwort mit sich brächten, und stellte fest: »Das politische Gespräch mit den Menschen zu allen Fragen des Alltags ist wichtiger denn je[38].«

Trotzdem sollte bis zum April 1990 das Rahmenprogramm der Gesellschaftswissenschaftlichen Weiterbildung »mit der Behandlung von Problemen der ökonomischen Strategie der Partei, der politisch-ideologischen Vorbereitung des 40. Jahrestages der DDR und aktuellen Fragen der Militär- und Sicherheitspolitik zu Ende geführt« werden, um dann in der Ausbildung von Juni bis Oktober 1990 vor allem den XII. Parteitag der SED, der nicht mehr stattfand, in der NVA und den Grenztruppen der DDR auszuwerten[39]. Die folgenden Inhalte der Gesellschaftswissenschaftlichen Weiterbildung stellen quasi eine Momentaufnahme der offiziellen Wahrnehmung der politischen Lage dar:

»Unsere Epoche – unverändert Epoche des Übergangs vom Kapitalismus zum Sozialismus im Weltmaßstab. Dem Sozialismus gehört die Zukunft. Neue Fragen der Strategie und Taktik des Ringens um Frieden und gesellschaftlichen Fortschritt.

– Das Friedensprogramm des Sozialismus und der weltweite Kampf um Abrüstung, Krieg, Frieden und Armee in unserer Zeit. Der Sinn des Soldatseins im Sozialismus.

– Die friedenspolitische Verantwortung der sozialistischen Streitkräfte. Theoretisch-ideologische und praktische Konsequenzen aus der Umsetzung der Militärdoktrin der Teilnehmerstaaten des Warschauer Vertrages und der DDR. Hohe Kampfkraft und Gefechtsbereitschaft bleiben das A und O.

– Die NVA in einer neuen Entwicklungsetappe. Bei der Lösung der sich daraus ergebenden Aufgaben gezielt die Vorzüge sozialistischer Streitkräfte nutzen. Konsequenzen für die Führungstätigkeit.

---

38 BArch, DVW 1/55659, Bl. 2, Protokoll der Sitzung des Kollegiums des Ministeriums für Nationale Verteidigung, 5.6.1989; vgl. Metzler, Nationale Volksarmee, S. 678 f.
39 Vgl. BArch, DVW 1/55659, Bl. 29, Protokoll der Sitzung des Kollegiums des Ministeriums für Nationale Verteidigung, 5.6.1989.

- Aktuelle Erfordernisse der Stärkung des Sozialismus und der Erhöhung seines internationalen Einflusses. Einheit in der Vielfalt der Entwicklung der sozialistischen Bruderländer.
- Das Programm der SED und der XII. Parteitag der SED über die grundlegenden Ziele und Merkmale des Sozialismus. Unsere Gesellschaftsstrategie bis ins neue Jahrtausend. Kontinuität und Erneuerung in der Politik der SED. Werte, Vorzüge und Errungenschaften des Sozialismus.
- Die Bilanz der erfolgreichen Entwicklung seit dem VIII. Parteitag der SED – Beweis der Überlegenheit der sozialistischen Planwirtschaft über die kapitalistische Profitwirtschaft. Die Politische Ökonomie des Sozialismus – Richtschnur für die ökonomische Strategie der Partei mit dem Blick auf das Jahr 2000.
- Der untrennbare Zusammenhang von politischer Macht der Arbeiterklasse, Demokratie, Freiheit und Sicherung der Menschenrechte. Die DDR – ein sozialistischer Rechtsstaat.
- Der Imperialismus ausgangs des 20. Jahrhunderts. Die Dialektik von Aggressivität, Militarismus und Friedensfähigkeit. Die antisozialistische Strategie der NATO und ihre Militärpolitik unter Anpassungszwang. Die militärischen Aktivitäten der NATO in den 90er Jahren.
- Die BRD – Machtfaktor der NATO in Europa und Dialogpartner der DDR. Die Doppelgleisigkeit der Außen- und Militärpolitik der BRD. Die Entwicklung der Bundeswehr in den 90er Jahren.
- Ein fester marxistisch-leninistischer Klassenstandpunkt – entscheidende Voraussetzung für die Erfüllung unseres Klassenauftrages. Der Streit der Ideologien in unserer Zeit. Ideologische Grundfragen der Gegenwart[40].«

Die innere Lage der NVA bildete eine weitere Bewertungsgröße. Angesichts der politischen Entscheidung zur Reduzierung der NVA und der Veränderungen innerhalb des Militärbündnisses bestanden bei nicht wenigen »Berufskadern« Zweifel, dass die NVA noch in der Lage sei, ihren Auftrag im Rahmen der neuen Militärdoktrin zu erfüllen:

»Von der Bewertung des Gegners und der angespannten Situation in der Truppe ausgehend, halten viele es für schwierig, eine hinlängliche Verteidigungsfähigkeit zu sichern und Überraschungen auszuschließen, wenn seit langem anstehende Probleme sowie taktische und materiell-technische Fragen nicht gelöst werden[41].«

Neue Aspekte der Verteidigungsoperationen, wie das Kämpfen in einer »taktischen Zone«, um den Angriff des Gegners abzuwehren, sowie der Wechsel von Angriff und Verteidigung in einer beweglich geführten Verteidigung auf dem Territorium der DDR, bereiteten den militärischen Führern der NVA offenbar Probleme. Ganz allgemein verringerte sich die »Übereinstimmung des Personalbestandes im politischen Denken«. Die Lösung der Probleme

---

[40] Ebd., Bl. 48 f.
[41] Ebd., Bl. 62.

stellte an die Partei- und Politorgane der NVA höhere Anforderungen, was die Propagierung des Marxismus-Leninismus und der Politik der Partei betraf.

Die SED und die Militärreform während der Friedlichen Revolution

Lange Zeit waren konservative Auffassungen in der Führung von Partei, Staat und Armee stärker als die des »Neuen Denkens«. Erst die Friedliche Revolution im Herbst 1989 setzte die Kräfte frei, die intellektuell die Basis für Veränderungen in der Sicherheits- und Verteidigungspolitik geschaffen hatten, diese aber bisher nicht praktisch durchsetzen konnten[42]. Die Philosophen in Uniform drängten nunmehr ganz offensichtlich auf die Durchsetzung ihrer Ideen. In der Tat konnte das »Neue Denken« während der Friedlichen Revolution zur Etablierung eines leidlichen Nebeneinanders von Sicherheitsapparat und Oppositionsbewegung in der Endphase der SED-Herrschaft beitragen. Statt den atomaren Frieden galt es den »Bürgerfrieden« zu erhalten. Die zwischenstaatlichen Maßstäbe des »Neuen Denkens« konnte man so an die innere Konfliktbearbeitung anlegen. Der »Chefphilosoph« der NVA, Kapitän zur See Prof. Dr. Wolfgang Scheler, formulierte dazu: »Dialog statt Feindschaft, Sicherheitspartnerschaft statt Gewalt, Vorrang gemeinsamer Interessen vor den politischen Gegensätzen waren nötig, um den gewaltträchtigen Machtkonflikt ohne bewaffnete Gewalt mit zivilen Mitteln zu lösen[43].«

Die Kommandeurtagung der NVA am 20. November 1989 wurde für den neuen Verteidigungsminister, Admiral Theodor Hoffmann, zum Ausgangspunkt der Militärreform. Am 25. November 1989 wurde in Strausberg die »Zentrale Arbeitsgruppe Militärreform« unter Führung des Hauptinspekteurs der NVA, Generaloberst Prof. Dr. Hans Süß, geschaffen. Die Reform musste jedoch weit über den Bereich der NVA hinaus organisiert und von der gesamten DDR-Gesellschaft begleitet werden, galt es doch, die von der Militarisierung des Landes geprägten realsozialistischen Strukturen und ihnen adäquate Geisteshaltungen zu überwinden. Vor allem betraf das die Beseitigung des Einflusses der Staatspartei SED im Bereich der Wehrerziehung und in Form der Polit- und Parteiorgane innerhalb der NVA[44]. Die Militärreform wurde in die Vorhaben der Regierung Modrow eingebunden. Militärdoktrin, Wehrgesetz und Zivildienst sollten im

---

[42] Vgl. Scheler, Die Irrationalität des Krieges, S. 6 f.
[43] Ebd., S. 7.
[44] Vgl. Heider, Militärreform in der DDR, S. 384.

Rahmen des Wandels geschaffen bzw. angepasst werden[45]. Auf Vorschlag von Hans Modrow beschloss der Ministerrat der DDR am 21. Dezember 1989 deshalb die Schaffung der »Regierungskommission Militärreform der DDR«[46].

Zur Vorgeschichte der Militärreform in der DDR gehörten »ideelle Vorarbeiten« an der Militärakademie »Friedrich Engels« in Dresden. Am 4. November 1989 fand dort eine erste Debatte über eine Reform im Wissenschaftlichen Rat der Militärakademie statt. Der Stellvertreter des Chefs der Akademie für Wissenschaft und Forschung, Generalmajor Prof. Dr. Rolf Lehmann, und der Leiter des Lehrstuhls Philosophie, Wolfgang Scheler, waren dabei maßgebliche Protagonisten. Scheler proklamierte bereits die Loslösung von der Partei, zumindest von der damals agierenden Parteiführung der SED: »Die Armee muss zusammengehen mit der Volksbewegung für einen demokratischen Sozialismus [...] Die Nationale Volksarmee muss eine Armee des Volkes und seines Staates sein, nicht die einer Partei[47].«

Nach Gorbačevs Erklärung über die einseitige Abrüstungsinitiative vor den Vereinten Nationen war die Bukarester Tagung des Politischen Beratenden Ausschusses im Juli 1989 ein weiterer Meilenstein auf dem Weg der Veränderung des Warschauer Paktes. Ein Aspekt der Landes- und Bündnisverteidigung geriet immer weiter in den Hintergrund, nämlich die Herrschaftssicherung der führenden Rolle der Sowjetunion im Bündnis und die Erhaltung der Macht der kommunistischen Parteien in den Ostblock-Staaten. Neben dem Motiv einer Weiterführung des »Neuen Denkens« standen auch hier Überlegungen der ökonomischen Mobilisierung der Volkswirtschaften im Vordergrund. Damit leitete die Sowjetunion selbst die »Renationalisierung« der Außen- und Sicherheitspolitik ihrer einstigen Satellitenstaaten ein. In Polen und Ungarn wurde nicht mehr maßgeblich in die politische Entwicklung eingegriffen. Gorbačev machte dies nicht zuletzt am 7. Juli 1989 in seiner Rede vor dem Europarat in Strasbourg deutlich, als er erklärte, dass seine Philosophie vom »europäischen Haus« ohne militärische Gewalt funktioniere[48].

Aus Sicht der SED setzte Gorbačev der »Konterrevolution« damit nicht das nötige Maß an Gewalt entgegen. In der DDR war es infolge der Wahlen vom 7. Mai 1989 zu ernst zu nehmenden Protesten gegen den Wahlbetrug der SED gekommen. Angesichts der Zurückhaltung Gorbačevs eher hilflos, aber dennoch entlarvend für die Gewaltbereitschaft der SED-Führung wirkte dann die mediale Unterstützung der chinesischen Gewaltlösung auf die Demonstrationen in Peking. Egon Krenz und schließlich auch die Volkskammer der DDR ließen keinen Zweifel aufkommen, dass die chinesische Reaktion zur Wiederherstellung

---

[45] Vgl. ebd., S. 386.
[46] Siehe dazu auch den Beitrag von Rüdiger Wenzke in diesem Band.
[47] Zit. nach: Heider, Militärreform in der DDR, S. 385.
[48] Vgl. Görtemaker, Geschichte der Bundesrepublik Deutschland, S. 721 f.

der »Ordnung« auch ein Vorbild für die DDR sein konnte. Schließlich wurden der Beginn der Sommerferien in der DDR und die Berichte über die ungarische Grenzöffnung zum Signal für einen großen Teil der DDR-Bevölkerung, die für sich eine Flucht über Ungarn als persönliche Alternative zur politischen und wirtschaftlichen Entwicklung in der DDR wählten. In der sich entwickelnden humanitären Notlage der Fluchtwilligen in Ungarn und der Tschechoslowakei ergaben sich für die deutsche Bundesregierung Verhandlungserfolge mit Ungarn, der Tschechoslowakei und der Sowjetunion. Die Isolation der DDR im eigenen Lager wurde immer deutlicher. Die SED sah sich gezwungen, die Grenzen auch zu den eigenen sozialistischen Bruderstaaten zu schließen[49].

Im Innern der DDR nahm die Angst vor dem Einsatz des Militärs gegen die eigene Bevölkerung konkrete Formen an. Sowohl in der NVA als auch in den paramilitärischen Verbänden der SED, den »Kampfgruppen der Arbeiterklasse«, regte sich gegen diesen Einsatz zwar kein offener Widerstand, jedoch wurde diese Lösung auch nicht aktiv vorangetrieben. Zudem war die Bereitschaft zur Erfüllung der eigentlichen Aufgaben in einem Krieg auch gar nicht mehr ausgeprägt vorhanden. So hatte man Anfang 1989 bei der 7. Panzerdivision in Dresden ermittelt, dass nur 60 Prozent der einfachen Soldaten im Kriegsfall überhaupt noch ihren Auftrag zur Landesverteidigung erfüllen wollten. Die Folie, vor deren Hintergrund die SED-Führung den Einsatz gegen die Bevölkerung organisieren konnte, bot allerdings die Planung zur Absicherung der Feierlichkeiten zum Republikgeburtstag am 7. Oktober 1989. Dies überschnitt sich mit den Belastungen, die mit der Ausreise der sogenannten Botschaftsflüchtlinge aus Polen und der Tschechoslowakei über das Gebiet der DDR in den Westen verbunden waren. Hierbei wurde der Militärführung durchaus bewusst, in welche Richtung sich der Sicherungseinsatz der NVA als Unterstützung der Volkspolizei entwickeln konnte. Durch den Befehl Nr. 8/89 des Vorsitzenden des Nationalen Verteidigungsrates der DDR, Erich Honecker, über »Maßnahmen zur Gewährleistung der Sicherheit und Ordnung in der Hauptstadt der DDR, Berlin, anlässlich des 40. Jahrestages der DDR« wurde teilweise auch die geheime Führungsstruktur der Bezirke und Kreise der DDR für den Kriegsfall aktiviert. So nahm Honecker im Zuge der Absicherungsmaßnahmen die Ost-Berliner Bezirkseinsatzleitung (BEL) und dazugehörige Kreiseinsatzleitungen (KEL) in die Pflicht. Dies betraf in erster Linie bessere Möglichkeiten der Kommunikation und der Koordinierung der Sicherheitsorgane in einem erprobten Gremium. Die beabsichtigten »politisch-ideologischen« und »politisch-operativen« Maßnahmen richteten sich vor allem an die Adresse der Staatssicherheit und der Volkspolizei.

---

[49] Vgl. Metzler, Nationale Volksarmee, S. 710; Umbach, Das rote Bündnis, S. 485 und S. 508 f.

In Dresden sollte sich aber schon bald zeigen, dass auch der Einsatz der NVA gegen den Bürgerprotest eine Option war[50].

Die Frage, ob die BEL Dresden bei der Bekämpfung der Unruhen am 4./5. Oktober 1989 überhaupt aktiviert worden war, wurde nach 1990 auch Inhalt eines Strafverfahrens wegen Falschaussage gegen den ehemaligen 1. Sekretär der SED-Bezirksleitung Dresden Hans Modrow. Dieser hatte im Rahmen eines Untersuchungsausschusses versichert, nicht die BEL aktiviert zu haben, was dem Protokoll einer Sitzung der BEL aus der fraglichen Zeit widersprach. Oberst Edmund Geppert, ehemals Mitglied und Sekretär der BEL Dresden, erinnerte sich rückblickend an eine Mischung aus eingespielter Verantwortung und pragmatischem Handeln in der SED-Bezirksleitung Dresden. Die BEL Dresden tagte regelmäßig einmal im Quartal montags in den Räumen des Wehrbezirkskommandos. Inhalte der Tagungen waren neben der allgemeinen Sicherheitslage im Bezirk und der Nachwuchsgewinnung Fragen der Mobilmachung, oft an der Schnittstelle von Wirtschaft und Militär. Das Militär selbst und die Staatssicherheit waren dabei eher keine Themen. Gründe dafür waren zum einen das Vertrauen in die Beherrschung der grundsätzlichen Aufgaben bei der NVA und zum anderen die hohe Geheimhaltung in allen Fragen der Staatssicherheit[51].

An den Unterstellungsverhältnissen und den Möglichkeiten des 1. Sekretärs, Anweisungen in der Bezirksleitung Dresden durchzusetzen, gab es jedoch keinen Zweifel. Und dies dürfte auch in den anderen Bezirken der DDR in ähnlicher Weise gegolten haben. So erinnerte sich Oberst Geppert an die kritischen Tage in der Bezirksleitung:

»Dr. Hans Modrow war fast 10 Jahre mein unmittelbarer Vorgesetzter, militärisch gesagt, mein Kommandeur [...] Befehlen, anordnen, kommandieren, das war nicht sein Stil [...] Die Autorität von Dr. Hans Modrow begründete sich vor allem aus seiner Kenntnis der gesamtgesellschaftlichen Probleme und seinem diesbezüglichen Führungsvermögen gegenüber anderen Mitgliedern der Einsatzleitung, die Spezialisten ihres Fachs waren[52].«

In Ost-Berlin hatte am Rande der Generalprobe zur NVA-Parade am Abend des 4. Oktober 1989 eine Besprechung des Verteidigungsministers Armeegeneral Heinz Keßler mit führenden Militärs stattgefunden. Die anstehende Durchfahrt der Züge mit den Prager Botschaftsflüchtlingen in der Nacht vom 4. auf den

---

50 Vgl. Bröckermann, Die Nationale Volksarmee, S. 132 f.; BArch, DVW 1/40336, Bl. 24–26, Befehl Nr. 8/89 des Vorsitzenden des Nationalen Verteidigungsrates der DDR, 26.9.1989.
51 Dr. Edmund Geppert, Oberst der NVA, war Leiter der Abteilung Sicherheitsfragen der SED-Bezirksleitung Dresden und Sekretär der Bezirkseinsatzleitung. Vgl. Geppert, Kein Buch mit sieben Siegeln, S. 56 f.
52 Ebd., S. 62 f.

5. Oktober und entsprechende »Sicherungsaufgaben« waren für Keßler der Anlass, die »volle Gefechtsbereitschaft« für die 6. Grenzbrigade Küste anzuordnen, und auch im Leipziger Militärbezirk III, zu dem Dresden gehörte, sollte die »erhöhte Gefechtsbereitschaft« zur Unterstützung der Volkspolizei dienen. Die Atmosphäre dieser Besprechung schilderte der damalige Vizeadmiral Hoffmann mit der Bemerkung, dass er selbst die Anweisung des Ministers erst einmal relativiert habe und für seinen Bereich gar nicht voll umsetze. Es zeigte sich jedoch auch, dass die NVA offensichtlich einen Einsatz gegen die eigene Bevölkerung mangels abgestufter Befehlslage mit dem Instrumentarium der Landesverteidigung umzusetzen gedachte. Dies ist auch als Argument verwendet worden, um die grundsätzliche Ausrichtung der NVA gegen einen äußeren Feind zu belegen[53].

Für Dresden hatte Erich Honecker am 8. Oktober 1989 in Reaktion auf die vergangenen schweren Ausschreitungen am Hauptbahnhof, nach der Erinnerung von Oberst Geppert, ein Zusammentreten der BEL gefordert. Zusätzlich sollte die SED-Bezirksleitung Dresden die Ergebnisse der BEL-Besprechungen regelmäßig nach Ost-Berlin übermitteln. Die Lage hatte sich am 8. Oktober in Dresden jedoch schon erheblich entspannt. Darüber hinaus gab es keine BEL-Sitzungen, sondern nur noch Besprechungen von Sekretären der Bezirksleitung zu aktuellen Fragen. Geppert erinnerte sich:

»Dies waren keine Sitzungen der BEL. Wenn in einigen Informationsberichten an das ZK der SED auch von Beratungen der BEL gesprochen wurde, so diente das, wie ich einschätze, dazu, formal auf Weisungen und Erwartungen zu reagieren und die ›Zentrale‹ zufriedenzustellen[54].«

Trotzdem blieb die Macht des 1. Sekretärs der SED-Bezirksleitung über die Sicherheitsorgane von Polizei, Staatssicherheit und NVA in seinem Bezirk erheblich. Im Herbst 1989 konnte die SED theoretisch jederzeit die gewaltsame Initiative auf der regionalen Ebene ergreifen. Seit den 1960er Jahren verfügten die 1. Sekretäre der SED-Bezirksleitungen als Leiter der BEL über die Möglichkeit, »zur Beseitigung von Störungen der Ordnung und Sicherheit sowie anderen ernsthaften Vorkommnissen, die Einfluss auf die staatliche Sicherheit haben, [...] Kräfte ihres Zuständigkeitsbereiches« zu alarmieren[55]. Der letzte Versuch der SED, die Möglichkeiten der Bezirkseinsatzleitungen in der Breite zu nutzen, erfolgte vermutlich Anfang November 1989. Oberst Geppert erinnerte sich an eine Sitzung vom 4. November 1989, die von Egon Krenz als neuem Vorsitzenden des Nationalen Verteidigungsrates gefordert worden war:

»Der Inhalt des Befehls dokumentierte die völlige Fehleinschätzung der Lage durch die damalige Führung, ihre Konzeptlosigkeit und ihr Unvermögen, die Wider-

---

53 Vgl. Hoffmann, Das letzte Kommando, S. 11 f.; Bröckermann, Die Nationale Volksarmee, S. 134 f.
54 Geppert, Kein Buch mit sieben Siegeln, S. 64.
55 Siehe zur Alarmdirektive von 1967: Bröckermann, Landesverteidigung, S. 159.

sprüche und Probleme zu lösen. Faktisch sollten durch die Einsatzleitungen politische und gesellschaftliche Aktivitäten ergriffen werden, die vorwiegend Sache von Staatsorganen, Parteien und Organisationen waren. Das hatte mit den Aufgaben der Einsatzleitungen kaum noch etwas zu tun[56].«

Mit Blick auf die Maueröffnung am 9. November 1989 wird auch deutlich, dass die SED-Führung vermehrt auf pragmatische Lösungen des Einsatzes und der Führung der Sicherheitsorgane setzte. Immer wieder wurde deutlich, dass sich die Maßnahmen zur Landesverteidigung nicht deckungsgleich zur Aufstandsbekämpfung verwenden ließen. Als Sonderstruktur entstand so zeitweilig eine »operative Führungsgruppe« unter der Leitung des Stellvertreters des Verteidigungsministers und Chefs des Hauptstabes der NVA Generaloberst Fritz Streletz, der auch Sekretär des Nationalen Verteidigungsrates war. In den Arbeitsabläufen an der Abfolge von Übungen zu territorialen Aspekten der Landesverteidigung orientiert, handelt es sich bei den Ergebnissen der »operativen Führungsgruppe« weniger um Befehle als um Lagefeststellung und Informationen, die Entscheidungen der SED-Führung unterstützen sollten. Dies konnte auch in Form eines »Befehlsentwurfs« geschehen. Zudem durfte auch der Kontakt zu den sowjetischen Streitkräften in der DDR nicht verloren gehen. Der Kontrollverlust über Armee, Polizei und Paramilitär war jedoch seit dem Oktober 1989 letztlich nicht mehr aufzuhalten. Die Mischung aus Kritik an der SED, sicherheitspolitischen Erwägungen in der Tradition des »Neuen Denkens« und grundsätzlichen revolutionären Bestrebungen nahm dabei vielfältige und teils auch widersprüchliche Formen an[57].

Infolge der Friedlichen Revolution und des Einsatzes von Militär in der DDR als Drohkulisse und zeitweilig als Truppe gegen innere Unruhen in eiligst gebildeten polizeiähnlichen Formationen, den sogenannten Hundertschaften[58], nahm die abstrakte Militärkritik im Zeichen der atomaren Bedrohung konkrete Formen an. Das Militär konnte eine Bedrohung für die Entwicklung zu einer erneuerten DDR sein. Das Selbstbild der NVA war ein anderes. Am 31. Oktober 1989 veröffentlichten die Gesellschaftswissenschaftler der Militärakademie »Friedrich Engels« einen Aufruf zur politischen Lage in der DDR und der Erneuerung des »demokratischen Sozialismus«[59]. Die Parteiarmee sollte nun zu einer Volksarmee werden. Die Legende von der Armee, die die Friedliche Revolution begleitet und sogar erst ermöglicht habe, wurde verbreitet[60]. Aus Sicht maßgeblicher Kreise

---

56 Geppert, Kein Buch mit sieben Siegeln, S. 67.
57 Vgl. Bröckermann, Landesverteidigung, S. 844–849.
58 Siehe dazu den Beitrag von Rüdiger Wenzke in diesem Band.
59 Vgl. Froh, Chronik der NVA, S. 671.
60 Zum Verhalten der NVA und den Ereignissen im Herbst 1989 u.a. Bröckermann, Die Nationale Volksarmee, S. 129–152. Siehe auch den Beitrag von Rüdiger Wenzke in diesem Band.

der NVA-Führung erschien daher die Nutzung der bereits seit Längerem im Hintergrund verfolgten Ideen des »Neuen Denkens« in der Verknüpfung mit Rückgriffen auf die preußische Militärtradition notwendig zu werden, um die Daseinsberechtigung der NVA durch konstruktive Beiträge zur Umgestaltung zu erhalten.

Die Militärreform der NVA besaß eine Eigendynamik, die auch auf der Tatsache beruhte, dass lange unterdrückte Reformkräfte eine letzte Gelegenheit zur Umsetzung ihrer Ideen sahen und diese nutzten. Die NVA wurde aber auch aus anderer Perspektive noch gebraucht. Am 30. November 1989 fand eine Pressekonferenz im Strausberger Verteidigungsministerium statt. Pressesprecher Uwe Hempel, der Chef der Verwaltung Kader, Generalleutnant Harald Ludwig, sowie der Leiter der Arbeitsgruppe Militärreform, Generalleutnant Hans Süß, informierten über die laufende Militärreform, die Truppenreduzierung sowie die Einsätze der NVA in der Volkswirtschaft[61]. Eine wichtige Aussage war dabei, dass die NVA den ökonomisch schwachen Staat am Laufen halte. Und: Die Stabilität der DDR werde auch durch das Stillhalten der sowjetischen »Freunde« gesichert. Tatsächlich erklärte Gorbačev in seiner Reaktion auf den »Zehn-Punkte-Plan« Helmut Kohls, dass die Stabilität auf dem europäischen Kontinent von der Stabilität der DDR abhinge[62].

Hatte noch am 18. November 1989 das Sekretariat der Politischen Hauptverwaltung der NVA in einem Brief an alle Mitglieder und Kandidaten der SED in der NVA und den Grenztruppen der DDR für die »Erneuerung der Partei« geworben, fand diese Forderung bereits zu diesem Zeitpunkt innerhalb der Parteiorganisationen keine Zustimmung mehr. Die Macht der SED war schon bald nicht einmal mehr eine theoretische Größe. Am 1. Dezember 1989 verschwand durch Beschluss der Volkskammer die führende Rolle der SED aus der Verfassung der DDR.

Der 6. Dezember 1989 war ein wichtiger Tag für die NVA, der allerdings in der Flut der Ereignisse kaum wahrgenommen wurde. Egon Krenz war zurückgetreten, und der Liberaldemokrat Manfred Gerlach wurde amtierender Staatsratsvorsitzender. Die Parteielite der alten SED war damit weitgehend aus der staatlichen Politik ausgeschieden. Große Teile organisierten sich als Partei des Demokratischen Sozialismus (PDS) neu. Auf der ebenfalls am 6. Dezember durchgeführten außerordentlichen Kollegiumssitzung des Verteidigungsministeriums ging es um den Aufruf »An die Soldaten des Volks und Bürger der Deutschen Demokratischen Republik«. Ein neues Wehrdienst- und Zivildienstgesetz sollte erarbeitet werden, geheime Wahlen von Soldatensprechern und sogenannten Sprecheraktiven wurden vorbereitet. Die Fünf-Tage-Woche für Berufssoldaten und die Streichung des unbeliebten Frühsports waren weitere Inhalte. Und mit

---

61 Vgl. Froh, Chronik der NVA, S. 678.
62 Vgl. Görtemaker, Geschichte der Bundesrepublik Deutschland, S. 738.

den Generalobersten Horst Stechbarth, Horst Brünner, Fritz Streletz und Klaus-Dieter Baumgarten verließ in der Folge der Sitzung die bisherige Führungselite der NVA die militärpolitische Bühne.

Darüber hinaus bildete sich eine Initiativgruppe zur Schaffung eines Verbandes der Berufssoldaten in der DDR. Diese Interessenvertretung sollte am 20. Januar 1990 gegründet werden und war am Vorbild des Deutschen Bundeswehr-Verbandes orientiert[63]. Der Militärreformer Kapitän zur See Wolfgang Scheler wiederholte auf dem Sonderparteitag der SED am 8./9. Dezember 1989 seine Anfang November vorgetragene Position und verlangte: »Wir wollen nicht länger die Armee einer Partei, sondern wir wollen die Armee des ganzen Volkes sein. Es ist daher auch unser Wille, dass die Parteiorganisationen in der Nationalen Volksarmee und in den Grenztruppen umgehend aufgelöst werden[64].«

Der Sonderparteitag der SED stimmte nicht nur in diesem Punkt zu, sondern forderte, wie auch das »Neue Forum«, ebenso die Auflösung der »Kampfgruppen der Arbeiterklasse«. Am 11. Dezember 1989 musste Generalleutnant Süß jedoch feststellen, dass besonders in den Arbeitsgruppen der Reformer »Trennung Partei und Armee« sowie »Wissenschaftsreform« die Trennung von der alten Partei unglaubhaft war und somit bei fortgesetzter Kritik durch die Öffentlichkeit die »Existenz der Armee auf dem Spiel« stehe. Im Februar 1990 wurde die mittlerweile nur noch als Hülle der Parteimacht in der NVA existierende Politische Hauptverwaltung zugunsten einer wenig einflussreichen Organisation der »staatsbürgerlichen Arbeit« aufgelöst[65].

Dass die Entmilitarisierung der DDR durch eine konsequente Demontage der Sicherheitsarchitektur der DDR vor allem die Entmachtung der SED bedeutete, verschaffte der zeitweilig ohne ernst zu nehmende politische Führung fast im luftleeren Raum agierenden NVA Ende 1989/Anfang 1990 genug Freiraum, um sich selbst zu reformieren und dadurch ihre Existenzberechtigung in einer noch zu bestimmenden Staatsform zu erhalten. Dazu gehörten die Beteiligung am Runden Tisch zur Militärreform sowie die Ausarbeitung von »Militärpolitischen Leitsätzen der DDR«[66]. Ab der ersten Sitzung am 16. Januar 1990 erarbeiteten die Kommissionsmitglieder – fast alle waren stellvertretende Minister aus 15 Ministerien bzw. in Regierungsämtern der DDR – ambitionierte Konzepte. Die »Zentrale Arbeitsgruppe Militärreform« wurde eine Expertengruppe zur Unterstützung der Kommission[67]. Zunächst geschah dies durchaus noch im Geist einer sozialistischen Erneuerung. Das Beispiel der Zivilverteidigung zeigte, wie sich die Organisationsbereiche unabhängig voneinander gegenseitig aus dem ei-

---

[63] Vgl. Froh, Chronik der NVA, S. 679.
[64] Zit. nach: Hoffmann, Das letzte Kommando, S. 77.
[65] Vgl. Metzler, Nationale Volksarmee, S. 684.
[66] Siehe auch: Bröckermann, Landesverteidigung, S. 730–735.
[67] Vgl. Heider, Militärreform in der DDR, S. 387–389.

genen Wirkungsbereich herausplanten. So hatte der Leiter der Zivilverteidigung Generaloberst Fritz Peter seine Organisation Anfang Dezember »entmilitarisiert« und sogar die bislang übliche Einstellung von Personal aus der NVA und den Grenztruppen ausgesetzt. Vonseiten des Ministeriums für Nationale Verteidigung bereitete man im Dezember bereits die Übergabe der Zivilverteidigung an den Ministerrat vor, was ab Januar 1990 auch in Verbindung mit der Umbenennung zum »Zivilschutz« vorzogen wurde[68].

Der Zentrale Runde Tisch, aber vor allem der Runde Tisch beim Verteidigungsminister, waren schon dem Namen nach Programm für einen intensiven Dialog innerhalb der Armee und der politischen Kräfte der Friedlichen Revolution. Das im Hintergrund länger verfolgte Projekt der »Militärpolitischen Leitsätze der DDR« erlebte in diesem Zusammenhang die Realisierung als späte Form einer Militärdoktrin der DDR. Der Begriff »Militärdoktrin« wurde allerdings bewusst fallen gelassen, um den Charakter der »Kriegsverhinderungsdoktrin« klarer hervortreten zu lassen[69].

Ganz im Sinne der Militärreform wurden auch außen- und sicherheitspolitische Verpflichtungen wahrgenommen. Der Chef des Hauptstabes der NVA Generalleutnant Manfred Grätz nahm nur wenige Wochen nach seiner Ernennung im Januar 1990 an einem Seminar über nationale Militärdoktrinen teil. Die Generalstabschefs von 35 Mitgliedsstaaten der KSZE trafen dazu in Wien zusammen. Bei dieser Gelegenheit galt die neue Militärdoktrin der DDR als Diskussionsgrundlage der Delegation. Nach dem ersten Treffen der deutschen Verteidigungsminister am 27. April 1990 in Köln-Wahn nahm Grätz am 17. Mai 1990 als Mitglied des Militärrates der Vereinten Streitkräfte auch an der wissenschaftlichen Konferenz zum 35. Jahrestag des Bestehens des Warschauer Paktes in Moskau teil[70]. Sein Vortragsthema deutete schon die Perspektive an, die seit den Wahlen vom 18. März klar war: »Das Sicherheitskonzept der DDR im Vereinigungsprozess der beiden deutschen Staaten«. Die Einigung vom Kaukasus im Juli 1990 war damals nicht absehbar, sodass Grätz aus seiner Sicht vor einer Zukunft stand, die »sich noch sehr nebulös, mehr als ungewiss darstellte«. Sein Vortrag in Moskau beinhaltete daher die verschiedenen Möglichkeiten für die DDR:

> »Wir meinen, dass es zweckmäßig und notwendig ist, anstelle von NATO und Warschauer Vertrag gesamteuropäische Sicherheitsstrukturen zu entwickeln, die die bisher von beiden Seiten praktizierten Abschreckungskonzepte ablösen und auf einem militärischen Faktor beruhen, der sich auf ein unbedingt notwendiges Mindestmaß beschränkt. Das wird aus der Sicht der gegenwärtigen Entwicklung einen längeren Zeitraum in Anspruch nehmen als die Schaffung der Einheit Deutschlands. Des-

---

[68] Vgl. Heitmann, Schützen und Helfen?, S. 373 f.
[69] Vgl. Heider, Militärreform in der DDR, S. 396–399.
[70] Vgl. Grätz, Ich, 1989/90, S. 14–16.

halb ist es aus unserer Sicht notwendig, für den militärischen Status eines vereinten Deutschlands eine Übergangslösung zu finden. Von allen bisher diskutierten Modellen, wie die volle NATO-Mitgliedschaft, eine doppelte Zugehörigkeit zu NATO und Warschauer Vertrag sowie die Neutralität eines vereinten Deutschlands, erscheint uns eine gesamtdeutsche politische Mitgliedschaft in der NATO bis zur Herausbildung eines gesamteuropäischen Sicherheitsbündnisses als das realistischste[71].«
Militär- und sicherheitspolitisch erlangte die NVA so in ihren letzten Monaten bis zum Ende der DDR eine weitgehende Autonomie, die zur Begleitung des allmählichen Endes der Mitgliedschaft im Warschauer Pakt sowie zur internen Verbesserung der Lage der Angehörigen der NVA genutzt werden konnte. Dazu setzte bereits vor der Herstellung der Deutschen Einheit die militär- und sicherheitspolitische Beratung durch die Bundesrepublik ein. In dieser Zeit waren die Waffensysteme der NVA noch einsatzbereit, standen die Panzer voll aufmunitioniert in den Kasernen. Die NVA bildete noch Soldaten aus und kämpfte gleichsam mit dem personellen »Schwund«, der sich sowohl bei den Wehrpflichtigen als auch bei den Zeit- und Berufssoldaten einstellte. Die aus der Rückschau erstaunliche Selbstkontrolle des Militärs der DDR basierte dabei zunehmend auf dem Versprechen der staatlichen Unterstützung für ehemalige Angehörige der NVA sowie auf der sich immer mehr abzeichnenden Perspektive einer gesamtdeutschen Lösung in Fragen der Landesverteidigung. Schließlich gab es auch noch genug Potenzial, die Lage unhinterfragt hinzunehmen und das abzuarbeiten, was sich als notwendig aufdrängte. Der beliebte Ausspruch »Es geht seinen sozialistischen Gang« taugte so auch als geflügeltes Wort auf dem Weg in die Demokratie.

Wenn auch die teilweise in Legenden dargestellte Rolle der NVA in der Friedlichen Revolution sehr differenziert zu betrachten ist, bleibt ein Vermächtnis: Die NVA führte in einer sehr perspektivlosen Lage ihren Dienst unter Führung der ersten frei gewählten Regierung der DDR loyal durch. Dabei wurden nicht zuletzt das im Westen argwöhnisch betrachtete Bekenntnis zur Tradition des militärischen Widerstands vom 20. Juli 1944 und der neue Eid der NVA zu Zeugnissen für einen Wandel von der Parteiarmee der SED zur Volksarmee. Bei aller Verstrickung in die SED-Diktatur verabschiedete sich die NVA am 2. Oktober 1990 friedlich in die Geschichte deutscher Streitkräfte. Und die Soldaten und Zivilbeschäftigten, die am 3. Oktober in die Bundeswehr übernommen wurden, sorgten mit dafür, dass sich zum Wunder der friedlichen »Einheit in Freiheit« das Erfolgsmodell der »Armee der Einheit« gesellte.

---

[71] Grätz, Ich, 1989/90, S. 17.

Rüdiger Wenzke

Von der Parteiarmee zur Volksarmee?
Die NVA und die Grenztruppen der DDR in Krise und Umbruch

Die Nationale Volksarmee mit ihren über 180 000 Mann bildete in der Ära Honecker das bedeutendste bewaffnete Organ und zugleich den Kern der »sozialistischen Landesverteidigung« der DDR[1]. Zu Beginn der 1980er Jahre war ihre Entwicklung vor allem durch weitere Anstrengungen zur Erhöhung der Gefechtsbereitschaft und Kampfkraft gekennzeichnet[2]. Die Begründung dazu lieferte die »zunehmend bedrohliche Entwicklung auf dem westlichen Kriegsschauplatz«, die nach Ansicht der SED ausschließlich durch die »Machenschaften der NATO« verursacht wurde[3].

In Abstimmung mit den verantwortlichen Marschällen des Warschauer Paktes stand daher die Aufgabe, in der NVA die kampfkraftbestimmenden Elemente weiter auszuprägen. Das hieß u.a., in weit größerem Umfang als zuvor moderne, leistungsfähige Systeme der Bewaffnung und Ausrüstung truppenwirksam in die Streitkräfte einzuführen. Dazu gehörte bei den Landstreitkräften beispielsweise die weitere Zuführung von Panzern T-72, deren Feuergeschwindigkeit die des bisherigen NVA-Standardpanzers vom Typ T-55 bei erhöhter Treffsicherheit um 100 Prozent übertraf. In den Luftstreitkräften/Luftverteidigung (LSK/LV) standen die Einführung moderner Typen von Jagdbomben- und Jagdflugzeugen sowie die weitere Ausstattung der Luftverteidigung mit Fla-Raketen einer

---

[1] Vgl. Diedrich/Ehlert/Wenzke, Die bewaffneten Organe, S. 1–67; Heinemann, Die DDR und ihr Militär; Wenzke, Geschichte der Nationale Volksarmee.
[2] Vgl. Bröckermann, Entwicklungsprobleme; Wenzke, Geschichte der Nationalen Volksarmee, S. 83–126.
[3] BArch, DVW 1/39520, Bl. 38, Vortrag von Verteidigungsminister Heinz Hoffmann über die Entwicklung der NVA von 1981 bis 1985 auf der 59. Sitzung des Nationalen Verteidigungsrates am 23.11.1979.

neuen Generation auf der Tagesordnung. Bis Mitte des Jahrzehnts sollten in der dritten Teilstreitkraft der NVA, der Volksmarine, mit der Einführung neuer Raketenschnellboote und Küstenraketensysteme die Gefechtsmöglichkeiten verbessert werden[4]. DDR-Verteidigungsminister Armeegeneral Heinz Hoffmann versicherte Anfang des Jahrzehnts der SED-Führung und den sowjetischen Waffenbrüdern: »Wir werden keine Mühe, keinen Schweiß scheuen und notfalls auch unser Leben nicht schonen, um Frieden und Sozialismus an der Scheidelinie der beiden Weltsysteme zuverlässig zu schützen[5]!«

Die »Verteidigung des Sozialismus« war dabei nach wie vor mit einer deutlichen Offensivstrategie des Warschauer Paktes gekoppelt, die einen mit Kernwaffen geführten Krieg auf dem Territorium der NATO vorsah[6]. Vor dem Hintergrund internationaler politischer, militärischer und technologischer Veränderungen und des Wissens um die globalen Folgen eines nuklearen Krieges zwischen den Systemen kündigte sich jedoch zur Mitte der 1980er Jahre eine gewisse Wende im Denken und Handeln von führenden Politikern und Militärs des östlichen Bündnisses an[7]. Ein Ergebnis dessen war die Ende Mai 1987 öffentlich verkündete neue Militärdoktrin des Warschauer Paktes[8]. Ihre Festlegungen stellten nunmehr die Verteidigung statt den Angriff in den Mittelpunkt der Handlungen der Bündnisarmeen. Sie betrafen nicht nur die operativen Planungen der Vereinten Streitkräfte, sondern warfen auch Grundfragen der weiteren Gesamtentwicklung der NVA sowie der Rolle der DDR und ihres Territoriums in einem künftigen Krieg auf. Sowohl die SED- als auch die Armeeführung waren jedoch fest davon überzeugt, allen damit verbundenen militärischen, politischen und ideologischen Herausforderungen gewachsen zu sein.

---

[4] Vgl. ebd., Bl. 79–90, Beschluss des Nationalen Verteidigungsrates zur Entwicklung der NVA 1981 bis 1985 auf der 59. Sitzung des NVR am 23.11.1979.
[5] Hoffmann, Soldaten des Volkes, S. 198.
[6] Siehe dazu grundsätzlich u.a.: Nielsen, Die DDR und die Kernwaffen; Kaufmann, Kontinuität und Wandel; War Plans and Alliances; Lautsch, Kriegsschauplatz Deutschland.
[7] Insgesamt gut dargestellt in: Umbach, Das rote Bündnis; Bröckermann, Landesverteidigung, S. 617–654; Lautsch, Kriegsschauplatz Deutschland.
[8] BArch, DVW 1/40373, Bl. 12–20, Dokument »Über die Militärdoktrin der Teilnehmerstaaten des Warschauer Vertrages«, 29.5.1987 (Abschrift). Neu war u.a., dass man einen NATO-Angriff nur durch Verteidigungsoperationen abwehren und gleichzeitig versuchen wollte, den Konflikt politisch zu lösen. Siehe auch dazu den Beitrag von Heiner Bröckermann in diesem Band.

Von der Parteiarmee zur Volksarmee? 45

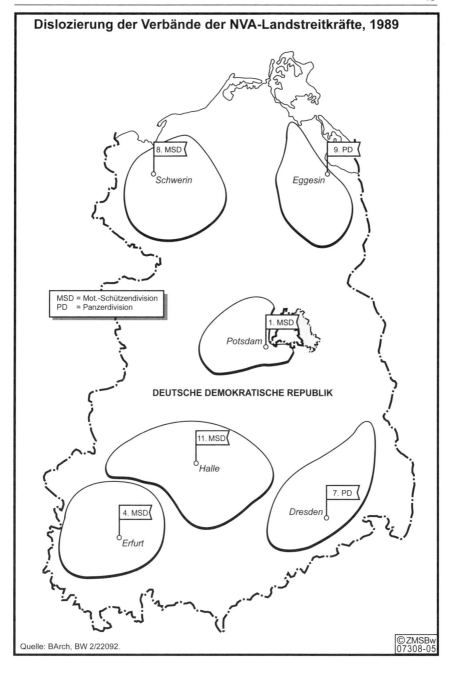

Quelle: BArch, BW 2/22092.

Zwischen Umstrukturierung und Vertrauensverlust

In Wahrheit ließen Antworten der Armeeführung auf die neuen internationalen und nationalen Herausforderungen lange auf sich warten. Die Erwartung, dass alte verkrustete Strukturen und Denkweisen nach dem Tod des langjährigen DDR-Verteidigungsministers Armeegeneral Heinz Hoffmann 1985 durch seinen Nachfolger Armeegeneral Heinz Keßler aufgebrochen werden würden, erwies sich als Illusion. Der konservative Keßler war weder reformwillig noch reformfähig. Er leitete nur die notwendigsten Schritte ein. Es war Erich Honecker selbst, der Anfang 1989 ein deutliches Zeichen für Veränderungen in der NVA setzte. So gab der SED-Chef öffentlich bekannt, die NVA um 10 000 Mann, 600 Kampfpanzer und 50 Kampfflugzeuge zu verkleinern, sechs Panzerregimenter und ein Jagdfliegergeschwader aufzulösen sowie den Verteidigungshaushalt der DDR um 10 Prozent zu senken. Unter den 10 000 Armeeangehörigen, die bis Ende 1990 aus den Streitkräften ausscheiden sollten, befanden sich etwa 3500 Berufssoldaten. Insgesamt sollte sich der Personalbestand der NVA bis Ende 1990 um 16 500 Armeeangehörige und Zivilbeschäftigte verringern.

Personalstärke und Ausrüstung der NVA-Landstreitkräfte, 1. Januar 1989

Personal	105 600 Mann
Panzer	3 144
Gepanzerte Fahrzeuge	5 903
Geschosswerfer und Geschütze	2 242
Kampfhubschrauber	64

Quelle: BArch, DVW 1/39539, Bl. 143.

©ZMSBw 07253-04

Freilich ging es Honecker nicht um eine Schwächung oder Reformierung der NVA und schon gar nicht um die Nöte und Sorgen ihrer Angehörigen. Hinter seiner »Initiative«, von der auch die Armeeführung offenbar erst aus der Presse erfuhr, steckten vielmehr der Drang nach politischem Prestigegewinn im Westen sowie knallharte ökonomische Zwänge. Es verwundert daher auch nicht, dass grundlegende offensivfähige Streitkräftestrukturen weitgehend erhalten blieben und es sich bei den ausgesonderten Waffen ausnahmslos um veraltete Typen handelte.

Zur Realisierung der »Honecker-Initiative« fasste der Nationale Verteidigungsrat einen Beschluss, der die mit der Reduzierung der NVA zusammenhängenden Struktur- und Stellenplanveränderungen fixierte. Im Zentrum der Umstrukturierung standen die Auflösung der Panzerregimenter 1, 4, 8, 11, 16 und 23 sowie des Jagdfliegergeschwaders 7. In den Landstreitkräften sollten darüber hinaus vor allem die 8. und die 11. Mot.-Schützendivision bis Ende 1989 die neue »Struktur 95« einnehmen. Diese sah u.a. vor, die bisherigen Schützenpanzer(BMP)-Regimenter als Mot.-Schützenregimenter (SPW) umzustrukturieren, die Panzerabwehr- und Fla-Einheiten zu verstärken, die Geschosswerferabteilungen als selbstständige Truppenteile aufzulösen und in die Artillerieregimenter einzugliedern sowie die Ponton- und Landeübersetzkompanie der Pionierbataillone umzustrukturieren. Hinzu kamen u.a. die Aufstellung der Führungen der 2. und der 12. Instandsetzungsbrigade, die Erweiterung des Kampfhubschraubergeschwaders 3 von zwei auf drei Staffeln, die Aufstellung der taktischen Aufklärungsstaffel 87, die Auflösung der 9. Torpedoschnellbootbrigade und der Torpedotechnischen Kompanie 6. In den Grenztruppen war vorgesehen, ab Sommer 1989 in mehreren Etappen Grenzausbildungszentren und Grenzkreiskommandos einzurichten[9].

Ein weiterer Aspekt, der die Entwicklung der NVA am Ende der 1980er Jahre stark beeinflusste und die Armeeführung vor erhebliche Probleme stellte, war der langwierige, nahezu bereits planmäßige Einsatz von Soldaten in der DDR-Volkswirtschaft als Arbeitskräfte. Schon seit einigen Jahren unterstützte die NVA Industriebetriebe und Kombinate bei der Erfüllung der Planvorgaben[10]. Tausende Armeeangehörige standen daher schon lange nicht mehr dem Gefechtsdienst und der Ausbildung zur Verfügung. Im Laufe des Jahres 1989 erhielt der Arbeitseinsatz der Soldaten jedoch eine neue Dimension. So befanden sich im September 1989 ca. 12 800 Armeeangehörige, davon 10 000 auf besondere Weisung der SED-Führung, in etwa 80 Kombinaten und Betrieben in einem dauerhaften »Produktionseinsatz«. Darüber hinaus waren Soldaten bei großen Investitionsvorhaben wie z.B. der Rekonstruktion einer neuen Produktionsanlage im Chemiefaserkombinat Schwarza sowie zur stabilen Förderung von Rohbraunkohle in Tagebauen und Betrieben eingesetzt. Um die Tätigkeit dieser »Arbeitssoldaten« effektiver zu gestalten, schuf man in den Kasernen der gerade aufgelösten Panzerregimenter sogenannte Ausbildungsbasen[11]. Dort wurden die künftigen Angehörigen der Arbeitskommandos nach ihrer Einberufung drei Monate lang militärisch ausgebildet, um danach zusammenhängend 15 Monate in den Arbeitseinsatz zu gehen. »Soweit das irgendwie geht«, forderte der Verteidigungsminister, solle versucht werden, bei den Angehörigen der Arbeitskommandos auch nach der Grundausbildung deren militärische Kenntnisse und Fertigkeiten zu erhalten[12]. Dies blieb freilich ein frommer Wunsch.

---

[9] Vgl. BArch, DVW 1/67079, Bl. 212−236, Befehl Nr. 58/89 des Ministers für Nationale Verteidigung über strukturelle Veränderungen in den Grenztruppen der DDR, 16.6.1989.
[10] Vgl. Rogg, Armee des Volkes?, S. 449−497.
[11] Vgl. BArch, DVW 1/67079, Bl. 32−36, Befehl Nr. 36/89 des Ministers für Nationale Verteidigung über die Aufstellung von Ausbildungsbasen, 25.4.1989.
[12] BArch, DVW 1/139433, Bl. 79, Referat des Ministers für Nationale Verteidigung auf der Kommandeurtagung zur Auswertung des Ausbildungsjahres 1988/89 am 22.9.1989.

Quasi zur Beruhigung der Armeeangehörigen sowie zur Stabilisierung der inneren Verhältnisse kündigte man für 1989/90 einige materielle Verbesserungen für Berufssoldaten und Zivilbeschäftigte an. Geplant war ebenfalls die Inkraftsetzung der überarbeiteten Innendienstvorschrift und einer veränderten Urlaubsvorschrift zum 1. Dezember 1989. Darin wurde u.a. erstmals Berufssoldaten sowie Offizier- und Fähnrichschülern die Möglichkeit eingeräumt, in ihren Unterkunftsräumen »persönliche Fernsehgeräte, Rechentechnik und Datenträger« zu nutzen. Berufsunteroffiziere durften die Kaserne und den Standortbereich wie Offiziere und Fähnriche verlassen. In der neuen Dienstvorschrift war zudem die Erlaubnis für Mannschaftssoldaten sowie Reservisten enthalten, private Kraftfahrzeuge in den Standortbereich mitzuführen. Allen Unteroffizieren, Fähnrichen und Offizieren wurde das Tragen von Zivilkleidung in der dienstfreien Zeit außerhalb der Kaserne erlaubt. Der Anspruch auf Erholungsurlaub erhöhte sich zudem nicht nur bei den Berufssoldaten, sondern auch für Wehrdienstleistende und Reservisten. Diese an sich längst überfälligen Verbesserungen im inneren Gefüge der NVA wurden den Armeeangehörigen aller Dienstgradgruppen als große Errungenschaft, als Geschenk »ihrer« Führung angekündigt. Diese erwartete dafür von ihren Untergebenen eine stärkere Motivation »für die tagtägliche vorbildliche Pflichterfüllung« im Sinne des von der SED gestellten »Klassenauftrages«[13].

Die Zugeständnisse an die Armeeangehörigen und vor allem an die Berufssoldaten waren auch deswegen möglich, weil sie nur geringe Kosten verursachten. Denn eigentlich sah sich die NVA am Ende der 1980er Jahre angesichts der prekären ökonomischen Lage des SED-Staates einem bisher nicht gewohnten Sparzwang ausgesetzt. Dem Verteidigungsministerium wurden nicht nur die materiellen und finanziellen Mittel gekürzt, sondern es erhielt darüber hinaus harte Sparauflagen. Das galt auch für die speziellen Importe[14]. Darunter war die Beschaffung von Waffensystemen und Ausrüstungen für die NVA nach den Vorgaben des Warschauer Paktes, zumeist aus der UdSSR, zu verstehen. Hier zeigten sich inzwischen beträchtliche Kostensteigerungen. So hatten sich die Preise des mittleren Panzers T-72 gegenüber seinem »Vorgänger« vom Typ T-55A mehr als versiebenfacht. Für ein sowjetisches Raketenschnellboot »Projekt 1241« musste die DDR fast zehnmal so viel bezahlen wie für ein Boot der ersten Generation vom Typ »Projekt 205«. 1988 schaffte es das Verteidigungsministerium, Waffenimporte, Bauinvestitionen und Lieferungen aus der Volkswirtschaft um rund 370 Millionen DDR-Mark zu reduzieren. Dennoch gelang es auch 1989, den materiell-technischen Bedarf der Streitkräfte im Wesentlichen noch zu decken. So kamen u.a. weitere Panzer vom Typ T-72, Schützenpanzerwagen BTR-

---

13 Ebd., Bl. 76.
14 Vgl. BArch, DVW 1/39539, Bl. 35-43, Ausführungen des Ministers für Nationale Verteidigung zum Stand der Reduzierung der NVA auf der 78. Sitzung des Nationalen Verteidigungsrates am 16.6.1989.

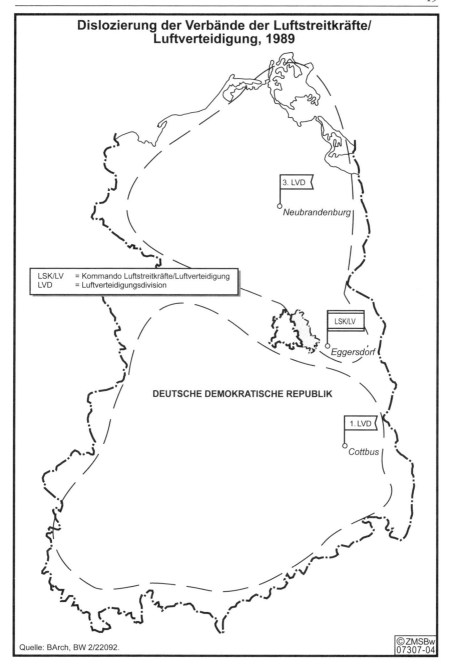

70, Geschosswerfer RM-70, Funk- und Funkmessstationen sowie neue Fla-Raketenkomplexe in die Truppe[15].

Die Ausbildung in der NVA konzentrierte sich entsprechend der 1987 neu eingeführten Militärdoktrin des Warschauer Paktes darauf, ein tieferes Eindringen der gegnerischen Streitkräfte in das DDR-Territorium zu verhindern, die Schläge des Gegners in den Hauptrichtungen entscheidend zu schwächen sowie die festgelegten Abschnitte und Räume »standhaft« zu halten. Hierbei registrierte die Armeeführung sogar Fortschritte, »obwohl noch vieles zu tun bleibt«[16]. Übungen wie »Zyklus 89«, »Matador 89«, »Elbe 89« und »Fallwinkel 89« wiesen in diesem Zusammenhang tatsächlich gute Leistungen der beteiligten Truppen und Stäbe aus. Bei »Družba 89« im März 1989 übten beispielsweise 16 500 Angehörige der Sowjetarmee, der polnischen Armee und der NVA den Ausbau von Stellungen und das Errichten von Sperren. Auch die Kommandostabsübung »Deckgebirge 89« der ostdeutschen Pioniertruppen befasste sich vor allem mit dem Schutz und der Tarnung von Truppen und Objekten sowie dem Anlegen von Sperren. Im Juli 1989 fand unter der Leitung von Armeegeneral Pëtr G. Lušev die größte Übung des Jahres auf dem Territorium der DDR statt, in der Elemente einer Frontverteidigungsoperation trainiert wurden. Trotz komplizierter Bedingungen wurde die Führungs-, Gefechts- und Mobilmachungsbereitschaft der Streitkräfte aufrechterhalten.

Inspektionen der NVA-Führung überwachten und kontrollierten wie in den Jahren zuvor das Handeln der Stäbe und Truppen. Die letzte Inspektion in der Amtszeit von Verteidigungsminister Armeegeneral Heinz Keßler wurde Anfang September 1989 im Militärbezirk Neubrandenburg durchgeführt. Beteiligt waren das Nachrichtenregiment, das Funktechnische Aufklärungsbataillon und das Pionierregiment des Militärbezirks. Im Bericht zur Auswertung der Inspektion wurden allerdings nicht nur die noch insgesamt guten militärischen Leistungen vermerkt, sondern auch, dass in der Truppe eine »tiefe Besorgnis« über die Entwicklung in den »Bruderländern« und in der DDR zu erkennen sei. Zudem gebe es verstärkt Verunsicherungen bei Vorgesetzten und Funktionären[17].

Solche und ähnliche Bewertungen, auch aus anderen Teilstreitkräften, erreichten die militärische und politische Führung der NVA schon seit Längerem. Sie waren ein Beleg dafür, dass Entwicklungen außerhalb der Streitkräfte nicht ohne Einfluss auf das Denken und Verhalten der Armeeführung und der Soldaten blieben. Noch Ende 1988 hatte die SED versucht, ihre Mitglieder dahingehend zu bewegen, die Entwicklung der DDR als Erfolgsgeschichte wahrzunehmen und

---

15 Vgl. Bröckermann, Entwicklungsprobleme, S. 79 f.
16 BArch, DVW 1/139433, Bl. 30, Referat des Ministers für Nationale Verteidigung auf der Kommandeurtagung zur Auswertung des Ausbildungsjahres 1988/89 am 22.9.1989.
17 Vgl. BArch, DVW 1/67081, Bl. 155−159, Bericht der Verwaltung Inspektion über die im Militärbezirk V durchgeführte Inspektion, 21.9.1989.

Von der Parteiarmee zur Volksarmee?

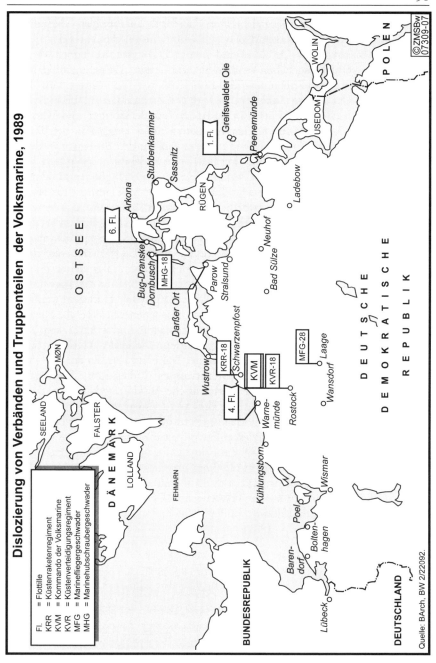

Stolz auf das Erreichte im »sozialistischen Vaterland« auszuprägen. »Negativen« Auffassungen traten die Funktionäre wie gewohnt entschieden entgegen.

Die Wirklichkeit im Ostblock und in der DDR konnte jedoch von der Armee nicht weiter ferngehalten werden. Sie beschäftige in zunehmendem Maße auch die bisher stets parteikonformen Berufsmilitärs. Die meisten von ihnen wussten beispielsweise im Sommer 1989, dass sich Hunderte DDR-Bürger in den bundesdeutschen Botschaften in Budapest, Ost-Berlin, Prag und Warschau aufhielten und Tausende inzwischen versuchten, über Ungarn in den Westen zu gelangen. Diese Ereignisse und Entwicklungen wurden oftmals im »kleinen Kreis« diskutiert, waren doch auch beispielsweise ältere Berufssoldaten von der Flucht ihrer Töchter und Söhne betroffen. Als SED-Mitglieder in Uniform erwarteten sie Antworten und Handlungsoptionen von »ihrer« Partei- und Armeeführung. Doch die verantwortlichen Funktionäre und Vorgesetzten, allen voran das Mitglied des SED-Politbüros Verteidigungsminister Keßler, aber auch andere Generale und Admirale, schwiegen oder gaben nichtssagende, abstruse Erklärungsversuche im Sinne angeblich von außen gesteuerter »imperialistischer Einmischungsversuche« ab[18]. Sie glaubten offensichtlich, alles weiter im Griff zu haben, obwohl sie wussten, welche Veränderungen sich in den sogenannten Bruderstaaten und -armeen vollzogen[19]. Doch SED-Chef Honecker kränkelte, das Politbüro und die nachgeordneten Führungsebenen warteten ab. Niemand schien ein Konzept zu haben. Handlungsunfähigkeit und Hilflosigkeit waren angesichts der großen Herausforderungen programmiert[20]. Vielmehr wurde lapidar empfohlen, den Flüchtlingen keine Träne nachzuweinen. Die SED-Mitglieder in der NVA und in den Grenztruppen fühlten sich allein gelassen. Die Unzufriedenheit in der Truppe wuchs rasch.

Die Stabilität des inneren Gefüges der NVA schien jedoch dadurch noch nicht wirklich gefährdet, zumal sich noch durchaus viel Widersprüchliches zeigte. Auf der einen Seite gab es einen offensichtlichen Drang von jungen Armeeangehörigen, vor allem von Berufskadern, in die SED einzutreten. Die Partei konnte die Zielstellung zur Aufnahme von Kandidaten mit ca. 4100 Neuaufnahmen im Ausbildungsjahr 1987/88 deutlich übererfüllen. Insgesamt befanden sich Ende 1988 im Prinzip in allen Zügen und gleichgestellten Formationen der NVA Mitglieder und Kandidaten der SED[21].

---

[18] Hoffmann, Das letzte Kommando, S. 19. Theodor Hoffmann berichtet hier über eine »Grundsatzrede« Heinz Keßlers auf einer Kommandeurtagung der NVA am 8.9.1989 in Strausberg.
[19] Vgl. Ovens, Die Nationale Volksarmee, S. 241–243.
[20] Siehe hierzu auch den Beitrag von Heiner Bröckermann in diesem Band.
[21] Vgl. BArch, AZN Strausberg P-2667, Bl. 80 f., Sekretariatsvorlage 5/89 der Politischen Hauptverwaltung der NVA, 14.3.1989.

Mitglieder/Kandidaten von Parteien in der NVA und den Grenztruppen der DDR, Ende 1988

	Berufsoffiziere/ Offiziere auf Zeit	Fähnriche	Offizierschüler	Berufsunteroffiziere	Unteroffiziere/ Soldaten auf Zeit	Grundwehrdienstleistende/ Soldaten auf Zeit	Zivilbeschäftigte	NVA/GT insgesamt
DBD	3	3	2	24	81	352 GWD	131	596
NDPD	5	9	1	18	72	201	133	439
LDPD	6	7	-	32	102	293	127	567
CDU	2	7	1	22	98	315	134	579
NVA gesamt	16	26	4	96	353	1 161	525	2 181

Hinzu kamen 112 881 Mitglieder und 8 281 Kandidaten der SED.

Quelle: BArch, AZN Strausberg P–2667, Bl. 84–89.

©ZMSBw 07254-05

Auf der anderen Seite traten Anzeichen von Ablehnung, Unmut, Protest und Verweigerung gegenüber dem Militär außer- und innerhalb der NVA immer deutlicher zutage. Trenduntersuchungen des Instituts für Jugendforschung in Leipzig machten auf Umfragewerte aufmerksam, die für die SED-Funktionäre in Uniform beunruhigend klangen. So hielten 30 Prozent der befragten DDR-Jugendlichen die von der ostdeutschen Propaganda verbreitete »Aggressivität« der Bundesrepublik für nicht mehr gegeben, 26 Prozent sahen in der Bundeswehr eine Verteidigungsarmee, und nur noch 16 Prozent – in den Jahren zuvor lag der Höchstwert bei rund 75 Prozent – waren der Auffassung, dass der Bundeswehrsoldat im Ernstfall ohne zu zögern schießen würde[22]. Die Wehrbereitschaft der DDR-Jugend befand sich damit weiter in einem klaren Abwärtstrend.

Auch innerhalb der Truppe hatten sich schon bei der Einschätzung der 1987/88 durchgeführten Parteiverfahren »negative« Tendenzen gezeigt, die sich dann in den folgenden Monaten zum Teil drastisch verstärkten.

»Angesichts der verstärkten ideologischen Diversion des Feindes, besonders seiner Angriffe auf die SED, traten bei einem Teil von Parteimitgliedern deutlicher als in den zurückliegenden Jahren politische Schwankungen sowie oppositionelle Verhaltensweisen zu Grundfragen der Parteipolitik und zu Fragen der Geschlossenheit der sozialistischen Gemeinschaft auf«[23].

---

[22] Vgl. BArch, DVW 2/148561, Bl. 84, Protokoll der Tagung des Wissenschaftlichen Rates der Militärakademie »Friedrich Engels« am 4.11.1987, 2.12.1987.
[23] BArch, AZN Strausberg P–2667, Bl. 108, Sekretariatsvorlage Nr. 4/89 der Politischen Hauptverwaltung der NVA, 7.3.1989.

stellte die Politische Hauptverwaltung als das leitende Parteiorgan in der NVA fest. Die abweichenden Positionen von SED-Mitgliedern in Uniform zeigten sich u.a. in Forderungen, die Planwirtschaft durch die Marktwirtschaft zu ersetzen oder mindestens das Wirtschaftssystem zu reformieren, mehr Meinungspluralismus zuzulassen, dem Beispiel der sowjetischen Perestroika zu folgen und die Opposition in der DDR zu legalisieren. Meinungen wie »Politbüro und Regierung sind zu alt« und »Die Politik muss geändert werden« waren in allen Dienstgradgruppen zu hören[24]. Die Parteigrundorganisationen, unterstützt durch die Parteikontrollkommissionen, gingen mit Parteistrafen, oft mit Parteiausschlüssen, gegen die vermeintlichen Parteifeinde in den eigenen Reihen vor[25]. Parteimitglieder, die »politisch kapitulierten und nicht mehr bereit waren, die im Statut der SED festgelegten Anforderungen an ein Parteimitglied zu erfüllen«[26], mussten mit ideologischen Auseinandersetzungen rechnen. »Reaktionen dieser und anderer Art entbehrten oft jeglicher Logik und bewirkten in der Regel das Gegenteil der damit verbundenen Absicht«[27], erinnerte sich später ein hoher NVA-Offizier. Einzelne Parteiorganisationen wurden allerdings von der politischen Führung der NVA gerügt, weil sie sich angeblich eher zögerlich und letztlich inkonsequent gegenüber solchen »Angriffen« auf die Partei verhalten hatten[28]. Die bislang relativ stabilen »Grundüberzeugungen« der Berufssoldaten erhielten immer tiefere Risse[29].

Ein wachsendes kritisches Potenzial in der Armee hatte sich bereits im Vorfeld der Kommunalwahlen vom Frühjahr 1989 angedeutet. Rund 500 Armeeangehörige erklärten, nicht zur Wahlurne zu gehen. Andere bekundeten ihr Desinteresse und ihre Missbilligung, indem sie sich auf Wahlveranstaltungen demonstrativ gegen die Kandidaten der Nationalen Front wandten oder, wie Angehörige des Grenzregiments 33 unter Führung ihres Zugführers, eine Wahlveranstaltung vorzeitig verließen, um sich ein Fußballspiel ansehen zu können[30].

Die kritische politische Grundstimmung sowie die strukturellen und organisatorischen Veränderungen in der Armee trugen zu einer wachsenden allgemeinen Unzufriedenheit der Offiziere, Unteroffiziere und Mannschaften im militärischen Alltag bei. Das drückte sich beispielsweise in der Anzahl von Eingaben und Beschwerden aus, die im Ausbildungsjahr 1988/89 in der NVA um 10 Prozent

---

[24] Ebd., Bl. 116 f.
[25] Vgl. Wenzke, Zwischen »Prager Frühling« und Herbst 1989, S. 418–422.
[26] BArch, AZN Strausberg 31497, Bl. 53, Chronik des Ministeriums für Nationale Verteidigung 1.12.1988 bis 30.11.1989.
[27] Weber, Gläubigkeit, S. 58 f.
[28] Vgl. BArch, AZN Strausberg P-2667, Bl. 107, Sekretariatsvorlage Nr. 4/89 der Politischen Hauptverwaltung der NVA, 7.3.1989.
[29] Vgl. Weber, Gläubigkeit, S. 58 f.
[30] Vgl. BArch, AZN Strausberg P-2667, Bl. 130, Sekretariatsvorlage Nr. 4/89 der Politischen Hauptverwaltung der NVA, 7.3.1989.

auf 22 518 anstieg. Veränderungen zeigten sich auch bei der Durchsetzung der militärischen Ordnung und Disziplin in der Armee[31]. Zwar gingen 1989 im Vergleich zum Vorjahr die Straftaten und »besonderen Vorkommnisse« in den Teilstreitkräften der NVA um 10 bis 17 Prozent zurück, doch war in den Grenztruppen ein Anstieg um 14 Prozent zu verzeichnen. Eine ebenfalls negative Entwicklung zeigte sich im Anstieg der Fahnenfluchten sowie bei Verstößen gegen Festlegungen der Wachsamkeit und Geheimhaltung[32]. Die Straftaten und »besonderen Vorkommnisse« wurden 1988/89 durch 194 Offiziere, 85 Fähnriche, 774 Unteroffiziere und 956 Soldaten verursacht. 526 Armeeangehörige – im Ausbildungsjahr 1987/88 waren es insgesamt nur 50 – begingen Fahnenflucht, 331 von ihnen (1987/88: 20) flüchteten »erfolgreich« in den Westen. Unter diesen Fahnenflüchtigen befanden sich 29 Offiziere, 18 Fähnriche, 203 Unteroffiziere und 276 Soldaten. Die Fluchten erfolgten vor allem ab dem Monat August 1989 vorrangig über die ČSSR und die Ungarische Volksrepublik, ab November über die innerdeutsche Grenze[33].

»Motive und Ursachen für die Fahnenfluchten decken sich grundsätzlich mit dem massenhaften Verlassen unserer Republik durch überwiegend junge Bürger. Bei einem Teil der fahnenflüchtigen Unteroffiziere war die Unlust zur Erfüllung der eingegangenen Verpflichtung für eine längere Dienstzeit der entscheidende Anlass, die DDR für ständig zu verlassen«[34],

hieß es in einer Vorlage für die Führung der Landstreitkräfte.

Auch die Selbstmordrate in der Armee und den Grenztruppen erhöhte sich gegenüber dem Vorjahr leicht. Ob hier ein direkter Zusammenhang mit der politischen Umbruchsituation besteht, ist ohne Detailuntersuchungen nicht zu klären[35]. NVA-Statistiken zufolge begingen im Ausbildungsjahr 1988/89 50 Armeeangehörige, sechs mehr als 1987/88, wegen vorgeblich familiärer Probleme, Depressionen und Versagungsängsten sowie als Affekthandlung Selbstmord. Zudem verloren im vorletzten Jahr der Existenz der NVA weitere 67 Armeeangehörige durch Dienstunfälle, »besondere Vorkommnisse« usw. ihr Leben[36].

---

[31] Vgl. BArch, AZN Strausberg 31497, Bl. 211, Chronik des Ministeriums für Nationale Verteidigung 1.12.1988 bis 30.11.1989.
[32] Vgl. BArch, DVW 1/55660, Bl. 289 f., Kollegiumsvorlage Nr. 29/89 des Ministeriums für Nationale Verteidigung, 16.8.1989.
[33] Ebd.
[34] BArch, DVH 7/44893, Bl. 232, Militärratsvorlage des Militärrates der Landstreitkräfte Nr. 1/90, 4.1.1990.
[35] Vgl. Grashoff, »In einem Anfall von Depression ...«, S. 236–264. Für 1990 liegen keine Angaben vor.
[36] Vgl. BArch, AZN Strausberg 31497, Bl. 210, Chronik des Ministeriums für Nationale Verteidigung 1.12.1988 bis 30.11.1989. Ein Jahr zuvor fanden 130 Militärpersonen während ihrer Dienstzeit in der NVA den Tod.

Als Ursachen für diese negativen Erscheinungen stellte die Armeeführung neben dem obligatorischen Vorwurf der Beeinflussung durch Westmedien und den Kontakten zu Westbürgern die Problematik der Ausreisebewegung, die allgemeine Unzufriedenheit mit der Lage in der DDR sowie Zweifel am Sinn des Soldatseins heraus. Neu war, dass darüber hinaus zunehmend »Einflüsse feindlich-oppositioneller Kräfte aus dem zivilen Bereich und die Entwicklung in anderen sozialistischen Ländern« eine Rolle spielten[37].

Ähnlich beurteilten die verantwortlichen Generale und Offiziere im Verteidigungsministerium die Situation in den Grenztruppen der DDR. Die Grenztruppen, die ab 1961 direkt zur NVA gehört hatten, waren zwar seit Oktober 1973 offiziell ein selbstständiges bewaffnetes Organ in der DDR, sie wurden jedoch weiter vom Minister für Nationale Verteidigung geführt und blieben eng mit der NVA verbunden[38].

Grenzsicherung und die Grenztruppen der DDR in den 1980er Jahren

Die Hauptaufgabe der Grenztruppen bestand seit ihrer Gründung in der »zuverlässigen Sicherung der Staatsgrenze«. Im Verständnis der DDR-Führung verband sich damit eine Doppelfunktion. Einerseits mussten die Grenztruppen in der Lage sein, militärische Aufgaben im Rahmen der Landesverteidigung zur Verteidigung der DDR gegen äußere Feinde zu übernehmen. Andererseits hatten sie die DDR-Grenze so abzuriegeln, dass die eigenen Bürger nicht »illegal« in die Bundesrepublik und nach West-Berlin gelangen konnten. Dafür waren die Sperranlagen nach innen gegen das eigene Volk gerichtet. Deren

---

[37] Ebd., Bl. 293.
[38] Hervorgegangen aus der Deutschen Grenzpolizei, wurden am 15. September 1961 die »Grenztruppen der NVA« gebildet. 1973 erhielten sie die offizielle Bezeichnung »Grenztruppen der DDR«. Vgl. BArch, DVH 32/111905, Bl. 273–275, Festlegungen des Chefs des Hauptstabes über die Stellung und Bezeichnung der Grenztruppen, 17.10.1973. Allerdings führte der Minister für Nationale Verteidigung weiterhin die Grenztruppen der DDR mit Hilfe seines Ministeriums. Der Chef der Grenztruppen blieb einer seiner Stellvertreter und war auf der Grundlage der Befehle des Verteidigungsministers für die Grenzsicherung verantwortlich. Von 1972 bis 1979 war Erich Peter, zuletzt im Rang eines Generalobersten, Stellvertreter des Ministers und Chef der Grenztruppen der DDR. Ihm folgte bis Ende 1989/Anfang 1990 Klaus-Dieter Baumgarten, ab 1988 ebenfalls Generaloberst. Danach bis zur Auflösung der Grenztruppen hatte Generalmajor Dieter Teichmann die Amtsgeschäfte als Chef der Grenztruppen inne.

pionier- und nachrichtentechnischer Ausbau in Form eines tief gestaffelten Grenzsicherungssystems betraf vor allem die 1531 Kilometer lange »Staatsgrenze West«. Hinzu kamen die Grenzanlagen innerhalb Berlins und zwischen West-Berlin und dem Berliner Umland, die u.a. fast 100 Kilometer Grenzmauer, über 100 Kilometer Grenzsignalzaun, 161 Kilometer Lichttrasse sowie über 180 Beobachtungstürme umfassten. Die Grenzanlagen und das Grenzregime unterlagen einer permanenten »Vervollkommnung« und Modernisierung[39].

»Grenzfragen« maß die politische und militärische Führung der DDR stets eine erstrangige politische Bedeutung bei. Bereits im Dezember 1963 hatte der Nationale Verteidigungsrat einen Beschluss über Grundsätze für die Durchführung weiterer Maßnahmen »zur Erhöhung der Sicherheit an der Staatsgrenze der DDR zu Westdeutschland« gefasst. Diese Festlegungen waren Anfang der 1980er Jahre längst überholt, zumal 1982 erstmals ein Gesetz über die Staatsgrenze und weitere Folgebestimmungen in Kraft gesetzt wurden. Veränderte Bedingungen ergaben sich auch aus dem Abbau der Minensperren und der Errichtung eines Grenzsignal- und Sperrzaunes in der Tiefe des Schutzstreifens.

Die Sicherung der Grenze erfolgte nach dem Konzept der Regimentssicherung, die Anfang der 1970er Jahre eingeführt worden war. Danach befanden sich entlang der Grenze zur Bundesrepublik drei Grenzkommandos (Nord, Mitte, Süd) sowie die Grenzbrigade »Küste« im Ostseeraum. Zu den Grenzkommandos gehörten jeweils sechs Regimenter, die sich wiederum aus drei Bataillonen pro Truppenteil zusammensetzten, sowie je ein Grenzausbildungsregiment. Die unterste Ebene der direkten Grenzsicherung bildeten die Grenzkompanien, die eine durchschnittliche Personalstärke von 100 Mann, überwiegend Grundwehrdienstleistende, aufweisen. Die Grenztruppen arbeiteten mit anderen bewaffneten Organen und staatlichen Behörden eng zusammen.

Im Januar 1985 stand die Erhöhung der Wirksamkeit des Schutzes der DDR-Staatsgrenze erneut auf der Tagesordnung des Nationalen Verteidigungsrates[40]. Das Verteidigungsministerium wurde jetzt beauftragt, strukturelle Veränderungen einzuleiten, die Forschung und Entwicklung von modernen Grenzsicherungsanlagen zu beschleunigen und die Tätigkeit der »Freiwilligen Helfer der Grenztruppen« zu fördern. Insgesamt sollte die Zusammenarbeit zwischen den für die Grenzsicherung zuständigen Ministerien für Verteidigung, des Innern und für Staatssicherheit verbessert werden.

»Auf den Ebenen des Zusammenwirkens sind die Lageentwicklung an der Staatsgrenze und im Grenzgebiet vorausschauend zu beurteilen, die erforderlichen Informationen

---

[39] Zum Grenzregime und zu den DDR-Grenztruppen siehe umfassend: Lapp, Grenzregime der DDR.
[40] Vgl. BArch, DVW 1/39530, Bl. 41, Ausführungen des Chefs der Grenztruppen zum Tagesordnungspunkt »Schutz der Staatsgrenze« auf der 69. Sitzung des Nationalen Verteidigungsrates am 25.1.1985.

auszutauschen und der Einsatz der Kräfte und Mittel sowie alle Handlungen im Grenzgebiet und an seinen Zugängen auf der Grundlage des Entschlusses des Kommandeurs der Grenztruppen zur Grenzsicherung zu koordinieren«[41],
hieß es dazu in einer Vorlage des Nationalen Verteidigungsrates. Umfangreiche Festlegungen zur »weiteren Erhöhung der Wirksamkeit und der Verantwortung beim Schutz der Staatsgrenze der DDR«[42] folgten im Juni 1985.

Dies war offenbar auch notwendig, stellte doch die Grenztruppenführung einen wachsenden Druck der DDR-Bürger und des »Klassenfeindes« im Westen auf die Grenze fest. So hatten im zweiten Halbjahr 1987 die »Angriffe auf die Staatsgrenze« merklich zugenommen und die Grenzdurchbruchsversuche einen neuen Höchststand erreicht[43]. Aber über 90 Prozent aller Fluchtversuche in den Westen scheiterten. Auch die sogenannten Ventillösungen, die mittels erweiterter Reisemöglichkeiten den Unzufriedenen und »Störenfrieden« die Ausreise in den Westen ermöglichten, trugen nicht zur Lösung des Problems bei.

Da in den Augen der Verantwortlichen die Wirksamkeit der Grenzsicherung weiter dramatisch sank, mussten die Anstrengungen zum Schutz der Grenze erhöht werden[44]. Das galt auch für die Lage an den Grenzen zur Volksrepublik Polen und zur ČSSR, über die immer mehr Fluchtwillige hofften, ins westliche Ausland zu gelangen. Grenzsoldaten und ihre Vorgesetzten sahen sich einem enormen Druck ausgesetzt.

In der Nacht vom 5. zum 6. Februar 1989 kam es zu einem schweren Zwischenfall im Bereich des Grenzabschnitts des Grenzregiments 33, bei dem der flüchtende Chris Gueffroy erschossen wurde. Daraufhin wurde den Grenztruppen von höchster Stelle aus die Anwendung der Schusswaffe endgültig untersagt. SED-Generalsekretär Erich Honecker ließ vor dem Hintergrund heftiger internationaler Kritik bei den Grenzgeneralen anfragen, ob denn 48 000 Mann Grenztruppen nicht ausreichten, um Fahnenfluchten und Grenzdurchbrüche zu verhindern und Festnahmen ohne Anwendung von Schusswaffen durchzuführen. In Anspielung auf ein Interview mit Verteidigungsminister Heinz Keßler vom September 1988 wurde der Sekretär des Nationalen Verteidigungsrates im Auftrag Honeckers deutlich:

»Wenn der Minister für Nationale Verteidigung sagt, dass kein Schießbefehl existiert, dann darf man auch an der Staatsgrenze nicht schießen oder der Verteidi-

---

[41] Ebd., Bl. 101c, Gemeinsamer Vorschlag für die Schaffung eines zweckmäßig gestalteten Grenzsicherungssystems auf der 69. Sitzung des Nationalen Verteidigungsrates am 25.1.1985.
[42] Ebd., Bl. 96–101e, Festlegungen zur weiteren Erhöhung der Wirksamkeit und der Verantwortung beim Schutz der Staatsgrenze der DDR auf der 78. Sitzung des Nationalen Verteidigungsrates der DDR am 16.6.1985.
[43] Vgl. Baumgarten, Die Entwicklung der Grenzsicherung, S. 253.
[44] Vgl. Thoß, Gesichert in den Untergang, S. 413 f.

gungsminister verliert sein Glaubwürdigkeit. Es darf nicht auf fliehende Menschen geschossen werden, wenn es keinen Schießbefehl gibt. Es muss durchgesetzt werden, dass nur dann geschossen wird, wenn Leib und Leben der Grenzsoldaten gefährdet werden[45].«

Für die Verantwortlichen in den Grenztruppen war dies ein Befehl, der sofort nach »unten« durchgestellt wurde. Wenig später erhielten auch die Passkontrollkräfte des MfS die Weisung, keine Schusswaffen anzuwenden. Das Grenzregime wurde damit natürlich nicht infrage gestellt. Es sollte vielmehr »vervollkommnet« werden.

Nachdem der Minister für Nationale Verteidigung im März 1989 einen grundsätzlichen Befehl über eine neue Struktur für die Grenztruppen der DDR erlassen hatte, sollte diese nun etappenweise bis Anfang Dezember 1990 umgesetzt werden[46]. Das Ministerium wollte die Grenze nach außen ziviler erscheinen lassen, ineffektive Kommandostrukturen verändern und Personal einsparen. Keine Abstriche gab es dagegen bei der Erfüllung von militärischen Gefechtsaufgaben. Im Juni 1989 beschloss der Nationale Verteidigungsrat die dazu notwendigen »Maßnahmen der Vervollkommnung des Schutzes der Staatsgrenze der DDR zur BRD und der dazu erforderlichen Entwicklung der Grenztruppen der DDR«[47]. Die Struktur und die Dislozierung der Grenztruppen wurden weitgehend der politischen Territorialstruktur angepasst, nicht zuletzt auch, um dem Westen deutlich zu machen, dass die Grenztruppen der DDR kein Bestandteil der Nationalen Volksarmee seien. Anstelle der Regimenter und Bataillone wurden an der Staatsgrenze zur Bundesrepublik die Führungsorgane von zwei Grenzkommandos, elf Grenzregimentern, vier Grenzausbildungsregimentern und 33 Grenzbataillonen aufgelöst und die Führungsorgane von sechs Grenzbezirkskommandos, 16 Grenzkreiskommandos und zwei Grenzausbildungszentren neu formiert:

Grenzbezirkskommando 1 Schwerin
Grenzbezirkskommando 2 Magdeburg
Grenzbezirkskommando 3 Erfurt
Grenzbezirkskommando 4 Suhl
Grenzbezirkskommando 5 Gera
Grenzbezirkskommando 7 Karl-Marx-Stadt
Grenzausbildungszentrum 16 Halberstadt
Grenzausbildungszentrum 36 Plauen

---

[45] BStU, MfS, HA I, Nr. 5753, Bl. 3, Niederschrift von Generalmajor Teichman, 4.4.1989. Das vollständige Dokument ist im Anhang dieses Bandes abgedruckt.
[46] Vgl. BArch, DVW 1/67078, Bl. 83–89, Befehl Nr. 24/89 des Ministers für Nationale Verteidigung über die Ausarbeitung der Struktur 95 in der NVA und den Grenztruppen, 21.3.1989.
[47] BArch, DVW 1/39539, Bl. 60, Beschluss des Nationalen Verteidigungsrates auf der 78. Sitzung des Nationalen Verteidigungsrates am 16.6.1989.

Die Umstrukturierungen in den Grenzkommandos Nord und Süd sollten im Wesentlichen bis Ende des Jahres 1989 abgeschlossen sein. Intern stand auch ein möglicher Wechsel der Grenztruppen vom Verteidigungs- zum Innenministerium oder gar zum Ministerium für Staatssicherheit zur Diskussion. Vorerst beließ man es jedoch bei der bisherigen Unterstellung. Das Ziel der Reorganisation bestand letztlich darin, eine »höhere Dichte an Kräften und Mitteln in der Grenzsicherung«[48] zu erreichen. Der zu sichernde Abschnitt einer Grenzkompanie verringerte sich um zwei Kilometer auf nunmehr 13 Kilometer. Durch die flexible Einsetzbarkeit von Reserven und freiwilligen Grenzhelfern sank die Mobilmachungszeit von 24 auf vier bis sechs Stunden. Im Grenzkommando Mitte blieb vorerst alles beim Alten, wenn auch einige interne Erprobungen durchgeführt wurden. Die Grenzbrigaden zur Volksrepublik Polen und zur ČSSR waren dem Kommando der Grenztruppen in Pätz direkt unterstellt[49].

Zumindest die Mitglieder des Nationalen Verteidigungsrates waren davon überzeugt, dass die vorgeschlagene Umstrukturierung »den sich für die Grenztruppen der DDR in den 90er Jahren ergebenden politischen und grenzsichernden Aufgaben weitestgehend«[50] entsprechen werde. Die Grenze im Westen blieb in ihrem Verständnis eine Grenze zwischen den Systemen und Blöcken. Umso mehr beunruhigte sie die zum Ende des Jahrzehnts sich verschlechternde Stimmungslage in den Grenztruppen. Selbst die offizielle Chronik der Grenztruppen musste festhalten:

»Die Entwicklung der militärischen Disziplin und Ordnung wies im Ausbildungsjahr 1988/89 eine durch die sich anbahnenden gesellschaftspolitischen Veränderungen in der DDR beeinträchtigte Entwicklung auf. Bedingt durch strukturelle Veränderungen und den damit verbundenen häufigen Wechsel von Dienststellungen sowie durch die veränderten Einsatzbedingungen der Grenztruppen traten erhebliche Veränderungen in der Anwendung von Belobigungen und Bestrafungen ein [...] Gegenüber dem Vorjahr war bei den gemeldeten besonderen Vorkommnissen ein Anstieg auf 120 Prozent zu verzeichnen. Der Anteil der Offiziere erhöhte sich auf 147 Prozent, der Fähnriche auf 300 Prozent und der Anteil der Unteroffiziere auf 121 Prozent [...] Zu Fahnenfluchten kam es in 42 Fällen (Vorjahr 14), davon 3 Offiziere[51].«

Auch die sich gern selbst als Elitetruppe darstellenden Grenztruppen der DDR waren augenscheinlich in eine Krise geraten.

---

48   Ebd., Bl. 62, Vorschlag über Maßnahmen zur Vervollkommnung des Schutzes der Staatsgrenze auf der 78. Sitzung des Nationalen Verteidigungsrates am 16.6.1989.
49   Vgl. Baumgarten, Die Entwicklung der Grenzsicherung, S. 254 f.
50   BArch, DVW 1/39539, Bl. 63–65, Vorschlag über Maßnahmen zur Vervollkommnung des Schutzes der Staatsgrenze auf der 78. Sitzung des Nationalen Verteidigungsrates am 16.6.1989.
51   Zit. nach: Maurer, Dienst an der Mauer, S. 51.

NVA und Grenztruppen im Vorfeld des 40. Jahrestages der DDR

Im Spätsommer 1989 war die Situation in der NVA und den Grenztruppen der DDR mehr als angespannt. Natürlich konnte man auch im DDR-Verteidigungsministerium die Augen nicht ganz vor den Problemen in der Truppe verschließen. Armeegeneral Heinz Keßler machte dies auf einer Kommandeurtagung der NVA am 22. September 1989, nur wenige Tage nach dem noch völlig im alten Stil verfassten Grundsatzbefehl Nr. 100/89[52], deutlich und sprach von einer »neuen Etappe« in der Entwicklung der NVA. So müsse die Armee bei gleichzeitiger Reduzierung, Umstrukturierung und Reorganisation zur Erfüllung volkswirtschaftlicher Aufgaben beitragen. Dies bringe vielfältige Probleme mit sich[53]. Analog zum Befehl Nr. 100/89 für die NVA hatte der Verteidigungsminister im Befehl Nr. 101/89 auch die Aufgaben zur weiteren »Vervollkommnung des Schutzes der Staatsgrenze der DDR« im Ausbildungsjahr 1989/90 festgelegt[54]. Danach sollten in »würdiger Vorbereitung« des XII. Parteitages der SED »Anschläge und andere aggressive Akte gegen die Staatsgrenze« entschlossen abgewehrt werden[55].

Offenbar war Keßler inzwischen auch nicht entgangen, dass es in der Armee bis hinein in die Kreise der Berufssoldaten und SED-Mitglieder erheblich rumorte:

> »Ich halte es für ein ernstes Signal, wenn heute dieser oder jener Genosse seine Zustimmung zur Friedenspolitik unseres Staates nicht mehr im gleichen starken Maße wie früher mit persönlichen Konsequenzen verbindet und wenn wir in der militärischen Disziplin keine entscheidenden Fortschritte erreichen, ja, wenn sich die politische Brisanz einiger Vergehen und Straftaten erhöht hat [...] Es gibt auch Angehörige der NVA, der Grenztruppen und der Zivilverteidigung, die zu Grundfragen der Parteipolitik schwankende Positionen beziehen, unsere Gesellschaftsstrategie ablehnen und die Partei- und Staatsführung angreifen. So mussten wir uns seit dem 01.12.1988 im Ergebnis von Austritten, Streichungen und Ausschlüssen von 1466 Mitglieder bzw. Kandidaten trennen, wobei insbeson-

---

[52] BArch, DVW 1/67077, Bl. 224–236, Befehl Nr. 100/89 des Ministers für Nationale Verteidigung über die Aufgaben der NVA im Ausbildungsjahr 1989/90, 12.9.1989, Anlage 2.
[53] Vgl. BArch, DVW 1/139433, Bl. 11 f., Referat des Ministers für Nationale Verteidigung auf der Kommandeurtagung zur Auswertung des Ausbildungsjahres 1988/89 am 22.9.1989.
[54] BArch, DVW 1/67077, Bl. 240–267, Befehl Nr. 101/89 des Ministers für Nationale Verteidigung über die Aufgaben zur weiteren Vervollkommnung des Schutzes der Staatsgrenze der DDR im Ausbildungsjahr 1989/90, 12.9.1989.
[55] Ebd., Bl. 241.

dere seit dem 01.07.1989 eine steigende Anzahl zu verzeichnen ist. Schwerpunkt dabei sind Zivilbeschäftigte und Berufsunteroffiziere[56].«

Speziell die Lage an der Staatsgrenze sei zudem durch »anhaltende gegnerische Provokationen« und »zunehmende Versuche zur Verletzung der Staatsgrenze« gekennzeichnet. So seien im Ausbildungsjahr bisher 8382 Fälle aufgetreten, in denen das Territorium der DDR von der Bundesrepublik aus verletzt worden sei. Dazu komme das unberechtigte Einlaufen von 256 Schiffen und Booten in die Territorialgewässer der DDR. Gewaltsame und spektakuläre Vorkommnisse an der Grenze hätten zugenommen. Insgesamt habe sich der Druck auf die Staatsgrenze verstärkt.

Wie andere führende SED-Funktionäre war Keßler nicht bereit, sich mit der veränderten Situation im Lande und in der Armee ernsthaft und offen auseinanderzusetzen, nach Ursachen zu forschen und die Realitäten anzuerkennen. Die brennenden Probleme in der Armee und in den Grenztruppen wurden nicht benannt und erst recht keine Lösungsvorschläge angeboten. Gespräche mit Andersdenkenden und Kritikern innerhalb und außerhalb der Streitkräfte gab es nicht. Letztere wurden vielmehr nach wie vor als von außen gesteuerte konterrevolutionäre Elemente diffamiert und kriminalisiert.

Insbesondere in Ost-Berlin rechnete die SED-Führung Anfang Oktober 1989 mit einer wachsenden Zahl von Aktivitäten des »Klassengegners« gegen die Staatsgrenze. Der Vorsitzende des Nationalen Verteidigungsrates der DDR, Erich Honecker, erließ daher am 26. September 1989 den Befehl Nr. 8/89 über »Maßnahmen zur Gewährleistung der Sicherheit und Ordnung in der Hauptstadt der DDR, Berlin, anlässlich des 40. Jahrestages der DDR«[57]. Einen Tag später traf Verteidigungsminister Keßler mit seinem Befehl Nr. 105/89 entsprechende Festlegungen für die gesamte NVA[58]. So wurde vom 6. Oktober, 6.00 Uhr, bis zum 9. Oktober, 6.00 Uhr, eine sogenannte Sicherheitsperiode, einschließlich der »verstärkten Grenzsicherung« für die Grenztruppen der DDR vom 3. Oktober, 6.00 Uhr, bis zum 9. Oktober 1989, befohlen. Darüber hinaus

---

[56] BArch, DVW 1/139433, Bl. 15 und Bl. 23a, Referat des Ministers für Nationale Verteidigung auf der Kommandeurtagung zur Auswertung des Ausbildungsjahres 1988/89 am 22.9.1989. In den Jahren zuvor verließen 1121 (1987/88) bzw. 1310 (1986/87) SED-Mitglieder in Uniform die Partei.

[57] BArch, DVW 1/40336, Bl. 24–26, Befehl Nr. 8/89 des Vorsitzenden des Nationalen Verteidigungsrates der DDR über Maßnahmen zur Gewährleistung der Sicherheit und Ordnung in der Hauptstadt der DDR, Berlin, anlässlich des 40. Jahrestages der DDR, 26.9.1989.

[58] BArch, DVW 1/67081, Bl. 213–217, Befehl Nr. 105/89 des Ministers für Nationale Verteidigung zur Gewährleistung der Sicherheit und Ordnung anlässlich des 40. Jahrestages der DDR, 27.9.1989. Abgedruckt in: Glaser, »... auf die ›andere‹ Seite übergehen«, S. 34–37.

sollten im Raum Berlin ausgewählte Einheiten der NVA und der Grenztruppen als Reserven vorbereitet und in Bereitschaft gehalten werden.

Die Einführung der verstärkten Grenzsicherung, die quasi der erhöhten Gefechtsbereitschaft der NVA ähnelte, bedeutete u.a. Ausgangs- und Urlaubssperre sowie eine Erhöhung der Postendichte. Insgesamt verschärfte sich das Grenzregime.

»Ab sofort durften nur noch Offiziere als ›Kommandeur Grenzsicherung‹ eingesetzt werden, in den Objekten der Grenzkompanien waren Alarmzüge unter Führung zweier Offiziere zu bilden. Die Objektwachen wurden verstärkt, Signalgeräte zusätzlich installiert. Waffen und Munition sollten auf keinen Fall in fremde Hände gelangen. Grenzaufklärer wurden zur Bewachung der Wohnhäuser der Berufssoldaten in den Grenzortschaften abgestellt[59].«

Klar formuliert war aber auch, dass im Falle des Eindringens von Demonstranten in das Grenzgebiet diesen grundsätzlich ohne Anwendung der Schusswaffe zu begegnen sei.

Die Furcht vor handfesten Auseinandersetzungen mit vorgeblich »konterrevolutionären« Gruppen nahm im unmittelbaren Vorfeld des 40. Jahrestages der DDR weiter zu. Die SED-Führung sah nun ihre Macht bedroht. Auf der Grundlage des Honecker-Befehls vom 26. September ließ sie ein Großaufgebot an Sicherheitskräften bereitstellen, um die »Ordnung« im Land nicht nur aufrechtzuerhalten, sondern diese notfalls auch mit Gewalt durchzusetzen. Die Vorkehrungen deuteten darauf hin, dass dazu auch NVA-Truppen in einem bisher nicht dagewesenen Maße herangezogen werden sollten.

NVA-Hundertschaften im Einsatz gegen Demonstranten

Anfang Oktober wurde in Teilen der Armee die Stufe »Erhöhte Gefechtsbereitschaft« ausgelöst. Dies ließ die Unsicherheit und Angst vor den bevorstehenden Aufgaben wachsen[60]. Die gleichzeitige Kriminalisierung der Demonstranten sollte den Einsatzwillen der Soldaten befördern. Fragen an die Vorgesetzten wurden nicht beantwortet, sodass die meisten Armeeangehörigen – vom Mannschaftsoldaten bis zum Offizier – weitgehend ratlos und verunsichert waren. Eine Art Notstandsplan gab es ebenso wenig, wie konkrete Optionen

---

59 Grandhagen, Von der Grenzpolizei, S. 315 f.
60 Derartige Maßnahmen waren jedoch auch in der Vergangenheit keine Seltenheit. Bereits zum Pfingsttreffen der FDJ 1989 in Ost-Berlin wurde seitens der Armee eine Reihe von vorbereitenden und vorbeugenden Maßnahmen getroffen, die der Sicherheit des Treffens dienen sollten.

für den inneren Einsatz der Streitkräfte bekannt waren[61]. Die sowjetischen Streitkräfte hielten sich zurück[62]. Ein bewaffneter Einsatz von NVA-Truppen war dennoch nicht auszuschließen.

Im Vorfeld der traditionellen NVA-Parade, die am 7. Oktober 1989 in Ost-Berlin stattfinden sollte, rief Verteidigungsminister Heinz Keßler am 4. Oktober mehrere führende Generale und Admirale zu sich und informierte sie über die sich zuspitzende Lage in der DDR sowie über befürchtete Ausschreitungen in Berlin und in Dresden. Dabei wurden offenbar auch Überlegungen deutlich, die NVA zur Unterstützung der Volkspolizei gegen die eigene Bevölkerung einzusetzen sowie andere Vorbereitungen für den Einsatz von Truppen zu treffen. In dieser Situation, überzeugt von der Friedfertigkeit der demonstrierenden Bürger, bekundeten einige Generale und Admirale gegenüber Keßler, dass sie nicht bereit seien, mit Waffengewalt gegen das Volk vorzugehen. So war auch Vizeadmiral Theodor Hoffmann als Chef der Volksmarine nicht gewillt, einen Befehl umzusetzen, der vorsah, die 6. Grenzbrigade Küste in »Volle Gefechtsbereitschaft« zu versetzen[63]. Einen Kompromiss zwischen »Falken« und »Tauben« in der militärischen Führungselite, der letztlich der Durchsetzung einer weitgehend friedlichen Lösung diente, fand man in der Schaffung von nichtstrukturmäßigen Hundertschaften. Einerseits schien es der NVA-Führung verfassungskonform, die Armee nicht direkt nach innen einzusetzen, andererseits hatte sie die anderen Sicherheitsorgane bei Bedarf zu unterstützen.

»Ja, wissen Sie, die Bildung der Hundertschaften im Leipziger Raum, ja sicherlich war man gewillt die NVA mit einzusetzen, ich habe auch teilgenommen an den Gesprächen, die geführt wurden am 4. Oktober 1989. Da war die Generalprobe hier in Berlin für die Parade und da war ja die Situation in Dresden. Die Linie war gewesen: Die Armee wird nicht gegen das Volk eingesetzt, sie steht in der zweiten Reihe, um der Polizei den Rücken zu stärken. Das war das Konzept, was uns bekannt war und was Keßler auch eindeutig gesagt hat, es wurde eindeutig gesagt, kein Waffeneinsatz, das war von vornherein ausgeschlossen[64].«

Die ersten NVA-Hundertschaften entstanden unmittelbar nach den Ereignissen am Dresdener Hauptbahnhof am 3. und 4. Oktober 1989 im Bezirk Dresden[65]. Derartige Einsatzkommandos stellten eine Novität dar. Nachdem sich die Lage am Dresdener Hauptbahnhof für die Volkspolizeikräfte als kaum noch be-

---

61 Vgl. Glaser, Armee gegen das Volk?, S. 37–45.
62 Siehe hierzu den Beitrag von Matthias Uhl in diesem Band.
63 Vgl. Bröckermann, Die Nationale Volksarmee, S. 134.
64 So rückblickend ein ehemaliger Admiral der NVA. Zit. nach: Knabe, Unter der Flagge des Gegners, S. 252.
65 Dazu ausführlich: Hanisch, Herbst 1989, S. 536–540; Bröckermann, Die Nationale Volksarmee, S. 134–137. Hamelrath, Zwischen Gewalteskalation, S. 203–229. Siehe auch die Zeittafel im Anhang dieses Bandes.

herrschbar erwiesen hatte⁶⁶, wandte sich auf Initiative des MfS der 1. Sekretär der SED-Bezirksleitung, Hans Modrow, am späten Abend des 4. Oktober 1989 an Armeegeneral Keßler mit der Bitte, aus der NVA insgesamt vier Bataillone der 7. Panzerdivision und der Offizierhochschule Löbau sowie 100 vermeintlich regimetreue Offizierhörer der Militärakademie Dresden für eine Unterstützung der Einsatzkräfte vor Ort zur Verfügung zu stellen. Keßler und auch der zuständige ZK-Sekretär für Sicherheit Egon Krenz stimmten dem zu. Daraufhin wurden die »Erhöhte Gefechtsbereitschaft« im Militärbezirk Leipzig ausgelöst, eine besondere Gruppierung aus den oben genannten Kräften gebildet und diese dem Kommandeur der Militärakademie, Generalleutnant Manfred Gehmert, unterstellt. In einem Bericht der PHV hieß es dazu:

> »Die Kräfte der NVA verfügten für diesen Einsatz über keine praktischen Erfahrungen, waren mit der Polizeitaktik nicht vertraut und mussten in großer Eile wirksam politisch motiviert, formiert und ausgebildet (Unterweisung, kurze praktische Trainings) werden. Kurzfristig geklärt werden mussten auch Fragen der Führung und des Zusammenwirkens DVP – NVA⁶⁷.«

Die Hundertschaften wurden anfangs noch mit ihren persönlichen Waffen – Maschinenpistole und Pistole – sowie mit der dazugehörigen Munition ausgestattet und eingesetzt. Am 6. Oktober wurde diese Ausrüstung auf Drängen verantwortlicher Offiziere in Dresden wieder eingezogen. Ab diesem Zeitpunkt war DDR-weit die Ausrüstung der Einheiten mit Schlagstöcken und Schutzschilden befohlen.

Die zu Hundertschaften formierten Kräfte der NVA waren operativ dem Chef der Bezirksbehörde der Deutschen Volkspolizei Dresden, Generalleutnant Willi Nyffenegger, unterstellt, der jedoch jeden Einsatz der Armeetruppen mit Generalleutnant Gehmert abzustimmen versprach. Die angeforderten Kräfte der NVA verblieben vorerst in der Reserve und rückten am 5. und 6. Oktober in den Nachtstunden aus ihren Kasernen aus. Es gab jedoch keinen Kontakt zu den Demonstranten. Am Abend des 6. Oktober verließen fünf Hundertschaften die »Armeeobjekte«. Es kam gemeinsam mit Polizeieinheiten bei der Absperrung des Hauptbahnhofs Dresden zu einem mehrstündigen Einsatz, bei dem es auch Verletzte unter den Sicherheitskräften gab. Bei den gewaltsamen Zusammenstößen gingen u.a. Polizisten mit Gummiknüppeln gegen protestierende Bürger vor, viele Demonstranten wurden festgenommen. In dieser Situation fungierte, aus einer Hundertschaft der NVA herausgelöst, eine Gruppe von Fernaufklärern der 7. Panzerdivision zeitweise als »Greiftrupp«, um einzelne Demonstranten aus der Menge zu isolieren und hinter die Sperrkette der Volkspolizei zu bringen. Dies blieb die einzige direkte Konfrontation zwischen Soldaten und Demonstranten in Dresden.

---

66 Siehe dazu den Beitrag von Daniel Niemetz in diesem Band.
67 Minderheitenvotum Arnold, S. 426 (Bericht der Politischen Hauptverwaltung der NVA über »Erkenntnisse, Erfahrungen, Schlussfolgerungen des Einsatzes in Dresden, 05.10.–10.10.1989«).

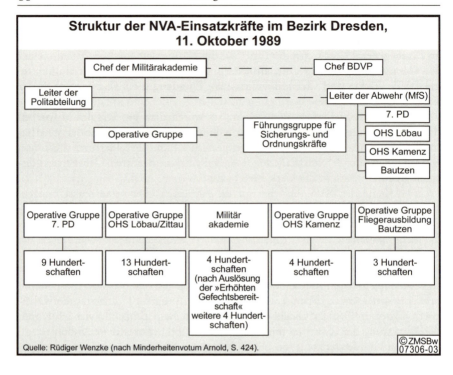

Quelle: Rüdiger Wenzke (nach Minderheitenvotum Arnold, S. 424).

An den Folgetagen wurden mehrere Hundertschaften zur Sicherung von Gebäuden bzw. zum Beziehen von Bereitstellungsräumen in die Stadt beordert. Die Armeeangehörigen wurden immer wieder zu Sicherungsaufgaben, auch in Form von Sperrketten, eingesetzt. Sie wurden nicht selten von der Bevölkerung beschimpft, was der allgemeinen Verunsicherung der Soldaten Vorschub leistete. Das zumeist vorsichtige, eher zurückhaltende Agieren der Einheiten in der »zweiten Reihe« war jedoch keineswegs festgeschrieben. Die Haltungen und Ansichten mancher Offiziere zum Einsatz von Truppen waren teilweise sehr unterschiedlich. So soll in der Führung der Dresdener 7. Panzerdivision unverhohlen darüber nachgedacht worden sein, wie man die zur Verfügung stehende Panzertechnik gegen die Demonstranten einsetzen könnte (»Man müsste mit der Panzertechnik ausrücken und alle wichtigen Verkehrsknotenpunkte blockieren[68]!«).

Am 8. Oktober kam es durch das Engagement von Dresdener Persönlichkeiten zu einer Abkehr von der Konfrontation[69]. Auf beiden Seiten wurde nunmehr Dialogbereitschaft signalisiert. Am 10. Oktober entspannte sich die Lage in

---

[68] Zit. nach: Triebe, Meine Erlebnisse und Eindrücke, S. 679.
[69] Vgl. Hamelrath, Zwischen Gewalteskalation, S. 203–229.

Dresden, und die Armeekräfte wurden wieder in ihre Kasernen zurückgeführt. Die verantwortlichen Politoffiziere waren in ihrem bereits oben zitierten Bericht im Übrigen der Ansicht, dass der »Einsatz von Hundertschaften der NVA [...] erst den Gesamterfolg« ermöglichte, die »Moral und Zuversicht der Sicherungskräfte der DVP« stärkte und »konterrevolutionäre Elemente die Entschlossenheit der Staatsmacht« spüren ließ[70].

In der Zeit vom 5. bis zum 9. Oktober wurden im Bereich des Militärbezirks III, vor allem in der 7. Panzerdivision, insgesamt 14 Hundertschaften in den Standorten Dresden und Pirna gebildet. Fast alle kamen zum Einsatz, so u.a. in Dresden, Karl-Marx-Stadt (Chemnitz) und Plauen. Im Prozess der Aufstellung der Einsatzkommandos lehnten 16 Armeeangehörige, darunter ein Offizier, den Einsatz ab. Um für spätere Aktionen gewappnet zu sein, legte man bei der Dresdener Polizei noch Mitte Oktober vorsichtshalber einen Plan der »unverzüglichen Heranführung« von NVA-Einheiten an. Das galt u.a. für das Panzerregiment-16 in Großenhain, für das Pionierbataillon-7 in Pirna sowie für die Offizierhochschulen der NVA in Bautzen, Kamenz, Löbau und Zittau[71].

Unmittelbar nach den Ereignissen am Dresdener Hauptbahnhof stellte die publikumswirksame große Ehrenparade der NVA zum 40. Jahrestag der DDR am 7. Oktober 1989 in Ost-Berlin eine weitere Nagelprobe für das gespannte Verhältnis zwischen Staat, Armee und Volk dar. Die martialische Militärparade bestand aus 14 Marschblöcken mit insgesamt 2050 Mann Fußtruppen, knapp 1600 motorisierten Truppen, 1500 Mann Sicherstellungstruppen und etwa 300 Angehörigen des Vereinigten Musikkorps und des Spielmannszuges. Im Technikblock paradierten u.a. 17 Panzer T-72, 34 Schützenpanzer BMP, knapp 70 Schützenpanzerwagen sowie Kanonen, Haubitzen, Geschosswerfer und Raketenkräfte[72].

Aber nicht nur die Landstreitkräfte der NVA »durften« anlässlich des 40. Jahrestages der DDR der Partei- und Staatsführung ihre »Bereitschaft zur Verteidigung der sozialistischen Errungenschaften« mit einer großen Parade demonstrieren, sondern auch die Volksmarine. Sie führte am 7. Oktober 1989 um 14.00 Uhr im Stadthafen von Rostock und auf der Warnow eine stehende Flottenparade durch, die vom Stellvertreter des Chefs der Volksmarine und Chef des Stabes kommandiert wurde. An ihr nahmen u.a. mehrere Küstenschutzschiffe,

---

[70] Minderheitenvotum Arnold, S. 431 f. (Bericht der Politischen Hauptverwaltung der NVA über »Erkenntnisse, Erfahrungen, Schlussfolgerungen des Einsatzes in Dresden, 05.10.–10.10.1989«).

[71] Vgl. Minderheitenvotum Arnold, S. 464–467 (Aufgabenstellung des Chefs der BDVP Dresden, 13.10.1989).

[72] Vgl. BArch, DVW 1/67081, Bl. 58 f., Befehl Nr. 83/89 des Ministers für Nationale Verteidigung über die Ehrenparade der NVA am 7.10.1989, 19.7.1989.

ein kleines Raketenschiff, Raketen- und Torpedoschnellboote, drei Hochsee-Minenabwehrschiffe und zwei Küsten-Minenabwehrschiffe teil[73].

Beide NVA-Paraden waren deutliche Machtdemonstrationen der SED und »ihres« Militärs nach außen und nach innen. Die friedlichen Demonstranten in vielen Städten der DDR, vor allem in Leipzig, ließen sich dadurch jedoch kaum beeindrucken und gingen auch in der Folgezeit auf die Straße, um mehr Freiheit und Demokratie einzufordern. In der Partei- und Armeeführung hielt man es daher auch nach dem 40. Jahrestag der DDR für erforderlich, NVA-Truppen in Form von Hundertschaften für einen Einsatz gegen Demonstranten in Bereitschaft zu halten. Konkret standen allein für die Sicherung von Objekten in Ost-Berlin sowie der Zugänge zur Staatsgrenze bis zu 3000 NVA-Soldaten in Bereitschaft. Letztlich kam in Berlin-Mitte nur eine Hundertschaft der NVA zeitweise als Sperrkette zum Einsatz.

Niemand konnte voraussagen, wie sich die Lage entwickeln würde. Die Armeeangehörigen erhielten in ihren Kasernen kaum Informationen über die sich widersprüchlich vollziehenden Vorgänge in der DDR. Einige Vorgesetzte zeigten sich als Scharfmacher und bekundeten unverhohlen ihren Einsatzwillen, gegen die »Konterrevolution« auch mit Waffengewalt vorzugehen. Andere lehnten ein mögliches Vorgehen gegen die eigene Bevölkerung ab oder waren unsicher und äußerten zumindest ihre Bedenken und ihre Furcht, gegen das Volk eingesetzt zu werden. Klar gegen die Anwendung von Waffengewalt positionierte sich die Masse der grundwehrdienstleistenden Soldaten in der Truppe.

»Wir hatten urplötzlich Alarm. Alles war sehr ernst und nicht so locker wie sonst. Große Hektik machte sich breit. Ständig kamen neue Befehle über die Ausrüstung, was mit soll, was nicht. Wattejacke und nur ein leeres Sturmgepäckteil. Jeder hatte sich so seine Gedanken gemacht, was diese seltsame Ausrüstung bedeuten sollte. Die Waffenkammer blieb geschlossen. Es war kein Probealarm, aber was dann? Nachdem sich alles geordnet hatte, mussten wir auf dem Ex[erzier]-Platz Aufstellung nehmen. Es wurde die weitere Verfahrensweise bekannt gegeben. Jeder bekam Verpflegung für 3 Tage, deshalb das leere Teil. Dann sind wir gruppenweise in einen Raum geführt worden, wo jeder einen Schlagstock erhielt. Wir alle hatten kein gutes Gefühl dabei. Dann hieß es wieder Antreten auf dem Ex-Platz und Warten auf weitere Befehle von oben. Das Warten zog sich über 2–3 Stunden hin. Nichts Genaues wurde bekannt gegeben. Dann kam der Befehl, dass die Verpflegung und die Schlagstöcke wieder abgegeben werden und in allen Kompanien Politunterricht durchzuführen ist. Im Politunterricht wurde natürlich über dieses Ereignis gesprochen und es entstanden unabhängig voneinander in jeder Kompanie dieselben Schlussfolgerungen. Es wurde uns gesagt, dass angeblich konterrevolutionäre Kräfte den Flughafen in Schönefeld besetzen wollten und wir zur Unterstützung anderer Kräfte eventuell

---

73 Vgl. BArch, DVW 1/67080, Bl. 51–53, Befehl Nr. 84/89 des Ministers für Nationale Verteidigung über die Durchführung einer Flottenparade, 19.7.1989.

benötigt würden. In der Diskussion darüber kam die einstimmige Meinung aller zustande, dass wir nur als Kanonenfutter für die Knüppelgarde der Polizei dienen sollten und die Offiziere es im Ernstfall gewiss mit einer Meute Befehlsverweigerer zu tun bekommen hätten[74].«

NVA-Hundertschaften traten im Oktober 1989 nicht nur in Dresden und Ost-Berlin, sondern auch in Karl-Marx-Stadt, Plauen, Schwedt und vor allem in Leipzig, dem Zentrum der »Montagsdemonstrationen«, in Erscheinung bzw. wurden in diesen Räumen verfügbar gehalten[75]. Allein in Leipzig und Umgebung stellte die NVA 27 Hundertschaften auf. Darüber hinaus wurde das Luftsturmregiment-40 »Willi Sänger« als Eliteeinheit in einem besonderen Maße unmittelbar in die Vorbereitungen auf einen Einsatz gegen Demonstranten einbezogen. Das Regiment hatte einen beträchtlichen Personalbestand an Berufskadern: 66 Offiziere, zwölf Fähnriche und 44 Berufsunteroffiziere. Es bestand aus mehreren Kompanien, darunter u.a. vier Fallschirmjägerkompanien und zwei Luftsturmkompanien[76]. Die speziellen Fähigkeiten zum Städtekampf hatten sie in Übungen im laufenden Ausbildungsjahr »mit guten Ergebnissen« unter Beweis gestellt.

Auf der Grundlage eines Befehls des Chefs der Landstreitkräfte über die Bereitstellung von Reserven, »mit dem Ziel, im Zusammenwirken mit den Kräften des MdI und des MfS jederzeit zuverlässig Aufgaben zur Gewährleistung der gesamtstaatlichen Sicherheit, der öffentlichen Sicherheit und Ordnung« vor allem in Ost-Berlin zu erfüllen, war eine verstärkte Fallschirmjägerkompanie bereits vom 6. bis zum 9. Oktober in »Erhöhte Gefechtsbereitschaft« versetzt worden. Diese Maßnahme wurde bis Mitte November ohne größere Unterbrechungen aufrechterhalten[77]. Danach bildete Leipzig den Einsatzschwerpunkt. Am 9. Oktober war in der Stadt eine brisante Situation entstanden, die jedoch mit Besonnenheit und Dialogbereitschaft auf beiden Seiten entspannt werden konnte[78]. NVA-Kräfte kamen nicht zum Einsatz.

»Über einen solchen Einsatz hätte in Berlin entschieden werden müssen, und zwar durch den Vorsitzenden des Nationalen Verteidigungsrates, Erich Honecker. Die Notwendigkeit, entsprechend vorzugehen, hätte über die Abteilung Sicherheit des ZK, also Wolfgang Herger, und vor allem über den ZK-Sekretär für Sicherheit, Egon Krenz, vermittelt werden müssen. Beide aber sägten gerade an dem Stuhl, auf dem Honecker saß. Wie ein militärisches Vorgehen in Leipzig an diesem Tag auch

---

74   Triebe, Gedanken und Erlebnisse aus der Wendezeit, S. 685 f.
75   Vgl. BArch, DVW 1/37601, Bl. 271–275, Information des Untersuchungsausschusses des Ministeriums für Nationale Verteidigung, o.D. (März 1990). Ausführlich dazu auch: Bröckermann, Die Nationale Volksarmee, S. 137–141.
76   Vgl. BArch, DVH 8-02/46598, Bl. 133, Chronik des Luftsturmregiments-40 »Willi Sänger« 1.12.1988 bis 30.11.1989.
77   Vgl. ebd., Bl. 140 f.
78   Vgl. Süß, Der friedliche Ausgang, S. 173–202.

ausgegangen wäre, sie wären auf jeden Fall die Verlierer gewesen. Deshalb kam diese Variante nicht in Frage[79].«

Dies galt offenbar auch für den 16. Oktober, an dem über 100 000 Menschen in der Innenstadt demonstrierten. Obwohl drei Hundertschaften des Luftsturmregiments-40, ausgerüstet mit Schlagstöcken und Schilden, an diesem Tag gegen »konterrevolutionäre Machenschaften« in Leipzig eingesetzt werden sollten und die Aufgabe erhalten hatten, vorrangig sogenannte Rädelsführer festzunehmen, blieb ein Einsatz aus. Die offizielle Chronik des Regiments hielt dazu fest: »Am 14.10.89 wurde die Verlegung des LStR-40 nach Leipzig befohlen. Die Rückverlegung erfolgte am 17.10.89, ohne dass der Truppenteil zum Einsatz kam[80].« Dessen ungeachtet brach sich nach mehrwöchigem angespannten Dienst in »Erhöhter Einsatzbereitschaft« letztlich der Frust auch bei den Angehörigen des Eliteregiments Bahn. In der Chronik wurde dazu weiter vermerkt:

»Zum Ende des Jahres kam es im Truppenteil durch kollektives Rowdytum in Verbindung mit Alkohol in den Einheiten 4. FJK, 3. FJK, 2. FJK und im AklZ zu Einschränkungen der ständigen Gefechtsbereitschaft [...] Durch Angehörige der Einheiten wurden an den Unterkünften und an Mobiliar beträchtliche materielle Schäden angerichtet. Ursachen: Motivationsverlust, aufgebauter Frust in Verbindung mit der politischen Entwicklung im Herbst in der DDR. Erzwingen der Entlassung aus dem aktiven Wehrdienst[81].«

Mit anderen Worten: Die Fallschirmjäger zertrümmerten die Einrichtungen ihrer Unterkünfte.

Nicht nur die »einfachen« Wehrdienstleistenden, sondern auch die militärischen Berufskader stellten plötzlich fest, »einer Fiktion aufgesessen zu sein: Das Volk wandte sich gegen Partei und Regierung. Die Erkenntnis wuchs, einer Parteiarmee gedient zu haben und sich dadurch mehr und mehr von den Interessen des Volkes abgekoppelt zu haben«[82]. Am 18. Oktober 1989 wurde Egon Krenz als Nachfolger Honeckers zum Generalsekretär des ZK der SED bestimmt. Kurze Zeit danach wählte ihn die Volkskammer zum Vorsitzenden des Staatsrates und zum Vorsitzenden des Nationalen Verteidigungsrates. Krenz versuchte mit seiner Politik eine »Wende« einzuleiten. Sein Ziel bestand jedoch vor allem darin, die Macht der Partei zu erhalten und keine wirkliche Demokratie zuzulassen. Doch die alten Machtstrukturen bröckelten bereits unübersehbar.

---

[79] Ebd., S. 201.
[80] BArch, DVH 8-02/46598, Bl. 132, Chronik des Luftsturmregiments-40 »Willi Sänger« 1.12.1988 bis 30.11.1989. Letztmals erfolgte die Auslösung der »Erhöhten Gefechtsbereitschaft« vom 10.11. bis zum 11.11.1989. Am 11.11.1989 wurde zum Drittelsystem übergegangen und eine Kompanie in »Erhöhter Gefechtsbereitschaft« behalten. Diese Maßnahme wurde am 13.11.1989 aufgehoben.
[81] Ebd., Bl. 140 f.
[82] Knabe, Unter der Flagge des Gegners, S. 112.

Die Mauer fällt – Führungschaos bei NVA und Grenztruppen

Günter Schabowskis Ankündigung auf einer Pressekonferenz am Abend des 9. November 1989, ab sofort sei eine freie Ausreise für alle DDR-Bürger in den Westen möglich, sowie die sich daran anschließenden Meldungen der westlichen Presseagenturen und Fernsehsender, wie »DDR öffnet Grenzen«, führten dazu, dass sich in den nächsten Stunden und Tagen die Ereignisse vor allem in Berlin überschlugen[83]. Nur wenige Stunden nach Schabowskis Auftritt vor den Medien öffnete der MfS-Offizier Oberstleutnant Harald Jäger, der als stellvertretender Chef der Passkontrolleinheit an der Berliner Grenzübergangsstelle Bornholmer Straße Dienst tat, in eigener Verantwortung als Erster tatsächlich die Sperren[84]. Kommandant der Grenzübergangsstelle (GÜSt) war allerdings ein Angehöriger der Grenztruppen der DDR. Er war für die Übergangsstelle insgesamt verantwortlich, hatte jedoch keine Befehlsbefugnisse gegenüber den Kräften der Passkontrolle, die dem Ministerium für Staatssicherheit unterstanden.

»Und wenn die Passkontrolleinheit aufmacht, hätte ich immer noch zu meinen Soldaten sagen können: ›Sperrschlagbaum zu! Die Panzersperre zu! Und da kommt keiner durch!‹ Aber das haben wir ja nicht gemacht«[85], so der diensthabende Kommandant der Übergangsstelle Bornholmer Straße Major Manfred Sens. Die Situation war insgesamt dennoch sehr gefährlich, da niemand die »normale« Grenzsicherung außerhalb der Grenzübergangsstelle aufgehoben hatte. Zwar war die Anwendung der Schusswaffe bereits im Frühjahr 1989 strikt verboten worden, Auseinandersetzungen hätten dennoch rasch außer Kontrolle geraten können.

Erst nach und nach reagierten die verantwortlichen Führungskräfte der Grenztruppen. Oberst Heinz Geschke, Stellvertreter des Kommandeurs des Grenzkommandos Mitte und verantwortlich für die Grenzsicherung in und um Berlin, hatte noch unmittelbar nach Schabowskis Pressekonferenz seinen Vorgesetzten, den Chef des Grenzkommandos Generalmajor Erich Wöllner, angerufen und ihn gefragt, ob Handlungsbedarf bestehe. Der General antwortete, er habe keine Weisungen: »Bleib zu Hause. Wenn die uns nicht informieren, mache ich nichts[86].«

Generalmajor Erich Wöllner, Absolvent der sowjetischen Generalstabsakademie, war seit dem 1. September 1979 Kommandeur des Grenzkommandos Mitte. Das Grenzkommando galt als personell und in den Hauptarten der Militärtechnik komplett aufgefüllt. Im letzten Inspektionsbericht des Verteidi-

---

83 Ausführlich und kompetent dazu: Hertle, Chronik des Mauerfalls.
84 Vgl. Haase-Hindenberg, Der Mann, der die Mauer öffnete.
85 Zit. nach: Der Tag, an dem die Mauer fiel, S. 137.
86 Zit. nach: ebd., S. 84.

gungsministeriums vom Januar 1989 stellten die Generale im Ministerium fest, dass der »Schutz der Staatsgrenze« zu West-Berlin gewährleistet sei. Das Zusammenwirken mit den anderen Schutz- und Sicherheitskräften sei zudem »zuverlässig organisiert«[87]. Aber es wurde auch darauf aufmerksam gemacht, dass Dienstvorschriften überholt seien und Festlegungen mit der Praxis nicht übereinstimmten. Insgesamt wurde das Grenzkommando unter der Führung Wöllners mit »gefechtsbereit« und der Note Gut beurteilt.

In der unübersichtlichen Situation am 9. November 1989 blieb Wöllner als erfahrender Militär allerdings nicht gänzlich untätig. Ohne Befehle seiner Vorgesetzten abzuwarten, stellte er die Arbeitsbereitschaft in seinem Stab so rasch wie möglich her[88]. Im Grunde galt im Ministerium für Nationale Verteidigung, in den Kommandos der Teilstreitkräfte und auch im Kommando der Grenztruppen der DDR in der Nacht vom 9. zum 10. November 1989 noch die bereits seit Anfang Oktober angeordnete »Erhöhte Führungsbereitschaft«. Erst nach Mitternacht reagierten die Führungskräfte im Kommando der Grenztruppen und lösten die Stufe der »Erhöhten Gefechtsbereitschaft« aus. Die Grenzübergangsstellen sollten nunmehr mit Personal unterstützt, Reserven mobilisiert und herangeführt werden. Tatsächlich trafen in den Einsatzabschnitten in den nächsten Stunden Verstärkungen ein, Reserven wurden gebildet. Schließlich gelang es noch in den frühen Morgenstunden des 10. November, größere Menschenansammlungen im Bereich des Brandenburger Tores aufzulösen.

Die ostdeutsche Militärführung, der auch der Chef der Grenztruppen angehörte, wurde von der Maueröffnung während einer Kollegiumssitzung in Strausberg überrascht. Diese Zusammenkunft war unmittelbar nach dem Ende einer Sitzung des Zentralkomitees der SED in Ost-Berlin anberaumt worden. Die am Abend des 9. November in Strausberg versammelten Militärs, darunter die ZK-Mitglieder Verteidigungsminister Armeegeneral Heinz Keßler und der Chef des Hauptstabes der NVA Generaloberst Fritz Streletz erhielten dadurch keine oder nur unzureichende Kenntnis von den Vorgängen, die sich am Abend vollzogen. Erst als der Chef der Grenztruppen während der Strausberger Kollegiumssitzung ans Telefon gerufen wurde und den Raum verließ, wurde die Situation bekannt. Letztlich wusste man auch zu diesem Zeitpunkt noch nicht allzu viel, außer dass es an den Grenzübergangsstellen zu Ansammlungen von Menschen gekommen war, die in den Westen wollten. Generaloberst Klaus-Dieter Baumgarten notierte später in seinen Erinnerungen: »Wir hatten die Grenzer im Stich gelassen. Kein Befehl, keine Weisung, nichts, womit wir ihnen Halt oder Orientierung geboten hätten[89].«

---

[87] BArch, DVW 1/67078, Bl. 62, Bericht über die Ergebnisse der in der Zeit vom 16.1. bis 25.1.1989 im Grenzkommando Mitte durchgeführten Inspektion, 7.2.1989.
[88] Vgl. Der Tag, an dem die Mauer fiel, S. 182.
[89] Baumgarten, Erinnerungen, S. 196.

In den Morgenstunden des 10. November 1989 kamen dann einige verantwortliche Generale der NVA und anderer bewaffneter Kräfte zusammen, um sich in kleiner Runde mit den an der Grenze inzwischen geschaffenen Tatsachen auseinanderzusetzen. Dieser »operativen Gruppe« des Nationalen Verteidigungsrates unter der Leitung des Chefs des Hauptstabes und Sekretärs des Nationalen Verteidigungsrates Streletz gehörten hochrangige Vertreter der Staatssicherheit, des Innen-, Außen- und Verteidigungsministeriums sowie der SED an. Sie sollte Antworten und Vorschläge zur Beherrschung der komplizierten Lage an der Staatsgrenze der DDR erarbeiten. Dabei wurde offenbar auch eine Option besprochen, die den Einsatz von NVA-Truppen zur Stabilisierung der Lage oder möglicherweise auch die Schließung der Grenze beabsichtigte. Dies beschwor freilich nach den Oktoberereignissen erneut die potenzielle Gefahr eines unmittelbaren militärischen Einsatzes gegen die eigene Bevölkerung herauf.

Offenbar im Ergebnis erster Besprechungen in der »operativen Gruppe« erhielt der Chef der Landstreitkräfte der NVA, Generaloberst Horst Stechbarth, vom Chef des Hauptstabes der NVA, Generaloberst Fritz Streletz, die mündliche Weisung des Ministers übermittelt, für die 1. Mot.-Schützendivision Potsdam sowie für das Luftsturmregiment-40 in Lehnin die Stufe »Erhöhte Gefechtsbereitschaft« auszulösen. Weisungsgemäß ließ Stechbarth die ihm unterstellten Truppen – offenbar ohne Panzer und Artillerie – aus der »Ständigen Gefechtsbereitschaft« in die nächsthöhere Stufe der Gefechtsbereitschaft versetzen. Das bedeutete u.a. ein Aufmunitionieren der Lehrgefechtstechnik, die Durchführung der Ausbildung nur noch in der Nähe des Standortes sowie die Ausgabe von Munition für die persönlichen Waffen der Offiziere. Zur 1. Mot.-Schützendivision gehörten über 10 000 Mann, das Luftsturmregiment-40 hatte eine Sollstärke von ca. 1500 Mann. So wie im Standort Beelitz, wo sich u.a. eine Ausbildungsbasis, ein Aufklärungsbataillon und eine Geschosswerferabteilung der Potsdamer Division befanden, bemerkten die Soldaten rasch die veränderte Situation: Waffen wurden verladen; die Wehrdienstleistenden hatten sich auf ihren Stuben aufzuhalten und weitere Befehle abzuwarten. »Man wollte uns notfalls noch auf dem Lkw den Umgang mit der Waffe beibringen[90]«, erinnerte sich ein Zeitzeuge, der erst wenige Tage zuvor eingezogen worden war. Erstaunlich war, dass nicht die noch existierenden nichtstrukturmäßigen NVA-Hundertschaften, sondern erstmals reguläre Kampfeinheiten für einen Einsatz im Innern vorbereitet werden sollten, die zudem »zufällig« speziell für den Stadtkampf bzw. für die Zerschlagung kleinerer »gegnerischer« Gruppierungen »hinter der Front« ausgebildet und ausgerüstet waren.

Am Folgetag, dem 11. November, erhielt Generaloberst Stechbarth gegen 10.00 Uhr einen Anruf von Verteidigungsminister Keßler. Glaubt man den

---

[90] Anke, Angst vor dem Bruderkrieg. Vgl. auch: Ehlert, Zwischen Mauerfall und Volkskammerwahl, S. 432 f.

Erinnerungen von Horst Stechbarth, so fragte ihn der Armeegeneral, ob bereit sei, »mit zwei Mot.-Schützenregimentern nach Berlin zu marschieren«[91]. Der Generaloberst antwortete nach eigener Aussage:

»Ist das eine Frage oder ein Befehl? Wenn es ein Befehl ist, bitte ich, das gut zu überlegen. Wenn wir jetzt mit zwei Regimentern durch Berlin fahren, kann es zu Zusammenstößen kommen und die Stimmung wird aufgeheizt. Ich bin gestern an Grenzübergängen vorbeigefahren, dort ging es friedlich zu[92].«

Stechbarth ergänzte, dass es doch andere Mittel geben müsse, um mit der Situation fertig zu werden. Darauf sagte Armeegeneral Keßler nur: »Du bekommst Bescheid[93].«

Wenige Stunden nach diesem Telefongespräch mit Armeegeneral Keßler erhielt Stechbarth tatsächlich einen Anruf vom Chef des Hauptstabes der NVA, der ihm den Auftrag erteilte, die »Erhöhte Gefechtsbereitschaft« für die 1. Mot.-Schützendivision und das Luftsturmregiment wieder aufzuheben. Welche Faktoren dafür letztlich ausschlaggebend waren, lässt sich nicht mehr feststellen. Wahrscheinlich war man sich in der Armeeführung unsicher über den Einsatzwillen der Armeeangehörigen. »Am Morgen nach der Grenzöffnung konnten die Militärführer nicht mehr sicher sein, welche ihrer Befehle noch befolgt werden würden. Meuterei war nicht mehr auszuschließen[94].«

Hinzu kam, dass selbst Vertreter der ministeriellen Armeeführung, allen voran Generaloberst Joachim Goldbach, sich erneut vehement gegen jeglichen Gedanken an einen Einsatz der NVA stellten und Minister Keßler sowie Generaloberst Streletz offensichtlich in die Schranken verwiesen. General Goldbach bemerkte später in einer Rückschau auf die Ereignisse dazu:

»und die Mauer sollte nämlich anschließend, nach dem sie kurz geöffnet wurde, durch die erste Mot.-Schützendivision wieder dichtgemacht werden. Und das haben wir hier verhindert. Generaloberst [...] wollte das schon in Gang setzen, dieses Zeug. Der muss doch wohl einen Hieb haben, haben wir gedacht. Will er einen Krieg provozieren? So ein Unfug[95].«

Goldbach und andere realistisch denkende Kräfte im Kollegium des Verteidigungsministeriums sprachen sich auch am 11. November auf einer Parteiaktivtagung in Strausberg klar gegen einen militärischen Einsatz von NVA-Kräften aus[96].

---

91 Stechbarth, Soldat im Osten, S. 219.
92 Ebd.
93 Ebd.
94 Hertle, »Ein Stein vom Herzen«, S. 43.
95 Zit. nach: Knabe, Unter der Flagge des Gegners, S. 239, Anlage 14. Das Interview ist im Original anonymisiert.
96 Vgl. Ehlert, Zwischen Mauerfall und Volkskammerwahl, S. 436 f. Zugleich wurde auf der Tagung der Rücktritt von Keßler, Streletz und Generaloberst Horst Brünner gefordert.

Inzwischen hatte sich allerdings die Situation an der Grenze im Herzen Berlins, auch durch die Unterstützung der West-Berliner Polizei, beruhigt. Dazu trug auch bei, dass in Durchführung eines Ministerratsbeschlusses am 11. November 1989 und den folgenden Tagen weitere Grenzübergangsstellen geöffnet wurden, so u.a. in der Eberswalder Straße und am Potsdamer Platz[97].

Die Öffnung der Grenze zur Bundesrepublik verlief weniger hektisch und letztlich überschaubarer. Bis Anfang November war es hier es zu keinen Zwischenfällen gekommen. Nach den Ereignissen in Berlin öffneten sich dort am 10. November die ersten Grenzübergänge. Die Aufhebung der Sperrzonen erfolgte in den nächsten Tagen, der Einsatz von Scheinwerfern und die Verwendung von Diensthunden wurden schrittweise eingeschränkt[98]. Das bisherige militärische Grenzregime zum Westen hin brach damit zusammen und befand sich in Auflösung. Befehle und Weisungen wurden ungültig, die Aufgaben der Grenztruppen und die Tätigkeiten der Grenzsoldaten veränderten sich rasant. So mussten die Angehörigen der Grenztruppen nunmehr eine enorme Arbeit leisten, um das Passieren der Grenze reibungslos zu gestalten. »Über insgesamt 95 Übergänge reisten vom 9. bis zum 26. November 1989 insgesamt 17,6 Millionen Bürger der DDR und anderer Staaten aus, und etwa 15,1 Millionen kamen in die DDR[99].«

Den meisten Militärs in der NVA und in den Grenztruppen war inzwischen klar, dass die Grenzöffnung den Anfang vom Ende des DDR-Grenzsystems bedeutete und sie die »Initiative verloren« hatten[100]. »Nunmehr konnten wir den Lauf der Geschichte nur noch zur Kenntnis nehmen«[101], stellte der langjährige Chef der DDR-Grenztruppen Klaus-Dieter Baumgarten später durchaus realistisch fest.

Armeegeneral Keßler, der noch Mitte Oktober trotz der unübersichtlichen innenpolitischen Situation in der DDR mit einer Militärdelegation nach Nicaragua geflogen war[102], legte am 17. November 1989 sein Ministeramt nieder. Zu sei-

---

97 Vgl. BArch, DVW 1/67080, Bl. 203 f., Befehl Nr. 123/89 des Ministers für Nationale Verteidigung über die Eröffnung weiterer Grenzübergangsstellen an der Grenze nach Berlin (West), 11.11.2013.
98 Vgl. Lapp, Grenzregime der DDR, S. 541–545.
99 Baumgarten, Die Entwicklung der Grenzsicherung, S. 258. Bis Anfang März 1990 wuchs die Zahl der Grenzübergänge auf 213 an.
100 Baumgarten, Erinnerungen, S. 196. Einige Hardliner unter den Berufssoldaten glaubten noch immer, »Bewährtes« aus den Jahren zuvor erhalten zu können, weil sie die Staatsgrenze der DDR zur Bundesrepublik weiterhin als Trennlinie zwischen NATO und Warschauer Vertrag ansahen. Vgl. Lapp, Grenzregime der DDR, S. 537–540.
101 Baumgarten, Erinnerungen, S. 196.
102 Vgl. BArch, DVW 1/67080, Bl. 185–188, Befehl Nr. 110/89 des Ministers für Nationale Verteidigung über die Vorbereitung und Durchführung der Reise einer NVA-Militärdelegation nach Nikaragua und Kuba, 5.10.1989.

nen letzten Handlungen gehörte ein Befehl über private Auslandsreisen von Armeeangehörigen und Zivilbeschäftigten[103]. Der Minister hob darin alle restriktiven Bestimmungen in der NVA und den Grenztruppen auf, mit denen in der Vergangenheit Kontaktverbote für die Angehörigen der DDR-Volksarmee und in ihrem Haushalt lebende Personen durchgesetzt werden sollten. Die Einhaltung dieses Verbotes war in den Jahren zuvor bereits immer komplizierter geworden und hatte nicht selten zu Unmut geführt und manche disziplinare Bestrafung in der Truppe nach sich gezogen. Jetzt war die Aufhebung des Befehls längst überfällig. Die neu gewonnene, nunmehr offiziell zugestandene Reisefreiheit zeigte freilich noch einige Einschränkungen. So hielt der Befehl fest, dass die Armeeangehörigen ihre Vorgesetzten über Reiseantritt, Reiseziel und Reisedauer zu informieren hätten. Geheimnisträgern mit der Verpflichtungsstufe »Geheime Kommandosache« konnte ohnehin eine Privatreise in das westliche Ausland verweigert werden.

Der revolutionäre Umbruch in der DDR und die Grenzöffnung machten weitere Befehle und Weisungen, die teilweise seit Jahren in Kraft waren, in der NVA und in den Grenztruppen obsolet. Der neue Mann im Ministeramt, Admiral Theodor Hoffmann, der zuvor an der Spitze der Volksmarine gestanden hatte, gab der NVA nunmehr einen neuen Kurs vor. Anfang Dezember 1989 legte Hoffmann mit dem Befehl Nr. 136/89 ein erstes zusammenfassendes gemeinsames Führungsdokument für die weitere Entwicklung der NVA und die Grenztruppen vor[104]. Es enthielt einen umfangreichen Katalog von Maßnahmen, Festlegungen und Regelungen, die teilweise die alten festgefahrenen Strukturen und Vorschriften in den Streitkräften und den Grenztruppen aufbrachen. Diese Veränderungen reichten von der Einstellung des Frühsports in der Truppe, der Gewährung der Fünf-Tage-Arbeitswoche für Berufssoldaten über die Einschränkung der Anzahl von NVA-Gästehäusern und die Wahl von Soldatensprechern in den Einheiten bis hin zu solch grundlegenden Entscheidungen wie der Absenkung des Grades der Gefechtsbereitschaft und der Aussetzung des Reservistenwehrdienstes[105]. Der Befehl Nr. 136/89 bildete damit zweifellos eine wichtige Zäsur am Beginn eines dringend erforderlichen demokratisch orientierten Reformprozesses in der NVA und den Grenztruppen der DDR.

---

[103] Vgl. ebd., Bl. 225–228, Befehl Nr. 126/89 des Ministers für Nationale Verteidigung über Privatreisen in das Ausland, 14.11.2013. Einen Tag später dankte Keßler allen Armeeangehörigen und den Angehörigen der Grenztruppen für ihre gezeigte Einsatzbereitschaft sowie für ihr verantwortliches Handeln in den vergangenen Wochen. Ebd., Bl. 233–235, Befehl Nr. 127/89 des Ministers für Nationale Verteidigung über die Würdigung von Leistungen, 15.11.2013.

[104] Vgl. BArch, DVW 1/67081, Bl. 244–257, Befehl Nr. 136/89 des Ministers für Nationale Verteidigung über die Aufgaben der NVA und der Grenztruppen der DDR, 9.12.1989.

[105] Vgl. ebd.

Insbesondere Letztere, mit über 40 000 Mann bislang eines der stärksten bewaffneten Organe der DDR, hatten nach der Grenzöffnung absehbar keine reale Perspektive mehr. Zu sehr waren die Grenztruppen durch ihre Rolle in der SED-Diktatur belastet, die sie auch bei der eigenen Bevölkerung weitgehend unbeliebt gemacht hatte. Hinzu kam, dass die Truppe »tief erschüttert vom Verfall der Staatsmacht in der DDR und von der Sinnlosigkeit des bislang praktizierten Grenzregimes«[106] sich in einem Prozess der Selbstauflösung befand. »Der Klassenauftrag der Grenztruppen und der Sinn des Soldatseins im Sozialismus waren im wahrsten Sinne des Wortes über Nacht gegenstandslos geworden[107].«

Da die Grenztruppen allerdings weiterhin Aufgaben an den Grenzen der DDR zu erfüllen hatten, war ihre weitere Tätigkeit vorerst der veränderten Lage anzupassen. Der Befehl Nr. 132/89 des Verteidigungsministers vom 22. November 1989 markierte einen ersten Schritt in diese Richtung[108]. Auf seiner Grundlage wurden der pionier- und signaltechnische Ausbau der Grenze sowie Instandsetzungs-, Rekonstruktions- und Modernisierungsarbeiten eingestellt und nicht mehr benötigte Grenzsicherungsanlagen, die »dem Ansehen der DDR schaden«, abgebaut[109]. Notwendig war auch, die Grundsatzbefehle des Ministers Nr. 100/89 und Nr. 101/89 zu korrigieren, die noch im September 1989 von Minister Keßler für die NVA und die Grenztruppen für das neue Ausbildungsjahr 1989/90 festgelegt worden waren[110]. Admiral Theodor Hoffmann ließ daher beide Befehle umgehend überarbeiten und noch im Dezember 1989 in einer veränderten Fassung in Kraft setzen[111]. Die NVA-Angehörigen sollten beispielsweise einerseits »durch die volle Entfaltung der demokratischen Mitgestaltung«[112] mobilisiert werden, andererseits den »sozialistischen Wettbewerb« weiterführen. Neu für die Grenztruppen war beispielsweise, dass Kontakte mit westlichen Behörden im dienstlichen Interesse nunmehr erlaubt waren. Mittelfristig sollten die Grenztruppen aufgelöst und der Grenzschutz neu organisiert werden[113].

---

[106] Grandhagen, Von der Grenzpolizei, S. 322.
[107] Ebd.
[108] BArch, DVW 1/67081, Bl. 237–242, Befehl Nr. 132/89 des Ministers für Nationale Verteidigung über die Aufgaben zum zuverlässigen Schutz der Staatsgrenze der DDR, 22.11.1989.
[109] Ebd.
[110] Das Ausbildungsjahr begann in der NVA und den Grenztruppen am 1. Dezember.
[111] BArch, DVW 1/67081, Bl. 78–102, Befehl Nr. 100/89 des Ministers für Nationale Verteidigung über die Aufgaben der NVA im Ausbildungsjahr 1989/90, 21.12.1989.
[112] Ebd., Bl. 89.
[113] BArch, DVW 1/67081, Bl. 124, Befehl Nr. 101/89 des Ministers für Nationale Verteidigung über die Aufgaben zur weiteren Vervollkommnung des Schutzes der Staatsgrenze der DDR im Ausbildungsjahr 1989/90 in der Fassung vom 21.12.1989.

Militärisches Spitzenpersonal in der DDR, Herbst/Winter 1989/90

Generalsekretär des ZK der SED, Vorsitzender des Staatsrates und des Nationalen Verteidigungsrates	Rücktritt von Erich Honecker; Egon Krenz wird ab 24. Oktober 1989 Staatsrats- und Verteidigungsratsvorsitzender (bis 6. Dezember 1989); ab 8. November 1989 SED-Generalsekretär (bis 3. Dezember 1989)
Minister für Nationale Verteidigung	Rücktritt von Armeegeneral Heinz Keßler; Admiral Theodor Hoffmann wird am 18. November 1989 Minister
Stellvertreter des Ministers und Chef des Hauptstabes	Rücktritt von Generaloberst Fritz Streletz (13.12.1989); bis 6. Dezember 1989 Sekretär des Nationalen Verteidigungsrates; Generalleutnant Manfred Grätz übernimmt am 1. Januar 1990 die Funktion des Ministerstellvertreters
Stellvertreter des Ministers und Chef der Politischen Hauptverwaltung	Rücktritt von Generaloberst Horst Brünner im November 1989; Brünner wird am 31. Dezember 1989 aus dem aktiven Wehrdienst entlassen
Stellvertreter des Ministers und Chef der Rückwärtigen Dienst	Vizeadmiral Hans Hofmann übernimmt am 1. Januar 1990 die Funktion von Generalleutnant Manfred Grätz
Stellvertreter des Ministers und Chef Technik und Bewaffnung	Generaloberst Joachim Goldbach
Stellvertreter des Ministers und Chef der Landstreitkräfte	Generalleutnant Horst Skerra übernimmt am 1. Januar 1990 die Funktion von Generaloberst Horst Stechbarth
Stellvertreter des Ministers und Chef der LSK/LV	Generalleutnant Rolf Berger übernimmt am 1. Dezember 1989 die Funktion von Generaloberst Wolfgang Reinhold
Stellvertreter des Ministers und Chef der Volksmarine	Bis 17. November 1989 Vizeadmiral Theodor Hoffmann; Vizeadmiral Hendrik Born übernimmt am 11. Dezember 1989 die Funktion
Stellvertreter des Ministers und Chef der Grenztruppen	Generalmajor Dieter Teichmann wird am 1. Januar 1990 mit der Führung beauftragt und übernimmt am 1. März 1990 die Funktion von Generaloberst Klaus-Dieter Baumgarten
Leiter der Zivilverteidigung der DDR	Generaloberst Fritz Peter (bis Ende April 1990)
Leiter der Abteilung Sicherheitsfragen des ZK der SED	Dr. Wolfgang Herger, 8. November bis 3. Dezember Mitglied des Politbüros und Sekretär des ZK der SED für Recht und Sicherheit; 4. Dezember 1989 bis 15. Januar 1990 Mitarbeiter im Parteivorstand der SED/PDS, danach erwerbslos
Erster Stellvertreter des Ministers für Verteidigung der UdSSR und Oberkommandierender der Vereinten Streitkräfte der Teilnehmerstaaten des Warschauer Vertrages	Armeegeneral Pëtr Lušev
Vertreter des Oberkommandierenden der Vereinten Streitkräfte der Teilnehmerstaaten des Warschauer Vertrages in der NVA	Armeegeneral Vladimir Čuralev
Oberkommandierender der Westgruppe der Streitkräfte der UdSSR	Armeegeneral Boris Snetkov

©ZMSBw
07255-06

Freilich reichten die Zeiträume für die Umsetzung der beiden Befehle teilweise bis weit in das Jahr 1990 hinein und einige Forderungen aus der Truppe blieben unerfüllt. Es zeigte sich aber der Wille bei Teilen der Armeeführung, die Streitkräfte den veränderten Gegebenheiten geordnet und schrittweise anzupassen und dabei ein Abgleiten in Chaos und Unruhe zu vermeiden. Nicht umsonst enthielten verschiedene Befehle daher auch eine Passage, in der stets zur strikten Gewährleistung der Sicherheit von Kasernen, Waffenkammern, Munitions- und Tanklagern aufgerufen wurde. Die NVA und die Grenztruppen verfügten ja nicht nur über ihre strukturmäßige Bewaffnung sowie Waffen und Ausrüstung für den Mobilmachungsfall, sondern sie sahen sich immer stärker für die Sicherung der Waffen anderer bewaffneter Kräfte der DDR verantwortlich.

Nachdem Egon Krenz Anfang Dezember 1989 seine Ämter niedergelegt hatte und die »führende Rolle« der Partei aus der DDR-Verfassung gestrichen worden war, war das Machtmonopol der SED in der Gesellschaft endgültig gebrochen. Die Arbeit der Parteiorganisationen der SED in der NVA und in den Grenztruppen sollte dagegen nach dem Wunsch der Politischen Hauptverwaltung vorerst fortgesetzt werden. Angesichts des Drucks der Parteibasis wurden die Tätigkeit der SED und auch die Politarbeit in der NVA und in den Grenztruppen jedoch noch im selben Monat eingestellt. Ebenso verloren die Mitarbeiter der MfS-Hauptabteilung I, in der Truppe als »Verwaltung 2000« bezeichnet und zuletzt unter der Ägide des Amtes für Nationale Sicherheit aktiv, ihren Einfluss und wurden aus den Streitkräften entlassen[114]. Mitarbeiter des MfS, die bisher als Angehörige der Passkontrolleinheiten tätig waren, sollten allerdings in die Grenztruppen übernommen werden. Am 1. Januar 1990 wurden die Kommandanten der Grenzübergangsstellen auch Vorgesetzte der Angehörigen der Passkontrolleinheiten. Diese zählten im Oktober 1989 noch über 8400 Mann; ein halbes Jahr später versahen davon noch rund 6500 Mann ihren Dienst an den Grenzübergangsstellen[115].

Fraglos gelang es Gefolgsleuten von Ex-Verteidigungsminister Keßler noch bis Ende 1989, die insbesondere seit der Grenzöffnung geäußerten Forderungen von Soldaten nach mehr Mitspracherecht und eigenen Interessenvertretungen im Wesentlichen abzublocken. Der neue Mann an der Spitze von NVA und Grenztruppen, Admiral Theodor Hoffmann, versuchte dagegen, die anstehenden Probleme nicht nur mit einigen oberflächlichen kosmetischen Operationen zu lösen. Er verstand seine Tätigkeit als Teil der Reformanstrengungen der neuen Regierung unter Ministerpräsident Hans Modrow. Dieser hatte in seiner Regierungserklärung vor der Volkskammer der DDR am 17. November 1989 u.a. unmissverständlich gefordert, die Militärdoktrin der DDR neu zu definieren, das Wehrgesetz neu zu

---

[114] Vgl. Ehlert, Zwischen Mauerfall und Volkskammerwahl, S. 446–456.
[115] Vgl. Grandhagen, Von der Grenzpolizei, S. 327.

fassen und einen Zivildienst einzuführen[116]. Hoffmann nahm diese Gedanken auf und erarbeitete ein Konzept für seinen Verantwortungsbereich[117].

Zwischen Reform und Auflösung. Die NVA und die Grenztruppen der DDR in der Endphase ihrer Existenz 1989/90

Reformen, auch Militärreformen, waren in der Vergangenheit nicht selten mit einem gesellschaftlichen Umbruch verknüpft. Sie konnten diesen Umbruch einerseits begleiten, ihn weiter befördern, und andererseits auch bremsen und verzögern. Die Militärreform in der letzten Phase des Bestehens der DDR stellte sowohl ein Resultat als auch einen Bestandteil der demokratischen Erneuerung der Gesellschaft dar. Sie erhielt damit einen größeren Stellenwert, als einige führende Militärkader anfangs mit nur kleineren Korrekturen und Zugeständnissen beabsichtigten.

Am 25. November 1989 hatte sich im Ministerium für Nationale Verteidigung die »Zentrale Arbeitsgruppe Militärreform« unter der Leitung des Hauptinspekteurs der NVA, Generalleutnant Prof. Dr. Hans Süß, konstituiert[118]. Ihre Hauptaufgaben sah die Arbeitsgruppe in einer Neufestlegung von Zweck und Auftrag der NVA vor dem Hintergrund einer eigenen Militärdoktrin der DDR und der weiter bestehenden Bündnisverpflichtungen im Warschauer Pakt, in einer Überarbeitung der Stellung der Volksarmee in der Gesellschaft sowie in der Demokratisierung des inneren Gefüges der NVA. Die Umsetzung dieser Aufgaben war mit vielen Schwierigkeiten verbunden. So standen an der Spitze von »Reformkommissionen« oftmals leitende Offiziere und Generale, die mitunter nicht wirklich reformwillig waren. Einigen Offizieren gingen die Reformforderungen sowieso zu weit, weil sie alte Hierarchien und Gewohnheiten dadurch verloren gehen sahen. Andere glaubten, die Armee in einen zivilen Diskutierklub verwandeln zu können.

In der Truppe wurden daher die Aktivitäten der selbsternannten Militärreformer im Generals- und Offiziersrang aufmerksam verfolgt. Mit Skepsis und teilweise Ablehnung reagierte die Basis vor allem auf die offensichtliche Ignorierung von Soldatenforderungen[119]. So fanden im Verteidigungsministerium solche Forderungen wie die Verkürzung der Wehrdienstzeit, die Einführung eines zivilen Wehrersatzdienstes, die Herabsetzung des Einberufungsalters, bes-

---

[116] Vgl. Heider, Militärreform in der DDR, S. 396 f.
[117] Vgl. Hoffmann, Das letzte Kommando, S. 38–41.
[118] Insgesamt zur Militärreform: Heider, Militärreform in der DDR.
[119] Vgl. BArch, DVW 1/37644, Bl. 1–270, Eingaben zur Militärreform 1989.

sere Urlaubsregelungen, aber auch die Trennung von Partei und Armee sowie die Bildung unabhängiger, demokratischer Interessenvertretungen für die Armeeangehörigen kaum Beachtung. Nicht selten arbeiteten die Funktionäre in Uniform im alten Stil weiter und blockierten Reformansätze.

Sogenannte Soldatenräte in den Einheiten verstanden sich dagegen als die wirklichen Interessenvertreter der Wehrdienstleistenden. Sie prangerten die Militärbürokratie an und trugen mitunter Konflikte offen aus[120]. Zur Jahreswende 1989/90 eskalierten die Verhältnisse in der Armee in einer Streikaktion von etwa 300 NVA-Soldaten im Standort Beelitz. Der Beelitzer Soldatenrat unterbreitete dem Minister einen 24-Punkte-Forderungskatalog, der unter dem Motto »Die Demokratie darf nicht vor dem Kasernentor haltmachen!« stand. Zur Lösung der Probleme setzten sich Soldatenratsmitglieder und andere Sprecher der Soldaten, Vertreter der Kirchengemeinde und des Neuen Forums mit Verteidigungsminister Hoffmann zusammen. Dieser »Runde Tisch« führte zu wichtigen Veränderungen im inneren Gefüge der Armee und verbesserte unmittelbar die materielle und soziale Situation der Soldaten. Hierzu zählten die Reduzierung der Dauer der Wehrpflicht auf zwölf Monate und des Wehrdienstes auf Zeit von drei Jahren auf zwei Jahre, was zu Entlassungen von 40 000 Soldaten und Unteroffizieren sowie von 19 000 Reservisten führte. Dazu gehörten zudem die endgültige Abschaffung der ständigen Gefechtsbereitschaft und die Einführung der Fünf-Tage-Arbeitswoche.

Die raschen Zusagen des Ministers lösten einerseits Befriedigung bei vielen Mannschafts- und Zeitsoldaten aus, stifteten bei vielen Berufssoldaten aber durchaus Verwirrung[121]. Einige der dem Minister von den Soldaten abgerungenen Zugeständnisse bereiteten bei der Aufrechterhaltung eines einigermaßen geordneten Dienstablaufs zur Sicherung der Kasernen, Waffen und Technik sowie im Diensthabenden System der Luftverteidigung außerordentliche Schwierigkeiten. Kommandeure weigerten sich, die Ministerweisungen bekannt zu geben und umzusetzen. Einige wenige dachten offenbar auch über einen Militärputsch nach, um mit militärischer Gewalt den vorgeblichen Niedergang von Gesellschaft und Militär zu stoppen. Verteidigungsminister Hoffmann wandte sich scharf gegen solche Gedanken und Vorstellungen. Für ihn stand fest, dass die NVA nicht zu einem Sicherheitsrisiko für den weiteren Verlauf des politischen Umbruchs werden durfte. Hoffmann forderte vielmehr die Kommandeure aller Stufen auf, den Dialog mit den Bürgern auf der Straße und in der Kirche zu suchen und soweit als möglich mit ihnen zusammenzuarbeiten.

Vorschläge zur Bewältigung der komplizierten Lage in der NVA kamen auch aus einer ganz anderen Richtung. So wollten »aufrechte und national verantwor-

---

[120] Vgl. Heider, Die NVA im Herbst 1989, S. 54.
[121] Vgl. Hoffmann, Das letzte Kommando, S. 96.

tungsbewusste Offiziere«[122] ein Zeichen setzen, indem sie sich Ende Februar 1990 mit einem Brief an den Bundesverteidigungsminister Dr. Gerhard Stoltenberg in Bonn wandten. »In der Erkenntnis großer Gefahren, wie sie sich aus den alten Kommandoverhältnissen in der NVA für die nationale Einheit ergeben können«, sowie aus »patriotischer, nationaler und soldatischer Verantwortung heraus« schlugen drei NVA-Oberste u.a. den sofortigen Beginn einer geordneten Auflösung der NVA, die Einstellung des Lehrbetriebes an den Schulen der NVA, die Entlassung der mit »der Verhetzung der Armeeangehörigen« befassten Kader sowie die Organisation der Vorbereitung einer »möglichen Dislozierung der Bundeswehr auf dem Territorium der DDR«[123] vor. Das Ansinnen der drei NVA-Berufssoldaten wurde nach dem Bekanntwerden von der Presse als »Verschwörung« bezeichnet. Die beteiligten Offiziere erhielten als Strafe ihre sofortige Entlassung aus dem aktiven Wehrdienst, da sie vorgeblich gegen den »Erneuerungsprozess der Streitkräfte« gehandelt hätten[124].

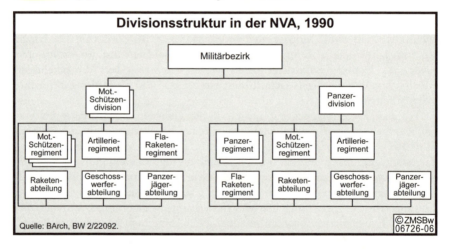

Das bedeutendste Ergebnis der Militärreform war jedoch zweifellos der endgültige Zusammenbruch der SED-Organisation und des Politapparates innerhalb der Armee. Damit wurden die Vorherrschaft der Partei und die Grundlage einseitiger ideologischer Indoktrination formal beseitigt und der Versuch unternommen, demokratisch-rechtsstaatliche Strukturen, die einem modernen Wehrwesen gerecht wurden, in die NVA einzuführen. Die vorhandenen Demokratiedefizite bei Vorgesetzen und Unterstellten bauten sich aber nur schrittweise ab.

---

122 Weber, Gläubigkeit, S. 63 f.
123 Zit. nach: ebd.
124 Ebd., S. 62‑66; vgl. Ehlert, Zwischen Mauerfall und Volkskammerwahl, S. 460 f.

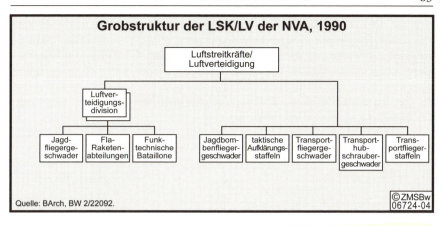

Im Rahmen der »Runden Tische« entstand ab Anfang 1990 eine Reihe von Gesetzentwürfen, die beispielsweise den Wehrdienst sowie den Zivildienst betrafen. Mit dem Zivildienstgesetz erhielten männliche Bürger der DDR erstmals das Recht, Zivildienst zu leisten, den man als »sozialen Dienst am Volke« definierte. Die Dauer des Dienstes betrug wie die Dienstzeit der Wehrpflichtigen zwölf Monate. Eine Gewissensprüfung fand nicht statt. Mit der Einführung des Zivildienstes wurden langjährige Forderungen der ostdeutschen Friedens- und Menschenrechtsbewegung umgesetzt. Parallel zur Diskussion vorgelegter Gesetzentwürfe stand die Beschäftigung mit den »Militärpolitischen Leitsätzen der DDR« im Mittelpunkt des Interesses[125]. Die NVA wurde darin als »eine Armee des ganzen Volkes und Teil des Volkes« der DDR charakterisiert. Sie sollte künftig weder parteipolitisch noch weltanschaulich gebunden sein. Ein militärischer Einsatz der Armee nach innen wurde definitiv ausgeschlossen.

Nicht wenige Armeeangehörige waren direkt von den Auswirkungen des Umbruchs und der Reformen in der NVA, insbesondere von Personalverringerungen, betroffen, was mit persönlichen Unsicherheiten, Ängsten und Werteverlusten verbunden war. Lethargie, Disziplinverletzungen sowie eine abwartende Haltung wurden in der Truppe sichtbar, die Stimmung war dementsprechend angespannt.

Das galt auch für das Personal der Grenztruppen. Anfang 1990 beschloss die Modrow-Regierung die Umwandlung der Grenztruppen in ein ziviles Grenzschutzorgan. Der neue »Grenzschutz« sollte künftig mit rund 28 000 Mann dem Innenministerium unterstehen und – angelehnt an das Vorbild des Bundesgrenzschutzes – eine polizeiliche Grenzüberwachung leisten. Die bisherige militärische Komponente der Grenzsicherung fiel damit ebenso

---

[125] Vgl. Hoffmann, Das letzte Kommando, Anlage 1, S. 310–312.

weg wie der Auftrag, im Rahmen der Landesverteidigung selbstständig oder im Zusammenwirken mit anderen bewaffneten Kräften aktive Gefechtshandlungen zu führen. Im Februar 1990 wurde der langjährige Chef der Grenztruppen Generaloberst Baumgarten vom Chef des Hauptstabes der NVA endgültig in den Ruhestand verabschiedet[126]. Ihm folgte mit Dieter Teichmann ein weiterer General aus dem »alten« Stab der Grenztruppen, der bereits seit Beginn des Jahres mit der Führung beauftragt war.

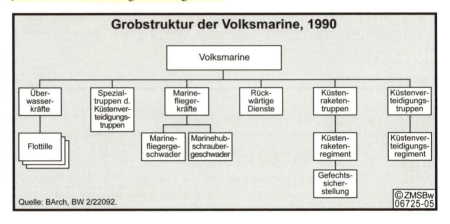

Quelle: BArch, BW 2/22092.

Für das Frühjahr 1990 war vorgesehen, drei Grenzschutzkommandos (Küste, Ost, Südost) zu bilden. Inzwischen gab es 213 Grenzübergangsstellen, davon 82 ständige und 55 zeitweilige Übergänge in die Bundesrepublik und 30 nach West-Berlin[127]. Die DDR-Grenzbehörden registrierten im ersten Quartal des Jahres 123 Millionen ein- und ausreisende Personen. Im entsprechenden Quartal 1989 waren es nur 14 Millionen gewesen[128]. Am 1. April ging die 6. Grenzbrigade Küste, bisher der Volksmarine unterstellt, in den Bestand der Grenztruppen über. Die Lage in der Truppe wurde jedoch angesichts ständiger Struktur- und Personalveränderungen, sich widersprechender Befehle und Weisungen sowie wegen Motivationsverlusten zunehmend unübersichtlich.

Ohne Zweifel waren im November 1989 in der NVA und in den Grenztruppen der DDR demokratische Wandlungsprozesse in Gang gesetzt worden. Großen Anteil daran hatte die Basis – die wehrpflichtigen Soldaten und Unteroffiziere in der Truppe. Die militärische Führung war bemüht, ihre eigene Vergangenheit als Parteifunktionäre in Uniform ebenso abzustreifen wie die der

---

[126] Baumgarten wurde am 10.9.1996 im Prozess gegen die Führung der Grenztruppen wegen Totschlags zu sechseinhalb Jahren Haft verurteilt.
[127] Vgl. Behrendt, Über den DDR-Grenzschutz, S. 11.
[128] Vgl. ebd., S. 27.

NVA als Parteiarmee. Mitte März 1990 legte der Ausschuss zur Untersuchung von Fällen von Amtsmissbrauch, Korruption und persönlicher Bereicherung in der NVA und den Grenztruppen der DDR seinen Abschlussbericht vor, in dem eine Reihe ehemaliger Führungskader belastet wurde[129]. Auch dadurch sollten die Streitkräfte als wahre Volksarmee legitimiert werden. Im Offizierkorps zeigten sich allerdings weiterhin sowohl progressive als auch restaurative Kräfte. In diesem Kontext sowie vor dem Hintergrund der sich im Frühjahr 1990 abzeichnenden politischen Veränderungen, die vor allem durch den Prozess zur Vereinigung beider deutscher Staaten geprägt waren, versandete die Militärreform in der DDR langsam und blieb letztlich unvollendet.

Personal der NVA und der Grenztruppen der DDR, März 1990

Ministerium und zentrale Truppen	17 500
Landstreitkräfte	81 000
LSK/LV	26 500
Volksmarine	10 000
Grenztruppen	28 000
Gesamt	**163 000**
Zivilbeschäftige in der NVA/Grenztruppen	35 800

Quelle: Wenzke, Geschichte der Nationalen Volksarmee, S. 140.

© ZMSBw 07256-04

Das Votum der DDR-Bürger für eine von der CDU geführte Regierung in Ost-Berlin am 18. März 1990 war zugleich ein demokratisches Votum für die Wiederherstellung der deutschen Einheit. Auch in der NVA und in den Grenztruppen verfolgte inzwischen die große Mehrheit der Soldaten, Unteroffiziere, Fähnriche, Offiziere und Generale dieses Ziel[130]. Zum Minister für Abrüstung und Verteidigung der DDR im Kabinett von Ministerpräsident Lothar de Maizière (CDU) wurde der ehemalige Bausoldat der NVA Rainer Eppelmann berufen. Mit Rainer Eppelmann stand erstmals ein Zivilist an der Spitze der DDR-Streitkräfte. Er wollte aus der SED-Armee eine Bürgerarmee machen. Dazu stellte er nach seiner Berufung eine rein zivile Führung für das neu strukturierte Ministerium für Abrüstung und Verteidigung zusammen, die u.a. aus drei Staatssekretären, einem Soldaten- und einem Umweltbeauftragten bestand. Erster »Chef der NVA« und damit oberster Soldat wurde Admiral Theodor Hoffmann.

Im Mai 1990 legte ein Regierungsbeschluss die künftigen Aufgaben und Strukturen, die personelle Stärke und den Bestand an Hauptwaffensystemen

---

[129] Der Abschlussbericht vom 15.3.1990 ist auszugsweise abgedruckt in: Armee ohne Zukunft, S. 349–352.
[130] Vgl. Hoffmann, Das letzte Kommando, S. 113; Ehlert, Zwischen Mauerfall und Volkskammerwahl, S. 462.

der NVA fest. Die Streitkräfte sollten als Ausbildungs- und Basisarmee für die Mobilmachungsentfaltung mit gefechtsbereiten Truppenteilen und Einrichtungen zur Lösung von Aufgaben im Diensthabenden System (DHS) umstrukturiert werden. Die personelle Stärke wurde auf 100 000 Armeeangehörige und 45 000 Zivilbeschäftigte begrenzt. Im Mobilmachungsfall war eine Stärke von rund 250 000 Mann vorgesehen. Die Grobstruktur von Landstreitkräften, Truppen der Luftverteidigung, Volksmarine und zentralen Truppen und Einrichtungen blieb bestehen. Der Bestand der Waffensysteme sollte zum Teil drastisch reduziert, bei Panzern beispielsweise halbiert werden. In der verkleinerten NVA sollte die Wehrpflicht beibehalten und die Konversion konsequent weitergeführt werden.

Personalstärke der NVA, Ende Juni 1990

Dienstgradgruppe	Personalstärke
Berufsoffiziere	32 960
Fähnriche	8 876
Berufsunteroffiziere	13 017
Offiziere auf Zeit	857
Unteroffiziere auf Zeit	15 222
Soldaten auf Zeit	779
Offizierschüler	3 781
Fähnrichschüler	656
Soldaten im Grundwehrdienst	26 651
Insgesamt	**102 799**
Zivilbeschäftigte	47 765

Quelle: Fonds ZMSBw.

Teile der Grenztruppen sollten ab Mai 1990 in Form eines Grenzschutzes in die Verantwortung des Innenministeriums übergehen. Dem neuen Grenzschutz gehörten zu einem knappen Drittel ehemalige Grenzer und zu rund einem Fünftel MfS-Mitarbeiter an, die vor allem aus ihren ehemaligen Dienstverhältnissen bei der Passkontrolle übernommen wurden. Im Laufe der Zeit kam es zu weiteren Struktur- und Personalveränderungen. Am 1. Juli stellte die DDR die Personenkontrollen an den Grenzübergangsstellen zur Bundesrepublik und nach West-Berlin ein.

Spätestens seit dem Frühsommer 1990 standen vor dem Hintergrund der Diskussionen um die Herstellung der Deutschen Einheit Fragen auf der Tagesordnung, wie sich die Entwicklung der NVA weiter vollziehen würde: Behalten die DDR-Streitkräfte ihre Eigenständigkeit? Sollen sie mit der Bundeswehr vereint werden? Ist gar ihr Untergang programmiert? Der Minister und die führenden Militärs in Ost-Berlin und Strausberg favorisierten eine mehrjährige Übergangsfrist, während der eine reduzierte NVA als ostdeutsche Territorialarmee weiterbestehen sollte. Allerdings wollte man sich schrittweise aus dem Warschauer Vertrag zurückziehen.

Erst die Festlegungen zwischen Helmut Kohl und Michail Gorbačev über die gesamtdeutsche Mitgliedschaft in der NATO machten allen Spekulationen über die weitere Existenz einer separaten ostdeutschen Armee ein Ende. Nun stand fest, dass es vereinte deutsche Streitkräfte mit einer Personalobergrenze von 370 000 Mann geben würde. Die sowjetischen Truppen in der DDR, die 1989 den Namen Westgruppe der Truppen (WGT) erhalten hatten, verließen das wiedervereinigte Deutschland bis 1994.

Mitte August 1990 nahm eine Verbindungsgruppe des Bundesministeriums der Verteidigung mit 20 Mitarbeitern ihre Arbeit im Strausberger Ministerium auf, die die geplante Abwicklung der NVA nach der Wiedervereinigung vorzubereiten hatte. Wichtige Festlegungen enthielt bereits der am 31. August 1990 unterzeichnete Einigungsvertrag. So verloren NVA-Angehörige den Anspruch, ihren letzten Dienstgrad mit dem Zusatz a.D. (außer Dienst) zu führen, und galten darüber hinaus als »gedient in fremden Streitkräften«. Neben der Konversion, die mit umfangreichen Waffenverkäufen ins Ausland verbunden war, setzte sich der Prozess des Personal- und Stellenabbaus weiter fort. Die bisherige Offizierausbildung wurde ebenso eingestellt wie die staatsbürgerliche Arbeit in der Truppe. Alle weiblichen NVA-Angehörigen, ausgenommen Offiziere des Medizinischen Dienstes, erhielten ihre Entlassung. Berufsoffiziere, Fähnriche und Berufsunteroffiziere über 55 Jahre sollten aus den Streitkräften ausscheiden. Am 28. September erfolgte die Verabschiedung der letzten Generale und Admirale der NVA aus dem aktiven Dienst.

Die meisten NVA-Berufssoldaten hatten inzwischen erkannt, dass sie weder in den Parteien noch in anderen gesellschaftlichen Bereichen eine Lobby besaßen. Für sie stand jetzt die Aufgabe, sich nach einer neuen beruflichen Tätigkeit umzusehen. Unmut und Enttäuschung über den »Verrat« der politischen Armeeführung wurden daher in der Truppe allerorts öffentlich. Dennoch setzten die meisten Berufssoldaten ihren Dienst loyal bis zu ihrer Entlassung fort und sorgten insbesondere dafür, dass Waffen und Ausrüstungen gesichert wurden und nicht in falsche Hände gerieten. Insofern zeigte sich die DDR-Volkarmee bis zuletzt als berechenbar.

Am 21. September 1990 erging der Befehl des Ministers für Abrüstung und Verteidigung Rainer Eppelmann zur endgültigen Auflösung der Grenztruppen der DDR. Bereits in den Monaten zuvor waren rund 14 000 Grenztruppenangehörige operativ dem Innenministerium unterstellt worden. Sie durften weiterhin ihre Uniformen tragen, wenn auch zum 1. September 1990 der Ärmelstreifen mit der Aufschrift »Grenztruppen der DDR« abgetrennt werden musste. Die Sicherstellung der Truppe blieb in der Verantwortung des Ministeriums für Abrüstung und Verteidigung. Zur Führung des Auflösungsprozesses der Grenztruppen bildeten sich ab Mitte September aus dem Bestand des Kommandos und aus den Stäben der Grenzbezirkskommandos ein zentraler Auflösungsstab im Standort Pätz sowie Auflösungskommandos in den

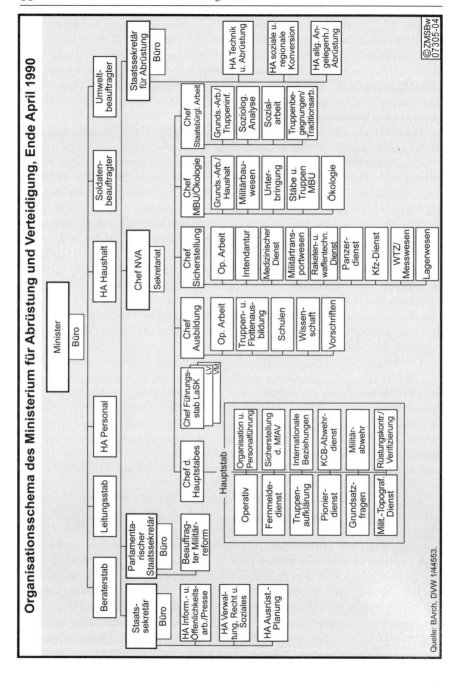

Standorten Stendal, Erfurt und Berlin-Rummelsburg. Zu ihrem Auftrag gehörte der Abbau der Grenzsperranlagen, einschließlich der noch vorhandenen Minen. Dieser Abbau war im Prinzip mit der Grenzöffnung am 9./10. November 1989 begonnen worden und wurde bis 1992 zielstrebig fortgesetzt. Die dazu gebildeten Auflösungs- und Rekultivierungskommandos (ARK) bestanden zum überwiegenden Teil aus ehemaligen Angehörigen der Grenztruppen. Die beim Abbau anfallenden Materialien und Stoffe wurden zumeist verkauft, recycelt oder entsorgt. Dies betraf u.a. 1 800 000 Tonnen Beton und 6000 Tonnen Schrott, aber auch 15 000 Tonnen Asbest[131].

Mit der Einigung im Kaukasus über die Herstellung der Deutschen Einheit zum 3. Oktober 1990 war auch die Weichenstellung für den endgültigen Rückzug der DDR aus dem Warschauer Pakt erfolgt. Parallel zu den am 12. September abgeschlossenen Zwei-plus-vier-Verhandlungen führte die DDR die Verhandlungen zum Austritt aus dem östlichen Bündnis. Damit verbunden war eine Vielzahl unterschiedlichster Maßnahmen und Aktivitäten. Die sensitive Technik und Bewaffnung im Wert von fast einer halben Milliarde DDR-Mark wurde an die UdSSR kostenlos als Ausgleich und Verrechnung sowjetischer Forderungen übergeben. Der Chef der NVA, Admiral Theodor Hoffmann, meldete schließlich die NVA, die fast 35 Jahre zu den zuverlässigsten Stützen des Bündnisses gehört hatte, Anfang September 1990 beim Oberkommandierenden der Vereinten Streitkräfte des Paktes ab. Am 24. September, mit der Unterzeichnung des Protokolls über die Herauslösung der NVA aus der Militärorganisation der Warschauer Vertragsorganisation, ging die Geschichte der NVA als Koalitionsarmee zu Ende. Sie hatte in den 1950er Jahren als Armee im Dienste einer Partei und der Diktatur ihren Anfang genommen und endete als eine Armee im Dienste des Volkes auf dem Weg in die Demokratie. Mit der Herstellung der Deutschen Einheit am 3. Oktober 1990, 0.00 Uhr, existierte die NVA nicht mehr.

---

[131] Vgl. Thomas, Der Abbau von Grenzsperranlagen, S. 31 f.

Daniel Niemetz

Einen neuen »17. Juni« verhindern.
Volkspolizei-Bereitschaften und
»Kampfgruppen der Arbeiterklasse« im Herbst 1989

Zwanzig Jahre nach der Herbstrevolution von 1989 schrieb der ehemalige Stellvertreter des Ministers des Innern der DDR und Chef Bereitschaften/Kampfgruppen Generalleutnant Karl-Heinz Schmalfuß in seinen Erinnerungen: »De facto gab es in der DDR nur sehr wenige Erfahrungen im Einschreiten gegen große Personengruppen. Mit Randalen, besonders auf Fußballplätzen, hatten wir es hin und wieder zu tun, aber sie hielten sich in Grenzen. Mir ist auch nicht erinnerlich, dass vor 1989 in der DDR jemals Wasserwerfer zum Einsatz kamen[1].«
Das sollte sich im Oktober desselben Jahres ändern. In Dresden und Leipzig wurden Wasserwerfer gegen Demonstranten eingesetzt. In beiden sächsischen Großstädten, in Ost-Berlin sowie in anderen Orten der Republik gingen Volkspolizei(VP)-Bereitschaften gegen Protestierende vor, wurden »Kampfgruppen der Arbeiterklasse«, kurz Kampfgruppen genannt, für einen Einsatz gegen das Volk mobilisiert. Verhindern konnten auch sie den Sturz des SED-Regimes nicht. Dabei verdankten gerade diese beiden bewaffneten Organe ihr Entstehen einem Ereignis, das die Sicherheitspolitik der SED so nachhaltig prägte wie kaum ein anderes und dessen Wiederkehr für die Staatspartei und ihren Sicherheitsapparat über Jahrzehnte eines der schlimmsten Krisenszenarios darstellte: der Volksaufstand vom 17. Juni 1953[2].

---

[1] Schmalfuß, Innenansichten, S. 126.
[2] Zum 17. Juni 1953 vgl. insbesondere: Diedrich, Waffen gegen das Volk.

Aufbau nach dem 17. Juni 1953

Tatsächlich waren sowohl die Bereitschaften der Volkspolizei als auch die »Kampfgruppen der Arbeiterklasse« als Konsequenz aus den für die SED traumatischen Erfahrungen des Aufbegehrens der DDR-Bevölkerung im Juni 1953 entstanden. Bei dem nach offizieller Lesart »konterrevolutionären Putschversuch« war es dem damals etwa 250 000 Mann starken ostdeutschen Militär- und Sicherheitsapparat nicht gelungen, die Oberhand zu behalten. Letztlich verdankte die SED ihr politisches Überleben allein den Panzern der sowjetischen Besatzungstruppen. Als eine Schlussfolgerung aus dieser Schlappe wurde ab 1955 mit dem Aufbau von »Inneren Truppen« begonnen, die, kaserniert und motorisiert, in der Lage sein sollten, einen raschen und geballten Einsatz gegen Unruheherde zu führen[3]. Ab 1962 wurden die mittlerweile unter »Bereitschaftspolizei« firmierenden Truppen zunehmend für militärische Aufgaben im Rahmen der Landesverteidigung umstrukturiert und ausgebildet. Die Mannschafts- sowie ein Gutteil der Unterführerstellen wurden fortan mit Wehrpflichtigen besetzt. Es entstanden 21 selbstständige Volkspolizei-Bereitschaften, die man zumindest in Ansätzen nach dem Vorbild von NVA-Mot.-Schützenbataillonen zu bewaffnen versuchte. Im Kriegsfall sollten sie gegen feindliche Fallschirmjäger, Diversanten und leichte gepanzerte Kräfte vorgehen. Zugleich wurden die VP-Bereitschaften mehrheitlich den Chefs der Bezirksbehörden der Deutschen Volkspolizei (BDVP) bzw. dem Präsidenten der Deutschen Volkspolizei Berlin (PdVP) operativ unterstellt. Fünf Bereitschaften an den Standorten Magdeburg, Halle, Potsdam und Leipzig blieben unter dem sogenannten Führungsvorbehalt des Ministers des Innern und standen für überbezirkliche Schwerpunktaufgaben zur Verfügung. Die Hauptabteilung Bereitschaften im Ministerium des Innern (MdI) war bis 1989/90 für die Auffüllung, Ausbildung, Bewaffnung, Ausrüstung, Versorgung und Unterbringung der damals fast 11 000 Mann starken VP-Bereitschaften verantwortlich.

Vor allem die personelle Auffüllung bereitete den Verantwortlichen im MdI seit den 1980er Jahren jedoch zunehmend Sorgen. Ab 1986 konnte ein großer Teil der Planstellen nicht mehr besetzt werden[4]. Hinzu kamen die immer weiter ausufernden Einsätze in der Volkswirtschaft, die zeitweise bis zu 50 Prozent des Personalbestandes banden[5]. Zusammen mit der militärischen Schwerpunktbildung in der Ausbildung führte dies dazu, dass die VP-Bereitschaften im Sinne ihres ursprünglichen Gründungszwecks, des geschlosse-

---

[3] Zur Geschichte der »Inneren Truppen« bzw. der späteren Volkspolizei-Bereitschaften vgl. insbesondere: Steike, Von den »Inneren Truppen« zur Bereitschaftspolizei.
[4] Vgl. ebd., S. 91.
[5] Vgl. Schmalfuß, Innenansichten, S. 117.

nen polizeilichen Einsatzes bei Demonstrationen und inneren Unruhen, kaum noch zu gebrauchen waren. Erst Ende der 1980er Jahre wurde die polizeiliche Ausbildung wieder in den Vordergrund gerückt. In einer späteren Information der Abteilung Bereitschaften/Kampfgruppen der BDVP Dresden zu einer Stabsdienstberatung im September 1989 steht dazu:

»Durch den Minister des Innern und Chef der DVP wurde am 27.7.88 die Aufgabe gestellt, die Verwendung der VP-Bereitschaften neu zu durchdenken, die Einsatzgrundsätze zu überprüfen und die Relation zwischen Kampf- und Ordnungs- und Sicherungseinsatz neu festzulegen. Ausgangspunkt für diese Aufgabenstellung war und ist die veränderte internationale Lage sowie innere Situation in der DDR. Es ist keine Korrektur von Fehlern daraus zu schlussfolgern[6].«

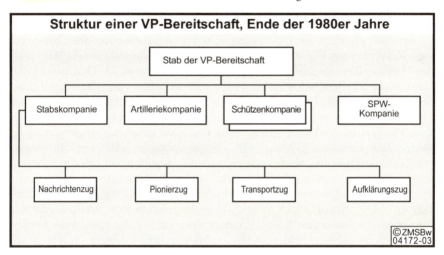

Der seinerzeit für die VP-Bereitschaften zuständige stellvertretende Innenminister Schmalfuß hat die Verschiebung des Schwerpunktes zugunsten der Polizeiarbeit später mit der militärischen Entspannung während der Ära Gorbačev erklärt, welche die bisherige Militärdoktrin verdrängte[7]. Tatsächlich nahm mit der sinkenden Kriegsgefahr auch die Bedeutung der Bereitschaftspolizei für das System der Landesverteidigung ab. Somit wurden die VP-Bereitschaften wieder mehr für jene Aufgaben frei, für die sie ursprünglich geschaffen worden waren: für Einsätze bei Demonstrationen, inneren Unruhen und Randalen. Bereits mit dem Befehl Nr. 51/85 des Ministers des Innern vom 15. November 1985 war

---

6 Minderheitenvotum Arnold, S. 48 f. (MdI, BDVP Dresden, Bereitschaften/Kampfgruppen, Information zur Stabsdienstberatung am 29.9.1989).
7 Vgl. Schmalfuß, Innenansichten, S. 115.

für die Bereitschaften festgelegt worden, »die Vorbereitung und das praktische Training von Handlungsvarianten zur Verhinderung bzw. schnellen Beseitigung möglicher Gefahren und Störungen, zur Aufklärung und Verhinderung von Ansammlungen rowdyhaft handelnder Gruppen zu gewährleisten«[8]. VP-General Schmalfuß schrieb in seinen Erinnerungen von »Gefährdungssituationen durch terroristische Akte sowie andere Faktoren«, die ein »verstärktes polizeiliches Handeln erforderlich machten«. Was darunter konkret zu verstehen war, lässt der ehemalige Polizeigeneral allerdings offen. Anregungen für die Umgestaltung der Bereitschaften habe man vor allem in Polen erhalten, wo man sich nach den Erfahrungen von 1981 (Verhängung des Kriegsrechts) viele Gedanken über den wirkungsvollen Einsatz polizeilicher Formationen gemacht habe. Auch die Organisation der Bereitschaftspolizeien der bundesdeutschen Länder habe man intensiv analysiert und vieles davon übernommen[9].

Letztlich gipfelten alle Überlegungen in der Umprofilierung oder, besser gesagt: Reprofilierung der VP-Bereitschaften 1988/89. Mit dem Befehl Nr. 12/88 des Vorsitzenden des Nationalen Verteidigungsrates vom 21. Dezember 1988 kehrten die VP-Bereitschaften ein Stück weit zu ihrem ursprünglichen Gründungsauftrag zurück. Demnach sollten sie fortan vor allem für »Ordnungs- und Sicherungseinsätze unter allen Bedingungen der Lage« auch mit »Hilfsmitteln nach Paragraf 16 des Volkspolizeigesetzes von 1968 eingesetzt werden«, was die »körperliche Einwirkung« umschrieb. Dass es dabei vor allem um den Einsatz bei Demonstrationen, aber auch bei Großkundgebungen oder bei Sportereignissen ging, legt der Auftrag nahe, »polizeiliche Aufgaben zu lösen, die den Einsatz geschlossener Einheiten erfordern«. Darüber hinaus sollten die VP-Bereitschaften künftig an »Schwer- und Brennpunkten den Streifendienst der Schutzpolizei« verstärken[10]. Ein Wunsch, der nur bedingt umgesetzt werden konnte, da für die hierfür notwendige Ausbildung im Polizeirecht, insbesondere der Grundwehrdienstleistenden, oftmals die Zeit fehlte.

Doch obwohl »Aufgaben in der Volkswirtschaft« nur noch in »Ausnahmefällen« und »mit ausdrücklicher Genehmigung des Generalsekretärs nach Vorschlag durch den Minister des Innern und Chef der DVP« wahrgenommen werden sollten[11],

---

[8] Zit. nach: Richter, Die Friedliche Revolution, S. 64 (Befehl Nr. 51/85 des Ministers des Innern, 15.11.1985).
[9] Vgl. Schmalfuß, Innenansichten, S. 115 f.
[10] Zit. nach: Bröckermann, Landesverteidigung, S. 810 f. (Befehl Nr. 12/88 des Vorsitzenden des Nationalen Verteidigungsrates der DDR über den Einsatz von Volkspolizei-Bereitschaften und anderen kasernierten Einheiten des Ministeriums des Innern, 21.12.1988, Bl. 41 f.). Vgl. auch: BStU, MfS, AGM, Nr. 406, Bl. 322–327, Befehl Nr. 0020/89 des Ministers des Innern über die Grundsätze und Aufgaben für den Einsatz der VPB, 25.2.1989. Das Dokument ist im Anhang dieses Bandes abgedruckt.
[11] Minderheitenvotum Arnold, S. 48 (MdI, BDVP Dresden, Bereitschaften/Kampfgruppen, Information zur Stabsdienstberatung am 29.9.1989).

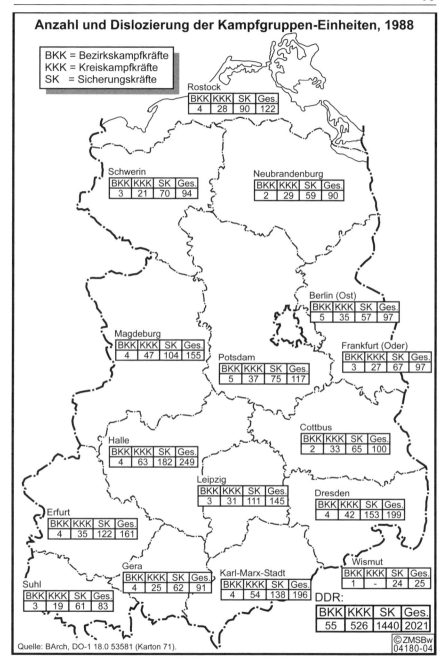

wurden weiterhin zahlreiche grundwehrdienstleistende Bereitschaftspolizisten in der Braunkohle-Industrie und anderen Schlüsselbetrieben der DDR-Wirtschaft eingesetzt. Laut VP-General Schmalfuß verabschiedete zwar der Nationale Verteidigungsrat auf Initiative des ZK-Sekretärs für Sicherheitsfragen, Egon Krenz, einen Beschluss, der die Einsätze wesentlich einschränken sollte, geändert habe dies aber nichts[12]. Die daraus resultierende fehlende Ausbildungszeit und die weiter angespannte Personalsituation wirkten sich am Ende negativ auf die Geschlossenheit der Einheiten aus. Letztlich waren dies wesentliche Gründe dafür, dass die VP-Bereitschaften 1989 für Ordnungs- und Sicherungseinsätze nur bedingt einsatzfähig waren[13].

Auch die »Kampfgruppen der Arbeiterklasse« waren nach dem 17. Juni 1953 zunächst für den inneren Einsatz gebildet worden[14]. Die der SED unmittelbar unterstellten Arbeiterwehren sollten im Krisenfall den Schutz von Betrieben, staatlichen Einrichtungen und Institutionen übernehmen. Doch bereits nach dem Beitritt der DDR zum Warschauer Vertrag 1955 wurden auch die Kampfgruppen sukzessive in das System der Landesverteidigung integriert und dafür mit entsprechend schweren Waffen ausgerüstet. Im Kriegsfall sollten sie selbstständig und im Zusammenwirken mit anderen bewaffneten Kräften wichtige Objekte verteidigen, die Operationsfreiheit der Vereinten Streitkräfte gewährleisten und die Mobilmachung der NVA absichern. Ende der 1980er Jahre zählten die in Kampf- und Sicherungskräfte unterteilten Kampfgruppen knapp 200 000 Kämpfer, etwa 70 Prozent von ihnen SED-Mitglieder. Sie waren in 39 motorisierten Bataillonen, 1009 selbstständigen Hundertschaften 961 selbstständigen Zügen sowie 13 Flak-Batterien zum Luftschutz kriegswichtiger Betriebe organisiert[15]. Die politische Führung übte die SED aus. Für Ausbildung, Bewaffnung und Ausrüstung war jedoch – wie im Falle der VP-Bereitschaften – das MdI verantwortlich.

Nach den Ereignissen in Polen 1981 kamen im Verlauf der 1980er Jahre zur militärischen Ausbildung der Kampfgruppen zunehmend auch Inhalte, die einen »Rückbezug auf das Profil der 1950er Jahre« nahmen, wozu die Bekämpfung »subversiver Banden« und die Verhinderung und Auflösung von Zusammenrottungen gehörten[16]. Ende der 1980er Jahre erfolgte eine inhaltliche Neuausrichtung, die ähnlich wie bei den Volkspolizei-Bereitschaften die Rückkehr zum ursprünglichen Gründungsauftrag bedeutete. Grundlage hierfür war ein Beschluss des Nationalen Verteidigungsrates vom 5. Februar 1988, der festlegte, dass die rund 80 000 Angehörigen der Kampfkräfte der Kampfgruppen

---

12 Vgl. Schmalfuß, Innenansichten, S. 117.
13 Vgl. Steike, Von den »Inneren Truppen« zur Bereitschaftspolizei, S. 89 und S. 91.
14 Zur Geschichte der Kampfgruppen vgl. vor allem: Wagner, Die Kampfgruppen.
15 Vgl. BArch, DO 1/20851, Bl. 101–109, Bericht über die Beendigung der Tätigkeit der »Kampfgruppen der Arbeiterklasse«.
16 Vgl. Wagner, Die Kampfgruppen, S. 319 f.

(etwa 40 Prozent der Gesamtstärke) auch im Verteidigungszustand durch das MdI und nicht mehr – wie bisher – durch die Wehrkommandos der NVA geführt werden sollten[17]. Am 1. März 1988 machte das SED-Politbüro deutlich, dass durch die Reorganisation der Kampfgruppen diese »vor allem als Organ der Arbeiterklasse für Handlungen im Interesse der jederzeitigen Gewährleistung des Schutzes der sozialistischen Errungenschaften der DDR, vorrangig gegen subversive und konterrevolutionäre Handlungen des Gegners«[18] bereitgehalten werden sollten. Die Neuregelung sollte in den laufenden Schulungsprozess integriert und mit Beginn der Ausbildungsperiode 1991–1995 voll wirksam werden[19].

Tatsächlich ließen erste Neuerungen nicht lange auf sich warten. Bereits im Juni 1988 lieferte die Hauptabteilung Kampfgruppen des MdI »Hinweise zur Ausbildung beim Sperren und Räumen von Straßen und Plätzen« an die Abteilungen Kampfgruppen der BDVP aus[20]. Laut der neuen Ausbildungsanordnung sollten die Kämpfer darin geschult werden, als geschlossen handelnde Sperr- und Räumkräfte

»Störungen der Ordnung und Sicherheit zu verhindern bzw. zu beseitigen, ein festgelegtes Regime durchzusetzen, die Bevölkerung von Gefahrenherden zu entfernen bzw. fernzuhalten, von Rechtsverletzern durchsetzte Menschenansammlungen abzudrängen und Rechtsverletzter zu lokalisieren, herauszulösen und festzunehmen«[21].

Damit sollten die Kampfgruppenangehörigen, die bis dahin in Wäldern und auf Wiesen den Abwehrkampf gegen eindringende militärische Gegner geübt hatten, offenbar auch auf Einsätze bei Demonstrationen und inneren Unruhen vorbereitet werden.

Ab Anfang 1989 schien die neue Ausbildungsanordnung sukzessive auch in die Einheiten gelangt zu sein, wo sie bis dato nicht gekannte »Diskussionen zum Sinn und Inhalt der Kampfgruppen«[22] anheizte. Im Bezirk Leipzig etwa, wo Anfang April in der Kreisstadt Delitzsch mehrere Hundertschaften des

---

17 Vgl. BArch, DVW 1/39536, Bl. 102, Protokoll der 75. Sitzung des Nationalen Verteidigungsrates am 5.2.1988, Beschlussvorlage für den NVR: Vorschlag zur Präzisierung der Bestimmungen über die Verwirklichung der operativen Führung der Kampfkräfte der Kampfgruppen der Arbeiterklasse.
18 Zit. nach: Wagner, Die Kampfgruppen, S. 321 f. (Protokoll Nr. 9/88 zur Sitzung am 1.3.1988).
19 Vgl. ebd., S. 322. Vgl. auch BStU, MfS, AGM, Nr. 406, Bl. 328–331, Befehl des Ministers des Innern über die operative Führung der Kampfgruppen, 23.2.1989.
20 BArch, DO 1/20824, Bl. 48, Fernschreiben des Leiters der HA Kampfgruppen beim MdI, Generalmajor Krapp, an die Leiter der Abt. Kampfgruppen der BDVP, 7.4.1989.
21 BArch, DO 1/20855, Bl. 151, Einsatzkonzeption Sperren und Räumen von Straßen und Plätzen, o.D.
22 BArch, DY 30/1081, Bl. 143, Schreiben der SED-Grundorganisation für Maschinen- und Apparatebau des VEB Bergmann-Borsig Berlin an den Leiter der ZK-Abteilung für Sicherheitsfragen, 17.11.1989.

Bezirks üben sollten, nach von »kirchlichen Kreisen« angestachelten gewaltsamen Ausschreitungen »Ordnung und Sicherheit« wiederherzustellen, löste die Aktion laut einer Information der Staatssicherheit heftige Reaktionen unter den Kämpfern aus. Diese wurden nicht zuletzt dadurch verschärft, dass Unterführer aus einer tags zuvor erhaltenen Schulung die Information mitbrachten, »dass man jetzt tatsächlich zu derartigen Einsätzen herangezogen werden kann und dafür an zentraler Stelle bereits Schlagstöcke und Schutzschilde bereitliegen«. Vor allem jüngere Kämpfer argumentierten, »dass sie unter einer solchen Maßgabe nicht für die Mitarbeit in der KG [Kampfgruppe] geworben wurden. Als ›Knüppelgarde‹ seien die Kampfgruppen nicht gegründet worden und sie möchten auch nicht ›auf andere einschlagen‹.« Einzelne Kampfgruppen-Angehörige äußerten sich mit dem Verweis auf »bereits praktizierte artfremd erscheinende Einsätze in Zivil zu Streifengängen [...], man sollte einmal in den Satzungen nachlesen, wozu die KG gegründet wurden und welche Aufgaben sie zu erfüllen haben«. Ältere Kämpfer befürchteten gar eine regelrechte »Austrittsbewegung«, wenn die »Umfunktionierung als Ordnungsgruppe« stimmen sollte[23].

Die Proteste der Leipziger Kämpfer waren bei Weitem keine Ausnahmen. Noch im Oktober 1989 erinnerte die für die Überwachung der Kampfgruppen zuständige Hauptabteilung VII des MfS daran,

> »dass es bereits im Vorfeld der Aktion ›Jubiläum 40‹, insbesondere im Rahmen der Ausbildungsmaßnahmen zum Thema ›Sperren und Räumen von Straßen und Plätzen‹ in zahlreichen Bezirken zu Austritten aus den Kampfgruppen und negativen Diskussionen von Kampfgruppenangehörigen zu diesen Ausbildungsinhalten kam«[24].

Die Verantwortlichen im MdI blieben davon offenbar nicht unbeeindruckt und lenkten zumindest zeit- und teilweise ein. Per Fernschreiben instruierte der Hauptabteilungsleiter Kampfgruppen im MdI, Generalmajor Wolfgang Krapp, am 7. April 1989 alle Abteilungsleiter Kampfgruppen der BDVP:

> »Zur Gewährleistung erforderlicher Präzisierungen sind die von der Hauptabteilung Kampfgruppen (Juni 1988) ausgelieferten ›Hinweise zur Ausbildung beim Sperren und Räumen von Straßen und Plätzen‹ einzuziehen und bis auf weiteres in der Abteilung Kampfgruppen der BDVP einzulagern. Bis auf Widerruf sind die Hinweise nicht für die Ausbildung in den Einheiten der Kampfgruppen der Arbeiterklasse zu verwenden[25].«

---

[23] Zit. nach: »Pfarrer, Christen und Katholiken«, S. 608 (MfS, BV Leipzig, Information des Stellvertreters für Aufklärung an die Auswertungs- und Kontrollgruppe, 7.4.1989).

[24] Zit. nach: Süß, Der friedliche Ausgang, S. 178 f. (Einschätzung der Kampfkraft und Einsatzbereitschaft der Kampfgruppen der Arbeiterklasse, die im Vorfeld und in Durchführung der Aktion »Jubiläum 40« zum Einsatz kamen).

[25] BArch, DO 1/20824, Bl. 48, Fernschreiben des Leiters der HA Kampfgruppen beim MdI, Generalmajor Krapp, an die Leiter der Abt. Kampfgruppen der BDVP, 7.4.1989.

Eine Woche später und im »Ergebnis von Beratungen leitender Offiziere der HA Kampfgruppen und in Abstimmung mit der Abt. für Sicherheitsfragen des ZK der SED« einigte man sich zwar darauf, das »Sperren und Räumen« auch weiterhin zu »trainieren«, wies jedoch zugleich darauf hin, dass »der Einsatz der Kampfgruppeneinheiten ausschließlich im Zusammenhang mit einer ernsthaften Gefährdung der inneren Sicherheit bzw. im Zusammenhang mit der Sicherung politisch bedeutsamer Veranstaltungen vorgesehen ist«[26].

Dass die Kampfgruppen also nicht nur für ein Vorgehen im Falle innerer Unruhen, sondern auch für Sicherungsmaßnahmen etwa zum 40. Jahrestag der DDR fit gemacht werden sollten, legt zudem die Forderung der HA Kampfgruppen nahe, auch die »Ausbildung zur Kordongestellung durchzuführen«. Zugleich wurde vorgeschlagen, die Einheiten nicht in der »Anwendung von Hilfsmitteln« (Schlagstock und Führungskette) auszubilden. Allerdings sollten die Führungskader der Kampfgruppen an den Kampfgruppenschulen »weiterhin in ihre Aufgaben zur Führung von Handlungen im Einsatz, einschließlich zum Sperren und Räumen« sowie »zur Anwendung von Hilfsmitteln« eingewiesen werden, wobei ausdrücklich darauf hingewiesen wurde, »Öffentlichkeitswirksamkeit« auszuschließen. Zudem wurde empfohlen, die laut Krapps Fernschreiben vom 7. April einzuziehenden »Hinweise zum Sperren und Räumen von Straßen und Plätzen« protokollarisch zu vernichten sowie eine »Überarbeitung der ›Hinweise [...]‹ zur Neuherausgabe« kurzfristig zu prüfen[27]. Am 24. April bestätigte Krapp die entsprechenden Vorschläge. Über die vollzogene Vernichtung der umstrittenen Ausbildungshinweise sollte die HA Kampfgruppen nach dem Willen ihres Leiters bis zum 31. Mai 1989 informiert werden[28].

Vor allem die Kampfgruppenübungen zum »Sperren und Räumen von Straßen und Plätzen« wurden nach der »Wende« als Indiz dafür gewertet, dass sich die SED-Führung ab 1988 gezielt auf eine bevorstehende »Niederschlagung innerer Unruhen« vorbereitete[29]. Äußerungen, wie die des damaligen Sektorenleiters NVA der ZK-Abteilung für Sicherheitsfragen Generalmajor Horst Glomba, der im Februar 1989 vor dem Zentralvorstand der Liberal-Demokratischen Partei Deutschlands (LDPD) über »mögliche innere Unruhen und deren Bekämpfung« sprach, schienen dies zu bestätigen[30].

---

26 Ebd., Bl. 49 f., Niederschrift von Standpunkten im Zusammenhang mit der weiteren Ausbildung der Kader und Einheiten der Kampfgruppen der Arbeiterklasse zum Sperren und Räumen von Straßen und Plätzen, 13.4.1989.
27 Ebd.
28 Ebd., Bl. 33, Generalmajor Krapp zur Ausbildung zum Sperren und Räumen von Straßen und Plätzen, 24.4.1989.
29 Vgl. u.a.: Richter, Die Friedliche Revolution, S. 239 f.
30 Laut den Erinnerungen des damaligen LDPD-Vorsitzenden Manfred Gerlach nahm Glomba bei der Auswertung einer Alarmierungsübung im Zentralvorstand der LDPD am 14.2.1989 zur politischen und militärischen Lage Stellung. Dabei sei er »in deutlicher Weise

Dennoch spricht einiges dagegen, dass die SED und ihr Sicherheitsapparat bereits 1988 mit einer derart bedrohlichen Lage gerechnet hatten, wie sie im Herbst 1989 aufbrach. Symptomatisch dafür ist die berühmt gewordene Aussage des Leiters der Bezirksverwaltung für Staatssicherheit Gera, Oberst Dieter Dangrieß, der bei einer Dienstbesprechung beim Minister für Staatssicherheit, Armeegeneral Erich Mielke, Ende August 1989 auf dessen Frage, ob »morgen der 17. Juni ausbricht«, antwortete: »Der ist morgen nicht, der wird nicht stattfinden, dafür sind wir ja auch da[31].« Auch für den damaligen Stellvertreter des Ministers des Innern für Bereitschaften/Kampfgruppen, Generalleutnant Karl-Heinz Schmalfuß, deutete zu Beginn des Jahres 1989 nichts darauf hin, »dass die DDR in den letzten Zügen lag«. In den Informationen des MfS, die er hin und wieder erhalten habe, sei zwar auf »verschiedene oppositionelle Gruppen« aufmerksam gemacht, jedoch auch stets betont worden, »dass [man] die Sache generell im Griff« habe[32].

Dem war offenbar nicht so. Ab September/Oktober begann »die Sache« für die SED und ihre Sicherheitsorgane vollends aus dem Ruder zu laufen. VP-Bereitschaften und Kampfgruppen, die erst seit ein paar Monaten und – wie zumindest im Falle der Kampfgruppen – teils gegen erhebliche Widerstände auf Einsätze gegen demonstrierende oder randalierende Massen vorbereitet wurden, sollten nun den »17. Juni« verhindern.

Leipzig: Vom »Friedensgebet« zur »Montagsdemo«

Noch bevor es am 4. Oktober 1989 in Dresden zu den gewaltsamsten Protesten der Herbstrevolution kommen sollte, gehörten Polizeieinsätze gegen Demonstranten in einer anderen Großstadt der DDR längst zur Routine. In Leipzig war es im Anschluss an die montäglichen Friedensgebete seit September 1988 immer wieder zu stillen Protestaktionen von Ausreisewilligen und Basisgruppen gekommen. Nachdem sich die Staatsmacht zunächst auf den Einsatz von Schutzpolizisten und »Kräften in Zivil« zur Auflösung der gewaltlosen Aktionen beschränkt hatte, wurden seit Mai 1989 auch Bereitschaftspolizisten zu diesem Zweck eingesetzt. Die Schutz- und Sicherheitsorgane reagierten zunehmend nervös, nachdem ein Schweigemarsch von rund 300 Besuchern des Friedensgebets während der

---

auf mögliche innere Unruhen und ihre Bekämpfung« eingegangen, was es »bis dahin nicht gegeben« habe. Als »neue Variante« sei dabei »der Einsatz der Armee- und Sicherheitsorgane auch gegen innere Feinde vorgesehen« gewesen. Gerlach, Mitverantwortlich, S. 246.

31 »Ich liebe euch doch alle ...«, S. 125 (MfS, ZAIG, B/125, Dienstbesprechung beim Minister für Staatssicherheit [Auszug], 31.8.1989).
32 Schmalfuß, Innenansichten, S. 124.

Frühjahrsmesse am 13. März und eine Gegendemonstration zum 1. Mai im Westfernsehen gezeigt worden waren und die Leipziger Aktivitäten internationale Aufmerksamkeit erlangten. Sperrmaßnahmen, Auflöse- und Räumhandlungen sowie Zuführungen gehörten fortan zum Standardprogramm der eingesetzten Polizei- und MfS-Kräfte[33].

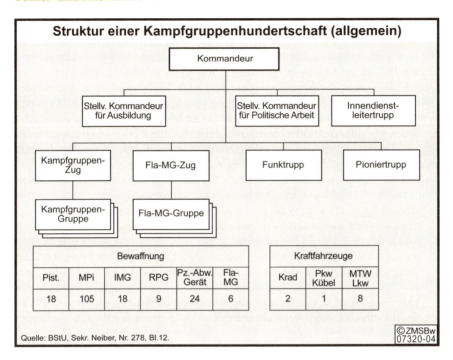

Auch unbeteiligte Passanten wurden zunehmend mit hineingezogen. Mit ihrem massiven Auftreten erreichte die Staatsmacht allerdings genau das Gegenteil von dem, was sie eigentlich bezweckte: Öffentlichkeitswirksamkeit und eine zunehmende Solidarisierung von Bürgern mit den bis dahin friedlich agierenden, doch mit »körperlicher Einwirkung« durch Sicherheitskräfte konfrontierten Demonstranten. Ein Leipziger Bürger, der am Abend der umstrittenen Kommunalwahlen vom 7. Mai 1989 selbst Opfer der Polizeigewalt geworden war, beschrieb in einer Beschwerde an das ZK der SED die Situation wie folgt:

---

33 Vgl. StAL, BDVP, 3929, Bl. 78–82, Analyse zum Friedensgebet/Montagsgebet in der Nikolaikirche, 12.10.1989.

»Die Abriegelung einzelner Straßen und Durchgänge der Leipziger Innenstadt wirkte auf mich und auch auf sehr viele andere Passanten bedrohlich und beängstigend. Das übergroße Polizeiaufgebot bewirkte durch seine oftmals provozierende Art vor allem das, was es wohl eigentlich verhindern sollte. Unter Passanten herrschte große Verärgerung über das provozierende und äußerst brutale Vorgehen einiger Angehöriger der Sicherheitsorgane. Viele Augenzeugen berichteten sowohl davon, dass Bürger, die lediglich zu Recht die Brutalität einzelner Angehöriger der Sicherheitsorgane kritisiert hatten, sofort ebenso brutal zugeführt und auf Lkws verladen wurden, als auch davon, dass einzelne Bürger von den Sicherheitsorganen bewusst provoziert wurden, um sie dann bei der geringsten Entgegnung zuführen zu können[34].«

Einzelfälle waren das offenbar nicht. Seit Mai 1989 wurden immer wieder Protestierende, aber auch unbeteiligte Passanten am Rande solcher Aktionen verhaftet. Auch für den 10. Juni, an dem in der Messestadt ein nicht genehmigtes Straßenmusikantenfestival stattfand, vermerkte die BDVP in einem späteren Bericht lapidar: »Zuführungen erfolgten«[35]. Wie das ablief, ist der Beschwerde eines nach eigener Aussage unbeteiligten FDJ-Agitators zu entnehmen, der an diesem Tag gemeinsam mit anderen Schaulustigen – allerdings mit einem Instrumentenköfferchen »bewaffnet« – einem Saxofonisten lauschte:

»Plötzlich fuhr ein Lkw W 50 der Deutschen Volkspolizei heran, Polizisten sprangen herab und etwa sechs (!) von ihnen begannen, eine Frau (!) aus der zuhörenden Menge brutal auf den Lkw zu zerren, sodass sie derart schrie, wie ich wohl noch nie zuvor einen Menschen schreien gehört hatte. Es kam zu einer Bewegung unter den Zuhörern, die Polizisten zerrten weitere Personen auf den Lkw, plötzlich wurde auch ich von hinten brutal angegriffen, dass ich vor Schmerz aufschrie, und auf den Lkw geschoben. Dort wurde ich Zeuge davon, wie der Befehlshabende des VP-Einsatzkommandos seine Unterstellten anwies: ›Wir nehmen nur die mit Instrument mit[36].‹«

Dass die Bereitschaftspolizisten keineswegs die Absicht hatten, einen Klangkörper für die Feiern zum bevorstehenden Tag der Deutschen Volkspolizei am 1. Juli zusammenzuführen, dürfte den Verhafteten spätestens dann klar gewesen sein, als man ihre Instrumente »gröblichst« behandelte und sie sich aufgereiht vor einer Betonwand im Volkspolizeikreisamt Dimitroffstraße/Harkortstraße wiederfanden[37]. In jedem Falle trug auch dieser Vorfall dazu bei, dass das »Vertrauensverhältnis zu

---

[34] BArch, DY 30/1094, Bl. 10, Eingabe des Leipziger Bürgers B. an das ZK der SED über den Einsatz der Sicherheitsorgane in der Leipziger Innenstadt an den Abenden des 7. und 8. Mai 1989, 10.5.1989.

[35] StAL, BDVP, 3929, Bl. 82, Analyse zum Friedensgebet/Montagsgebet in der Nikolaikirche, 12.10.1989.

[36] BArch, DY 30/1095, Bl. 77 f., Beschwerde des Leipziger Bürgers L. an den Chef der Kriminalpolizei beim VPKA Leipzig, 22.6.1989.

[37] Vgl. ebd.

den Angehörigen der Sicherheitsorgane«[38] in der Bevölkerung weiter sank und sich die – bis dahin durchweg gewaltfreien – Protestaktionen sogar noch verstärkten. Vorläufiger Höhepunkt war die Demonstration von 1500 Menschen am Rande des Kirchentages am 9. Juli auf der Leipziger Rennbahn. Auch das Westfernsehen war wieder vor Ort. Die Polizei war erneut mit einem Großaufgebot präsent. Sogar ein Polizeihubschrauber zog seine Kreise[39]. Erst mit der Sommerpause beruhigte sich die Situation in der Messestadt vorübergehend, um allerdings ab September umso massiver wieder aufzubrechen.

Am 4. September war erneut das westdeutsche Fernsehen dabei, als nach dem Friedensgebet rund 500 Teilnehmer auf dem Vorplatz der Nikolaikirche Transparente mit Losungen wie »Für ein offenes freies Land mit freien Menschen« oder »Reisefreiheit statt Massenflucht« entrollten, die ihnen allerdings von Einsatzkräften in Zivil entrissen wurden[40]. Eine Woche später sahen sich die rund 1000 Teilnehmer des Montagsgebets beim Verlassen der Nikolaikirche mit einem noch massiveren Polizeiaufgebot konfrontiert als zuvor. Sogenannte Auflösegruppen und mit Diensthunden verstärkte Räumketten der Volkspolizei versuchten – unterstützt von Lautsprecherwagen der VP –, die Menschen möglichst schnell vom Nikolaikirchhof zu entfernen. Allerdings zog das Spektakel immer mehr Schaulustige an, was wiederum »weitere Auflösehandlungen« nach sich zog. Insgesamt 89 Personen aus verschiedenen Bezirken der DDR wurden offiziellen Angaben zufolge zugeführt[41]. Abschrecken konnte der massive Polizeieinsatz die Teilnehmer der Montagsgebete allerdings nicht. Ganz im Gegenteil. Einen Monat später schätzte die Abteilung Operativ der BDVP Leipzig nüchtern ein, dass im Monat September »ein stetiges Ansteigen der Teilnehmer mit Höhepunkt 25.09.1989« zu verzeichnen gewesen sei[42].

Tatsächlich waren es am 25. September bereits 4000 Menschen, die sich nach dem Friedensgebet in der Nikolaikirche zu einem Demonstrationszug formierten und sich – lautstark Reformen und die Zulassung des »Neuen Forums« fordernd – über die Grimmaische Straße, den Karl-Marx-Platz sowie Georgiring und Hauptbahnhof bis zum Kaufhaus »Konsument« und von dort zurück zum

---

[38] Ebd., Bl. 75, Schreiben des Leipziger Bürgers L. an das ZK der SED über die Dauer seiner Zuführung von mehr als 26 Stunden am 10.6.89 in Leipzig sowie zum Einsatz der Sicherheitsorgane am 10.6.89 in der Innenstadt Leipzigs, 22.6.1989.
[39] StAL, BDVP, 3929, Bl. 84, Analyse zum Friedensgebet/Montagsgebet in der Nikolaikirche, 12.10.1989.
[40] Minderheitenvotum Arnold, S. 553–555 (SED, BL Leipzig, Fernschreiben des 2. Sekretärs der SED-Bezirksleitung Leipzig, Helmut Hackenberg, an den ZK-Sekretär für Parteiorgane, Horst Dohlus, 5.9.1989).
[41] Ebd., S. 556–558 (Fernschreiben des 2. Sekretärs der SED-Bezirksleitung Leipzig, Helmut Hackenberg, an den ZK-Sekretär für Parteiorgane, Horst Dohlus, 12.9.1989).
[42] StAL, BDVP, 3929, Bl. 86, Analyse zum Friedensgebet/Montagsgebet in der Nikolaikirche, 12.10.1989.

Hauptbahnhof bewegten[43]. Erstmals nutzten die Demonstranten damit einen Teil jener Strecke, über die später alle Montagsdemonstrationen laufen sollten. Die Polizei war im Übrigen daran nicht unbeteiligt: Um nämlich zu verhindern, dass – wie bisher immer wieder geschehen – Demonstrantengruppen nach dem Friedensgebet durch die Innenstadt liefen, riegelten die Sicherheitskräfte sämtliche Zugänge zum Markt ab und ließen lediglich den Weg über den weiträumigen Karl-Marx-Platz als »Abgangsrichtung« offen. Die Folge war allerdings, dass erstmals ein Demonstrationszug den Weg über die Ringmagistralen einschlug und den dortigen Verkehr lahmlegte. Die Polizei, die offenbar auf eine derartige Lage nicht vorbereitet war, agierte zurückhaltend und ging, nachdem sich der Demonstrationszug am Hauptbahnhof aufgelöst hatte, zur Nachsicherung über[44].

Dennoch blieb die Aktion nicht ohne Folgen. Der Leiter des Volkspolizeikreisamtes (VPKA) Leipzig, Oberst Holm Fritzsche, stellte in seiner Lageeinschätzung zum 25. September fest, »dass ein gewaltsames Auflösen einer Zusammenrottung in den Realbereich der Beurteilung der Lage aufgenommen werden muss«[45]. Und auch der amtierende Chef der SED-Bezirksleitung, Helmut Hackenberg, zog in seiner am Folgetag an Honecker versendeten Information zum jüngsten Montagsgebet das Fazit: »Ohne den massiven Einsatz polizeilicher Hilfsmittel ist eine Auflösung derartiger Personenansammlungen von Anfang an und in der Bewegung nicht möglich[46].« Zugleich kündigte Hackenberg unter Bezugnahme auf ein Fernschreiben Honeckers vom 22. September[47] »weitere Schlussfolgerungen zur Führung der politisch-ideologischen Arbeit der Parteiorganisationen, der staatlichen Organe, befreundeter Parteien und Massenorganisationen für die Zurückdrängung der konterrevolutionären Er-

---

[43] Vgl. ebd., Bl. 85.
[44] Vgl. ebd.; Minderheitenvotum Arnold, S. 570 (SED, BL Leipzig, Fernschreiben des 2. Sekretärs der SED-Bezirksleitung Leipzig, Helmut Hackenberg, an den Generalsekretär des ZK der SED, Erich Honecker, 12.9.1989).
[45] Zit. nach: Hollitzer, Der friedliche Verlauf des 9. Oktober 1989, S. 256 (Lageeinschätzung des Leiters des VPKA Leipzig, 25.9.1989).
[46] Minderheitenvotum Arnold, S. 571 (SED, BL Leipzig, Fernschreiben des 2. Sekretärs der SED-Bezirksleitung Leipzig, Helmut Hackenberg, an den Generalsekretär des ZK der SED, Erich Honecker, 12.9.1989).
[47] Am 22. September war ein Fernschreiben Erich Honeckers an alle 1. Sekretäre der SED-Bezirksleitungen herausgegangen, in dem diese aufgefordert wurden, feindliche Aktionen im Keim zu ersticken und »keine Massenbasis« dafür zuzulassen. Zudem sollte in jenen Kreisen, in denen »nicht rechtzeitig die politisch-organisatorischen Maßnahmen getroffen wurden«, die »politisch-ideologische Arbeit« überprüft und dafür Sorge getragen werden, »dass die Organisatoren der konterrevolutionären Tätigkeit isoliert werden«. Minderheitenvotum Arnold, S. 1616 (BStU, ASt. Dresden, Fernschreiben Honeckers an die 1. Sekretäre der Bezirksleitungen der SED, 22.9.1989).

scheinungen«[48] an. Bereits am 27. September beschloss das Sekretariat der SED-Bezirksleitung »Maßnahmen [...] zur offensiven Bekämpfung und Zurückdrängung antisozialistischer Aktivitäten in der Stadt Leipzig«. Neben der umfassenden Mobilisierung des SED-Parteiapparates und der gesamten SED-Basis sowie aller anderen Parteien und Massenorganisationen sollten u.a. die »politische Massenarbeit« in den Arbeitskollektiven und Wohngebieten verstärkt, eine »offensive Arbeit der Medien« entwickelt und kirchliche Vertreter aufgefordert werden, »ihre Position zu ändern«. Die Einheiten der Kampfgruppen der Arbeiterklasse sollten u.a. Stellungnahmen organisieren, »in denen sich Kämpfer, Unterführer und Kommandeure öffentlich dazu bekennen, in diesen Tagen verstärkt Angriffe des Gegners gegen die DDR im Sinne des Gelöbnisses der Kampfgruppen der Arbeiterklasse abzuwehren, eine hohe Bereitschaft zu entwickeln, die Heimat mit der Waffe gegen innere und äußere Feinde zu verteidigen«. Polizei und MfS sollten Aktivitäten »feindlich-negativer Kräfte« rechtzeitig verhindern und deren Konzentration an »bekannten Handlungsorten« nicht zulassen. Außerdem wurden die beiden »Schutz- und Sicherheitsorgane« aufgefordert, ihre jeweiligen Einsatzkonzeptionen – »einschließlich des möglichen Einsatzes der Kampfgruppen« – dem amtierenden 1. SED-Bezirkssekretär zur Bestätigung vorzulegen. Vom Chef der BDVP wurde in diesem Zusammenhang verlangt, »kurzfristig Handlungsvarianten für die Kampfgruppen vorzubereiten«[49].

Während die hilflosen Mobilisierungs- und Propagandaaktionen der SED-Bezirksleitung die wahren Ursachen für die Unzufriedenheit der Bevölkerung nicht einmal ansatzweise erfassten, begann auch die Stimmungslage innerhalb der Polizei schlechter zu werden. Glaubt man einem Bericht der Politischen Abteilung der BDVP Leipzig über die Stimmungen und Meinungen der Einsatzkräfte nach der Montagsdemo am 25. September, so fühlten sich die Polizisten zunehmend »von den anderen Staatsorganen« allein gelassen: »Immer nur stehen wir als VP-Angehörige im Mittelpunkt – lange werden wir das nicht durchhalten.« Zudem wurde bemängelt, dass man während der Einsätze nichts von den »gesellschaftlichen Kräften« und den »vielen Parteimitgliedern« gespürt habe. Auch die Informations- und Medienpolitik der SED wurde scharf kritisiert, der man u.a. unterstellte, dass sie »das Feld dem Gegner« überlasse. Unverständnis äußerten die Leipziger Polizisten zudem indirekt dahingehend, dass bisher nicht alle po-

---

48 Minderheitenvotum Arnold, S. 571 (SED, BL Leipzig, Fernschreiben des 2. Sekretärs der SED-Bezirksleitung Leipzig, Helmut Hackenberg, an den Generalsekretär des ZK der SED, Erich Honecker, 12.9.1989).
49 StAL, IV/F/2/3/118, Bl. 61–67, Beschluss des Sekretariats der SED-BL Nr. 471/89 über Maßnahmen zur Mobilisierung der Mitglieder und Kandidaten der Bezirksparteiorganisation, aller in der Nationalen Front vereinten gesellschaftlichen Kräfte sowie der Staats- und Sicherheitsorgane zur offensiven Bekämpfung und Zurückdrängung antisozialistischer Aktivitäten in der Stadt Leipzig, 27.9.1989.

lizeilichen Möglichkeiten ausgeschöpft worden seien, was sich in der Frage niederschlug: »Warum zeigen wir nicht bei den Einsätzen unsere Sonderausrüstung[50]?«

Eine Woche später war zumindest diese Frage obsolet geworden. Am 2. Oktober wurde erstmals auch der Einsatz von Bereitschaftspolizisten mit Helmen, Schilden und Schlagstöcken vorbereitet. Diesmal waren es schon mehr als 8000 Menschen, die nach dem Friedensgebet über den Karl-Marx-Platz auf die Ringmagistralen strömten. Am Kaufhaus »Konsument« versuchten Sperrketten der VP – unterstützt von drei Kampfgruppen-Hundertschaften »ohne Hilfsmittel« –, den Demonstrationszug aufzulösen, was jedoch nicht gelang. Laut dem späteren Bericht des Chefs der BDVP Leipzig, Generalmajor Gerhard Straßenburg, an Innenminister Armeegeneral Friedrich Dickel wurden dabei Polizisten die Schirmmützen vom Kopf gerissen und in die Luft geworfen und die Aufforderung zur Auflösung der Demonstration »mit Pfeifkonzerten und Buhrufen beantwortet«. Zwar lobte Straßenburg den »hohen Ausbildungsstand und die Fähigkeit [der eingesetzten Kräfte], den äußerst hohen physischen und psychischen Belastungen zu entsprechen«, kam aber auch zu der Feststellung: »Die Kräfte waren von der hohen Menschenkonzentration, den rowdyhaften Ausschreitungen und dem aktiven Widerstand sichtlich beeindruckt sowie äußerst erschrocken über das aggressive Handeln der weiblichen Demonstranten[51].«

Letztlich gelang es den Einsatzkräften nicht, den Demonstrationszug am Weitermarsch zu hindern. Die Folge war, dass dieser erstmals an der BDVP-Zentrale und an der Bezirksverwaltung für Staatssicherheit vorbeizog, wo die Menge »Stasi raus« und »Inhaftierte freilassen« skandierte[52]. Trotzdem verlief die Demonstration bis dahin »relativ friedlich«. Erst als 1500 verbliebene Demonstranten versuchten, an der Thomaskirche vorbei wieder in die Innenstadt zu ziehen, eskalierte die Situation. Hunderten gelang es, die Polizeiabsperrungen zu umgehen bzw. zu durchbrechen und im Rücken der Einsatzkräfte aufzutauchen. Es kam zu Diskussionen, aber auch zu Gewaltanwendung auf beiden Seiten. Den Bereitschaftspolizisten wurde der Einsatz des »Schlagstocks starr« befohlen, einzelne Demonstranten sollen mit Fäusten, Regenschirmen und Flaschen auf die Einsatzkräfte losgegangen sein. Die Gewalt sei derart eskaliert, dass Angst unter den wehrpflichtigen Bereitschaftspolizisten um sich gegriffen habe. Ein Leutnant der 5. Volkspolizei-Bereitschaft beschrieb später die Situation:

---

50 StAL, BDVP, 3929, Bl. 215 f., Information zu Stimmungen und Meinungen von Einsatzkräften aus dem Bereich des VPKA Leipzig nach dem Einsatz am 25.9.1989, 30.10.1989.
51 Minderheitenvotum Arnold, S. 589 f. (MdI, BDVP Leipzig, Bericht des Chefs der BDVP Leipzig, Generalmajor Straßenburg, an Innenminister Friedrich Dickel über die Demonstration am 2.10.1989, 3.10.1989).
52 StAL, BDVP, 3929, Bl. 88, Analyse zum Friedensgebet/Montagsgebet in der Nikolaikirche, 12.10.1989.

»Dabei konnte ich feststellen, dass Einsatzkräfte zu einem geringen Teil sich lieber mit auf die Gegenseite stellen würden. Sie fühlten sich nur durch ihren Eid und durch die Angst, durch diesen Verrat geächtet und bestraft zu werden, an die konsequente Aufgabenerfüllung gebunden[53].«

Erst der Einsatz einer Kompanie Bereitschaftspolizei mit Sonderausrüstung (Helme, Schilde und Schlagstöcke) – ein in Leipzig noch nie da gewesenes Bild – zeigte aus Sicht von BDVP-Chef Straßenburg »sofortige Wirkung«: »Die Menschenmenge löste sich von den Sicherungskräften und verließ fluchtartig Straßen und Plätze[54].« Der VP-General sah durch den Einsatz die »psychologische Wirkung« der Sonderausrüstung auf die Demonstranten, aber auch für das Selbstvertrauen der eigenen Reihen bestätigt.

Nach offiziellen Angaben wurden bei dem Einsatz acht Demonstranten verletzt, drei davon so schwer, dass sie stationär behandelt werden mussten. Die Verlustbilanz der Polizei verzeichnete für den 2. Oktober zwei leicht sowie acht geringfügig verletzte Einsatzkräfte, ein paar Blechschäden sowie den Verlust einiger Ausrüstungsgegenstände[55]. Der psychologische Schaden dürfte aber weitaus größer gewesen sein, wie ein Stimmungs- und Meinungsbericht aus der 5. VP-Bereitschaft Leipzig zeigt. Demnach, so hieß es darin, gebe es eine große Abneigung gegenüber derartigen Einsätzen, wobei der »überwiegende Teil der Genossen« die Meinung vertrete, dass es zwar eventuell gelingen werde, die »ungesetzlichen Ansammlungen« zu zerschlagen, die Polizei aber nicht in der Lage sei, die politischen Probleme zu lösen. Nicht wenige Bereitschaftspolizisten würden ihren Missmut darüber äußern, dass vonseiten der Regierung keinerlei Reaktionen und Entscheidungen kämen. Ein Oberwachtmeister der VP sagte dazu:

»Für mich war es eine unheimliche seelische Belastung. Einmal aus Angst davor, dass man von den Massen überrannt wird oder im Handgemenge verletzt wird. Man musste sich beschimpfen und beleidigen lassen für eine Sache, für die man nicht verantwortlich ist[56].«

Da die Zahl der Demonstranten immer mehr zunehme, so der Stimmungsbericht weiter, stelle sich die Frage, wie lange man derartige Einsätze noch »lösen«

---

53 StAL, BDVP, 3929, Bl. 174, Information über Stimmungen und Meinungen der Angehörigen der 5. Volkspolizei-Bereitschaft nach dem Einsatz am 2.10.1989 im Zentrum Leipzigs, 6.10.1989.

54 Minderheitenvotum Arnold, S. 589–591 (MdI, BDVP Leipzig, Bericht des Chefs der BDVP Leipzig, Generalmajor Straßenburg, an Innenminister Dickel über die Demonstration am 2.10.1989, 3.10.1989).

55 StAL, BDVP, 3929, Bl. 152, 1. Ergänzungsmeldung zum Fernschreiben Nr. 450, 9.10.1989, zum »Montagsgebet« am 2.10.1989, 9.10.1989; ebd., Bl. 88, Analyse zum Friedensgebet/Montagsgebet in der Nikolaikirche, 12.10.1989.

56 Ebd., Bl. 172–174, Information über Stimmungen und Meinungen der Angehörigen der 5. Volkspolizei-Bereitschaft nach dem Einsatz vom 2.10.1989 im Zentrum Leipzigs, 6.10.1989.

könne. Ein besonderes Problem scheint dabei vor allem der hohe Anteil an Wehrpflichtigen in den Reihen der VP-Bereitschaften gewesen zu sein. So heißt es an anderer Stelle:

> »Besonders bei den Wachtmeistern und Unterführern ist zu erkennen, dass sie mit politischen Zweifeln und psychologischen Belastungen kämpfen müssen. Besonders die Angst vor Gewalt und Zerstörung sowie die Bedrohung des eigenen Lebens haben Vorrang[57].«

Dem Stimmungsbericht zufolge machten den Bereitschaftspolizisten nicht nur die »zunehmende Aggressivität« der Demonstranten, sondern auch Beleidigungen und Anfeindungen auf dem Weg zum Dienst oder im Ausgang zu schaffen. Man befürchtete darüber hinaus, dass sich durch weitere Einsätze im Zentrum von Leipzig die Auseinandersetzungen zwischen Bevölkerung und Polizei weiter zuspitzen könnten[58].

Die Prognosen von BDVP-Chef Straßenburg machten da wenig Hoffnung. Für die Tage um den bevorstehenden 40. Jahrestag der DDR am 7. Oktober rechnete der VP-General erneut »mit aktiven Handlungen« und für den kommenden Montag – den 9. Oktober 1989 – gar »mit einem massiven Einsatz gegnerischer Kräfte in einer noch höheren Anzahl«. Zugleich kündigte Straßenburg an, »eine Konzentration dieser Kräfte vor der Nikolaikirche gar nicht erst zuzulassen«, wobei er auch den »konzentrierten Einsatz von Kampfgruppeneinheiten« ins Spiel brachte[59]. Alles sah danach aus, dass Leipzig die erste Stadt sein würde, in der die Mischung aus immer mehr unzufriedenen, vereinzelt auch gewaltbereiten Bürgern und zunehmend gereizten wie überforderten Sicherheitskräften zur Explosion führen könnte. Es sollte anders kommen.

Dresden und die Folgen

Nicht in Leipzig, wo nach den montäglichen »Friedensgebeten« immer mehr Menschen auf die Straßen gingen, sondern im ca. 100 Kilometer entfernten Dresden sollte es tatsächlich zu einer Gewalteskalation während der Friedlichen Revolution kommen. Über die Bezirksstadt an der Elbe verliefen die Eisenbahnverbindungen in die Tschechoslowakei. Tausende DDR-Bürger waren über sie in die bundesdeutsche Botschaft nach Prag und von dort mit Sonderzügen

---

[57] Ebd.
[58] Vgl. ebd.
[59] Minderheitenvotum Arnold, S. 591 (MdI, BDVP Leipzig, Bericht des Chefs der BDVP Leipzig, Generalmajor Straßenburg, an Innenminister Dickel, über die Demonstration am 2.10.1989, 3.10.1989).

in die Bundesrepublik Deutschland gelangt. Tausende weitere campierten noch immer auf und vor dem überfüllten Botschaftsgelände. Am 3. Oktober setzte die DDR den visafreien Reiseverkehr in die ČSSR »zeitweilig« aus, um auch dieses Schlupfloch zu schließen. Ausreisewillige aus der ganzen Republik saßen nun in Dresden fest, unter ihnen Hunderte, die im Verlauf des Tages am Grenzübergang Bad Schandau zurückgewiesen worden waren. Am späten Abend versammelten sich etwa 2000 Ausreisewillige auf dem Hauptbahnhof, wo sie u.a. drei Bahnsteige blockierten und »Wir wollen raus« skandierten. Etliche versuchten, auf Leerzüge in Richtung tschechoslowakischer Grenze aufzuspringen. Bereitschaftspolizisten, Transportpolizei und Offizierschüler der Offizierhochschule (OHS) des MdI/Bereitschaften »Artur Becker« räumten daraufhin den Bahnhof, wobei sie aus der Menge mit Steinen und Flaschen beworfen wurden[60]. Insgesamt 74 Personen wurden nach Angaben der Polizei in der Nacht zum 4. Oktober festgenommen[61]. Man brachte sie in den Zentralen Zuführungspunkt (ZZP) der BDVP Dresden, der nach der Auslösung der Aktion »Filter II« in der Kaserne der 8. VP-Bereitschaft in der Kurt-Fischer-Allee eingerichtet worden war[62].

Bis zum Morgen beruhigte sich die Lage weitgehend, um allerdings im Laufe des 4. Oktober umso massiver wieder aufzubrechen. Das Politbüro um Honecker hatte daran nicht unwesentlichen Anteil: Die SED-Führungsriege hatte beschlossen, die rund 8000 DDR-Bürger in der Prager Botschaft zwar ausreisen zu lassen, jedoch darauf bestanden, die entsprechenden Sonderzüge über DDR-Gebiet zu leiten. Die Fahrtroute sollte über Dresden, Karl-Marx-Stadt (Chemnitz), Zwickau und Plauen verlaufen. Um 13.15 Uhr wurde die BDVP Dresden durch die Deutsche Reichsbahn informiert, dass ab 20 Uhr in Abständen von einer Stunde insgesamt 15 Züge mit »Botschaftsbesetzern« das Territorium des Bezirks durchfahren sollten. Der Chef der BDVP, Generalleutnant Willi Nyffenegger, ließ entsprechende Sicherungsmaßnahmen entlang der Strecken einleiten. Zudem forderte er sechs zusätzliche Kompanien »kasernierter Einheiten« beim MdI an. Sein Stabschef ließ sogenannte Auflösetruppen bilden. Sie sollten verhindern, dass es im Bereich des Dresdener Hauptbahnhofs zu »Konzentrationen von Ausreisewilligen« kam. Da mit weiteren Zuführungen gerechnet wurde,

---

60 Vgl. Minderheitenvotum Arnold, S. 480 (MdI, BDVP Dresden, Zusammengefasste Darstellung der Lageentwicklung sowie der Handlungen der Einsatzkräfte der Deutschen Volkspolizei zur Beseitigung der Störungen im Bereich der Stadt Dresden in der Zeit vom 3.10. bis 9.10.1989, 15.10.1989).
61 Ebd., S. 138 (MdI, BDVP Dresden, Fernschreiben von BDVP-Chef Nyffenegger an Innenminister Dickel über die Ereignisse vom 3.10. bis in die Nacht zum 5.10.1989 in Dresden, 5.10.1989).
62 Ebd., S. 294 (MdI, BDVP Dresden, Lagefilm zur Gewährleistung der Ordnung und Sicherheit in Vorbereitung und Durchführung des 40. Jahrestages der DDR und zur Beseitigung aufgetretener Störungen der öffentlichen und staatlichen Ordnung und Sicherheit vom 3.10. bis 9.10.1989).

sollte der am Vortag in der Kaserne der 8. VP-Bereitschaft eingerichtete Zentrale Zuführungspunkt bestehen bleiben[63].

Aber nicht nur die Ordnungs- und Sicherheitskräfte von Polizei und MfS waren auf die anstehenden Zugdurchfahrten vorbereitet. Über die westlichen Medien wurden auch die Menschen in Dresden und den anderen DDR-Bezirken informiert. Im Laufe des Tages reisten in der Elbestadt immer mehr Ausreisewillige an, die hofften, auf die durchfahrenden Züge zu gelangen. Gegen 17 Uhr räumte die Polizei erstmals den Bahnhof von etwa 600 aufgebrachten Ausreisewilligen, die »Wir wollen Freiheit« oder »Wir wollen Gorbačev« skandierten und die eingesetzten Volkspolizisten mit »Faschisten raus« und »Schönhubers Knüppelpolizei« empfingen. Kurz nach 19 Uhr wurde das Gebäude, in dem sich laut einem späteren Polizeibericht mittlerweile rund 1000 Menschen angesammelt hatten, zum zweiten Mal geräumt. Die Polizei versuchte danach, die »Wiederansammlung negativer Personen« durch Fahrkartenkontrollen zu begrenzen[64]. Der Einsatz körperlicher Gewalt scheint bis dahin aber kaum eine Rolle gespielt zu haben. Die BDVP spielte ihre Einsatzroutine zur Sicherung der Fahrtstrecke ab. Laut ihrem Lagefilm hatte sie bis 19 Uhr außer den Kräften von Schutz- und Transportpolizei lediglich eine Kompanie und zwei Züge der 8. VP-Bereitschaft am Dresdener Hauptbahnhof stehen. Eine Kompanie und eine Einheit der 8. VP-Bereitschaft waren am Bahnhof Freital-Hainsberg, zwei Einheiten am Bahnhof Rieck und eine Formation am Bahnhof Bad Schandau disloziert[65]. Durch das MdI war zusätzlich der Einsatz von vier Kompanien der Offizierhochschule der Bereitschaften und von sechs Zügen der Schule des Versorgungsdienstes des MdI Bautzen genehmigt worden.

Erst nach 20 Uhr eskalierte die Lage am Dresdener Hauptbahnhof: Um 20.10 Uhr forderte der Leiter der Führungsgruppe der BDVP den Einsatz von Technik, da Steine auf Sicherungskräfte geworfen wurden. Um 20.20 Uhr wurden die durch das MdI bestätigten vier Kompanien der VP-Offizierhochschule in Marsch gesetzt; 20.30 Uhr erging an den Kommandeur der 8. VP-Bereitschaft die Weisung, das vorbereitete Hydromil (Wasserwerfer) in Marsch zu setzen und »unverzüglich« die Sonderausrüstung (Helme, Schutzschilde, Schlagstöcke) der Bereitschaftspolizei zum Hauptbahnhof zu schaffen.

---

63 Vgl. ebd., S. 319.
64 Zitate: ebd., S. 138; vgl. ebd., S. 482 (MdI, BDVP Dresden, Zusammengefaßte Darstellung der Lageentwicklung sowie der Handlungen der Einsatzkräfte der Deutschen Volkspolizei zur Beseitigung der Störungen im Bereich der Stadt Dresden in der Zeit vom 3.10. bis 9.10.1989, 15.10.1989).
65 Vgl. Minderheitenvotum Arnold, S. 322 (MdI, BDVP Dresden, Lagefilm zur Gewährleistung der Ordnung und Sicherheit in Vorbereitung und Durchführung des 40. Jahrestages der DDR und zur Beseitigung aufgetretener Störungen der öffentlichen und staatlichen Ordnung und Sicherheit vom 3.10. bis 9.10.1989).

Laut einer späteren Gesamtdarstellung der BDVP Dresden waren zwischen 20.15 und 20.45 Uhr im Bereich der Kuppelhalle des Bahnhofs rund 2500 Personen in Richtung Querbahnsteig eingedrungen, »die in der Folge durch das Werfen von Pflastersteinen, Brandflaschen und anderen Gegenständen ein äußerst aggressives Vorgehen zeigten«. Einige von ihnen verschafften sich gewaltsam Zugang zur Mitropa und zu Betriebseinrichtungen der Deutschen Reichsbahn. Der Bahnbetrieb musste eingestellt werden. Der Bahnhof wurde danach erneut – mittlerweile zum dritten Mal – geräumt[66].

Inzwischen war die Zahl der Menschen an der Nord- und Südseite des Hauptbahnhofs auf rund 20 000 angewachsen, von denen allerdings die meisten weder Demonstranten noch Ausreisewillige, sondern gestrandete Reisende und Schaulustige waren. Nach 21.00 Uhr versuchten erneut zahlreiche Personen aus dieser Menge mit Gewalt in das Bahnhofsinnere zu gelangen. Die Einsatzkräfte verbarrikadierten zwei Durchgänge und setzten Wasserschläuche ein. Ein am Bahnhofsvorplatz abgestellter Pkw der Transportpolizei wurde umgekippt und ging in Flammen auf. Vor dem Bahnhof wurden Einsatzkräfte mit Pflastersteinen beworfen. Die Polizei verzeichnete einem Bericht zufolge in dieser Phase die »größten Ausfälle« durch Verletzungen[67]. Ein Bereitschaftspolizist, der dabei eine Schädelfraktur und den Bruch eines Mittelfußknochens erlitt, schilderte die Situation später wie folgt:

»Ich stand in der ersten Reihe. Die riesige Menge hauptsächlich junger Leute uns gegenüber, die zunehmend aggressiv wurden, hatte ich nicht erwartet. In dieser Dimension erlebte ich das zum ersten Mal. Als die ersten Pflastersteine fielen, traf mich einer am Bein. Das reichte. Wenig später prallte mir ein weiterer gegen den Kopf. Das Visier zersprang, und ich blutete über dem linken Auge. Für mich das Ende des Einsatzes [...] Ich bin seit vier Jahren bei der Polizei, so etwas hatte ich nicht erwartet. Mir ist das jetzt alles unbegreiflich. Wie konnte eine Menge so aufgeputscht werden. Was hat sich da alles angestaut. Mich packte angesichts solcher Brutalität, die auch für Unbeteiligte tödlich sein konnte, Angst[68].«

---

66 Vgl. ebd., S. 483 (MdI, BDVP Dresden, Zusammengefasste Darstellung der Lageentwicklung sowie der Handlungen der Einsatzkräfte der Deutschen Volkspolizei zur Beseitigung der Störungen im Bereich der Stadt Dresden in der Zeit vom 3.10. bis 9.10.1989, 15.10.1989).

67 Vgl. ebd., S. 139 (MdI, BDVP Dresden, Fernschreiben von BDVP-Chef Nyffenegger an Innenminister Dickel über die Ereignisse vom 3.10. bis in die Nacht zum 5.10.1989 in Dresden, 5.10.1989); ebd., S. 483 (MdI, BDVP Dresden, Zusammengefasste Darstellung der Lageentwicklung sowie der Handlungen der Einsatzkräfte der Deutschen Volkspolizei zur Beseitigung der Störungen im Bereich der Stadt Dresden in der Zeit vom 3.10. bis 9.10.1989, 15.10.1989).

68 Zit nach: Bahr, Sieben Tage im Oktober, S. 53 f. (Bericht eines Meisters der Bereitschaftspolizei über die Vorgänge am Dresdner Hauptbahnhof, Oktober 1989).

Lange konnten die Bereitschaftspolizisten die Zugänge nicht halten. Um 21.19 Uhr berichtete der zur Leitung des Einsatzes vor Ort eingesetzte BDVP-Offizier: »5000 Demonstranten versuchen über die Hinterfront des Bahnhofes in diesen einzudringen. Kräfte umgruppiert, um Vorhaben zu verhindern[69].« Um 21.44 Uhr meldete der Einsatzleiter:

> »Kräfte weiterhin aggressiv, schlagen Türen und Fenster ein. Maßnahmen darauf gerichtet, Zutritt der Demonstranten zu Bahnsteigen zu verhindern und Bahnhof freizukämpfen. Demonstranten versuchen über Zufahrtsgleise in Bahnhof einzudringen. Kräfte umgruppiert zur Abriegelung dieser Zugänge[70].«

Laut dem am Folgetag von BDVP-Chef Nyffenegger für Innenminister Friedrich Dickel verfassten Bericht stürmten Demonstranten in dieser Zeit die Kuppelhalle des Bahnhofs, wo sie »Verkaufseinrichtungen und Vitrinen in erheblichem Ausmaß« zerstörten und den Intershop verwüsteten[71]. Die Polizei zog sich auf den Querbahnsteig zurück, den sie mit Elektrokarren und Verkaufswagen verbarrikadierte. Zugleich wurden die Demonstranten immer wieder aufgefordert, den Bahnhof und den Bahnhofsvorplatz zu räumen und sich in die Heimatorte zu begeben, wo sie ihre Ausreise bei den zuständigen Dienststellen beantragen sollten. Um 22.06 Uhr kam schließlich die Meldung: »Weiteres Vordringen der Demonstranten im Hbf. gestoppt[72].«

Eine Stunde zuvor hatte der Chef des Stabes des MdI in Ost-Berlin, Generaloberst der VP Karl-Heinz Wagner, nach Abstimmung mit Innenminister Dickel den Einsatz von Wasserwerfern und Reizwurfkörpern genehmigt[73]. Auf dem Bahnhofsvorplatz kam jetzt der erste Wasserwerfer zum Einsatz, der allerdings zunächst nur »geringe Wirkung« erzielte. Zugleich begann man bei der 8. VP-Bereitschaft damit, Reizgaswurfkörper zu verladen und zum Hauptbahnhof zu schaffen. Mit ihrer Hilfe gelang es Bereitschaftspolizisten mit Sonderausrüstung, nach 22.00 Uhr sukzessive den Bahnhof und ab 23.00 Uhr auch den Bahnhofsvorplatz zu räumen. Ab 0.10 Uhr konnten drei Sonderzüge mit Botschaftsflüchtlingen, die wegen der Blockade am Hauptbahnhof seit

---

[69] Minderheitenvotum Arnold, S. 326 (MdI, BDVP Dresden, Lagefilm zur Gewährleistung der Ordnung und Sicherheit in Vorbereitung und Durchführung des 40. Jahrestages der DDR und zur Beseitigung aufgetretener Störungen der öffentlichen und staatlichen Ordnung und Sicherheit vom 3.10. bis 9.10.1989).

[70] Ebd., S. 328.

[71] Ebd., S. 143 (MdI, BDVP Dresden, Fernschreiben von BDVP-Chef Nyffenegger an Innenminister Dickel über die Ereignisse vom 3.10. bis in die Nacht zum 5.10.1989 in Dresden, 5.10.1989).

[72] Ebd., S. 329 (MdI, BDVP Dresden, Lagefilm zur Gewährleistung der Ordnung und Sicherheit in Vorbereitung und Durchführung des 40. Jahrestages der DDR und zur Beseitigung aufgetretener Störungen der öffentlichen und staatlichen Ordnung und Sicherheit vom 3.10. bis 9.10.1989).

[73] Vgl. ebd., S. 325.

Stunden in Bad Schandau auf die Weiterfahrt gewartet hatten, die Strecke passieren. Die übrigen zwölf Züge wurden über andere Stecken umgeleitet. Bis 2.30 Uhr lösten die Einsatzkräfte die verbliebenen Demonstrantengruppen auf, die sich mittlerweile auf die Prager Straße zurückgezogen hatten[74].

Das größte Problem für die Polizei war auf dem Höhepunkt der Ausschreitungen die prekäre Kräftesituation. Laut dem Lagefilm der Bezirksverwaltung für Staatssicherheit (BVfS) hatte die Volkspolizei um 21.00 Uhr nur etwa 800 Mann am Hauptbahnhof zur Verfügung[75]. Das MdI hatte zeitgleich zwar drei Kompanien der 6. VP-Bereitschaft aus Halle in Marschbereitschaft versetzt, diese sollten allerdings erst nach Mitternacht am Einsatzort eintreffen. Auch die gegen 23.00 Uhr erfolgte Alarmierung einer Kompanie der 16. VP-Bereitschaft Cottbus sollte für das Geschehen in der Nacht vom 4. auf den 5. Oktober nicht mehr von Belang sein.

Stattdessen wurde zusätzlich auf Kräfte zurückgegriffen, die für derartige Einsätze weder ausgebildet noch ausgerüstet waren: So wurden u.a. sechs Züge der Schule des Versorgungsdienstes des MdI Bautzen sowie vier Züge der Strafvollzugsschule des MdI Radebeul herangeführt[76]. Auch für die BDVP-Zentrale wurde Alarm gegeben und drei Züge für den Einsatz am Hauptbahnhof formiert[77]. Ein Bericht der für die Überwachung der Volkspolizei im Bezirk Dresden zuständigen Abteilung VII der BVfS Dresden beschrieb später das wenig heldenhafte Verhalten einiger BDVP-Führungskader in dieser Situation:

»Der Leiter der Abteilung Kader der BDVP erhielt den Auftrag, aus eintreffenden Kräften sofort Züge zu formieren (3 Züge) und diese unmittelbar am Hauptbahnhof zum Einsatz zu bringen. Nachdem 2 Züge relativ schnell formiert wurden, wurde der 3. Zug als eine Art ›Letzte Kehrung‹ formiert. In diesem Zusammenhang wurde der Stellvertreter des Polit-Stellvertreters der BDVP, OSL [T.], durch den IM angesprochen, mit in den Einsatz zu gehen. Daraufhin erklärte dieser, dass er den Auftrag hätte, in der BDVP politisch zu führen. Der IM antwortete darauf: ›Ingo, es gibt in der BDVP zur Zeit nicht einen Genossen, der hier politisch geführt werden muss. Und nun entscheide selbst.‹ Trotz dieser Bemerkung wurde OSL [T.] nicht mehr gesehen [...]

---

74 Vgl. ebd., S. 143 (MdI, BDVP Dresden, Fernschreiben von BDVP-Chef Nyffenegger an Innenminister Dickel über die Ereignisse vom 3.10. bis in die Nacht zum 5.10.1989 in Dresden, 5.10.1989).
75 Vgl. ebd., S. 83 (MfS, BV Dresden, Ausschnitt aus Lagefilm vom 4.10.1989).
76 Vgl. ebd., S. 144 (MdI, BDVP Dresden, Fernschreiben von BDVP-Chef Nyffenegger an Innenminister Dickel über die Ereignisse vom 3.10. bis in die Nacht zum 5.10.1989 in Dresden, 5.10.1989).
77 Vgl. ebd., S. 324 und S. 331 (MdI, BDVP Dresden, Lagefilm zur Gewährleistung der Ordnung und Sicherheit in Vorbereitung und Durchführung des 40. Jahrestages der DDR und zur Beseitigung aufgetretener Störungen der öffentlichen und staatlichen Ordnung und Sicherheit vom 3.10. bis 9.10.1989).

> Der Major [P.] von der Polit-Abteilung der BDVP war zutiefst beleidigt, als man ihn diesbezüglich ansprach und erklärte, dass er von Oberst [S.] den Auftrag habe, die Parteiinformation aufrechtzuerhalten [...]
>
> Als der Genosse [S.] von der Polit-Abteilung hörte, dass ein Funkstreifenwagen brannte, wurde er leichenblass und wurde für 30 Minuten nicht mehr in der Führungsgruppe gesehen[78].«

Aber nicht nur Offiziere des Politbereiches, deren Aufgabe es ja eigentlich war, das »Klassenbewusstsein« und die Kampfbereitschaft der VP-Genossen hochzuhalten, zeigten – vorsichtig ausgedrückt – Nerven ob des vor der Haustür tobenden Straßenkampfes:

> »Inoffiziell wurde auch herausgearbeitet, dass sich einige Offiziere in Zimmern herumdrückten, anstatt zu kämpfen. So erklärte der Leiter der Abteilung Strafvollzug, OSL [S.], gegenüber einem IM, dass er die Aufnahme in die UHA [Untersuchungshaftanstalt] Dresden vorbereiten muss, obwohl eindeutig klar war, dass alle Zuführungen zur 8. VP-Bereitschaft erfolgten.
>
> OSL [P.], Leiter der Abteilung Betriebsschutz, überließ einem IM das Kommando, obwohl er als Zugführer befohlen war. Gegenüber ihm begründete er dies damit, er müsse im Führungspunkt der BDVP sein, um in der Lage zu leben. Der IM schätzt ein, dass bei OSL [P.], als auch beim Major [H.] (Abt. Finanzen) offensichtlich Angst eine wesentliche Rolle spielte[79].«

Laut dem MfS-Bericht waren derartige aus Sicht der Führung defätistische Haltungen allerdings eher die Ausnahme denn die Regel. Der »Mehrzahl der eingesetzten Angehörigen des MdI« bestätigte die Abteilung VII eine »hohe Kampf- und Einsatzbereitschaft«, was im Übrigen auch auf die »überwiegende Mehrheit der Wehrpflichtigen der 8. VP-Bereitschaft Dresden« zugetroffen habe. Dem verantwortlichen Einsatzleiter am Hauptbahnhof, einem VP-Oberst, wurde bescheinigt, dass er »selbst in der gefährlichsten Situation, als alles auf der Kippe stand, einen kühlen Kopf behalten« und dafür gesorgt habe, »dass im Führungspunkt keine Hektik eintrat«[80]. Der gesamten BDVP-Leitung wurde noch für die Nacht vom 3. auf den 4. Oktober eine ruhige und konstruktive Arbeitsweise, dem Chef der BDVP Nyffenegger eine souveräne Führungsarbeit attestiert. Für den Einsatz vom 4. auf den 5. Oktober vermerkte die Abteilung VII allerdings:

> »In der Nacht vom 04.10. zum 05.10. war zu verzeichnen, dass der Chef des Stabes des MdI, Generaloberst Wagner, aller 3 Minuten beim Chef der BDVP anrief und ihn ständig kritisierte, warum er nicht in der Lage ist, die Ordnung und Sicherheit

---

[78] Ebd., S. 453 (MfS, BV Dresden, Information des MfS über Verhaltensweisen von Führungskadern der BDVP Dresden sowie der 8. VP-Bereitschaft im Zusammenhang mit den durchgeführten Ordnungseinsätzen in der Stadt Dresden im Zeitraum vom 3.10. bis 9.10.1989, 13.10.1989).
[79] Ebd.
[80] Ebd., S. 452 f.

auf dem Dresdner Hauptbahnhof wiederherzustellen. Dies führte zu gewissen Unsicherheiten[81].«

Was der Bericht nicht erwähnt, ist die Tatsache, dass das MfS selbst Wagners ständiges Insistieren mit zu verantworten hatte. Es war der Chef der Dresdener Bezirksverwaltung für Staatssicherheit, Generalmajor Horst Böhm, der am 4. Oktober um 20.02 Uhr an Mielkes Stellvertreter, Generalleutnant Gerhard Neiber, durchgab: »5–8000 Menschen vor Hauptbahnhof; komplizierte Lage; Hilfe durch MdI notwendig[82].« Sowohl Neiber als auch der andere Mielke-Stellvertreter, Generaloberst Rudi Mittig, wie der Minister für Staatssicherheit persönlich standen fortan in ständigem Kontakt mit Böhm, der seine Berliner Vorgesetzten beschwor, Druck auf das MdI zu machen, was auch geschah. Die MfS-Generale, die trotz eingeräumter Probleme noch bis September behauptet hatten, »die Sache generell im Griff« zu haben, zeigten nun blank liegende Nerven. Ihr größter Albtraum, der Ausbruch eines neuen »17. Juni«, schien sich am Dresdener Hauptbahnhof zumindest anzudeuten. Es war zwar Sache des MdI und der BDVP, die dortige Situation unter Kontrolle zu bekommen, es wäre aber vor allem Aufgabe des MfS gewesen, eine solche im Vorfeld zu verhindern.

Nun brachten die MfS-Generale erstmals den konkreten Einsatz von NVA-Einheiten ins Spiel, wohl fürchtend, der Polizei könnte die Situation aus dem Ruder laufen. Laut dem Lagefilm der BVfS Dresden war es Mielkes Stellvertreter Neiber, der in einem Telefonat mit BVfS-Chef Böhm um 20.40 Uhr vorschlug, »evtl. Kampfgruppen und 7. PD« einzusetzen[83]. Böhm konfrontierte um 22.05 Uhr BDVP-Chef Nyffenegger mit der Idee, und dieser war damit einverstanden, »dass NVA und Kampfgruppen zum Einsatz kommen«[84]. Daraufhin machte Böhm dem 1. Sekretär der SED-Bezirksleitung und Vorsitzenden der Bezirkseinsatzleitung Dresden, Hans Modrow, den Vorschlag, die »7. PD und KG« zu alarmieren, um dann um 22.16 Uhr an seinen Chef Mielke durchzustellen: »Einsatz Kräfte der 7. PD und KG mit Genossen Modrow abgestimmt[85].«

Tatsächlich telefonierte Modrow kurz darauf mit Verteidigungsminister Armeegeneral Heinz Keßler, um dann bei einer Beratung mit Vertretern der bewaffneten Organe des Bezirks um 23.15 Uhr mitzuteilen, dass Keßler sein Einverständnis zum Einsatz von »2 Bataillone[n] der 7. Panzerdivision Dresden, 2 Bataillone[n] der Offiziershochschule Löbau, 100 Genossen der Militärakademie ›Friedrich Engels‹ Dresden [sowie] 7 Hundertschaften der Kampfgruppen« gegeben habe. Die Kräfte sollten »bei Eintreffen zentral durch den Chef der BDVP und von dort einzusetzenden Verbindungsoffizieren geführt«

---

[81] Ebd., S. 452.
[82] Ebd., S. 82 (MfS, BV Dresden, Ausschnitt aus Lagefilm vom 4.10.89).
[83] Ebd.
[84] Ebd., S. 83.
[85] Ebd., S. 84.

werden[86]. In einem am Folgetag versendeten Fernschreiben von BDVP-Chef Nyffenegger an Innenminister Dickel ist von »200 Genossen der Militärakademie ›Friedrich Engels‹ und 229 Genossen der 7. PD« die Rede, die jedoch aufgrund der Lageentwicklung in der Nacht vom 4. auf den 5. Oktober nicht mehr »in Marschbereitschaft versetzt« wurden, sondern lediglich »in der Reserve eingesetzt« waren[87]. Ein späterer Bericht des Ministeriums für Nationale Verteidigung erwähnte drei bzw. fünf »armeeuntypische Hundertmann-Einsatzkommandos«, die in dieser und in der folgenden Nacht aus ihren Objekten ausrückten, ohne dass es jedoch zu »unmittelbaren Kontakten mit der Zivilbevölkerung« kam. Erst am 6. und 7. Oktober wurden jeweils fünf Hundertschaften als Absperr- und Räumketten unter der Führung der BDVP eingesetzt[88].

Insgesamt waren nach Angaben der BDVP vom 4. bis zum 5. Oktober zur Absicherung der Zugdurchfahrten im Bezirk Dresden an Polizeikräften eingesetzt: »1757 Kräfte der DVP und des Organs Feuerwehr, 5 Kompanien der 8. VPB, ein Zug und 2 Gruppen der 5. Kompanie T[ransportpolizei], 2 Züge unterstellte Kräfte Kompanien (T[ransportpolizei]), 5 Kompanien der OHS (B[ereitschaften]), 6 Züge der Schule VD [Versorgungsdienst] Bautzen, 4 Züge der SV[Strafvollzug]-Schule Radebeul, 3 Züge aus dem Bestand der BDVP, 3 Kompanien der 6. VPB und eine Kompanie der 16. VPB[89].«

Der Großteil dieser Kräfte – laut einem Bericht der BVfS insgesamt 1750 Mann – kam am Dresdener Hauptbahnhof zum Einsatz. 45 VP-Angehörige sollen dabei verletzt worden sein[90]. Über verletzte Demonstranten liegen keine offiziellen

---

86 Ebd., S. 130 (MfS, BV Dresden, Aktenvermerk des Leiters der Kontrollgruppe über eine Beratung beim 1. Sekretär der SED-Bezirksleitung, Hans Modrow, am 4.10.1989, 23.15 Uhr, 5.10.1989). Siehe dazu auch den Beitrag von Rüdiger Wenzke in diesem Band.
87 Minderheitenvotum Arnold, S. 144 (MdI, BDVP Dresden, Fernschreiben von BDVP-Chef Nyffenegger an Innenminister Dickel über die Ereignisse vom 3.10. bis in die Nacht zum 5.10.1989 in Dresden, 5.10.1989).
88 Vgl. Glaser, »... auf die ›andere‹ Seite übergehen«, S. 44 f. (Abschlussbericht des Ausschusses zur Untersuchung von Fällen von Amtsmissbrauch, Korruption und persönlicher Bereicherung in der Nationalen Volksarmee und den Grenztruppen der DDR, 15.3.1990). Anlass für den Einsatz von NVA-Angehörigen in Dresden war dem Bericht zufolge ein Telefongespräch zwischen Keßler und Mielke am Rande der Generalprobe zur NVA-Ehrenparade zum 40. Jahrestag der DDR in Berlin am 4.10.1989, gegen 23.30 Uhr. Als organisatorische Grundlage nennt der Bericht den Befehl Nr. 105/89 des Ministers für Nationale Verteidigung, der für die Zeit der Feierlichkeiten zum 40. Jahrestag die Bereithaltung armeeuntypischer »Hundertmann-Einsatzkommandos« regelte.
89 Minderheitenvotum Arnold, S. 144 (MdI, BDVP Dresden, Kopie des Fernschreibens von BDVP-Chef Nyffenegger an Innenminister Dickel über die Ereignisse vom 3.10. bis in die Nacht zum 5.10.1989 in Dresden, 5.10.1989).
90 Vgl. ebd., S. 127 (MfS, BV Dresden, Telegramm des Leiters der MfS-Bezirksverwaltung Dresden an Erich Mielke über die Vorkommnisse vom 4.10. bis 5.10.1989 in Dresden, 5.10.1989).

Angaben vor. Es dürften aber kaum weniger gewesen sein. Insgesamt verzeichnete die BDVP während der Unruhen vom 4. bis zum Morgen des 5. Oktober 224 »Zuführungen«, unter denen lediglich 24 Personen aus dem Bezirk Dresden gewesen sein sollen[91].

Trotz der gewaltigen Präsenz an Sicherheitskräften gingen die Demonstrationen in Dresden auch an den folgenden Tagen weiter. Die Dimension der Ausschreitungen am Hauptbahnhof wurde dabei aber nicht mehr erreicht. Gewalt – und zwar von beiden Seiten – spielte vorerst weiterhin eine Rolle: Am Abend des 5. Oktober räumte die Polizei den Bahnhofsvorplatz von 300 bis 500 meist jugendlichen »Störern«, wobei die Einsatzkräfte laut einem späteren BDVP-Bericht mit Sprechchören wie »Ihr Kommunistenschweine«, »Wir wollen eine grüne Leiche sehen«, »Deutschland – Deutschland«, »Gorbi, Gorbi« oder »1 – 2 – 3 – Knüppelpolizei« beschimpft und mit Steinen und Brandflaschen beworfen wurden. Später kam es auf der Prager Straße zu »rowdyhaften Handlungen«, bei denen u.a. Straßenlaternen und die Schaufensterscheiben des Delikat-Geschäftes zu Bruch gingen. Einheiten der Bereitschaftspolizei mit Helmen, Schilden und Schlagstöcken lösten die »Ansammlungen« bis Mitternacht auf. 155 Demonstranten wurden festgenommen[92]. Auch am Abend des 6. Oktober kam es in der Elbestadt zu gewalttätigen Auseinandersetzungen zwischen »Kasernierten Einheiten der Volkspolizei« und mehreren Hundert Demonstranten. Dabei wurden die Polizisten im Bereich Prager Straße/Leninplatz mit Bauklammern, Stahlrohren, Steinen und Stahlkugeln beworfen. Bis kurz nach Mitternacht wurden 361 Demonstranten »zugeführt«[93].

Die Staatsmacht reagierte mit zunehmender Härte, was u.a. die steigende Zahl an Festnahmen belegt. Auch immer mehr Unbeteiligte gerieten in die Schusslinie der Einsatzkräfte. Dennoch zeigte sich vor allem die MfS-Führung mit dem ihrer Meinung nach zu laschen Vorgehen der Dresdner BDVP weiter unzufrieden und forderte, »Ansammlungen« gar nicht erst zuzulassen und »Rädelsführer und Initiatoren« konsequent zuzuführen[94].

Auch der Chef des Stabes des MdI Wagner forderte am 5. Oktober, Störungen »unverzüglich und konsequent zu beseitigen«[95]. Die Polizei geriet nun gewisser-

---

[91] Vgl. ebd., S. 484 (MdI, BDVP Dresden, Zusammengefasste Darstellung der Lageentwicklung sowie der Handlungen der Einsatzkräfte der Deutschen Volkspolizei zur Beseitigung der Störungen im Bereich der Stadt Dresden in der Zeit vom 3.10. bis 9.10.1989, 15.10.1989).
[92] Vgl. ebd., S. 484–487.
[93] Vgl. ebd., S. 487–489.
[94] Vgl. ebd., S. 106 (MfS, BV Dresden, Ausschnitt aus Lagefilm vom 5.10.1989).
[95] Ebd., S. 349 (MdI, BDVP Dresden, Lagefilm zur Gewährleistung der Ordnung und Sicherheit in Vorbereitung und Durchführung des 40. Jahrestages der DDR und zur Beseitigung aufgetretener Störungen der öffentlichen und staatlichen Ordnung und Sicherheit vom 3.10. bis 9.10.1989).

maßen von zwei Seiten unter Druck: Auf der einen Seite stand die durch das MfS und das MdI geforderte harte Linie. Auf der anderen Seite standen die unzufriedenen, zum Teil gewalttätigen Bürger, die durch die Polizeieinsätze entweder zu weiterer Gewalt animiert oder – wie letztendlich geschehen – zunehmend zum friedlichen Protest gegen die staatliche Gewalt angeregt wurden. Mittendrin standen die Einsatzkräfte der Polizei, die nicht nur körperlich, sondern zunehmend auch mental und organisatorisch an ihre Grenzen gerieten[96]. Stress, Angst, Frust, Wut und politische Indoktrination waren letztlich mitverantwortlich dafür, dass sich die Gewaltanwendung durch Sicherheitskräfte nicht auf der Straße erschöpfte, sondern auch in den sogenannten Zuführungspunkten ihren Fortgang nahm[97]. Kurz vor dem 7. Oktober 1989 sah es ganz und gar nicht danach aus, dass der 40. Jahrestag der DDR protestfrei verlaufen oder sich das Regime – etwa wegen der ungünstigen Außenwahrnehmung – deeskalierend verhalten würde. Im Gegenteil: »[A]lle Versuche feindlicher Kräfte, sich zu formieren, im Keim [...] ersticken«[98] – das war die Konsequenz aus den Ereignissen von Dresden!

---

[96] So heißt es u.a. im Bericht der Abteilung VII der BVfS Dresden zum Bereitschaftspolizei-Einsatz in der Nacht vom 5. auf den 6.10.: »Am 05. zum 06.10.1989 führte der IM ›Peter Schmidt‹ ein Gespräch mit dem Kommandeur der 8. VP-Bereitschaft und seinen Stellvertretern. Die Offiziere waren in dieser Nacht recht niedergeschlagen und waren mit Führungsfragen absolut unzufrieden. Kritisiert wurde in diesem Zusammenhang die Führungsarbeit des Genossen OSL [B.] (Stellvertreter des Stabschefs der BDVP) unter dem Aspekt, dass er die Einheiten über Telefon führte und damit die tatsächliche Lage vor Ort falsch beurteilte. Kritisiert wurde auch, dass mehrere Kommandeure von VP-Bereitschaften anwesend waren und kein Offizier bzw. Kommandeur zur Koordinierung eingesetzt war.« Minderheitenvotum Arnold, S. 454 (MdI, BDVP Dresden, Information über Verhaltensweisen von Führungskadern der BDVP Dresden sowie der 8. VP-Bereitschaft im Zusammenhang mit den durchgeführten Ordnungseinsätzen in der Stadt Dresden im Zeitraum vom 3.10. bis 9.10.1989).
[97] Der Abschlussbericht der Unabhängigen Untersuchungskommission (UUK) verzeichnet für den Zeitraum vom 3. bis zum 9.10.1989 in Dresden 1303 »Zuführungen«. Dabei soll es zu folgenden Fällen von Gewaltanwendungen gekommen sein: 181 bei »Zuführungen«, 199 im »Zentralen Zuführungspunkt«, 136 in der Strafvollzugsanstalt Bautzen sowie sechs in der Strafvollzugsanstalt Görlitz. Vgl. Bahr, Sieben Tage im Oktober, S. 159 und S. 161 (Abschlussbericht der UUK an die Stadtverordnetenversammlung von Dresden zu den Handlungen der Schutz- und Sicherheitsorgane im Zusammenhang mit den Ereignissen vom 3. bis 10.10.1989 in Dresden).
[98] Zit. nach: Süß, Staatssicherheit am Ende, S. 279 (Über neue Festlegungen des Ministers für Staatssicherheit, 5.10.1989).

Schlagstöcke und Wasserwerfer zum »Republikgeburtstag«

Die gewaltsamen Ausschreitungen von Dresden hatten der SED-Führung das Schreckensszenario eines neuen »17. Juni«, das man noch wenige Wochen zuvor kategorisch ausgeschlossen hatte, erstmals sichtbar vor Augen geführt. Das blieb nicht ohne Wirkung auf die Stimmungslagen innerhalb der Ordnungs- und Sicherheitsorgane – nicht nur im Bezirk Dresden, sondern in der gesamten DDR. Ein Vergleich mit dem »17. Juni 1953«, den man bis dahin für die an Teilnehmern nicht minder bedeutenden Leipziger Montagsdemonstrationen vermieden hatte, war nun kein Tabu mehr. Bereits am 5. Oktober, also unmittelbar nach den gewaltigen Ereignissen am Dresdener Hauptbahnhof, hieß es in einer durch die Führungsgruppe der BDVP Leipzig offenbar eilig zusammengestellten »1. Information über Standpunkte und Haltungen sowie Stimmungen und Meinungen zu Problemen der aktuellen Lage«:

»Insgesamt gibt es politisches Verständnis zu den aktuellen Problemen. Es wurde zum Ausdruck gebracht, dass die jetzige Situation große Ähnlichkeit mit dem 17. Juni 1953 habe, deshalb den Anfängen wirksam begegnet werden muss und keine Demonstrationen und Zusammenrottungen zugelassen werden dürfen[99].«

Das entsprach voll und ganz der von der SED-Führung propagierten Vorgehensweise, war aber längst nicht die Meinung jedes Leipziger VP-Angehörigen. Vor allem Reservisten der VP-Bereitschaften brachten aus dem Zivilleben eine ganz andere Sicht auf die aktuellen Ereignisse mit, wie dem Stimmungs- und Meinungsbericht weiter zu entnehmen ist:

»In dem am 03.10.1989 einberufenen 16. Lehrgang der Reservisten der 1. Kompanie traten jedoch Meinungen auf, bei Einsätzen gegen Demonstranten nur passiv zu handeln, und einzelne Angehörige identifizieren sich nicht bzw. nur in geringem Umfang mit den polizeilichen Maßnahmen zur Gewährleistung der öffentlichen Ordnung und Sicherheit[100].«

Auch wenn die hauptberuflichen Polizisten mehrheitlich noch eine andere Meinung vertreten haben sollten, von vorbehaltloser Zustimmung zum bisherigen Krisenmanagement der SED konnte auch hier nicht die Rede sein. Man ging sogar so weit, der Parteiführung indirekt eine Mitschuld an den Dresdener Ereignissen zu geben, was sich u.a. darin äußerte, dass »wenig Verständnis« gezeigt wurde, »dass die Bürger aus den BRD-Botschaften noch mit Zügen der Deutschen Reichsbahn durch die DDR transportiert wurden«. Zugleich fragten »viele Angehörige der Dienststellen«, warum gegen »Störer und Provokateure« nicht entschiede-

---

99 StAL, BDVP, 3929, Bl. 181, 1. Information über Standpunkte und Haltungen sowie Stimmungen und Meinungen zu Problemen der aktuellen Lage, 5.10.1989.
100 Ebd.

ner vorgegangen werde und ob die »eingeleiteten Maßnahmen zur weiteren Unterbindung des Verrats an unserer Republik wirklich ausreichend«[101] seien. Zumindest was das unmittelbar bevorstehende Großereignis – den 40. Jahrestag der DDR am 7. Oktober 1989 – betraf, dürften hinsichtlich der »eingeleiteten Maßnahmen« keinerlei »Fragen« offengeblieben sein. Die Absicherung des großen Jubiläums war seit Monaten durch die drei Ministerien des Militär- und Sicherheitsapparates vorbereitet worden[102]. Vonseiten des MdI existierten dazu die Befehle des Ministers des Innern und Chefs der Deutschen Volkspolizei Nr. 129/88 vom 10. Januar 1989 (Maßnahmen zu Veranstaltungen im Jahr des 40. Jahrestages der DDR) sowie Nr. 120/89 vom 29. September 1989 (40. Jahrestag der DDR)[103]. Sie wurden in den Bezirken durch die jeweiligen Aufgabenstellungen der Chefs der BDVP ergänzt und als Reaktion auf die Ereignisse in Dresden vermutlich auch überall verschärft. In Leipzig jedenfalls versendete BDVP-Chef Straßenburg am 5. Oktober an die Chefs der unterstellten Volkspolizeikreis-, Verkehrs- und Transportpolizeiämter, die Leiter der Strafvollzugseinrichtungen (StVE) sowie die Kommandeure der 5. VPB und 21. VPB eine »Ergänzung/Präzisierung [s]einer Aufgabenstellung anl[ässlich] des 7. Oktober«. In dem Fernschreiben wurde »entsprechend der gegenwärtigen Lage und Situation« ab dem 6. Oktober u.a. gefordert: die Besetzung aller Führungsgruppen, die Gewährleistung der ständigen Einsatzbereitschaft, die Sicherung der »jederzeitigen kurzfristigen Kommandierung von Kräften der StVE mit Sonderausrüstung [...] nach Leipzig«, die Planung von Doppelstreifen der Schutzpolizei, die Vorbereitung »administrativer Kräfte« für den Einsatz als Formation sowie die Verhinderung der »unkontrollierten Inbesitznahme von Waffen, Munition und polizeilichen Hilfsmitteln« in den VP-Dienststellen[104].

Sozusagen als ideologisches Rüstzeug lieferte Straßenburg den Leitern der Diensteinheiten einen offensichtlich in großer Eile an die Leipziger Gegebenheiten angepassten Text des MdI über »Aufgaben zur Verstärkung der politisch-ideologischen Arbeit«[105]. Das Pamphlet, das u.a. vor einer »zügellosen

---

[101] Ebd., Bl. 181 f.
[102] Zu den Planungen des MfS vgl. ausführlich: Süß, Staatssicherheit am Ende, S. 238–242.
[103] Vgl. Minderheitenvotum Arnold, S. 672 (MdI, BDVP Leipzig, Grundlagen und Dokumente der BDVP Leipzig in Vorbereitung des 40. Jahrestages der DDR, o.D.).
[104] Ebd., S. 615 (MdI, BDVP Leipzig, Fernschreiben des Chefs der BDVP Leipzig, Generalmajor Straßenburg, an die Leiter der Diensteinheiten zur Ergänzung der Aufgabenstellung, 5.10.1989).
[105] Die ursprüngliche Herkunft des Textes aus dem MdI ist etwa an Passagen wie jener über »die Lösung der von mir befohlenen Maßnahmen zur verstärkten Sicherung der Staatsgrenze« zu erkennen, welche die BDVP-Redakteure in der Eile offenbar vergaßen zu streichen. Eine »Staatsgrenze« war im Binnenbezirk Leipzig bekanntlich nicht zu sichern. Vgl. StAL, BDVP, 3929, Bl. 194, Fernschreiben des Chefs der BDVP Leipzig, Generalmajor Straßenburg, an die Leiter der Diensteinheiten, Aufgaben zur

Hetzkampagne und der Auslösung antisozialistischer Aktivitäten im Innern« der DDR im Zuge des 40. Jahrestages sowie »rowdyhaft und gewalttätig gegenüber Einsatzkräften« auftretenden »Elementen« warnte[106], enthält auch eine Passage, die offenbar die Leipziger Polizisten auf den Ernst der Lage und den »geschlossenen Einsatz der Kräfte« einstimmen sollte. Allerdings auf unfreiwillig komische Weise: Denn neben der Bilanz von »18 verletzten VP-Angehörigen und 10 beschädigten Fahrzeugen« während der Montagsdemo am 2. Oktober wird auch auf den Verlust von »64 Schirmmützen, 2 Schlagstöcke[n] starr und eine[r] Führungskette« sowie auf die Beschädigung »diverse[r] Uniformstücke« hingewiesen[107], was den Leipziger Polizisten angesichts einer drohenden Gewalteskalation in ihrer Stadt als ziemlich belanglos erschienen sein dürfte.

Auch außerhalb der bewaffneten Organe wurde die Propaganda deutlich verschärft. Hatte die SED bis dahin versucht, die Proteste in ihren Massenmedien so gut es ging zu ignorieren oder zumindest kleinzuhalten, ging sie nun dazu über, offen den Einsatz von Gewalt gegen die »Störer der öffentlichen Ordnung und Sicherheit« anzudrohen. Am 5. Oktober erschien in der »Leipziger Volkszeitung« (LVZ) ein angeblicher »Leserbrief« der Kampfgruppenhundertschaft (KGH) »Gerhard Amm«, in dem die »konterrevolutionären Machenschaften jeden Montag in Leipzig« verurteilt wurden und man androhte, nicht weiter »tatenlos zusehen« zu können, »wie Feinde unserer DDR nichtgenehmigte Demonstrationen durchführen und unsere öffentliche Ordnung und Sicherheit gefährden«[108]. Einen Tag später wurde ein weiterer »Leserbrief« abgedruckt, in dem der Kommandeur der KGH »Hans Geiffert« des Baukombinats Leipzig, Günther Lutz, im Namen seiner Kämpfer ankündigte: »Wir sind bereit und willens, das von uns mit unserer Hände Arbeit Geschaffene wirksam zu schützen, um diese konterrevolutionären Aktionen endgültig und wirksam zu unterbinden. Wenn es sein muss, mit der Waffe in der Hand[109]!«

Die Reaktionen der Bevölkerung auf den angedrohten Waffeneinsatz fielen heftig aus: Ein Herr Lutz, der nicht mit dem Kampfgruppenkommandeur gleichen

---

Verstärkung der politisch-ideologischen Arbeit, 5.10.1989; Minderheitenvotum Arnold, S. 611–614 (MdI, BDVP Leipzig, Redigiertes Fernschreiben des MdI an die BDVP über die Aufgaben zur Verstärkung der politisch-ideologischen Arbeit, 4.10.1989).

[106] StAL, BDVP, 3929, Bl. 193 f., Fernschreiben des Chefs der BDVP Leipzig, Generalmajor Straßenburg, an die Leiter der Diensteinheiten über Aufgaben zur Verstärkung der politisch-ideologischen Arbeit, 5.10.1989.
[107] Ebd. S. 195.
[108] Zit. nach: Hollitzer, Der friedliche Verlauf des 9. Oktober 1989, S. 257 (Leserbrief: »Nicht nur zusehen« in der LVZ, 5.10.1989, S. 2).
[109] Zit. nach: ebd., S. 258 (Leserbrief des Kommandeurs der Kampfgruppenhundertschaft »Hans Geiffert« in der LVZ, 6.10.1989, S. 2).

Namens identisch war, erhielt bis zum späten Abend über 100 Drohanrufe[110]. Auch Mitarbeiter der LVZ wurden per Telefon bedroht und bekamen kritische Zuschriften. So verzeichnete die BVfS Leipzig am 7. Oktober wegen des »Kampfgruppenartikel[s] 160 anonyme Anrufe [und] 30 Morddrohungen«[111]. Bemerkenswert war allerdings, dass der KG-Kommandeur Lutz und die beiden genannten Kampfgruppenhundertschaften gar keine »Leserbriefe« an die LVZ geschickt, wohl aber – dem Beschluss des Sekretariats der SED-Bezirksleitung vom 27. September folgend[112] – entsprechende »Stellungnahmen« an die Leipziger SED-Leitungen übergeben hatten. Dass ihre Pamphlete eine Woche später als »Leserbriefe« in der LVZ erscheinen würden, hatte offenbar keiner der Verfasser erwartet. Die Aktion heizte auch die ohnehin angespannte Stimmung innerhalb der Kampfgruppen weiter an. In einer Information der BVfS Leipzig über die Reaktionen auf den »Leserbrief« der KGH »Gerhard Amm« hieß es, die betroffenen Kampfgruppen-Mitglieder würden sich damit nicht identifizieren und betrachteten die Veröffentlichung als »Desorientierung«, die zudem »ein falsches Bild über die Stimmungen und Meinungen innerhalb der Hundertschaft«[113] entstehen lasse.

Ob die durch die »Leserbriefe« ausgelösten Friktionen mitverantwortlich dafür waren, dass man am 7. Oktober in Leipzig zunächst auf den Einsatz von Kampfgruppen verzichtete, ist bisher nicht geklärt. Vier Tage zuvor hatte BDVP-Chef Straßenburg einen »konzentrierten Einsatz von Kampfgruppeneinheiten« auch für dieses Datum noch in Erwägung gezogen[114]. Nun fehlten sie. Ein Zeichen dafür, dass sich die Staatsmacht am 40. Jahrestag der DDR in der Messestadt um Deeskalation bemühte, war das allerdings nicht. Ganz im Gegenteil: Wie überall in der Republik stand der Einsatz der Ordnungs- und Sicherheitskräfte am

---

110 Vgl. StAL, BDVP, 12405, Bl. 30, Lagefilm der Führungsgruppe des Leiters des VPKA Leipzig vom 6.10.1989.
111 Vgl. Hollitzer, Der friedliche Verlauf des 9. Oktober 1989, S. 258.
112 StAL, SED, IV/F/2/3/118, Bl. 65, Beschluss des Sekretariats der SED-BL Nr. 471/89, 27.9.1989, über »Maßnahmen zur Mobilisierung der Mitglieder und Kandidaten der Bezirksparteiorganisation, aller in der Nationalen Front vereinten gesellschaftlichen Kräfte sowie der Staats- und Sicherheitsorgane zur offensiven Bekämpfung und Zurückdrängung antisozialistischer Aktivitäten in der Stadt Leipzig«. Unter Punkt 4 des Beschlusses heißt es u.a.: »Aus den Kollektiven der Kampfgruppen sind Stellungnahmen zu organisieren, in denen sich Kämpfer, Unterführer und Kommandeure öffentlich dazu bekennen, in diesen Tagen verstärkte Angriffe des Gegners gegen die DDR im Sinne des Gelöbnisses der Kampfgruppen der Arbeiterklasse abzuwehren, eine hohe Bereitschaft zu entwickeln, die Heimat mit der Waffe gegen innere und äußere Feinde zu verteidigen.«
113 Zit. nach: Süß, Der friedliche Ausgang, S. 180 (Information zur Stellungnahme der 23. KGH »Gerhard Amm« in der LVZ am 5.10.1989, 6.10.1989).
114 Minderheitenvotum Arnold, S. 591 (MdI, BDVP Leipzig, Bericht des Chefs der BDVP Leipzig, Generalmajor Straßenburg, an Innenminister Dickel über die Demonstration am 2.10.1989, 3.10.1989).

7. Oktober 1989 auch in Leipzig unter der zentralen Maßgabe, »rechtswidrige Ansammlungen von Personen« von vornherein zu unterbinden oder mit aller Härte aufzulösen.

Das bekamen auch jene Menschen zu spüren, die sich am Vormittag des 7. Oktober auf dem Nikolaikirchhof versammelt hatten. Wer von ihnen – es waren zunächst nur wenige Hundert – der Aufforderung der Polizei zur Räumung des Platzes nicht nachkam, wurde gewaltsam vertrieben oder festgenommen. Sechs Kompanien VP-Bereitschaften mit Sonderausrüstung und 739 Einsatzkräfte des VPKA Leipzig, darunter eine Formation Schutzpolizei, waren dafür im Einsatz[115]. Dennoch konnten auch sie nicht verhindern, dass sich im Laufe des Tages immer wieder 300 bis 1500 Personen unterschiedlichsten Alters im Bereich der Nikolaikirche versammelten. Auch hier bewirkte das massive Auftreten der Einsatzkräfte offenbar das Gegenteil von dem, was es bewirken sollte. Immer mehr Menschen – Demonstranten und Schaulustige (zeitgleich fanden die Leipziger Markttage statt) – strömten zum Nikolaikirchhof. Die Polizei registrierte am Nachmittag zeitweilig bis zu 4000 Personen im »Handlungsraum«. Bereitschaftspolizisten mit Sonderausrüstung sowie Polizisten mit Diensthunden wurden zur »Auflösung« der Menschenmenge eingesetzt, was offenbar die Stimmung erst richtig anheizte[116]. Am frühen Abend kam auch schwere Technik zum Einsatz. BDVP-Chef Straßenburg meldete in der Nacht nach Ost-Berlin: »Gegen 18.00 Uhr erfolgte der Einsatz von 2 Wasserwerfern in der Grimmaischen Straße, was eine fluchtartige Bewegung der Störer über den Karl-Marx-Platz zur Folge hatte. Die Verfolgung wurde bis zur völligen Zersplitterung der Störer geführt[117].«

Laut der BDVP-Meldung sollen bei den »volkspolizeilichen Handlungen« am 7. Oktober in Leipzig »Personen verletzt« worden sein. Genauere Informationen lieferte der Bericht allerdings nicht. Einsatzkräfte waren aber nicht dabei. Insgesamt 183 Personen wurden laut Polizei an diesem Tag in der Messestadt »zugeführt«[118]. Die Betroffenen wurden in Pferdeställen auf dem Gelände der Landwirtschaftsausstellung »Agra« in Markkleeberg bei Leipzig zusammengepfercht[119].

Auch anderenorts gingen die Sicherheitskräfte am »Republikgeburtstag« hart gegen aufbegehrende Bürger vor. In Plauen waren 10 000 Menschen dem Aufruf einer lokalen Initiative gefolgt und hatten sich auf dem Theaterplatz versammelt[120].

---

[115] Vgl. ebd., S. 619 (MdI, Sofortmeldung an das MdI über die Störung der öffentlichen Ordnung und Sicherheit durch rechtswidrige Ansammlungen von Personen am 7.10.1989 von 10.00 bis 21.15 Uhr, 7.10.1989).
[116] Vgl. ebd., S. 618.
[117] Ebd.
[118] Vgl. ebd., S. 619 f.
[119] Vgl. Hollitzer, Der friedliche Verlauf des 9. Oktober 1989, S. 260.
[120] Zum 7.10.1989 in Plauen vgl. ausführlich: Küttler/Röder, Es war das Volk, sowie die kurze Zusammenfassung der Ereignisse in: Richter, Die Friedliche Revolution, S. 327–329.

Es war die bis dahin größte nicht genehmigte Demonstration im Herbst 1989. Die BDVP Karl-Marx-Stadt hatte zusätzlich zu den lokalen VP-Kräften eine Kompanie und zwei Züge der 9. VP-Bereitschaft Karl-Marx-Stadt, Einsatzkräfte der BDVP, Formationen der Schutzpolizei Aue, Auerbach, Karl-Marx-Stadt und Zwickau, zehn Hundeführer sowie Transportpolizisten aus Plauen, Zwickau und Karl-Marx-Stadt in der Stadt konzentriert[121]. Zusätzlich zogen Kampfgruppeneinheiten auf. Außerdem kreiste ein Polizeihubschrauber über dem Geschehen. Als die Menge den Aufforderungen, den Platz zu räumen, nicht Folge leistete, ließ BDVP-Chef Peter Müller Tanklöschfahrzeuge der Feuerwehr als Wasserwerfer einsetzen. Die Demonstranten quittierten das ihrerseits mit Angriffen auf die »Wasserwerfer« und auf VP-Fahrzeuge. Die aufgebrachte Menge zog nun mit dem Ruf »Keine Gewalt!« zum Rathaus, das von Bereitschaftspolizisten mit Sonderausrüstung und Kampfgruppen gesichert wurde. Es war vor allem dem Einsatz des Plauener Superintendenten Thomas Küttler zu verdanken, dass die Situation nicht eskalierte. Die großen Verlierer des 7. Oktober in Plauen waren die Ordnungs- und Sicherheitskräfte, die durch den befohlenen Gewalteinsatz die bis dahin friedliche Demonstration fast eskalieren ließen. Das MfS registrierte in den folgenden Tagen eine deutlich ablehnende Stimmung gegenüber der Volkspolizei. Deren Angehörige wurden den Berichten des MfS zufolge auch von Verwandten und Bekannten scharf kritisiert. Einige von ihnen hatten fortan sogar Angst, nachts auf Streife zu gehen. Die Freiwillige Feuerwehr Plauen verurteilte den Einsatz von Tanklöschfahrzeugen als Wasserwerfer »auf das Schärfste«[122].

Zum Symbol für die Diskrepanz zwischen Anspruch und Wirklichkeit des SED-Staates im 40. Jahr seines Bestehens wurden die Ereignisse vom 7. und 8. Oktober in Berlin. Zur Absicherung der großen Staatsfeierlichkeiten hatte Honecker als Vorsitzender des Nationalen Verteidigungsrates am 26. September 1989 den Befehl Nr. 8/89 über »Maßnahmen zur Gewährleistung der Sicherheit und Ordnung in der Hauptstadt der DDR, Berlin, anlässlich des 40. Jahrestages der DDR« erlassen[123]. Die Gesamtführung des Einsatzes lag – anders als in Dresden – beim Minister für Staatssicherheit, Erich Mielke. Die Entscheidungen über die Einsätze der Volkspolizei traf der Präsident der Volkspolizei Berlin, Generalleutnant Friedhelm Rausch, der Mielke hierfür unterstellt war. Ihm standen mit zugeteilten Volkspolizisten aus anderen DDR-Bezirken insgesamt 15 000 Einsatzkräfte zur Verfügung[124]. Parallel dazu agierten rund 700 Ange-

---

[121] Vgl. Richter, Die Friedliche Revolution, S. 327.
[122] Vgl. ebd., S. 327–329.
[123] Minderheitenvotum Arnold, S. 1624–1626 (NVR, Befehl Nr. 8/89 des Vorsitzenden des Nationalen Verteidigungsrates der Deutschen Demokratischen Republik über Maßnahmen zur Gewährleistung der Sicherheit und Ordnung in der Hauptstadt der DDR, Berlin, anlässlich des 40. Jahrestages der DDR, 26.9.1989).
[124] Vgl. Mittendrin, S. 133.

hörige des MfS in Zivil sowie ein sogenanntes FDJ-Bataillon, bestehend aus jungen MfS-Mitarbeitern in blauen Anoraks, die durch die Mielke-Stellvertreter Dietrich Schwanitz und Rudi Mittig geführt wurden. Außerdem wurden mehrere Kompanien des MfS-Wachregiments »Feliks Dzierzynski« zum Einsatz gebracht, die ihre Weisungen wiederum von den Einsatzleitern der VP erhalten haben sollen. Hinzu kamen 2000 »gesellschaftliche Kräfte«, das heißt besonders zuverlässige SED-Genossen[125].

Mit der Übergabe der Gesamtverantwortung an Erich Mielke war, so die heutige Einschätzung ehemaliger leitender VP-Offiziere, »die Sicherheit des Staates als ernsthaft gefährdet beurteilt worden«[126]. Als Konsequenz daraus, insbesondere nach den Erfahrungen von Dresden, hätte man erwartet, dass die Staatsmacht – wie am gleichen Tag in Leipzig und Plauen geschehen – von vornherein mit konsequenter Härte gegen »rechtswidrige Ansammlungen von Personen« vorgehen würde. Ost-Berlin war allerdings nicht Leipzig oder Plauen. Anlässlich der großen Feierlichkeiten waren nicht nur zahlreiche Staatsgäste in der Hauptstadt versammelt, sondern auch Hunderte Journalisten aus aller Welt[127]. Was das SED-Regime an seinem großen Jubelfest überhaupt nicht gebrauchen konnte, war eine schlechte Presse. Die Welt sollte sehen, wie gut es den Menschen im Arbeiter-und-Bauern-Staat ging. Prügelnde Polizisten mit Helmen, Schilden und Schlagstöcken und kreischende Demonstranten, die auf Lkw verfrachtet wurden, beschädigten das Image der DDR. Es mag auch sein, dass die Verantwortlichen, nachdem es am Vorabend des Republikgeburtstages in Berlin relativ ruhig geblieben war, hofften, das setze sich am 7. Oktober weiter fort. Ein Einsatz von Bereitschaftspolizisten in Sonderausrüstung, so wie in Leipzig bereits im Vorfeld festgelegt, soll jedenfalls in der DDR-Hauptstadt an diesem Tag nicht eingeplant gewesen sein:

»Alle VP-Kräfte waren zu diesem Zeitpunkt nicht auf Gewalt eingestellt. Ihre Bekleidung und Ausrüstung entsprachen dem friedlichen Charakter der Feierlichkeiten zum Jahrestag der DDR. Erst im Verlauf des Einsatzes wurden am 7. Oktober 1989 nachgeführte Kräfte mit Schlagstöcken ausgerüstet[128].«

---

[125] Vgl. Süß, Staatssicherheit am Ende, S. 282 f. Der Report der Unabhängigen Untersuchungskommission zu den Ereignissen am 7./8.10.1989 in Berlin geht davon aus, dass am 7.10. von 23 000 in Berlin verfügbaren Sicherheitskräften 3000 für die Auflösung von Demonstrationen eingesetzt wurden. Für den 8.10. schätzt die Kommission ein, dass etwa 1500 bis 2000 Sicherheitskräfte in den Ereignisorten eingesetzt wurden. Vgl. Und diese verdammte Ohnmacht, S. 19 und S. 22.
[126] Mittendrin, S. 130.
[127] Vgl. ebd., S. 134. Die Lageinformation der Leitung des PdVP Berlin nennt 510 akkreditierte Journalisten aus kapitalistischen Ländern, darunter »97 aus der BRD und 49 aus West-Berlin«.
[128] Ebd., S. 140.

Zwar rechnete auch die Leitung des PdVP Berlin im Zuge des 40. Jahrestages mit »politischen Provokationen«, jedoch sollten diese bereits in einem frühen Stadium unterbunden und Situationen ausgeschlossen werden, »die einen massiven Polizeieinsatz zur Folge haben könnten«[129].

Als sich ab 16.00 Uhr eine Gruppe vorwiegend junger Männer und Frauen an der Weltzeituhr auf dem Alexanderplatz zusammenfand, um – wie an jedem Siebenten eines Monats – gegen die Fälschung der Kommunalwahlergebnisse am 7. Mai 1989 zu demonstrieren, wurde, obwohl sich im nahen Berolina-Haus VP-Kräfte in Bereitschaft hielten, auf einen Polizeieinsatz verzichtet[130]. Stattdessen versuchten MfS-Mitarbeiter in Zivil und »gesellschaftliche Kräfte« die Ansammlung gewissermaßen wegzudiskutieren. Das Ergebnis war allerdings, dass sich immer mehr Menschen und später auch westliche Kamerateams hinzugesellten. Die Polizei griff auch dann noch nicht aktiv ein, als sich die mittlerweile 300 Personen starke Gruppe gegen 17.20 Uhr in Richtung Palast der Republik aufmachte und auf dem Weg dorthin zunächst auf 2000, später auf 5000 Menschen anwuchs. Erst kurz vor dem Palast der Republik brachte eine Sperrkette aus Volkspolizisten sowie Kräften des MfS-Wachregiments und des FDJ-Bataillons den Demonstrationszug zum Stehen[131].

Aus der Menge ertönten jetzt Rufe wie »Keine Gewalt«, »Wir sind das Volk« oder »Gorbi hilf!« Laut dem späteren Report der Unabhängigen Untersuchungskommission zu den Ereignissen vom 7. und 8. Oktober 1989 hielt Mielke, der auf dem Festbankett im Palast der Republik weilte, die Situation für derart gefährlich, dass er ein hartes Durchgreifen und die Auflösung der Demonstration verlangt habe. Dabei sei es ihm zunächst um die Absicherung der Protokollstrecke für die Staatsgäste, später vor allem um die Abschirmung der Staatsgrenze gegangen. Gegen 18.30 Uhr sei der Demonstrationszug dann in Richtung Prenzlauer Berg abgedrängt worden. Laut dem Bericht eskalierte von da ab die Situation, wobei MfS-Mitarbeiter und Polizeikräfte mit »unglaublicher Härte« gegen Demonstranten vorgegangen seien[132]. Auch für den Folgetag meldete der Untersuchungsbericht zahlreiche Übergriffe auf Menschen am Alexanderplatz und im Bereich der Gethsemanekirche in Prenzlauer Berg. Insgesamt wurden dem Report zufolge am 7. Oktober 547 und am 8. Oktober 524 Bürger »zugeführt«[133]. Für die weitere Eskalation am 8. Oktober offenbar maßgeblich mitverantwortlich war die Änderung des Sicherheitskonzepts, bei dem das Prinzip der »frühzeitigen Verhinderung möglicher Störungen« durch

---

[129] Ebd., S. 133.
[130] Vgl. ebd., S. 134.
[131] Vgl. ebd., S. 134–136.
[132] Vgl. Und diese verdammte Ohnmacht, S. 16–19.
[133] Vgl. ebd., S. 19–22.

die Forderung nach »konsequenter Unterbindung von negativ-feindlichen Personenansammlungen und Demonstrationen« ersetzt wurde[134].

Was die Staatsmacht ursprünglich vermeiden wollte, war nun eingetreten: Durch das von Mielke angeordnete harte Vorgehen der Ordnungs- und Sicherheitskräfte am 7. Oktober und die Verschärfung des Sicherheitskonzepts am 8. Oktober spitzte sich die Lage immer weiter zu. Mitten in Ost-Berlin gingen am Republikgeburtstag Polizei- und MfS-Kräfte gegen zunächst friedliche Demonstranten vor, die sich später ihrerseits mit Beschimpfungen und auch Angriffen auf Polizisten revanchierten. Es entstand eine aufgeheizte Stimmung, in der auch zunehmend Kräfte mitmischten, denen an einer Deeskalation scheinbar wenig gelegen war. Der Report der Untersuchungskommission nennt für den 7. Oktober zahlreiche »Lockspitzel des MfS«, die gegenüber VP-Angehörigen provozierend und aggressiv aufgetreten seien und sich bei ihrer Ergreifung mit ihrer Klappkarte ausgewiesen hätten[135]. Am 8. Oktober soll die »größte Brutalität« von Antiterroreinheiten des MfS ausgegangen sein[136]. Umgekehrt beklagt eine 2014 erschienene Untersuchung der Ereignisse aus Sicht der Berliner Volkspolizei neben Tätlichkeiten gegenüber Einsatzkräften auch »Aufforderungen zu physischer Gewalt«, die gezeigt hätten, »dass sich unter den gemäßigten Teilnehmern auch gefährliche Kräfte« befanden[137]. Die Untersuchung beschreibt zudem – am Beispiel des Vorgehens im Bereich der Gethsemanekirche am Abend des 7. Oktober – anschaulich, wie chaotisch sich die Situation teilweise entwickelte:

> »Nach weiterer Eskalation der Lage war ein differenziertes Verhalten gegenüber den angetroffenen Personen auf der Straße kaum noch möglich. Ständig wurden die Einsatzkräfte von aufgebrachten Personen laut beschimpft, aggressiv bedrängt, und immer wieder von weiteren Personen und Hausbewohnern zu Aktivitäten lautstark aufgefordert. So entstand eine unübersichtliche aufgeheizte Situation. Für die Einsatzkräfte wurden dann alle Personen, die sich weiterhin im Straßenbereich aufhielten, als Teilnehmer einer nicht genehmigten Demonstration angesehen und so behandelt[138].«

Im damaligen Polizeideutsch hieß das: Die betreffenden Personen wurden »zugeführt«. Bei diesen auch nach damaliger Gesetzeslage völlig ungerechtfertigten Verhaftungen erwischte es keineswegs nur Bürger, die gerade zufällig in die

---

[134] Vgl. hierzu detailliert: Mittendrin, S. 131–133. Beschlossen wurde das neue Sicherheitskonzept am Morgen des 8.10. bei einer Besprechung im MfS, an der neben Erich Mielke auch der ZK-Sekretär für Sicherheitsfragen, Egon Krenz, dessen Leiter der Abteilung für Sicherheitsfragen, Wolfgang Herger, sowie der 1. Sekretär der SED-Bezirksleitung Berlin, Günter Schabowski, teilnahmen. Vertreter des PdVP Berlin sollen nicht anwesend gewesen sein.
[135] Vgl. Und diese verdammte Ohnmacht, S. 17 f.
[136] Vgl. ebd., S. 21.
[137] Mittendrin, S. 152.
[138] Ebd., S. 141.

Auflösung einer Demonstration hineingeraten waren. Laut dem Bericht der Untersuchungskommission wurden beispielsweise im Verlauf des 8. Oktober am Alexanderplatz rund 50 Personen aus der Menge gegriffen, weil sie den Einsatzkräften allein »durch Kleidung, Accessoires und Körperhaltung verdächtig« erschienen. Als besonderen Fall »tragischer Komik« nennt der Bericht die Festnahme »einer Familie samt Dackel«[139].

Ähnlich wie zuvor in Leipzig und Dresden brachte das SED-Regime mit derartigen Maßnahmen auch bis dahin der DDR loyal ergebene Bürger und treue Parteimitglieder gegen sich auf, wie das Beispiel eines SED-Parteisekretärs aus dem Bezirk Halle zeigt. Der Mann, der beim Arbeitsstab des Verbandes der Konsumgenossenschaften am 6. und 7. Oktober für die Versorgung der Teilnehmer des FDJ-Fackelzuges zuständig war, wurde laut eigener Aussage am 8. Oktober nach einem Ausflug mit Kollegen am U-Bahnhof Alexanderplatz auf brutale Weise auf einen Lkw verfrachtet und in die VP-Inspektion Berlin-Hellersdorf gebracht. In seiner späteren Beschwerde an das ZK der SED beschrieb der 33-Jährige, wie es ihm und seinen Leidensgefährten dort ergangen war:

»Was danach kam, hätte ich in unserem Staat nicht für möglich gehalten: [...] Wir wurden in eine offene, sehr kalte Garage geführt und mussten uns mit Gesicht zur Wand, die Hände an der Hosennaht aufstellen [...] Einige baten, auf eine Toilette gehen zu können. Die erste Reaktion der VP war: ›Das könnt ihr euch durch die Rippen schwitzen.‹ Erst 30 Minuten später durften die ersten gehen. Aber alles in der Form eines für die Polizisten bestimmt recht amüsanten Gesellschaftsspiels. Im Laufschritt, den herumwedelnden Stöcken ausweichend, rannten wir aufs Klo, wo wir unter Aufsicht unsere Notdurft verrichteten. Insgesamt standen wir in der kalten Garage 8 Stunden [...] Gegen 8 Uhr wurden wir endlich in einen geheizten Raum gebracht [...] Gegen 9 Uhr, also über 10 Stunden nach der Festnahme, bekamen wir eine Wurst zu essen und noch einen Becher Tee. Immer wieder stellten wir die Frage, warum wir festgenommen wurden und ob in Berlin U-Bahn-Fahren strafbar ist. Zur Antwort wurde uns gegeben, dass wir das von den Genossen der Fachorgane noch rechtzeitig erfahren werden. Erst kurz vor 11 Uhr wurde ich den Genossen der Kriminalpolizei vorgeführt. Als ich bei der Feststellung der Personalien angab, dass ich Mitglied der SED und Parteisekretär bin, änderte sich mit einem Schlag der Ton. Man entschuldigte sich bei uns [...] Der Höhepunkt für mich war, dass uns die Genossen fragten, warum wir überhaupt festgenommen wurden. Ich antwortete, dass alle aus der U-Bahn Steigenden sofort abgeführt wurden[140].«

Wie wahllos die Zuführungen am Alexanderplatz an diesem Tag waren, belegen auch die Beobachtungen des Parteisekretärs hinsichtlich seiner »Mithäftlinge«:

»Da waren zwei Jugendliche, die das kalte Buffet zur Festveranstaltung im Palast der Republik gestellt hatten, da war ein junger Mann, der mit einer großen Bohr-

---

[139] Und diese verdammte Ohnmacht, S. 20.
[140] BArch, DY 30/1095, Bl. 38–40, Eingabe von Peter K. an das ZK der SED, 12.10.1989.

maschine unter dem Arm verhaftet wurde, ein Klavierlehrer und Studenten, die aus verschiedenen Orten der DDR angereist waren, um am Montagmorgen ihr Studium wieder pünktlich aufzunehmen. Lediglich von zwei, drei Jugendlichen von insgesamt 22 Festgenommenen hatte ich den Eindruck, dass sie vorhatten, die Situation auf dem Alex noch zu verschärfen[141].«

Vor der Untersuchungskommission erklärte der Ost-Berliner Polizeipräsident Rausch später, die Volkspolizei sei auf eine derart hohe Zahl an Festnahmen nicht vorbereitet gewesen[142]. Tatsächlich war der Zentrale Zuführungspunkt Rummelsburg schon am 7. Oktober überfüllt. Weitere Zuführungspunkte wurden überhastet eröffnet, ohne dass die Voraussetzungen für eine gesetzlich korrekte Behandlung der Zugeführten vorhanden waren. Hinzu kamen überlastetes Wachpersonal und Schutzpolizisten, die oft seit 48 Stunden im Einsatz waren und ihren Frust an den Bürgern ausließen. Der Report der Untersuchungskommission nennt zahlreiche Beispiele für Misshandlungen und Gesetzesüberschreitungen[143]. Auch der »Vorläufige Abschlussbericht« des PdVP kam zu der zurückhaltend kritischen Einschätzung:

> »Dem Umfang der Zuführungen entsprachen die personellen und materiellen Voraussetzungen nicht. Das Prinzip der Differenziertheit konnte nicht durchgängig gewahrt werden. Einzelne Angehörige handelten darüber hinaus aus verschiedenen Gründen nicht mit dem notwendigen Fingerspitzengefühl bzw. unangemessen[144].«

Die Bilder der Gewalteskalation in der Hauptstadt gingen wegen der hohen Präsenz ausländischer Medien am 40. Jahrestag der DDR um die ganze Welt. Die über 1000 »Zugeführten«, darunter auch SED-Mitglieder, verbreiteten ihre Negativerfahrungen mit einer um sich schlagenden Staatsmacht in ihren Heimatorten und Arbeitskollektiven. Das Regime hatte seine Zähne gezeigt. In Ost-Berlin ging die Gewalteskalation eindeutig von den Sicherheitskräften aus.

9. Oktober 1989: Kein »17. Juni« in Leipzig

Wie die Ereignisse in Leipzig und vor allem in Dresden das Vorgehen in Ost-Berlin beeinflusst hatten, wirkten die dortigen Ereignisse nun auf die Vorgänge in den Bezirksstädten zurück. Offenbar unter dem Eindruck der Auseinandersetzungen am 7. Oktober in der Hauptstadt verschickte Staats- und Parteichef Erich Honecker

---

[141] Ebd., S. 39.
[142] Und diese verdammte Ohnmacht, S. 22.
[143] Vgl. ebd., S. 22–25.
[144] Zit. nach: Mittendrin, S. 354 (Vorläufiger Abschlussbericht zum Ordnungs- und Sicherungseinsatz, 15.10.1989).

am folgenden Tag ein Fernschreiben an alle 1. Sekretäre der SED-Bezirksleitungen, in dem er mitteilte, dass »mit weiteren Krawallen« zu rechnen sei. Zugleich wies er die »sofortige Zusammenkunft« der Bezirkseinsatzleitungen an, die Lage im Bezirk einzuschätzen und entsprechende Maßnahmen festzulegen[145]. Ebenfalls am 8. Oktober erging ein Fernschreiben von Innenminister Dickel an alle Chefs der BDVP bzw. den Polizeipräsidenten von Ost-Berlin. Darin wurde gefordert, »durch konsequentes und rechtzeitiges Einschreiten ein geschlossenes Auftreten der feindlich-negativen Kräfte zu verhindern bzw. konsequent zu beseitigen«[146]. Wohl aus den Erfahrungen der zurückliegenden Einsätze, nach denen Bereitschaftspolizisten immer wieder die Unzweckmäßigkeit ihrer Dienstuniformen beklagt hatten[147], befahl der Innenminister: »Beim geschlossenen Einsatz der Kasernierten Einheiten haben diese den Felddienstanzug (Sommer) zu tragen[148].«

Einen Tag nach Dickels Fernschreiben, am 9. Oktober 1989, standen in Leipzig – wie jeden Montag – wieder Friedensgebete an. Der Chef der BDVP Leipzig, Generalmajor Straßenburg, rechnete diesmal mit 50 000 Teilnehmern. Entsprechend der Forderung seines Ministers kündigte Straßenburg an, mit einem Ordnungseinsatz die »öffentliche Ordnung und Sicherheit zuverlässig zu gewährleisten«, wobei die Hauptanstrengungen u.a. auf der »Verhinderung und Bekämpfung jeglicher feindlicher Störhandlungen und Provokationen in Form von Zusammenrottungen und Demonstrationen antisozialistischer Kräfte im Bereich der Innenstadt« liegen sollten. Der Einsatz der ihm zur Verfügung stehenden Kräfte und Mittel sollte laut Straßenburg u.a. darauf gerichtet sein, »die ungesetzliche Ansammlung durch Räum- und Sperrhandlungen aufzulösen«. Der von Innenminister Dickel bestätigte »Entschluss des Chefs der BDVP zum Ordnungseinsatz am 9. Oktober 1989« sah auch konkrete Handlungsvarianten vor[149].

---

[145] Vgl. Hollitzer, Der friedliche Verlauf des 9. Oktober 1989, S. 268 (Fernschreiben Erich Honeckers an alle 1. Sekretäre der SED-Bezirksleitungen, 8.10.1989).

[146] Minderheitenvotum Arnold, S. 1636 (MdI, Fernschreiben des Ministers des Innern, Armeegeneral Dickel, an alle Chefs der BDVP bzw. den PdVP Berlin, 8.10.1989).

[147] Vgl. StAL, BDVP, 3929, Bl. 175, Information über Stimmungen und Meinungen der Angehörigen der 5. Volkspolizei-Bereitschaft nach dem Einsatz vom 2.10.1989 im Zentrum Leipzigs, 6.10.1989. So beklagte sich u.a. ein Leutnant der 8. VP-Bereitschaft nach dem Einsatz bei der Montagsdemo am 2.10. in Leipzig: »Mein Personalbestand und ich selbst bin seit dem 2. Oktober durch diese Art von Einsätzen davon überzeugt, dass: 1. die Gesundheit und das Leben der Einsatzkräfte ernsthaft gefährdet ist, 2. dass die bisher verwendete Einsatzuniform der Kasernierten Einheiten ihre Unzweckmäßigkeit zunehmend unter Beweis stellt.«

[148] Minderheitenvotum Arnold, S. 1637 (MdI, Fernschreiben des Ministers des Innern, Armeegeneral Dickel, an alle Chefs der BDVP bzw. den PdVP Berlin, 8.10.1989).

[149] Ebd., S. 663–667 (MdI, BDVP Leipzig, Entschluss des Chefs der BDVP Leipzig zum Ordnungseinsatz am 9. Oktober 1989, bestätigt durch den Minister des Innern und Chef der DVP, Generalmajor Dickel).

Für die Umsetzung seiner Pläne standen dem BDVP-Chef insgesamt 3125 Mann zur Verfügung. 835 waren Angehörige des VPKA Leipzig, darunter 340 Schutzpolizisten. Den Hauptteil stellten 18 Kompanien VP-Bereitschaften (1296 Mann)[150]. Ihnen fielen die wichtigsten Aufgaben in Straßenburgs Konzept zu: So sollten die Bereitschaftspolizisten die Bewegungsrichtungen der Demonstranten sperren, Räum- und Auflösehandlungen vornehmen, »Störer« aus der Menge herauslösen und die Schutzpolizei bei der Zuführung Festgenommener unterstützen. Der Einsatz der Bereitschaftspolizeikräfte sollte dabei – anders als am 4. Oktober in Dresden oder am 7. Oktober in Ost-Berlin – von vornherein »mit Sonderausrüstung« erfolgen. Wenn erforderlich sollten die Bereitschaftspolizisten durch den Einsatz von Wasserwerfern und Reizgaswurfkörpern unterstützt werden[151]. Zur Unterstützung der »Räum- und Sperrkräfte« wurden zwei Wasserwerfer an der Ostseite des Hauptbahnhofs, sechs Lkw W 50 mit Räumgittern sowie zwei Tanklastfahrzeuge mit Farbtanks »in der Tiefe des Handlungsraumes« bereitgehalten. Für den Transport festgenommener Personen standen »ausgebaute« W 50 bereit[152]. Als Zuführungspunkte wies Straßenburgs Entschluss das VPKA Leipzig (60 Plätze), die Turnhalle Leipzig-Paunsdorf (100 Plätze) sowie zwei Hallen auf dem Markkleeberger Agra-Gelände mit insgesamt 600 Plätzen aus[153].

Unterstützt werden sollten die Kräfte der Volkspolizei von acht Kampfgruppenhundertschaften mit insgesamt 600 Kämpfern[154], die für Sperr- und Räumhandlungen sowie für Sicherungsaufgaben im Rücken der Volkspolizei vorgesehen waren[155]. Zumindest in der Theorie war das so. Die Praxis sah etwas anders aus: Von den alarmierten Kampfgruppeneinheiten erreichte nämlich laut einer am Folgetag herausgegebenen Information der Politischen Abteilung der BDVP Leipzig nur das 2. Kampfgruppenbataillon die volle Einsatzstärke. Die übrigen fünf eingeplanten KGH kamen lediglich auf Einsatzstärken zwischen 40 und 58 Prozent. Die Mehrzahl der fehlenden Kämpfer sei nicht erreicht worden, in einigen Fällen

---

[150] Vgl. StAL, BDVP, 3929, Bl. 135 f., Entschluss des Leiters des VPKA Leipzig, bestätigt durch den Chef der BDVP, 8.10.1989.
[151] Vgl. Minderheitenvotum Arnold, S. 668 (MdI, BDVP Leipzig, Entschluss des Chefs der BDVP Leipzig zum Ordnungseinsatz am 9.10.1989, bestätigt durch den Minister des Innern).
[152] Vgl. ebd., S. 667.
[153] Vgl. ebd., S. 671.
[154] Vgl. StAL, BDVP, 3929, Bl. 136, Entschluss des Leiters des VPKA Leipzig, bestätigt durch den Chef der BDVP, 8.10.1989.
[155] Vgl. Minderheitenvotum Arnold, S. 668 (MdI, BDVP Leipzig, Entschluss des Chefs der BDVP Leipzig zum Ordnungseinsatz am 9.10.1989, bestätigt durch den Minister des Innern).

sei das Kommen verweigert worden, hieß es[156]. Eine Woche zuvor waren noch rund 80 Prozent der Kämpfer in Leipzig zum Montagseinsatz erschienen. Jetzt waren es im Schnitt gerade noch 58 Prozent. Aus der KGH »Hans Geiffert« des Baukombinats Leipzig, deren Kommandeur laut angeblichem LVZ-Leserbrief den Sozialismus drei Tage zuvor noch »mit der Waffe in der Hand« verteidigen wollte, rückten lediglich 52 Prozent (61 Mann) der Kämpfer an. 12 Prozent (85 Mann) aller für den Einsatz in Leipzig vorgesehenen Kampfgruppenangehörigen verweigerten den Dienst. 56 Prozent von ihnen waren SED-Mitglieder. 16 Kämpfer traten sogar komplett aus den Kampfgruppen aus[157].

Eine drei Tage zuvor erstellte MfS-Einschätzung liefert Antworten, warum ausgerechnet die der SED direkt unterstellte Arbeitermiliz zum größten Unsicherheitsfaktor für die Einsatzplanung wurde. Demnach, so heißt es in dem Bericht, würden die veränderten Aufgabenstellungen wie der »Einsatz gegen oppositionelle Kräfte [...] von einer nicht geringen Anzahl der Kampfgruppen-Angehörigen politisch nicht verstanden, angezweifelt und teilweise abgelehnt«. Zudem werde »in fast allen Kampfgruppeneinheiten eine ablehnende Haltung hinsichtlich des Einsatzes [...] ›gegen die Bevölkerung‹ geäußert [...] und die Gefahr, welche von den negativen Kräften des politischen Untergrundes ausgeht, negiert bzw. unterschätzt«[158].

Die Wahrheit lässt sich noch einfacher zusammenfassen: Die Kämpfer wollten nicht als »Knüppelgarde« gegen ihre Kollegen, Nachbarn oder die eigenen Familienangehörigen antreten. Der Widerstand, der sich zu Jahresbeginn im Zusammenhang mit der umstrittenen Ausbildungsanordnung zum »Sperren und Räumen von Straßen und Plätzen« erhoben hatte, verstärkte sich massiv. Das mediale Säbelrasseln, die Androhung von Waffengewalt, das harte Vorgehen gegen Demonstranten, aber auch unbeteiligte Bürger in Leipzig, Dresden, Plauen und in der Hauptstadt lichteten nun ausgerechnet die Reihen jener Truppe, die sich die SED nach dem 17. Juni 1953 als zuverlässige Kampfreserve geschaffen hatte.

Das Wegbrechen der halben »Kampfgruppen der Arbeiterklasse« in Leipzig zeigt aber auch, wie ernst die Menschen die Situation in der Messestadt nahmen und wie groß die Angst vor einer »chinesischen Lösung« war. Die »politisch-ideologische Arbeit« im Vorfeld des Einsatzes, die auf eine »hohe Kampf- und Einsatzbereitschaft« sowie »unbedingte Befehlstreue« ausgerichtet war[159], scheint

---

[156] Vgl. StAL, BDVP, 3929, Bl. 120, Parteiinformation über Standpunkte und Haltungen sowie Stimmungen und Meinungen zu Problemen der aktuellen Lage insbesondere im Zusammenhang mit dem Ordnungseinsatz am 9.10.1989, 10.10.1989.
[157] Vgl. Süß, Der friedliche Ausgang, S. 190.
[158] Zit. nach: ebd. (Einschätzung der politisch-operativen Lage und der Wirksamkeit der Abwehrarbeit in den Einheiten der Kampfgruppen, 6.10.1989).
[159] Minderheitenvotum Arnold, S. 669 (MdI, BDVP Leipzig, Entschluss des Chefs der BDVP Leipzig zum Ordnungseinsatz am 9.10.1989, bestätigt durch den Minister des Innern).

die auch unter den Einsatzkräften verbreiteten Bedenken und Ängste nicht gerade entkräftet zu haben. So behaupteten später Bereitschaftspolizisten, sie seien im Vorfeld des Einsatzes am 9. Oktober regelrecht »scharfgemacht« worden. Einzelne Politoffiziere und Kommandeure hätten erklärt, dass »heute ein für alle mal Schluss gemacht wird mit der Konterrevolution in Leipzig«. Wörtlich sei gesagt worden: »Genossen, ab heute ist Klassenkampf. Die Situation entspricht dem 17. Juni '53. Heute entscheidet es sich – entweder die oder wir[160].«

Bei den Angehörigen der Leipziger VP-Bereitschaften, unter denen man bereits nach dem Einsatz am 2. Oktober eine Zunahme an Bedenken und Ängsten registriert hatte und wo Vorgesetzte sogar vor »Unzuverlässigkeiten in der Konsequenz bei der Aufgabenerfüllung« gewarnt hatten[161], dürften solche Ansprachen nicht gerade für Euphorie gesorgt haben. Auch offensichtliche Versuche, die Dimension des anstehenden Ereignisses herunterzuspielen, scheinen eher gegenteilig gewirkt zu haben. So hieß es in einer am Folgetag verfassten Information zum Stimmungs- und Meinungsbild der 21. VP-Bereitschaft Leipzig am 9. Oktober:

»In diesem Zusammenhang werden die Bemerkungen und die Einweisung durch den Stellvertreter des Chefs und Stabschefs der BDVP, Oberst der VP [B.], am 09.10.1989 deutlicher Kritik unterworfen. Jedem war doch klar, dass die Teilnehmerzahl am 09.10. mindestens so hoch sein würde wie am 02.10.1989[162].«

Dass die Dimension mit 70 000 Demonstranten am Ende sogar fast zehnmal so hoch ausfallen würde, hatte wohl kaum jemand erwartet. Immerhin: BDVP-Chef Straßenburg hatte in seinem Entschluss zum Ordnungseinsatz bis zu 50 000 Menschen im Umfeld der Friedensgebete einkalkuliert, jedoch gehofft, deren Vereinigung zu einem Demonstrationszug verhindern zu können. Eine nicht genehmigte Großdemonstration von 70 000 Menschen aber sprengte jeden bis dahin gekannten Rahmen. Vermutlich war es gerade diese gewaltige Masse und vor allem deren absolute Friedfertigkeit, die eine Gewalteskalation am 9. Oktober in Leipzig verhinderte. Jeder Versuch eines gewaltsamen Einschreitens – das hatten die Erfahrungen mit deutlich kleineren Demonstrationen in Dresden und Ost-Berlin angedeutet – musste unabsehbare Folgen haben.

Wer von den Entscheidungsträgern in Leipzig und Berlin welchen Anteil daran hatte, dass der fatale Befehl zum Einsatz ausblieb, ist nicht Gegenstand dieses Beitrages. Hierzu liegen bereits sehr detaillierte Untersuchungen vor[163].

---

160 Zit. nach: Hollitzer, Der friedliche Verlauf des 9. Oktober 1989, S. 273.
161 Vgl. StAL, BDVP, 3929, Bl. 172–175, Information über Stimmungen und Meinungen der Angehörigen der 5. Volkspolizei-Bereitschaft nach dem Einsatz vom 2.10.1989 im Zentrum Leipzigs, 6.10.1989.
162 Ebd., Bl. 123, Information zum Stimmungs- und Meinungsbild der 21. VP-Bereitschaft Leipzig nach dem Einsatz am 9.10.1989 in Leipzig, 10.10.1989.
163 Vgl. hierzu besonders: Hollitzer, Der friedliche Verlauf des 9. Oktober 1989, sowie Süß, Der friedliche Ausgang.

Entscheidend ist, dass der Befehl nie kam. In einer Übersicht der BDVP Leipzig zu »Präzisierungen zur Aufgabenstellung und Befehlsgebung im Zeitraum vom 02.10.1989 bis 09.10.1989« wurde für den 9. Oktober, 18.35 Uhr, vermerkt: »Vorsitzender der BEL und Chef [der BDVP]: Nach Bestätigung wird befohlen, keine aktiven Handlungen gegenüber Demonstranten zu unternehmen. Befehl Chef: An alle Einsatzkräfte ist der Befehl zu erteilen, dass der Übergang zur Eigensicherung einzuleiten ist! Einsatz Kräfte nur bei Angriffen auf Sicherungskräfte, Objekte und Einrichtungen. Bei Angriff – Abwehr mit allen Mitteln. Verkehrsorganisatorische Maßnahmen einleiten[164].«

Nach späteren Angaben des Kommandeurs der 5. VP-Bereitschaft Leipzig, Oberstleutnant Wolfgang Schröder, der am Ostknoten mit zwölf Kompanien – darunter fünf sogenannten Auflöseeinheiten – sowie fünf Kampfgruppenhundertschaften den Weitermarsch des Demonstrationszuges in Richtung Hauptbahnhof verhindern sollte[165], kam der Funkspruch »ca. 5 Minuten vor der eigentlichen Konfrontation«[166]. Was er und seine VP-Genossen in dem Moment empfunden haben, hat Schröder später in einem Interview geschildert:

»Es war für die, die unmittelbar die Weisung am Führungsfahrzeug mitgehört hatten, eine unheimliche Erleichterung, dass dieser Einsatz so zu Ende geht. Ich kann mich an eine Äußerung eines Hundertschaftsführers bzw. Kompaniechefs erinnern, der sich spontan äußerte: ›Wer das festgelegt hat, der müsste auf der Stelle ausgezeichnet werden.‹ Und das dokumentiert wohl am meisten die Spannung und die Erleichterung, die in den Einzelnen damals gesteckt hat[167].«

Wie riesig die Erleichterung unter den Einsatzkräften war, das belegt auch das am Tag darauf abgefasste Stimmungs- und Meinungsbild der 21. VP-Bereitschaft Leipzig. Darin heißt es:

»Fast ausnahmslos vertreten alle Angehörigen der 21. VPB die Auffassung, dass die gestrige Entscheidung über den nicht aktiven Einsatz der VP-Einsatzkräfte richtig war und eine somit unvermeidliche Konfrontation vorerst verhinderte. Gleichzeitig war diese Entscheidung für viele Genossen eine Erleichterung, die sich abzeichnende Angst vor gewalttätigen Auseinandersetzungen bedeutend abzubauen[168].«

Dass nicht allein die mit zahlreichen Wehrpflichtigen aufgefüllten VP-Bereitschaften den gewaltlosen Ausgang des 9. Oktober in Leipzig begrüßten, belegt

---

[164] Minderheitenvotum Arnold, S. 679 (MdI, BDVP Leipzig, Präzisierung zur Aufgabenstellung und Befehlsgebung im Zeitraum vom 2.10. bis 9.10.1989).
[165] Vgl. StAL, BDVP, 3929, Bl. 131, Entschluss des Leiters des VPKA Leipzig, bestätigt durch den Chef der BDVP, 8.10.1989.
[166] Zit. nach: Süß, Der friedliche Ausgang, S. 196 (Privatarchiv M. Kehr, Aktenvermerk zur Zeugenaussage von Oberstleutnant Schröder am 16.10.1990).
[167] Kuhn, »Wir sind das Volk!«, S. 142.
[168] StAL, BDVP, 3929, Bl. 123, Information zum Stimmungs- und Meinungsbild der 21. VP-Bereitschaft Leipzig nach dem Einsatz am 9.10.1989 in Leipzig, 10.10.1989.

eine ebenfalls am Folgetag herausgegebene Parteiinformation der Politischen Abteilung der BDVP Leipzig. Darin heißt es:

> »Die Einsatzkräfte, die unmittelbar die ungenehmigte Demonstration erlebten, begrüßten in der Mehrheit die Entscheidung zum heutigen Einsatz, nicht einzugreifen. Sie werteten es als eine politisch richtige Entscheidung: ›Wenn wir eingegriffen hätten, gäbe es Verletzte, auch in unseren Reihen.‹ Der Prozess des Verstehens der politischen Entscheidung vollzog sich bei Genossen, die nicht direkt mit der Demonstration konfrontiert waren, langsamer[169].«

Tatsächlich – und das hatten bereits die Stimmungs- und Meinungsberichte nach dem Einsatz am 2. Oktober in der Messestadt offenbart – waren jene Volkspolizisten, die unmittelbar im Brennpunkt des Geschehens standen, immer weniger bereit, ihren Kopf für eine verfehlte Politik hinzuhalten. Und das waren eben vor allem die Angehörigen der Bereitschaftspolizei. Forderungen nach politischen Veränderungen machten vor ihren Kasernentoren nun nicht mehr halt. Im Stimmungs- und Meinungsbild der 21. VP-Bereitschaft zum Einsatz am 9. Oktober heißt es dazu:

> »Warum müssen erst Zehntausende auf die Straße gehen, damit sich Partei und Staat rühren? [...] Warum war bis jetzt keiner ehrlich bereit, über die Probleme zu diskutieren und gemeinsam Lösungen anzustreben, statt alles totzuschweigen oder zu kriminalisieren[170]?«

Wie zuvor die Kämpfer der Kampfgruppen, begannen nun auch die Angehörigen der Bereitschaftspolizei, den Einsatz von Polizeigewalt gegen friedliche Demonstranten offen abzulehnen:

> »Viele Angehörige erkennen an, dass gegen Rowdys (wie in Dresden) mit aller Härte vorgegangen werden muss. Andererseits gibt es zahlreiche Meinungen, wo Genossen die friedlichen Demonstranten vom 09.10.89 nicht als Rechtsbrecher ansehen und auch von sich aus den Einsatz von Hilfsmitteln ablehnen, insofern keine Übergriffe erfolgen[171].«

Damit zeichnete sich ab, dass Einsätze von Einheiten der Bereitschaftspolizei zur Auflösung ursprünglich friedlicher Demonstrationen, wie sie am 7. Oktober noch stattgefunden hatten, künftig am Widerstand der Einsatzkräfte zu scheitern drohten. Zwar behielt die SED-Führung auch für den darauffolgenden Montag, den 16. Oktober 1989, ihre bisherige Linie bei, »alle Maßnahmen vorzusehen, um geplante Demonstrationen im Entstehen zu verhindern«. Doch wurde in

---

[169] Ebd., Bl. 119, Parteiinformation der Politischen Abteilung der BDVP Leipzig über Standpunkte und Haltungen sowie Stimmungen und Meinungen zu Problemen der aktuellen Lage insbesondere im Zusammenhang mit dem Ordnungseinsatz am 9.10.1989, 10.10.1989.

[170] Ebd., Bl. 123, Information zum Stimmungs- und Meinungsbild der 21. VP-Bereitschaft Leipzig nach dem Einsatz am 9.10.1989 in Leipzig, 10.10.1989.

[171] Ebd.

dem entsprechenden von Erich Honecker als Vorsitzendem des Nationalen Verteidigungsrates erlassenen Befehl auch erstmals festgelegt, den »aktiven Einsatz polizeilicher Kräfte und Mittel [...] nur bei Gewaltanwendung der Demonstranten gegenüber den Sicherheitskräften bzw. bei Gewaltanwendung gegenüber Objekten auf Befehl des Vorsitzenden der Bezirkseinsatzleitung« anzuordnen. Und auch das äußerste Mittel der Gewaltanwendung wurde den Einsatzkräften kategorisch untersagt, indem es unmissverständlich hieß: »Der Einsatz der Schusswaffe im Zusammenhang mit möglicher Demonstration ist grundsätzlich verboten[172].«

Seit dem 9. Oktober 1989 kam es DDR-weit zwischen Polizei und Demonstranten zu keinen gewaltsamen Auseinandersetzungen mehr. Die Friedliche Revolution wurde von da an ihrem Namen gerecht. Ein von vielen befürchteter »17. Juni« im Sinne eines gewaltsam niederzuhaltenden Aufstandes hatte nicht stattgefunden. An seiner Stelle obsiegte der friedliche Protest Zehntausender, später Hunderttausender Bürger. VP-Bereitschaften und Kampfgruppen, die beiden bewaffneten Organe, die ursprünglich geschaffen worden waren, um einen neuen »17. Juni« zu verhindern, gerieten von da an selbst in den Strudel der Veränderungen.

Bis 1990 bestanden die 21 VP-Bereitschaften in herabgesetzter Stärke fort. Mit dem Ende der DDR und dem Beitritt der fünf neuen Länder zur Bundesrepublik am 3. Oktober 1990 endete auch ihre Geschichte[173]. Die letzten Wehrpflichtigen wurden entlassen, nur wenige Offiziere und Unterführer in den Polizeidienst der Länder übernommen. Die »Kampfgruppen der Arbeiterklasse« existierten zu diesem Zeitpunkt bereits nicht mehr. Ihre Tätigkeit wurde laut Beschluss des Ministerrats der DDR vom 14. Dezember 1989 eingestellt, die Kampfgruppeneinheiten und -schulen wurden bis Ende Mai bzw. Ende Juni 1990 aufgelöst[174].

---

[172] Minderheitenvotum Arnold, S. 700 (MdI, BDVP Leipzig, Aktennotiz zur Einweisung am 14.10.1989 beim Chef des Hauptstabes der NVA, Generaloberst Fritz Streletz, 14.10.1989, mit der Anlage Befehl Nr. 9/89 des Vorsitzenden des Nationalen Verteidigungsrates zur Gewährleistung der Ordnung und Sicherheit in Leipzig – Abschrift).
[173] Vgl. Steike, Von den »Inneren Truppen« zur Bereitschaftspolizei, S. 89.
[174] BArch, DO 1/20851, Bl. 101 und Bl. 105, Bericht über die Beendigung der Tätigkeit der »Kampfgruppen der Arbeiterklasse«.

Matthias Uhl

Die sowjetischen Truppen in der DDR zwischen Perestroika, »Wende« und Mauerfall

Am Montag, den 9. Oktober 1989, fand in Leipzig eine Demonstration von mehr als 70 000 DDR-Bürgern statt, die das Machtmonopol der SED für immer brach und zum Zusammenbruch des maroden ostdeutschen Staates führte. Im Gegensatz zu 1953 blieben die sowjetischen Truppen diesmal in ihren Kasernen. Damit trat das ein, was der sowjetische Partei- und Staatschef Nikita S. Chruščev nur wenige Monate nach dem Mauerbau gegenüber SED-Chef Walter Ulbricht prophezeit hatte: »Wir können uns nicht nur auf Maschinengewehre stützen. Die Frage steht so: entweder kann ihre Wirtschaft mit dem Westen konkurrieren oder sie werden hinweggefegt[1].«

Nur einen Monat später fiel die Mauer und damit letztendlich auch der Grund für die Anwesenheit der sowjetischen Truppen in der DDR. Wie Moskau und die in Ostdeutschland stationierten Soldaten der Sowjetarmee auf die Ereignisse im Herbst 1989 reagierten und warum der sowjetische Parteichef Michail S. Gorbačev sich entschied, im Gegensatz zu 1953 und 1961, auf den Einsatz militärischer Gewalt zu verzichten, versucht der folgende Beitrag darzustellen. Zunächst gibt er jedoch zum besseren Verständnis einen Überblick über die Geschichte der sowjetischen Truppen in der DDR und die Militärpolitik Gorbačevs.

---

[1] RGANI, 52/1/558, Bl. 28, Protokoll des Gesprächs zwischen Chruščev und dem Ersten Sekretär des ZK der SED, Walter Ulbricht, 26.2.1962.

Von der Besatzungstruppe zur offensiven Speerspitze – ein historischer Abriss

Zum Zeitpunkt der deutschen Kapitulation am 8. Mai 1945 befanden sich auf dem Territorium der späteren Sowjetischen Besatzungszone (SBZ) mehr als eine Million Angehörige der sowjetischen Streitkräfte[2]. Bereits am 29. Mai 1945 wies das Oberkommando der sowjetischen Streitkräfte den Oberkommandierenden der 1. Belorussischen Front, Marschall Georgij K. Žukov an, seine operative Gruppierung mit Wirkung vom 10. Juni 1945 in Gruppe der Sowjetischen Besatzungstruppen in Deutschland (GSBT) umzubenennen. Gleichzeitig sollten drei Armeen der 2. Belorussischen Front in die neu zu bildenden Besatzungstruppen eingegliedert werden. Damit setzten sich die sowjetischen Besatzungsstreitkräfte in Deutschland zunächst aus sieben Armeen, zwei Panzerarmeen sowie mehreren selbstständigen Korps zusammen. Für die Luftdeckung dieser Streitkräftegruppierung in der Sowjetischen Besatzungszone war die 16. Luftarmee verantwortlich.

Von der im Juli 1945 einsetzenden Demobilisierung der sowjetischen Armee, bei der insgesamt 33 Jahrgänge aus dem Militärdienst entlassen wurden, wurde auch die GSBT erfasst. Insgesamt verringerte sich innerhalb eines Jahres ihr ursprünglicher Personalbestand um mehr als 50 Prozent auf rund 500 000 Mann.

Während die in der SBZ stationierten sowjetischen Truppen in der Folge weiter beträchtlich reduziert und zahlreiche Verbände, Mannschaften und Technik in die UdSSR zurückgeführt wurden, steigerte man die Kampfkraft der weiterhin in Deutschland befindlichen Einheiten auf höchstes Niveau. Ab 1947 waren alle Einheiten der GSBT bereits vollständig motorisiert.

Hatte die UdSSR in der SBZ bis Mitte 1948 noch rund 300 000 Mann ihrer Streitkräfte stationiert, so erhöhte sie im Verlauf der Berlin-Blockade ihre Truppenpräsenz auf ostdeutschem Territorium wieder beträchtlich. Aus Österreich wurden 1947 und 1948 von der Zentralgruppe der Streitkräfte die 3. sowie die 4. mechanisierte Gardearmee abgezogen und südöstlich bzw. nordöstlich von Berlin stationiert. Gleichzeitig brachte die sowjetische Militärführung die dort liegenden gekaderten Rahmenverbände auf volle Kampfstärke.

Da Iosif V. Stalin jedoch davor zurückschreckte, die westalliierte Luftbrücke mittels militärischer Gewalt zu unterbinden und offensichtlich nicht die Absicht hatte, wegen Berlin einen Krieg zu beginnen, musste seine Erpressungspolitik gegenüber den Westalliierten fehlschlagen. Am 12. Mai 1949 hob er die Blockade West-Berlins auf und gab damit die »erste große Schlacht« des Kalten Krieges verloren. Wenig später bekräftigten das Agreement von New York und

---

2   Vgl. Arlt, Sowjetische (russische) Truppen in Deutschland, S. 594.

das Schlusskommunique der Pariser Außenministerkonferenz die westalliierte Präsenz in Berlin und damit den Status quo ante[3].

Die unmittelbar danach erfolgte Gründung der Bundesrepublik Deutschland und nachfolgend die der Deutschen Demokratischen Republik blieben für die militärische Mission der GSBT ohne unmittelbare Auswirkung. Die Proklamation eines »Arbeiter-und-Bauern-Staates« auf deutschem Boden änderte weder den Status der Besatzungstruppen noch die bisherigen Stationierungsmodalitäten. Die GSBT, die nicht einmal ihren Namen änderte, diente nach wie vor als wichtigstes Machtinstrument der UdSSR zur Sicherung ihrer Position in der DDR und in Mitteleuropa[4].

Der im Juni 1950 beginnende Koreakrieg sorgte dafür, dass die USA und ihre Verbündeten nicht nur in Asien militärisch aktiv wurden, sondern sich zugleich immer mehr auf einen möglichen Krieg in Europa einstellten. Westeuropa sollte dabei so weit östlich wie möglich verteidigt werden, was dazu zwang, die bisher hier stationierten Truppen zu verstärken[5].

Diese westlichen Sicherheitsbemühungen führten zu einer sowjetischen Gegenreaktion und mithin zu einem noch größeren Ausbau des Militärpotenzials der UdSSR in ihrem europäischen Machtbereich. Hiervon war auch die GSBT betroffen. Da sich jedoch, bedingt durch die bereits hohe Dichte sowjetischer Streitkräfte in der DDR, die Zahl der Truppen nicht beliebig erhöhen ließ, setzte die Militärführung der UdSSR vor allem auf eine qualitative Verbesserung der in Ostdeutschland stationierten Verbände. So erhielten die Landstreitkräfte u.a. neue Bewaffnung, aber auch schwere Schützenpanzerwagen und modernere Artilleriegeschütze, Pionier- sowie Nachrichtentechnik. Die Luftstreitkräfte der GSBT ersetzten ihre bisherigen Kolbenmotormaschinen durch Strahlflugzeuge und führten in großem Umfang erstmals Funkmessstationen ein. Gleichzeitig wurden jedoch weiterhin Truppenkontingente aus der UdSSR in die DDR verlegt, sodass Anfang der 1950er Jahre etwa 500 000 bis 600 000 sowjetische Soldaten auf ostdeutschem Territorium stationiert waren[6]. Ihr offizieller Auftrag: »die zuverlässige Wacht an den westlichen Grenzen des sozialistischen Lagers« zum »bewaffneten Schutz des deutschen Arbeiter-und-Bauern-Staates vor äußeren Feinden«[7].

Der erste wirkliche Kampfeinsatz der GSBT erfolgte jedoch nicht gegen einen imaginären äußeren Feind, sondern gegen die Arbeiter und Bauern, zu deren »Schutz« die sowjetischen Besatzungstruppen in der DDR angeblich

---

3 Vgl. Subok/Pleschakow, Der Kreml im Kalten Krieg, S. 43–46.
4 Vgl. Lippert, Die GSTD: Speerspitze der Roten Armee, S. 554; Arlt, Sowjetische (russische) Truppen in Deutschland, S. 602.
5 Vgl. Mastny, Die NATO, S. 405 f.; Hammerich/Kollmer/Rink/Schlaffer, Das Heer, S. 19–56 und S. 94–102.
6 Vgl. Auf Gefechtsposten, S. 75.
7 Turantajew, Die Gruppe der sowjetischen Streitkräfte, S. 13.

angetreten waren. Mitte Juni 1953 erhoben sich weite Teile der ostdeutschen Bevölkerung spontan gegen die SED-Diktatur. Die konnte ihre Macht nur retten, weil Moskau zur Sicherung seines deutschen Vorpostens brutal und massiv die Besatzungsstreitkräfte zur Niederschlagung des Aufstandes einsetzte, als abzusehen war, dass der Polizei-, Militär- und Sicherheitsapparat der SED in der entstandenen Situation völlig überfordert agierte, und sich der Zusammenbruch der Herrschaft Ulbrichts deutlich abzeichnete[8]:

»Vom Hohen Kommissar Gen. Semenow wurde im Einverständnis mit den Gen. Grotewohl, Ulbricht und den anderen Mitgliedern des Politbüros des ZK der SED die Entscheidung getroffen, die Macht dem Kommando der sowjetischen Streitkräfte zu übergeben[9].«

Die sowjetischen Truppen schlugen die Erhebung vor allem durch massive Einschüchterung nieder. Alle 22 Divisionen der GSTB waren auf Befehl des Oberbefehlshabers, Marschall Andrej A. Grečko, nach einem bereits vorliegenden Alarmplan seit den Morgenstunden des 17. Juni 1953 zur Bekämpfung des Aufstandes eingesetzt. Über 167 der insgesamt 217 Stadt- und Landkreise der DDR verhängten die sowjetischen Militärkommandeure den Ausnahmezustand[10]. Allein in Berlin ließ die 2. mechanisierte Gardearmee ihre 1. und 14. mechanisierte Division sowie die 12. Panzerdivision mit mehr als 600 Panzern auffahren[11].

Insgesamt wurden nach sowjetischen Angaben während des Juni-Aufstandes 29 Demonstranten erschossen, sechs sogenannte »Rädelsführer« abgeurteilt und

---

[8] Zum 17. Juni 1953 siehe u.a.: Diedrich, Waffen gegen das Volk; Ostermann, Uprising in East Germany. An Lokalstudien sind hervorzuheben: Roth, Der 17. Juni 1953 in Sachsen; Ciesla, Freiheit wollen wir!.

[9] Christoforov, Dokumenty Central'nogo archiva FSB (Schreiben des Bevollmächtigten des MGB der UdSSR für Deutschland, Fadejkin, an Berija, 17.6.1953, 14.00 Uhr).

[10] Ältere Forschungen gingen davon aus, dass lediglich 16 Divisionen der GSBT eingesetzt wurden, neuere Untersuchungen belegen jedoch, dass alle 22 Kampfdivisionen an der Niederschlagung des Aufstandes beteiligt waren: BArch, B 206/933, Bl. 34–43, Bericht der Organisation Gehlen: Juni-Aufruhr 1953 in Ost-Berlin, Juli 1953. Die Existenz des Einsatzplanes bestätigte Grečko in einer Besprechung mit NVA-Militärs im Jahre 1961: »Ein einheitlicher Plan für das Handeln im Inneren ist notwendig, weil auch sowjetische Truppenteile im Interesse der Regierung der DDR eingesetzt werden. Es gab diesen Plan, er muss wieder erneuert werden. Einheitlicher Plan, auf dessen Grundlage das Zusammenwirken zu organisieren ist, die Räume festzulegen sind und durch beide Seiten zu bestätigen sind. Der Kreis der Personen muss sehr begrenzt bleiben (3–4 Mann). Den Ausführenden persönlich zuleiten. Ich war Teilnehmer (53) und kenne die Wichtigkeit dieses Planes.« BArch, DVW 1/18771, Bl. 25–29, Niederschrift über Beratung im Ministerium für Nationale Verteidigung, 10.2.1961.

[11] Vgl. Ostermann, »This is not a Politburo, but a Madhouse«, S. 89 (Bericht von Grečko und Tarasov an Bulganin, 17.6.1953, 11.00 Uhr). Die 14. mech. Gardedivision hatte ursprünglich zur 3. mech. Gardearmee gehört, war jedoch im Zuge von Umstrukturierungsmaßnahmen innerhalb der GSBT der 2. mech. Gardearmee unterstellt worden.

hingerichtet sowie 350 Personen verletzt. Die Verluste der Sicherheitsorgane der DDR wurden auf elf Tote und 83 Verletzte beziffert[12]. Allein bis zum 29. Juni 1953 nahmen die sowjetischen Streitkräfte und Sicherheitsdienste in der DDR sowie ihre ostdeutschen »Bruderorgane« 9344 Personen fest. 5122 von ihnen setzten die Untersuchungsführer nach der sogenannten »Filtrierung« wieder auf freien Fuß, für 2196 Personen wurde Haft beantragt. Weitere 1063 Teilnehmer des Aufstandes waren bereits angeklagt und an die entsprechenden Gerichte überstellt worden[13].

Nach der Niederschlagung des 17. Juni 1953 trat, in Verbindung mit dem massiven Ausbau des Repressionsapparates der DDR, die »Polizeifunktion« der GSBT wieder in den Hintergrund. Die Besatzungstruppen verschwanden erneut in ihren Garnisonen und auf ihre Übungsplätze. Obgleich die Sowjetunion in ihrer Erklärung vom 25. März 1954 der DDR die volle Souveränität eingeräumt hatte, blieb die GSBT weiter ein Staat im Staate. Daran änderte sich auch nichts, als die Besatzungstruppen einen Tag später in Gruppe der Sowjetischen Streitkräfte in Deutschland (GSSD) umbenannt wurden. Auch der 1955 erfolgte Beitritt der DDR zum Warschauer Pakt und der Abschluss eines Staatsvertrages zwischen der DDR und der Sowjetunion veränderten den Sonderstatus der GSSD in keiner Weise[14].

Erst im März 1957 konnte sich die sowjetische Führung zum Abschluss eines Stationierungsabkommens mit der DDR entschließen. Für den ostdeutschen Staat wurden damit erstmals seine Rechte, aber auch Pflichten als Stationierungsland vertraglich geregelt. Die neue formaljuristische Grundlage änderte die bisherige Praxis allerdings kaum. Das Oberkommando der GSSD war nur zu bedingten Abstrichen an den bisherigen Regelungen bereit. So sollten beispielsweise die Änderungen von Truppenstärken und Dislokationen »Gegenstand von Konsultationen zwischen der Regierung« der DDR und der Sowjetunion sein. Tatsächlich wurde die DDR-Führung bei derartigen Fragen nie hinzugezogen. Artikel 5 des Abkommens legte fest, dass bei Straftaten von GSSD-Angehörigen DDR-Recht gelten sollte, dieser Paragraf kam jedoch bis zum Ende der DDR nicht zur Anwendung. Wie zuvor wurden Straftäter aus den Reihen der Besatzungstruppen der sowjetischen Militärjustiz übergeben[15]. Die politische

---

12 Vgl. Ostermann, Uprising in East Germany, S. 257–285 (Bericht von Sokolovskij, Semënov und Judin über die Ereignisse vom 17.–19. Juni 1953 in Berlin und der DDR, 24.6.1953).
13 Vgl. Christoforov, Dokumenty Central'nogo archiva FSB S. 123 f. (Bericht von Fadejkin und Fedotov an Berija, 29.6.1953).
14 Vgl. Arlt, Sowjetische (russische) Truppen in Deutschland, S. 603 f.
15 Vgl. Dokumente zur Außenpolitik der DDR, Bd 5, S. 677–685 (Abkommen zwischen der DDR und der UdSSR über Fragen, die mit der zeitweiligen Stationierung sowjetischer Streitkräfte auf dem Territorium der DDR zusammenhängen, 12.3.1957); Bassistow, Die DDR – ein Blick aus Wünsdorf, S. 215 f.

Führung der DDR, so der Militärhistoriker Kurt Arlt, »akzeptierte stillschweigend diese Tatbestände und war bestenfalls punktuell um Abhilfe bemüht«[16].

Nachdem Mitte der 1950er Jahre eine erste Phase der Entspannung im Kalten Krieg eingesetzt hatte, beschloss die sowjetische Führung im Sommer 1955 eine Verringerung ihrer Armee um 340 000 Mann[17]. Auch die GSSD war von dieser Reduzierung der Streitkräfte betroffen. Insgesamt verließen bis Sommer 1956 knapp 7500 Mann der GSSD die DDR. Dass mit der Verlegung dieser Einheiten jedoch keinesfalls die Kampfkraft der in der DDR stationierten sowjetischen Streitkräfte verringert werden sollte, verdeutlicht folgender Auszug aus einem Schreiben des Verteidigungsministers der UdSSR, Marschall Georgij K. Žukov, an das ZK der KPdSU: »Um der Schwächung der Artillerie der Gruppe der Streitkräfte zu begegnen, werden auf Basis der Korpsartillerie- und Flakeinheiten der vier aufzulösenden Korps zwei Armeeartilleriedivisionen sowie eine Flakartilleriedivision gebildet[18].«

Im Frühjahr 1956 erwog die sowjetische Führung eine weitere Verringerung ihrer Streitkräfte, und am 17. März 1956 beschloss der Ministerrat der UdSSR, nochmals 420 000 Mann aus der Armee zu entlassen[19]. Um diese Zielstellung zu erreichen, schlug Nikita S. Chruščev am 1. März 1956 auf einer Sitzung des Politbüros vor, »vier bis fünf sowjetische Divisionen aus Deutschland abzuziehen«[20]. Da dies jedoch in den Augen der Parteihardliner und der Militärs die Kampfkraft der GSSD zu sehr geschwächt hätte, beschloss das Präsidium des ZK der KPdSU, lediglich weitere 26 000 Soldaten aus DDR in die UdSSR zu verlegen und ihre Einheiten dort aufzulösen.

Gegenwärtig bleibt unklar, ob der sowjetische Parteichef Chruščev während der Ungarnkrise nicht sogar einen vollständigen Abzug der sowjetischen Streitkräfte aus der DDR erwog. Sein Verteidigungsminister, Marschall Žukov, widersprach diesen Überlegungen allerdings vehement und konnte durchsetzen, dass die GSSD nicht wie die sowjetischen Truppen in Ungarn, Rumänien oder Polen zur Disposition stand[21]. Damit wird erneut die Sonderposition der sowjetischen Truppen in Deutschland und die des Juniorpartners DDR bestätigt. Zu sehr übte die GSSD als sowjetisches Bollwerk, wie Marschall Rodion

---

16 Arlt, Sowjetische (russische) Truppen in Deutschland, S. 605.
17 Vgl. Sokraščenie Vooružennych Sil SSSR, S. 273 (Beschluss Nr. 4181-825 des Ministerrats der UdSSR, 12.8.1955).
18 Prosim rassmotret' i utverdit', S. 125 (Aktennotiz des Verteidigungsministers der UdSSR, Marschall Žukov, an das ZK der KPdSU, 9.2.1956).
19 Vgl. Sokraščenie Vooružennych Sil SSSR, S. 290 f. (Beschluss Nr. 362-233 des Ministerrats der UdSSR, 17.3.1956).
20 Prezidium CK KPSS 1954–1964, S. 109 (Protokoll Nr. 2 der Sitzung des Präsidiums des ZK der KPdSU, 1.3.1956).
21 Vgl. The 1956 Hungarian Revolution, S. 295–299 (Protokoll Nr. 49 der Sitzung des Präsidiums des ZK der KPdSU, 30.10.1956).

J. Malinovskij bestätigte, »Einfluss auf unsere Gegner« aus und war damit ein unverzichtbarer Bestandteil der Militär- und Sicherheitspolitik der UdSSR[22].

Gleichwohl erlaubten die weitere internationale Entspannung und der mit der Bildung der Nationalen Volksarmee (NVA) abgeschlossene Aufbau eigener ostdeutscher Streitkräfte 1957 und 1958 eine erneute Reduzierung der sowjetischen Streitkräfte in der DDR[23]. Um die geplante Verringerung der Truppenstärke der GSSD um mehr als 41 700 Mann sicherzustellen, hatte der Generalstab den Abzug von zwei Divisionen aus der DDR befohlen.

Zugleich ging die sowjetische Militärführung ab Mitte der 1950er Jahre dazu über, die Bewaffnung ihrer Verbände in der DDR erneut zu modernisieren. Mit diesen Umstrukturierungen und Modernisierungen hatten sich bis zum Beginn der zweiten Berlin-Krise das Erscheinungsbild und die Mission der sowjetischen Truppen in der SBZ/DDR entscheidend gewandelt. Aus den teilweise schlecht ausgerüsteten und wenig beweglichen Besatzungstruppen war eine kampfstarke, hochmobile, offensiv eingestellte und schlagkräftige Streitkräftegruppierung geworden, die eine Schlüsselposition bei der Umsetzung der sowjetischen Militär- und Sicherheitsinteressen gegenüber Westeuropa und im Vorfeld der UdSSR einnahm. Die GSSD sollte nicht nur wie die GSBT die sowjetische Position in der DDR und damit den Machterhalt der SED sichern. Sie hatte zugleich den Auftrag, ein aktives militärisches Drohinstrument gegenüber der NATO, vor allem gegen die Bundesrepublik, zu sein[24].

Nach dem Mauerbau und dem Abflauen der zweiten Berlin-Krise zog die sowjetische Militärführung Teile der Truppen zurück, die im Sommer 1961 in die DDR zur Absicherung der Grenzschließung verlegt worden waren; zu diesem Zeitpunkt verfügte die GSSD über mehr als 417 000 Soldaten[25]. Bis 1964 sank die Stärke der in der DDR stationierten sowjetischen Truppen auf 331 000 Mann. Dieser Rückgang entsprach der damaligen Militärstrategie Chruščevs, der im Fall einer bewaffneten Auseinandersetzung mit der NATO einen »uneingeschränkten Kernwaffenkrieg« favorisierte und deshalb glaubte, die strategische Komponente der sowjetischen Streitkräfte zuungunsten der Landstreitkräfte stärken zu müssen[26].

Unter dem neuen sowjetischen Generalsekretär Leonid I. Brežnev, der Chruščev 1964 entmachtete, wurde innerhalb der Militärführung zumindest an die

---

[22] Vgl. Prezidium CK KPSS 1954−1964, S. 393−397 (Protokoll Nr. 253a der Sitzung des Präsidiums des ZK der KPdSU, 14.12.1959).
[23] Zum Aufbau der ostdeutschen Streitkräfte siehe u.a.: Diedrich/Wenzke, Die getarnte Armee.
[24] Zum Einsatz der sowjetischen Streitkräfte während der zweiten Berlin-Krise siehe: Uhl, Krieg um Berlin?.
[25] Vgl. BArch, B 206/119, Bl. C I 2, Militärischer Lagebericht des BND, zugleich Jahresabschlussbericht 1962, 15.12.1962.
[26] Vgl. BArch, B 206/122, Bl. C 2, Militärischer Lagebericht des BND für Dezember, zugleich Jahresabschlussbericht 1964, 30.12.1964. Siehe hierzu u.a. auch: A Cardboard Castle?

Option eines konventionellen Beginns eines Konfliktes zwischen NATO und Warschauer Pakt gedacht. Aus diesem Grund kam es ab Ende der 1960er Jahre wieder zu einer Erhöhung der sowjetischen Streitkräftestärke in der DDR. Diesmal wurden jedoch keine neuen Verbände in die GSSD eingegliedert, vielmehr ließ der Moskauer Generalstab die in Ostdeutschland stationierten Truppen vor allem mit Artillerie, Infanterie und Panzern verstärken. 1969 beschloss das ZK der KPdSU beispielsweise, den Personalbestand der sowjetischen Mot.-Schützendivisionen von 8000 auf 12 000 Mann zu erhöhen und insbesondere die Artillerieausstattung wieder aufzustocken[27].

Dies heißt jedoch nicht, dass die Dominanz des nuklearen Einsatzdenkens aufgegeben wurde. Denn nach wie vor sollten sich Angriffsoperationen durch »hohe Geschwindigkeit, schnelle tiefe Vorstöße, schlagartigen Beginn, Koppelung von Bewegung und atomarem, chemischem, biologischem und konventionellem Feuer, Anwendung von Luft- und Seelandungen und starkem Luftwaffeneinsatz«[28] auszeichnen. Aus diesem Grund erhöhte sich auch durch die Zuführung weiterer Raketenbrigaden und den Ausbau vorhandener Kernwaffeneinheiten die nukleare Kapazität der Truppen[29].

Ende der 1960er Jahre war auch nach Einschätzung des Bundesnachrichtendienstes (BND) die GSSD zusammen mit den Truppen des Warschauer Paktes fähig, als 1. Staffel eines Angriffs aus dem Stand ohne entsprechende Mobilmachungsvorbereitungen »anzutreten« und im Rahmen der »Strategischen Angriffsoperation« auf dem Westlichen Kriegsschauplatz die Kriegshandlungen über die Bundesrepublik hinwegzutragen, um innerhalb von 20 Tagen die französische, spanische und portugiesische Atlantikküste sowie die spanische und französische Mittelmeerküste zu erreichen[30]. Durch die immer stärkere konventionelle Ausstattung der vorhandenen Einsatzverbände des Warschauer Paktes und vor allem der sowjetischen Truppen in der DDR kam der BND zu dem Schluss, dass »unter diesen Bedingungen [...] das frühzeitige Erkennen von Angriffsvorbereitungen sehr erschwert«[31] werden würde.

---

[27] Vgl. BArch, AZN Strausberg 32885, Diskussionsbeitrag Marschall Grečko, 22.12.1969, Bl. 14 f.; BArch, B 206/138, Bl. C 3 f., Militärischer Lagebericht Ost, zugleich Jahresabschlussbericht 1972, o.D.
[28] BArch, B 206/130, Bl. C 30, Militärischer Lagebericht Ost, Jahresabschlussbericht 1968, o.D.
[29] Vgl. BArch, B 206/124, Bl. D 13, Militärischer Lagebericht Ost, Jahresabschlussbericht 1965, 30.12.1965, vgl. Fes'kov/Kalašnikov/Golikov, Sovetskaja armija, S. 33.
[30] Vgl. BArch, B 206/128, Bl. B 21–27, Militärischer Lagebericht Ost, zugleich Jahresabschlussbericht 1967, 30.12.1967.
[31] BArch, B 206/130, Bl. B 36 f., Militärischer Lagebericht Ost, Jahresabschlussbericht 1968, o.D.

Mannschaftsstärke und Ausrüstung der GSSD, 1961 bis 1991

Jahr	Gesamt-zahl in Mann	davon 16. LA	Panzer	Operativ-taktische Raketen	Jagd-flug-zeuge	Jagd-bomben-flug-zeuge	Aufklä-rungs-flug-zeuge	Bomben-flug-zeuge	Trans-port-flug-zeuge	Hub-schrau-ber
1961	417 000	42 000	7 700	k.A.	575	12	k.A.	122	k.A.	k.A.
1962	380 000	46 000	k.A.	42	624	60	133	178	62	75
1963	386 000	46 000	7 500	100	537	108	108	142	46	75
1964	331 000	46 000	k.A.	100	484	146	101	122	46	80
1965	347 000	46 000	k.A.	k.A.	456	168	95	122	40	80
1966	347 000	46 000	6 200	114	474	166	90	122	42	80
1967	347 000	46 000	6 100	114	469	162	92	122	42	80
1968	347 000	45 000	6 200	114	466	162	91	40	42	95
1969	355 000	45 000	5 600	139	375	258	97	40	42	102
1970	348 000	38 100	5 850	134	360	250	110	-	60	90
1971	349 000	38 500	6 000	134	380	270	140	-	60	85
1972	356 000	38 500	6 288	134	380	270	130	-	40	90
1973	399 375	46 313	6 700	146	400	270	145	-	35	180
1974	423 040	46 000	7 700	152	410	290	120	-	25	200
1975	429 000	45 475	7 900	152	436	276	99	-	20	261
1976	428 600	46 200	7 740	176	415	278	102	-	21	418
1977	426 100	46 700	7 690	176	425	285	100	-	20	361
1978	396 300	46 000	8 030	194	425	285	94	-	16	360
1979	405 800	k.A.	8 000	194	432	285	94	-	21	460
1980	339 500	k.A.	7 000	190	408	279	91	-	22	401
1986	380 000	k.A.	k.A.	k.A.	k.A.	k.A.	k.A.	k.A.	k.A.	k.A.
1988	420 000	40 000	7 900	230	ca. 900 Kampfflugzeuge					1 250
1990	363 690	k.A.	5 880	k.A.	625 Kampfflugzeuge					698
1991	338 000	k.A.	4 100	k.A.	680 Kampfflugzeuge					730

©ZMSBw 07258-03

Bestätigt wurde diese Einschätzung durch die Beteiligung von zwei Armeen der GSSD an der Besetzung der ČSSR im August 1968[32]. Die UdSSR beendete mit dieser risikoreichen Militäroperation nicht nur den »Prager Frühling«, sondern veränderte »die *strategische Situation* in Mitteleuropa von Grund auf«[33]. Von den Alpen bis zur Ostsee war die NATO jetzt unmittelbar mit sowjetischen Verbänden der 1. strategischen Staffel des Warschauer Paktes konfrontiert.

Ab Mitte der 1970er Jahre setzten sich sowohl der nukleare als auch der konventionelle Ausbau der Kampfkraft der GSSD verstärkt fort[34]. Er war vor

---

[32] Zur sowjetischen Invasion vgl. Rossija (SSSR) v lokal'nych vojnach, S. 148−156; Prager Frühling.
[33] BArch, B 206/130, Bl. B 4, Militärischer Lagebericht Ost, zugleich Jahresabschlussbericht 1968, o.D. (Hervorhebung im Original).
[34] Vgl. CIA Intelligence Report; BArch, B 206/144, Bl. C 3−11, Militärischer Lagebericht Ost, zugleich Jahresabschlussbericht 1975, o.D.; Kowalczuk/Wolle, Roter Stern über Deutschland, S. 114−123.

allem darauf ausgerichtet, die Offensivkapazitäten, beispielsweise durch die Stationierung einer Luftsturmbrigade und die Zuführung von Kampfhubschraubern, ständig weiter zu erhöhen. Diesem Zweck diente auch die Verlegung der 10. Panzerdivision aus dem Standort Krampnitz bei Potsdam in das 100 Kilometer westlich davon gelegene Altengrabow[35].

Dass auch noch in den 1980er Jahren die sowjetische Militärstrategie für den Krieg in Europa trotz des ständigen Zuwachses an konventioneller Kampfkraft in erster Linie auf einen Kernwaffeneinsatz ausgerichtet blieb, verdeutlichte 1979 die Stationierung von zwei Raketenbrigaden und zwei selbstständigen Regimentern, die mit dem 900 Kilometer weit reichenden Flugkörpersystem SS-12/22 (TR-1) ausgerüstet waren. Auf dem Höhepunkt von NATO-Doppelbeschluss und Nachrüstungsdebatte verfügten die sowjetischen Streitkräfte in der DDR über mehr als 400 000 Mann, die mit rund 7000 Panzern, 10 000 gepanzerten Fahrzeugen, 5000 Artilleriegeschützen, 700 Kampfflugzeugen, 350 Hubschraubern und 220 Boden-Boden-Raketensystemen ausgerüstet waren. Die in der DDR stationierten sowjetischen Truppen bildeten damit »weiterhin einen Eckpfeiler im System« und sicherten den dort etablierten »realen Sozialismus«[36].

Deutlich wird dies beispielsweise an der in Thüringen stationierten 8. Gardearmee. Dieser Truppenkörper war im Ernstfall entsprechend den Planungen des sowjetischen Generalstabes dafür vorgesehen, durch das von den amerikanischen Streitkräften in der Bundesrepublik verteidigte »Fulda Gap« eine Bresche zu schlagen und so rasch wie möglich zum Rhein vorzustoßen. Mitte der 1980er Jahre erreichte dieser Großverband den Scheitelpunkt seiner militärischen Bedeutung und Kampfstärke. Seine vier Divisionen und Unterstützungseinheiten mit rund 90 000 Mann verfügten Ende der 1980er Jahre über insgesamt 1235 Panzer T-80 – mit diesem modernsten sowjetischen Kampfpanzer war die 8. Gardearmee seit Anfang der 1980er Jahre komplett ausgestattet worden –, 1892 SPW, 414 SFL, 144 Geschütze sowie 137 Kampfhubschrauber. Zum Vergleich: Damit besaß allein die 8. Gardearmee 15 Kampfpanzer mehr als die gesamten französischen Landstreitkräfte, und in der DDR waren insgesamt fünf sowjetische Armeen stationiert.

Besonderes ist zudem die ständig hohe Einsatzbereitschaft der GSSD hervorzuheben. Ihre Einheiten waren im Wesentlichen zu 100 Prozent mit Personal und Technik aufgefüllt. Munition und Treibstoff waren für bis zu 90 Gefechtstage vorhanden. Nahezu der gesamte Personalbestand befand sich in ständiger Einsatzbereitschaft in den Kasernen oder lag auf entsprechenden Truppenübungsplätzen. Die Alarmierungszeiten, das heißt die Zeit vom Auslösen des Alarms bis zum Beziehen der bei den Garnisonen gelegenen Konzen-

---

[35] Vgl. Mahler, Sowjetische Truppen in Deutschland, S. 33; Lippert, Die GSTD: Speerspitze der Roten Armee, S. 553–559.

[36] Arlt, Sowjetische (russische) Truppen in Deutschland, S. 616; Fes'kov/Kalašnikov/Golikov, Sovetskaja armija, S. 34.

trierungsräume, betrug nicht Stunden, sondern nur wenige Minuten. Die Verbände, Truppenteile und Einheiten waren zudem so disloziert, dass die vorgesehene Angriffs- und Verteidigungsgliederung ohne größere Truppenverlegungen eingenommen werden konnte. Vor allem das über das gesamte Territorium der DDR ausgedehnte Netz der sogenannten Kettenmarschwege mit einer Länge von mehr als 11 500 Kilometern erlaubte einen gedeckten Aufmarsch bis in die Bereitstellungsräume entlang der Grenze zur Bundesrepublik[37].

Erst 1987 begann unter dem Einfluss von Gorbačevs Reformpolitik langsam ein militärisches Umdenken, das Mitte 1989 auch durch die Umbenennung der Streitkräftegruppierung in Westgruppe der Truppen (WGT) symbolisiert wurde. Ende 1988 kündigte der sowjetische Parteichef ferner den Abzug von zwei Panzerdivisionen und anderen Einheiten mit ausgesprochenem Offensivcharakter an[38].

Unklar ist bislang, ob der Kreml nicht bereits zu diesem Zeitpunkt keine Zukunft mehr für die Westgruppe der Truppen in der DDR sah. Am 30. Juli 1989 jedenfalls meldete die Hauptabteilung XVIII des Ministeriums für Staatssicherheit, dass ein Mitarbeiter des Militärbereiches der Staatlichen Plankommission der DDR bei Gesprächen mit Offizieren der Westgruppe den Hinweis erhalten habe, die Sowjetunion würde ihre Truppen bis Ende 1995 abziehen. Gleichlautende Informationen hätten auch Angehörige der Abteilung Beschaffung der Verwaltung für Regierungsaufträge im Militärbereich der Staatlichen Plankommission der DDR erhalten[39].

Was auf den ersten Blick mehr als nur verwunderlich erscheint, wird durch den letzten Oberkommandierenden der Westgruppe, Generaloberst Matvej P. Burlakov, bestätigt. In einem Interview kurz vor seinem Tod sagte er Folgendes: »Der Abzug unserer Truppen aus Europa begann noch vor meiner Ernennung zum Oberbefehlshaber der WGT – als Oberbefehlshaber der Südgruppe. Besondere Beschwerden in dieser Hinsicht gab es mir gegenüber nicht, und der Verteidigungsminister der UdSSR Dmitrij T. Jazov entschied, am Beispiel der mir unterstellten Gruppe eine praktische Übung für die Führungen der Westgruppe der Truppen, der Nord- und Südgruppe durchzuführen. Zum Leiter der Übung in Ungarn wurde der stellvertretende Verteidigungsminister Armeegeneral Pëtr G. Lušev ernannt. Im Verlauf von zwei Tagen stellten wir die Vorbereitungen zum Abzug dar, zeigten den Verlauf des Zusammenziehens der Truppen und die Verladung der Technik. Dafür wurde in den Westkarpaten ein besonderer Sammelpunkt entfaltet. Alles verlief erfolgreich. ›Ich werde dem Minister vortragen und, Matvej Prokof'evič, bereite dich darauf vor, bald werden wir auch die Westgruppe abziehen müssen. Deine Erfahrungen sind gut‹, sagte damals Lušev. Das war im Juni 1989[40].«

---

37 Vgl. Frank, Die Westgruppe der Truppen, S. 340.
38 Vgl. Burlakov, Sovetskie vojska v Germanii, S. 80 f.
39 Vgl. Büttner/Ebert, Wie der Kreml bereits vor 1989 die DDR aufgab, S. 134.
40 Proščaj Germanija!

Bereits einen Monat zuvor hatte Gorbačevs außenpolitischer Berater Anatolij S. Černjaev in seinem Tagebuch nach einem Gespräch zwischen dem Generalsekretär der KPdSU und US-Außenminister James Baker festgehalten, dass man jetzt endlich »aus Osteuropa abziehen könne«[41].

Der ehemalige Generalstabschef Marschall Sergej F. Achromeev bemängelte in seinen Memoiren desgleichen, die Frage des Abzuges der sowjetischen Truppen hätte man bereits ab 1986/87 im engen Führungskreis erörtern müssen, um entsprechende Maßnahmen zur Aufnahme der Einheiten in der Sowjetunion treffen zu können. Dazu hätten entsprechende Planungen und die Bereitstellung der nötigen Ressourcen gehört. Das Verteidigungsministerium der UdSSR sah sich zu den nötigen Schritten aus eigener Kraft nicht in der Lage. Zudem fehlten jegliche Abstimmungen zwischen dem Verteidigungs- und dem Außenministerium über die Probleme, die sich aus dem Abzug aus Osteuropa ergeben würden[42].

Fakt ist, dass der Stern der sowjetischen Streitkräfte in Deutschland Ende der 1980er Jahre im Sinken begriffen war. Die Westgruppe der Truppen war durch die Entwicklungen in der Sowjetunion und in der DDR zunehmend verunsichert. Besonders für die ostdeutsche Bevölkerung stand im Herbst 1989 – gestützt auf die Erfahrungen von 1953 und 1961 – die bange Frage, wie die sowjetischen Soldaten auf eine friedliche Revolution reagieren würden. Würden erneut Panzer auf den Straßen rollen oder die Truppen, gemäß den Anordnungen und Verlautbarungen des sowjetischen Parteichefs Gorbačev, in den Kasernen bleiben?

Exkurs: Gorbačev und die Reform des sowjetischen Militärs

1986 verkündete Gorbačev auf dem XXVII. Parteitag der KPdSU die Strategie einer hinreichenden Verteidigung, die in den sowjetischen Streitkräften und kurz danach auch im Warschauer Pakt zu einem neuen Verhältnis der vorhandenen Angriffs- und Defensivkräfte führen sollte. Im Vordergrund stand damit nicht mehr die Offensive auf das Territorium des vermeintlichen Gegners, sondern die strategische Defensive. Damit ging ein neues Denken in Fragen wie: »Wie kann ein Krieg verhindert werden?«, »Wie lässt sich das strategische Gleichgewicht sichern?«, »Welcher Zusammenhang besteht zwischen einer Defensivstrategie und der militärischen Entwicklung?« usw. einher[43].

---

[41] Černjaev, Proekt, S. 15.
[42] Vgl. Achromeev/Kornienko, Glazami maršala i diplomata, S. 183 f.
[43] Vgl. Kokoshin, Soviet Strategic Thought, S. 184–189. Zur Entwicklung der sowjetischen Militärdoktrin unter Gorbačev siehe auch: Jones, Gorbačevs Militärdoktrin, sowie den Beitrag von Heiner Bröckermann in diesem Band.

Für Gorbačevs Perestroika war es zudem vor allem wichtig, den Rüstungswettlauf zu begrenzen. Erstmals stellte er dabei die Frage, welchen Stellenwert der militärisch-industriell-akademische Komplex im neuen politischen System der Sowjetunion einnehmen sollte und welche Rolle dieser für die Wirtschaft des Landes spielen sollte. Denn ihm war klar: Die Probleme der Perestroika konnten nicht ohne eine Senkung der Militär- und Rüstungsausgaben gelöst werden. Im Februar 1988 wies der sowjetische Parteichef deshalb an, zu prüfen, wie stark die Streitkräfte der UdSSR sein sollten, um die Sicherheit des Landes zu garantieren. Alles, was darüber hinausging, sollte künftig eingespart werden.

Seit Beginn seines Machtantritts war Gorbačev weiterhin darum bemüht, den Einfluss des Militärs zurückzudrängen und die Kontrolle der Partei über die Streitkräfte zu straffen. Dies gelang ihm vor allem durch die Einsetzung von Dmitrij T. Jazov als Verteidigungsminister. Dafür nutzten er und sein Außenminister Eduard A. Ševardnadze die Tatsache, dass die Landung des westdeutschen Fliegers Mathias Rust auf dem Roten Platz am 28. Mai 1987 die bisherige Militärführung um den konservativen Verteidigungsminister Sergej L. Sokolov bloßgestellt hatte. Nur zwei Tage später entledigte sich Gorbačev seines bisherigen Ministers und ersetzte ihn durch den ihm gefügigen Jazov, zudem verstärkte er den Einfluss der Partei auf die Streitkräfte. Gleichzeitig wurden mehr als 300 Generale aus der Sowjetarmee entlassen, die den Reformen von Glasnost und Perestroika ablehnend gegenübergestanden hatten[44]. Der neue Verteidigungsminister der UdSSR sollte zwar die Perestroika in der Sowjetarmee durchsetzen, war jedoch politisch ohne eigenen Einfluss, da er nicht zum Politbüro, dem engsten Führungszirkel der Partei, gehörte. Gerade dem vermeintlich schwachen und zögerlichen Gorbačev gelang es, eine umfassende und effiziente Kontrolle über die Sowjetarmee zu etablieren. Er reduzierte, auch durchaus gegen den Widerstand der Generalität, deren Zahl von über 6000 auf 1200, verringerte den Einfluss des Militärs auf die Fragen der nationalen Sicherheit und setzte spürbare Budgetkürzungen durch. Zugleich schuf Gorbačev ein leichter lenkbares Oberkommando, an dessen Spitze Verteidigungsminister Jazov sowie Generalstabschef Achromeev und nach dessen Rücktritt Armeegeneral Michail A. Moiseev standen[45]. Vor allem Jazov galt als leicht zu beeinflussender und folgsamer Minister, der nur unzureichend auf seine neue Funktion vorbereitet war. Da er kaum eigenständige Positionen vertrat, geriet er besonders bei internationalen Sicherheitsfragen zunehmend unter den Einfluss von Außenminister Ševardnadze[46].

---

44 Vgl. V Politbjuro CK KPSS, S. 189; Umbach, Das rote Bündnis, S. 339 f.
45 Vgl. CIA-NIE 11-18-89: The Soviet System in Crisis, S. 21.
46 Vgl. beispielsweise die Politbürositzung vom 25.3.1988, an der auch Jazov teilnahm. V Politbjuro CK KPSS, S. 300–305.

Ende 1988 entschloss sich Gorbačev, ein umfangreiches Abrüstungsprogramm einzuleiten. In den Streitkräften sollte künftig nicht mehr die Masse, sondern die Qualität das entscheidende Kriterium sein. Die Militärausgaben, die zweieinhalbmal so hoch wie die der USA waren, sollten einschneidend verringert werden, um der Perestroika überhaupt noch eine Chance zu geben. Hierfür waren die fast sechs Millionen Mann umfassenden bewaffneten Organe der Sowjetunion um mehr als 500 000 Mann zu verringern, denn um bei den geburtenschwachen Jahrgängen die Einzuberufungszahlen überhaupt halten zu können, hatte das Militär sogar erwogen, auch 17-Jährige einzuziehen. Auch die umfangreiche und angriffsstarke Gruppe der Sowjetischen Streitkräfte in Deutschland stellte in den Augen des sowjetischen Partei- und Staatschefs eine Gefahr für die Glaubwürdigkeit der neuen Militär- und Sicherheitspolitik der UdSSR dar[47]: »In der DDR haben wir eine mächtige gepanzerte Angriffsgruppierung. Zuzüglich Mittel für den Pontonbrückenbau. Solange all das ›über ihnen‹ hängt, wie können sie da, die Amerikaner und die anderen, an unsere Verteidigungsdoktrin glauben[48]?«

Neben den sowjetischen Truppen in der DDR sollten auch die Gruppen der Streitkräfte in den anderen sozialistischen Staaten reduziert werden. Für Ungarn sah Gorbačev sogar die Gefahr, dass in absehbarer Zukunft mit einem vollständigen Abzug der dort stationierten sowjetischen Kräfte zu rechnen war[49].

Am 7. Dezember 1988 kündigte Gorbačev deshalb in New York auf der UNO-Vollversammlung eine einseitige Abrüstungsinitiative der Sowjetunion an. Innerhalb der nächsten zwei Jahre wolle die UdSSR, so teilte der sowjetische Partei- und Staatschef mit, ihre Streitkräfte um 500 000 Mann reduzieren. Im Einvernehmen mit dem Warschauer Vertrag habe die Sowjetunion zudem beschlossen, bis 1991 sechs Panzerdivisionen aus der DDR, der ČSSR und Ungarn mit mehr als 50 000 Soldaten und 5000 Panzern sowie Luftsturm- und Landeübersetzeinheiten abzuziehen[50].

Für Gorbačev stand andererseits auch fest, dass die Sowjetunion militärische Stärke brauchte. Allerdings sollte diese zukünftig nur der eigenen Sicherheit und nicht wie bisher als Drohpotenzial dienen. Denn immer mehr wurde deutlich, dass sich ohne eine Reduzierung der Streitkräfte und der Rüstungsindustrie die geplanten Reformen in der Sowjetunion nicht verwirklichen ließen[51]. Zugleich zeigte sich, dass Gorbačevs revolutionäre Innen- und Außenpolitik für das konservativ geprägte Militär eine nicht unbeträchtliche Gefahr darstellte. Macht, Einfluss und Ressourcen der Streitkräfte wurden zunehmend beschnitten und die Selbstständigkeit der Militärs in wichtigen Fragen weiter eingeschränkt.

---

[47] Vgl. Tschernajew, Die letzten Jahre einer Weltmacht, S. 223–225.
[48] Černjaev, Šest' let s Gorbačevym, S. 256.
[49] Vgl. Tschernajew, Die letzten Jahre einer Weltmacht, S. 225.
[50] Vgl. CIA-Memorandum: Status of Soviet Unilateral Withdrawals, S. 1.
[51] Vgl. Tschernajew, Die letzten Jahre einer Weltmacht, S. 226.

Gorbačev begegnete der Gefahr einer konservativen Revolte aus den Streitkräften jedoch dadurch, dass er deren Stellung noch weiter einschränkte und die militärische Autonomie in der Verteidigungspolitik zurückschraubte, um stattdessen dem Außenministerium und politischen Experten mehr Spielraum auf diesem Politikfeld zu geben. Das Zurückdrängen des Militärs war für die Durchsetzung von Perestroika und Glasnost sowie vor allem für den Umbau des maroden Wirtschaftssystems überlebensnotwendig, denn nur durch die Verlagerung der knappen Ressourcen aus der Rüstungswirtschaft in die Zivilindustrie würde das Projekt einer Modernisierung des Sozialismus überhaupt gelingen können. Mit dem Umbau der sowjetischen Machtstrukturen im Jahr 1989 vermochte es die Legislative zudem, größere Kontrolle über das Verteidigungsbudget und andere militärische Fragen zu erhalten[52].

Personalstärken der Sowjetarmee, 1960 bis 1989 (in Mio. Mann)

Jahr	Gesamtstärke	Landstreitkräfte	Seestreitkräfte	Luftstreitkräfte	Luftverteidigung	Raketentruppen	Panzertruppen
1960	3,650	1,960	k.A.	k.A.	k.A.	k.A.	k.A.
1961	3,587	2,500	0,550	0,350	0,500	0,050	0,0500
1962		2,200					
1963	3,151	2,000		0,324	0,420	0,190	0,0595
1964		1,950	0,460			0,200	
1965		1,750	0,465	0,361	0,415	0,210	
1966	3,530	1,755	0,465	0,365	0,415	0,230	0,0510
1967	3,600	1,755	0,465	0,365	0,415	0,300	0,0500
1968	3,670	1,800	0,465	0,365	0,415	0,325	0,0468
1969	3,815	1,940	0,465	0,365	0,415	0,330	0,0475
1970	4,004	2,010	0,465	0,382	0,505	0,342	0,0549
1971	4,047	1,970	0,465	0,407	0,503	0,345	0,0563
1972	4,082	2,059	0,465	0,413	0,499	0,345	0,0563
1973	4,116	2,096	0,465	0,413	0,497	0,345	0,0517
1974	4,183	2,180	0,480	0,397	0,375	0,345	0,0561
1975	4,199	2,095	0,480	0,421	0,427	0,345	0,0580
1976	4,275	2,120	0,500	0,439	0,437	0,345	0,0578
1977	4,557	2,120	0,500	0,483	0,446	0,345	0,0578
1978	4,660	1,910	0,537	0,451	0,479	0,325	0,0590
1979	4,680	1,820	0,537	0,472	0,492	0,317	0,0533
1980	4,650	1,910	0,468	0,475	0,488	0,318	0,0590
1982	5,000						
1985	5,070						
1987	5,200						
1989	4,250	1,569	0,437				0,0639

Quelle: Zahlen von 1960 bis 1980 aus den Militärischen Jahresberichten (Ost) des BND, BArch B 206; für 1982 und 1985: Vooružennye sily SSSR, URL: http://ru.wikipedia.org (letzter Zugriff 12.5.2014); für 1987: Odom, The Collapse of the Soviet Military, S. 14; für 1989: Rede von Michail Grobačev am 7.4.1989 in London (Pravda, 8.4.1989); Zolotarev, Istorija voennaja Strategija, S. 414.

©ZMSBw 07259-06

---

52 Vgl. Taylor, Politics and the Russian Army, S. 215.

Gorbačev gestand weiterhin ab dem Frühjahr 1989 den sozialistischen Verbündeten endgültig zunehmende Eigenständigkeit zu, wobei er aber u.a. auf seiner viel beachteten Rede vor dem Europaparlament in Strasbourg bekräftigte, dass die Überwindung der Teilung Europas und der außenpolitischen Isolierung der Sowjetunion nicht mit der »Überwindung des Sozialismus« verwechselt werden dürfe. Gleichwohl unternahm der sowjetische Parteichef so gut wie nichts, als beispielsweise der ungarische Außenminister Gyula Horn im Mai 1989 erklärte, sein Land könne jederzeit den Warschauer Vertrag verlassen. Dies erscheint umso unverständlicher, da aus der Sicht Moskaus und vor allem der sowjetischen Militärs der Fortbestand des Warschauer Paktes unverzichtbar für die Außen- und Sicherheitspolitik der UdSSR war. Doch die sowjetische Führungsspitze sah sich ab dem Sommer 1989 immer stärker von den zahllosen innen- und außenpolitischen Krisen überrollt, sodass dem Kreml »das sowjetische Hemd zunehmend wichtiger als die osteuropäische Jacke« wurde[53]. Zudem entgleitete der KPdSU allmählich immer mehr die Richtungskompetenz der politischen und wirtschaftlichen Prozesse im eigenen Land, sodass für die Geschehnisse bei den Verbündeten immer weniger Aufmerksamkeit übrig blieb[54]. Gorbačev versuchte, die Situation dadurch zu retten, dass er zugunsten einer vermeintlichen Stabilität den Verbündeten immer weitere Freiräume einräumte und seinen militärischen Berater Achromeev im Sommer 1989 verlautbaren ließ, Ungarn und Polen könnten ihre Zukunft nach eigenen Vorstellungen gestalten. Doch statt der erwarteten Beruhigung lösten derartige Erklärungen immer weitere Forderungen, wie nach einem vollständigen sowjetischen Truppenabzug aus Ungarn, aus. Doch selbst als die Ungarn die Grenze für die DDR-Bürger nach Österreich öffneten und damit deren Flucht in den Westen möglich machten und sich in Polen eine Regierung unter Beteiligung der Solidarność bildete, griff das in den dortigen Staaten stationierte sowjetische Militär nicht ein. Denn Gorbačev verstand nur zu gut, dass der Einsatz militärischer Gewalt, gerade bei den Verbündeten, nicht nur ein Ende der innenpolitischen Reformen in der Sowjetunion, sondern auch sein eigenes Scheitern bedeutet hätte[55].

---

[53] Vgl. Umbach, Das rote Bündnis, S. 471.
[54] Vgl. Altrichter, Russland 1989, S. 213–216.
[55] Vgl. Umbach, Das rote Bündnis, S. 478.

Die Westgruppe der Truppen und die Friedliche Revolution in der DDR

Bereits drei Jahre vor dem Zusammenbruch der DDR lag dem späteren Leiter der Internationalen Abteilung des ZK der KPdSU, Valentin M. Falin, eine Studie des Wirtschaftsexperten Rem A. Belousov vor, die davon ausging, dass die sich ständig verschärfenden wirtschaftlichen Probleme des Ostblocks Ende der 1980er Jahre zum Kollaps des sozialistischen Systems führen würden, da die Sowjetunion aufgrund eigener ökonomischer Probleme nicht mehr in der Lage sein werde, spürbare Hilfe zu leisten[56]. Auch in den folgenden Jahren bekam Gorbačev von Falin und anderen Experten immer wieder alarmierende Meldungen über die weitere Zukunft des ostdeutschen Staates. Zugleich verfestigte sich beim sowjetischen Parteichef ab 1987 der Eindruck, dass die politische Führung der DDR nicht an den Erfolg der sowjetischen Reformen glaube, keine Notwendigkeiten für einen eigenen politischen Kurswechsel sehe und damit der ostdeutsche Staat immer tiefer in die Krise steuerte[57].

Im März 1988 fand unter der Leitung des sowjetischen Generalstabschefs Marschall Sergej F. Achromeev eine einseitige Kommandostabsübung der GSSD auf Frontebene statt, bei der die neue Verteidigungsdoktrin unter realen Bedingungen geprobt werden sollte. Am Rande des Manövers traf sich der Marschall mit DDR-Verteidigungsminister Armeegeneral Heinz Keßler und dem Chef des Hauptstabes der NVA Generaloberst Fritz Streletz. Die beiden DDR-Militärs zeigten sich besorgt über die sowjetische Außenpolitik und über die Entwicklung des Verhältnisses zwischen dem ostdeutschen Staat und der Sowjetunion. Achromeev entgegnete ihnen, dass der sowjetischen Führung der Konservatismus Honeckers unverständlich sei, und fragte, ob die SED-Führung denn nicht sehe, dass sich die Lage in der DDR zuspitze und die Menschen auf Veränderungen drängten. Keßler und Streletz standen nach der Einschätzung des sowjetischen Generalstabschefs allerdings loyal zu ihrer Parteiführung, sodass, wie er in seinen Erinnerungen bedauerte, kein offenes Gespräch zustande kam[58].

Im Herbst 1988 ließ sich der ZK-Sekretär Aleksandr N. Jakovlev, zuständig für die »befreundeten« Staaten, Dossiers des KGB, des Außenministeriums, der ZK-Abteilung für Internationale Beziehungen und des Instituts für die Wirtschaft des sozialistischen Weltsystems der Akademie der Wissenschaften der UdSSR zur weiteren Entwicklung in Ostmitteleuropa vorlegen. Klar schien nun allen Beteiligten, dass der Status quo in den Ostblockstaaten nicht aufrechtzuerhalten war. Hinsichtlich der DDR gingen die Analysten davon aus, dass jede dortige

---

[56] Vgl. Falin, Konflikty v Kremle, S. 146 f.
[57] Vgl. V Politbjuro CK KPSS, S. 136 f.
[58] Vgl. Achromeev/Kornienko, Glazami maršala i diplomata, S. 183 f.

Demokratisierung zum Überdenken der sowjetischen Positionen in der deutschen Frage führen müsse, da die »Herstellung eines vereinten, neutralen deutschen Staates auf der Grundlage einer Konföderation vorhersehbar« sei. Zugleich wiesen alle Gutachten darauf hin, dass die in den Ländern stationierten sowjetischen Truppen selbst bei Aufständen nicht eingreifen dürften. Jede Art von gewaltsamer Intervention gefährde den Fortgang von Perestroika und Reformen in der Sowjetunion sowie den Zusammenhalt des sozialistischen Lagers[59].

Bereits im Sommer 1989 erging aus Moskau deshalb an SED-Chef Honecker die Warnung, dass im Fall einer Konfrontation zwischen der Partei- und Staatsführung der DDR und ihrer Bevölkerung die sowjetischen Soldaten in den Kasernen bleiben würden. Auch in den folgenden Monaten machte die sowjetische Führung den SED-Funktionären unmissverständlich klar, dass die Anwendung von Gewalt als Mittel zur Stabilisierung der politischen Lage nicht toleriert werde. Wer militärisch gegen die eigene Bevölkerung vorgehe, könne nicht auf die weitere Unterstützung Moskaus rechnen[60].

Im August 1989 setzte der sowjetische Außenminister Ševardnadze schließlich angeblich einen Befehl durch, nach dem die sowjetischen Truppen in der DDR bei Massendemonstrationen strikte Neutralität wahren und in den Garnisonen verbleiben sollten[61]. Bereits Anfang 1989 hatte Ševardnadze zudem auf der Abschlusssitzung der KSZE-Folgekonferenz in Wien davon gesprochen, dass der Eiserne Vorhang erfreulicherweise zunehmend löchriger werde und die Verantwortung für den Fortbestand der Mauer allein bei der DDR liege. Als Antwort auf diese vermeintliche Provokation wagte SED-Chef Honecker die später viel zitierte Prognose, dass die Mauer auch noch in 100 Jahren stehen werde[62].

Im Oktober 1989 stellte Gorbačev bei seinem Besuch in der DDR nochmals klar, dass die dort befindlichen Streitkräfte auf keinen Fall eingesetzt würden, um dem SED-Regime unter die Arme zu greifen. Der ostdeutschen Parteiführung war damit mehr oder weniger bewusst, dass sie zur Sicherung der eigenen Herrschaft nicht mehr – wie 1953 und 1961 – auf die sowjetischen Truppen in der DDR setzen konnte. Im Klartext hieß dies, dass im Ernstfall die sowjetischen Panzer die Kasernen nicht verlassen würden und die Westgruppe der Truppen weder der NVA, dem MfS noch der Volkspolizei Hilfe bei der Niederschlagung von Demonstrationen leisten würde. Zugleich wahrte die sowjetische Führung um Gorbačev demonstrativ Distanz zu Ost-Berlin[63].

Gleichwohl war nicht vollkommen klar, ob sich die sowjetischen Truppen in der DDR auch an die Weisungen der in Moskau sitzenden politischen Spitze

---

[59] Vgl. Wentker, Außenpolitik in engen Grenzen, S. 497.
[60] Vgl. Falin, Konflikty v Kremle, S. 160 f.
[61] Vgl. Auf eiserne Art, S. 41.
[62] Vgl. Süß, Der 9. November 1989, S. 227.
[63] Vgl. Altrichter, Russland 1989, S. 357.

halten würden. So hätten nach Aussagen des letzten sowjetischen Botschafters in der DDR, Vjačeslav I. Kočemasov, die sowjetischen Generale im Oktober und November 1989 einen Einsatz ihrer Truppen erwogen und der Führung der DDR einen solchen auch angeboten[64]. So soll beispielsweise am 23. Oktober 1989 der Oberkommandierende der Westgruppe der Truppen, Armeegeneral Boris V. Snetkov, bei einem Treffen mit dem neuen SED-Chef Egon Krenz diesem gegenüber erklärt haben, er könne sicher sein, ein Anruf genüge und die sowjetischen Truppen würden bereitstehen. Die Soldaten stünden zu ihren Verpflichtungen gegenüber der DDR und seien in der Lage, »unter x-beliebigen Bedingungen alle gestellten Aufgaben zu erfüllen«[65].

Im Herbst 1989 hofften deshalb vor allem immer noch Angehörige des MfS, aber wohl auch einige NVA-Offiziere auf ein Eingreifen der sowjetischen Truppen in der DDR zum Erhalt des SED-Regimes. So sah der Leiter der MfS-Bezirksverwaltung Karl-Marx-Stadt Generalleutnant Siegfried Gehlert das Treffen zwischen Krenz und Snetkov Ende Oktober 1989 als »Warnung an die in unserem Land zur Zeit agierenden feindlichen Kräfte [...] die den Versuch unternehmen, die Arbeiter-und-Bauern-Macht anzugreifen und die Errungenschaften des Sozialismus in unserem Land zu liquidieren«[66].

Als jedoch bei der Montagsdemonstration am 9. Oktober 1989 in Leipzig weder die bewaffneten Organe der DDR noch sowjetische Truppen gewaltsam eingriffen, hatten sich die DDR-Bürger ihr Recht auf politische Demonstrationen erkämpft und es konnte ihnen nicht mehr genommen werden. Auch vonseiten des Staates gab es ab diesem Zeitpunkt keine Versuche mehr, Demonstrationen gewaltsam zu behindern; das Ende des bisherigen politischen Systems der DDR kündigte sich mit großen Schritten an. Die Zahl der Kundgebungen und Demonstranten erhöhte sich immer weiter, bis sich schließlich am 4. November 1989 in Ost-Berlin mehr als 500 000 Menschen zu einer Protestkundgebung gegen die SED-Herrschaft zusammenfanden[67].

Bereits einen Tag zuvor hatte sich in Moskau das Politbüro des ZK der KPdSU getroffen, um über die weitere Zukunft der DDR zu beraten. Rasch wurde deutlich, dass der Kreml dem ostdeutschen Staat vor allem wegen seiner maroden Wirtschaft nur noch geringe Überlebenschancen gab. Egon Krenz, der zwei Tage zuvor gegenüber Gorbačev eingeräumt hatte, die DDR habe viel zu lange über ihre Verhältnisse gelebt und ihr wirtschaftliches Überleben sei we-

---

[64] Vgl. Eindeutig ein Gericht der Sieger, S. 46.
[65] DDR Krenz Tagesbericht 23.10.1989. Bereits am 4.10.1989 hatte Armeegeneral Snetkov gegenüber NVA-Generalen erklärt, die WGT sei ein Garant dafür, dass es keine »Abschottung« der DDR geben werde. BStU, MfS, SdM, Nr. 90, Bl. 31 f. Das Dokument ist im Anhang dieses Bandes abgedruckt.
[66] Gieseke, Die hauptamtlichen Mitarbeiter der Staatssicherheit, S. 511.
[67] Vgl. Süß, Der 9. November 1989, S. 229.

gen der drückenden Schulden nur möglich, wenn der Lebensstandard für die Bevölkerung um 30 Prozent gesenkt werde[68], wurde als schwach eingeschätzt, und sein politisches Überleben schien ungewiss. Zudem war vor allem Gorbačev klar, dass es ohne die wirtschaftliche Unterstützung der Bundesrepublik kein Überleben der DDR geben würde. Fest stand für die Kremlführung – einschließlich KGB-Chef Vladimir A. Krjučkov – auch, dass die Mauer demnächst fallen würde. Außenminister Ševardnadze hielt es allerdings für angebracht, dass die Deutschen die Grenzanlagen selbst beseitigten. Weitgehend einig war man sich allerdings darüber, dass eine Grenzöffnung kaum zur Wiedervereinigung führen würde, da der Westen diese nicht wolle. Folglich würde die Sowjetunion versuchen, durch offene Verhandlungen mit der Bundesrepublik und der DDR eine »Abmachung« über die weitere Zukunft Deutschlands zu erreichen[69].

Gorbačevs Berater Černjaev erkannte jedoch sofort die politische Tragweite, als in der Nacht vom 9. November die Grenzen in Berlin geöffnet wurden. Am 10. November notierte er in sein Tagebuch:

»Die Berliner Mauer ist gefallen. Eine ganze Epoche in der Geschichte des ›sozialistischen Systems‹ ist zu Ende gegangen [...] Aber die DDR, die Berliner Mauer ist das Wichtigste. Genau dort geht es schon nicht mehr um ›Sozialismus‹, sondern um eine Veränderung im weltweiten Kräfteverhältnis, hier ist das Ende Jaltas, das Finale des stalinistischen Erbes und der ›Zerschlagung Hitler-Deutschlands‹ im Großen Krieg. Das ist es, was Gorbačev getan hat. Er hat sich wirklich als groß erwiesen, weil er das Tempo der Geschichte spürte und ihr half, einen natürlichen Verlauf zu nehmen[70].«

Wenige Stunden später versammelte Botschafter Kočemasov seine Mitarbeiter und informierte diese über die Reaktionen des Moskauer Außenministeriums auf den Mauerfall. Zugleich verkündete er auf der Beratung, dass er die Führung der Westgruppe der Truppen angewiesen habe, »zu erstarren und in sich zu gehen«[71]. Angeblich hatte Außenminister Ševardnadze Informationen erhalten, dass die Westgruppe der Truppen Maßnahmen zur Erhöhung ihrer Gefechtsbereitschaft treffen würde[72]. Auch der Leiter der Informationsabteilung der KGB-Vertretung in Ost-Berlin zeigte sich besorgt. Nicht nur darüber, dass Moskau jede halbe Stunde Lageberichte anforderte – sondern die Geheimdienstler fürchteten größere Konflikte, die eine Einmischung der Westgruppe nach sich ziehen könnten[73]. Tatsächlich be-

---

[68] Zum Protokoll der Besprechung zwischen Gorbačev und Krenz vom 1.11.1989 siehe: Michail Gorbatschow und die deutsche Frage, S. 213–227.
[69] Vgl. Plato, Die Vereinigung Deutschlands, S. 90.
[70] Černjaev, Proekt, S. 15.
[71] Maksimyčev, Padenie Berlinskoj steny, S. 188.
[72] Vgl. Richter, Die Friedliche Revolution, S. 733.
[73] Vgl. Goncharenko, »Bleibt in den Kasernen!«.

fand sich die Westgruppe der Truppen nach Angaben ehemaliger Offiziere während der Ereignisse um den 9. November 1989 in »Erhöhter Gefechtsbereitschaft«[74].

Diese Angaben werden auch von ehemaligen NVA-Offizieren bestätigt. Demnach bezogen zumindest die Grenzsicherungsbataillone des 221. selbstständigen Panzerregiments der 2. Garde-Panzerarmee bei Hagenow ab Mitternacht des 10. November entlang der deutsch-deutschen Demarkationslinie ihre – offenbar in einem Einsatzplan festgelegten – Positionen, die etwa 500 bis 600 Meter vom sogenannten Hinterlandszaun entfernt waren, und gingen zur gefechtsmäßigen Sicherung der Staatsgrenze der DDR über. Im Rahmen dieser Maßnahmen waren vorher ausgebaute Zug- und Kompaniestützpunkte besetzt worden, gleichzeitig hatte man damit begonnen, an einzelnen Stellen Panzer einzugraben. Da die vorgesehenen Schusssektoren ausschließlich nach Westen wiesen, ging der NVA-Verbindungsoffizier zur Westgruppe davon aus, dass es sich hierbei um Sicherungsmaßnahmen gegenüber vermeintlichen westlichen Provokationen handelte. Die sowjetischen Alarmmaßnahmen erfolgten autonom, ein Zusammenwirken mit der NVA oder den Grenztruppen der DDR gab es nicht[75].

Auch eine weitere sowjetische Quelle glaubt nur bedingt an das bislang gültige Schema: Gorbačev befahl, dass die Truppen in den Kasernen blieben, und Botschafter Kočemasov überprüfte die Erfüllung der Anweisungen des Kremls durch die Westgruppe der Truppen. Denn trotz aller Kontrolle durch Moskau sah sich die militärische Führung der sowjetischen Truppen in der DDR einer komplizierten Situation gegenüber und entwickelte durchaus ein Eigenleben. Auf scheinbare Gefährdungslagen meinte die Westgruppe mit den ihr zur Verfügung stehenden militärischen Maßnahmen reagieren zu müssen. Gerade aus diesem Grund wurden die Einheiten der Westgruppe der Truppen in der Nacht zum 10. November in »Erhöhte Gefechtsbereitschaft« versetzt. Auch als am 15. Januar 1990 die MfS-Zentrale in Berlin durch die Bürgerbewegung gestürmt wurde, löste die Führung der WGT Alarm aus.

Gleichwohl war die Gefahr eines militärischen Einsatzes gegen die DDR-Bevölkerung gering. Denn gegenüber 1953 hatte sich auch die Einstellung der sowjetischen Soldaten zu den DDR-Bürgern geändert. Viele Offiziere, Fähnriche, Unteroffiziere und Soldaten der Westgruppe der Truppen kannten Ostdeutsche aus persönlichen Treffen und betrachteten sie im Gegensatz zu den Westdeutschen als die »Ihren« und zuverlässige Verbündete. Zugleich gelang es nicht mehr wie früher, die sowjetischen Soldaten und Offiziere von den verfügbaren Nachrichtenquellen abzuschneiden. Neben dem Politunterricht konnten jetzt zumindest die Offiziere auch in einem gewissen Maße das DDR-Fernsehen oder sogar westliche Fernsehsender zur Information nutzen. Auch fehlten bei den Einheiten der WGT eine Ausbildung in Polizeitaktik sowie Waffen und

---

74 Vgl. Dve Germanii.
75 Vgl. Dislozierungen sowjetischer Truppen am 10.11.1989.

Ausrüstung für den Einsatz im Innern. Wie Ende 1989 und Anfang 1990 vom ZK der KPdSU durchgeführte Umfragen unter den Offizieren und Fähnrichen der Westgruppe der Truppen zeigten, nahm die Masse der Militärangehörigen zu den Geschehnissen in der DDR eine neutrale Position ein. Gleichwohl waren nur wenigen die Ziele der Bürgerbewegung verständlich; die Zeiten des Umbruchs lösten bei vielen Unsicherheiten über das weitere eigene Schicksal und das ihrer Familien aus. Insgesamt kamen die Analysen allerdings zu der Einschätzung, dass der Personalbestand der Westgruppe der Truppen unter moralisch-psychologischen Gesichtspunkten nicht zum bewaffneten Einsatz gegen die Zivilbevölkerung der DDR bereit war[76].

Gleichwohl sollen in Moskau einige Hardliner im Militär sowie Deutschlandexperten des ZK der KPdSU erwogen haben, sowjetische Truppen einzusetzen, um die Grenze wieder zu schließen. Nach wenigen Stunden war dieser Spuk allerdings vorbei, denn niemand aus der Kremlführung wollte den militärischen Mechanismus in Gang setzen. Damit waren mögliche Gedankenspiele für einen Einsatz der sowjetischen Truppen in der DDR Geschichte[77].

Entsprechend den bekannten Anweisungen der Moskauer Führung beschränkte sich die Westgruppe der Truppen nach dem Mauerfall auf die Zusammenarbeit mit den westlichen Alliierten in Berlin[78] sowie auf Eigensicherung, und deren Oberkommandierender, so Generalmajor a.D. Aleksandr Furs, damals Abteilungsleiter bei der Zeitung der WGT »Naslednik Pobedy«, gab lediglich den Befehl, die Bewachung der Garnisonen und Militärdepots zu verstärken[79]. Die sowjetischen Soldaten in der DDR konnten auf den Verlauf der weiteren Geschehnisse keinen Einfluss mehr nehmen.

Am 26. Januar 1990 fiel im Politbüro des ZK der KPdSU schließlich endgültig die Entscheidung zur Aufgabe der DDR und damit auch der dort stationierten sowjetischen Truppen. Allerdings stand dieses Ergebnis, wie der Verlauf der Diskussion zeigt, nicht von Anfang an fest. Gleichwohl war klar, dass sich die Sowjetunion nicht mehr auf die Einheitspartei stützen könnte. Selbst KGB-Chef Krjučkov bekannte: »Die Tage der SED sind gezählt[80].« Auch deren neuen Parteichef Hans Modrow bezeichnete er als Übergangskandidat, der versuchen würde, durch Kompromisse an der Macht zu bleiben, bald bliebe jedoch nichts mehr zum Verhandeln übrig. Stattdessen schlug er vor, künftig auf die ostdeutsche SPD zu setzen. In der Westgruppe der Truppen sah Krjučkov einen wichtigen Faktor des allgemeinen europäischen Prozesses, also ein Faustpfand für die

---

76 Vgl. Kowalczuk/Wolle, Roter Stern über Deutschland, S. 216 f.; Vencelovskij, Čto proizošlo v »den' iks«.
77 Vgl. Hertle, Chronik des Mauerfalls, S. 239–241.
78 Vgl. ebd., S. 264.
79 Vgl. Goncharenko, »Bleibt in den Kasernen!«.
80 Politbjuro CK KPSS, S. 552.

Verhandlungen mit der Bundesrepublik über die Zukunft der DDR. Gorbačev dachte genauso, betrachtete jedoch die Bundesrepublik und deren Kanzler Helmut Kohl als einzigen noch zur Verfügung stehenden Verhandlungspartner. Die sowjetischen Truppen in der DDR hätten jetzt vor allem die Aufgabe, so der Parteichef am Beginn der Besprechung, eine weitere Mitgliedschaft der Bundesrepublik in der NATO unmöglich zu machen. Die eigenen Streitkräfte sollten Deutschland erst verlassen, wenn auch die Amerikaner ihre Truppen abzögen.

Im Zuge der weiteren Diskussion zeigte sich aber immer deutlicher, dass diese Position kaum zu halten war. So verwies der Vorsitzende des Ministerrats der UdSSR Nikolaij I. Ryžkov darauf, dass trotz allen taktischen Geplänkels die DDR nicht mehr zu sanieren sei, ihre Wirtschaft als auch ihre politischen und staatlichen Institutionen befänden sich in Auflösung. Schließlich bekannte Gorbačev, dass die eigene sowjetische Gesellschaft »am meisten verfault« und durch nichts zu retten sei. Zudem erweise sich die Partei als nicht in der Lage, sich zu erneuern, und man werde zunehmend von der Wirklichkeit überholt. Wie kritisch Gorbačev die Situation einschätzte, verdeutlichen seine folgenden Worte: »Es gab einen Brester Friedensvertrag Nr. 1, jetzt sind wir in der Situation eines ›Brester Friedens Nr. 2‹. Wenn wir es nicht schaffen, dann droht uns [...] man wird uns erneut das halbe Land wegnehmen. Es ist sehr wichtig, das zu verstehen[81].«

Gleichwohl hoffte Gorbačev auf einen Zeitgewinn, indem er vor allem den Truppenabzug aus der DDR mit den Wiener Abrüstungsverhandlungen verknüpfen wollte. Es solle auf keinen Fall so aussehen, dass man zum 50. Jahrestag des Sieges über den Nationalsozialismus (1995) »einfach nur so gehe«. Wie wenig sicher sich der sowjetische Parteichef allerdings bei der Durchsetzung dieser Forderungen war, veranschaulicht eine seiner abschließenden Anweisungen: »Achromeev bereitet den Abzug der Streitkräfte aus Deutschland vor[82].«

Schlussbemerkung

Als die sowjetischen Truppen in der DDR während der Friedlichen Revolution und auch beim Mauerfall nicht militärisch eingriffen, brach die DDR wie ein Kartenhaus zusammen. Ohne die Gewehrläufe der Sowjetarmee und eine entsprechende Garantie ihres Einsatzes im Ernstfall war die DDR nicht überlebensfähig. Doch Moskau musste seinen ostdeutschen Bündnispartner auch fallen lassen, weil der eigene Machtverlust in allen Bereichen zu einer Neuorientierung

---

[81] Michail Gorbačev i germanskij voproz, S. 309.
[82] Ebd., S. 311.

in der sowjetischen Außenpolitik gegenüber dem Westen zwang, um wenigstens das eigene Überleben zu sichern[83].

Die Liberalisierung der Sowjetunion und die Sinatra-Doktrin Gorbačevs führten letztendlich nicht nur zum Kollaps des sozialistischen Systems in der DDR, sondern im gesamten Ostblock. Die »samtenen« Revolutionen beschädigten die fundamentalen Interessen des sowjetischen Militärs auf irreparable Art und Weise. Nicht nur das strategische Vorfeld der Sowjetunion war zusammengebrochen, gleichzeitig mussten auch noch Hunderttausende Soldaten und Unmengen an Kriegstechnik binnen kürzester Zeit aus den Staaten der ehemaligen Verbündeten abgezogen werden, während für die heimkehrenden Soldaten weder Unterkünfte noch entsprechende Verwendungen vorhanden waren[84]. In dieser Situation trat im August 1991 mit dem Putsch gegen Gorbačev genau das ein, was der Historiker Timothy Colton bereits Ende der 1970er Jahre als Szenario für einen Eingriff des Militärs in die Geschicke des sowjetischen Staates vorhergesehen hatte: »A reformist civilian leadership embarking upon policies of ideological revision, military demobilization, shifting the investment priorities, and accomodation with foreign adversaries[85].«

1989 hingegen hatte der sowjetische Parteichef trotz aller Widrigkeiten im eigenen Land seine Militärs noch im Griff. Indem er im Herbst 1989 seine »Politik der Situation« anpasste und kein »Abenteurertum« seines Militärs zuließ, ermöglichte er die Friedliche Revolution in der DDR und damit auch die deutsche Wiedervereinigung[86]. Dass diese Entscheidung letztendlich zu seinem Sturz und zur Auflösung der Westgruppe der Truppen, ja der gesamten sowjetischen Streitkräfte führte, ist eine andere Geschichte.

---

83 Vgl. Wentker, Außenpolitik in engen Grenzen, S. 500.
84 Vgl. Taylor, Politics and the Russian Army, S. 215.
85 Colton, Commissars, Commanders, and Civilian Authority, S. 288; siehe auch: Kowalczuk/Wolle, Roter Stern über Deutschland, S. 219–229.
86 Vgl. Schön, ich gab die DDR weg, S. 72.

Anhang

Zeittafel[1]

1980
17. September
In Gdańsk (Polen) wird die unabhängige Gewerkschaft Solidarność gegründet.

1985
11. März
Michail S. Gorbačev wird Generalsekretär des ZK der KPdSU.

1989
23. Januar
Partei- und Staatschef Erich Honecker verkündet den Beschluss des Nationalen Verteidigungsrates, die NVA bis Ende 1990 um 10 000 Mann zu reduzieren, 600 Panzer und 50 Kampfflugzeuge außer Dienst zu stellen und die Verteidigungsausgaben der DDR um 10 Prozent zu verringern.
2. Februar
Die Wiener Verhandlungen über die gegenseitigen Verminderungen von Streitkräften und Rüstungen in Europa sind beendet.
6. Februar
Der 20-jährige Chris Gueffroy stirbt bei dem Versuch, die Grenzanlagen zu West-Berlin zu überwinden. Er ist das letzte Todesopfer an der Berliner Mauer.
26. März
In Wien beginnen Verhandlungen der KSZE-Staaten über Konventionelle Streitkräfte in Europa (KSE) sowie über Vertrauens- und Sicherheitsbildende Maßnahmen in Europa (VSBM).
27. März
Die DDR regt auf der Sitzung der gemischten Kommission DDR-UdSSR an, den Namen der in der DDR stationierten sowjetischen Truppen (GSSD) zu ändern.

---

[1] Zusammengestellt u.a. nach: Hanisch, Herbst 1989, S. 535–567; Armee ohne Zukunft, S. 531–550; Hein, Chronik – die NVA in der gesellschaftlichen Wende; und Froh, Chronik der NVA.

1. Mai
In der NVA beginnt die Auflösung von sechs Panzerregimentern und deren Umgestaltung zu Ausbildungsbasen.
2. Mai
Ungarn beginnt mit dem Abbau der Grenzanlagen zu Österreich.
5. Mai
Beginn der 2. Runde der Wiener Verhandlungen über KSE und VSBM.
7./8. Juni
Zwei aktive Generale der NVA nehmen in Saarbrücken an Gesprächen zwischen SED- und SPD-Politikern über Abrüstungsfragen teil.
12.–15. Juni
Der sowjetische Staats- und Parteichef Michail Gorbačev weilt zu einem Staatsbesuch in der Bundesrepublik Deutschland.
16. Juni
78. (letzte) Tagung des Nationalen Verteidigungsrates der DDR.
29. Juni
Die Gruppe der Sowjetischen Streitkräfte in Deutschland (GSSD) wird in Westgruppe der Truppen (WGT) umbenannt.
7./8. Juli
Die Staats- und Regierungschefs des Warschauer Paktes treffen sich in Bukarest. In einer Erklärung wird u.a. das Recht eines jeden Volkes auf Selbstbestimmung als politisches Prinzip festgeschrieben.
Juli
Mehr als 12 000 NVA-Angehörige befinden sich in Kombinaten und Betrieben im Arbeitseinsatz.
19. August
Etwa 500 DDR-Bürger nutzen das »Paneuropäische Picknick« in Sopron (Ungarn) zur Flucht nach Österreich.
4. September
Montagsdemonstration vor der Nikolaikirche in Leipzig mit Forderungen nach Reisefreiheit.
11. September
Öffnung der Grenze zwischen Ungarn und Österreich.
26. September
In Vorbereitung auf den 40. Jahrestag der DDR erlässt Erich Honecker in seiner Funktion als Vorsitzender des Nationalen Verteidigungsrates den Befehl Nr. 8/89 über »Maßnahmen zur Gewährleistung der Sicherheit und Ordnung« in Ost-Berlin. Darin wird zur »Gewährleistung der Sicherheit und Ordnung« sowie zur Verhinderung von »Provokationen unterschiedlicher Art« für die Bezirkseinsatzleitung Berlin sowie für die Kreiseinsatzleitungen der Stadtbezirke mit sofortiger Wirkung »Führungsbereitschaft« angeordnet.

27. September
Verteidigungsminister Armeegeneral Heinz Keßler erlässt den Befehl Nr. 105/89. Er legt im Vorfeld des 40. Jahrestages der DDR für die gesamte NVA vom 6. Oktober, 6.00 Uhr, bis zum 9. Oktober, 6.00 Uhr, eine »Sicherheitsperiode« fest, die auch eine verstärkte Grenzsicherung für die Grenztruppen der DDR, beginnend bereits am 3. Oktober, 6.00 Uhr, einschließt. Der Befehl legt im Weiteren fest, dass Truppen im Raum Berlin, so ein Einsatzkommando des NVA-Wachregiments, ein Mot.-Schützenbataillon in Stahnsdorf, eine Fallschirmjägerkompanie in Lehnin und eine Hubschrauberstaffel auf dem Flugplatz Brandenburg-Briest sowie Einheiten der Grenztruppen als Reserven vorzubereiten und für die erstgenannte Zeit »in Bereitschaft« zu halten sind. Diese Reserven sollen bei Notwendigkeit im Zusammenwirken mit den Kräften der Staatssicherheit und des Innenministeriums Aufgaben zur »Gewährleistung der gesamtstaatlichen Sicherheit, der öffentlichen Sicherheit und Ordnung sowie einer stabilen politischen Lage« in Ost-Berlin erfüllen.

30. September
Bundesaußenminister Hans-Dietrich Genscher informiert die DDR-Flüchtlinge in der Botschaft der Bundesrepublik in Prag darüber, dass sie in die Bundesrepublik Deutschland ausreisen dürfen. In der Nacht zum 1. Oktober passieren sechs Reisezüge den Dresdener Hauptbahnhof.

2. Oktober
Bei einer Demonstration in Leipzig für Reformen in der DDR werden mehrere Demonstranten von Sicherheitskräften festgenommen.

3. Oktober
Nach der »zeitweiligen Aussetzung« des visafreien Reiseverkehrs für DDR-Bürger in die ČSSR sammeln sich Ausreisewillige auf dem Dresdener Hauptbahnhof. Gegen 23.00 Uhr wird der Bahnhof erstmals von Einsatzkräften der Volkspolizei geräumt.

4. Oktober
In den Abendstunden versammeln sich rund 20 000 DDR-Bürger am und im Dresdener Hauptbahnhof. Ausreisewillige wollen versuchen, auf die angekündigten Züge aus Prag in Richtung Bundesrepublik aufzuspringen. Die eingesetzten Polizeikräfte sind überfordert. Der 1. Sekretär der SED-Bezirksleitung Dresden, Hans Modrow, wendet sich telefonisch mit der Bitte um Unterstützung an den Verteidigungsminister. Daraufhin erhält der Chef der Militärakademie, Generalleutnant Manfred Gehmert, den Auftrag, unverzüglich im Raum Dresden stationierte Kräfte der NVA zur Unterstützung der Volkspolizei zu formieren. Zugleich wird in den Kommandos der Landstreitkräfte, Luftstreitkräfte/Luftverteidigung und der Grenztruppen der DDR sowie in deren nachgeordneten Führungsorganen und in der Militärakademie »Friedrich Engels« eine »Erhöhte Führungsbereitschaft«

ausgelöst. Mit der gegen 22.30 Uhr für den Militärbezirk III (Leipzig), für die Offizierhochschulen der Landstreitkräfte und der Luftstreitkräfte/Luftverteidigung sowie für das Transporthubschraubergeschwader-34 ausgelösten Alarmstufe »Erhöhte Gefechtsbereitschaft« wird noch in der Nacht begonnen, unter der Leitung des Chefs der Militärakademie eine NVA-Gruppierung zur Unterstützung der Volkspolizei in Dresden zu schaffen. Aus ihr werden sechs Einsatzkommandos in Form von Hundertschaften aufgestellt. Ihre Angehörigen sind zunächst mit Maschinenpistolen und Pistolen ausgerüstet.

5. Oktober

Im Zentrum Dresdens kommen Angehörige der Bereitschaftspolizei und der NVA mit Schlagstöcken gegen Demonstranten zum Einsatz. Zwischen 1.00 und 3.00 Uhr rücken erstmals drei NVA-Hundertschaften der 7. Panzerdivision aus ihren Kasernen zu einem Sicherungseinsatz am Hauptbahnhof aus. In der Nacht zum 6. Oktober erfolgt bis etwa 1.00 Uhr ein weiterer Einsatz von fünf Hundertschaften.

6. Oktober

Am Vormittag untersagt der Minister für Nationale Verteidigung die Mitführung von Waffen und Munition bei allen weiteren Einsätzen der NVA-Hundertschaften. Es beginnt die Ausrüstung mit Schlagstöcken. Gegen 21.00 Uhr kommen erneut fünf Hundertschaften der NVA am Dresdener Hauptbahnhof gegen Demonstranten zum Einsatz. Im Zuge der Aktion werden etwa 20 Angehörige des Fernaufklärungszuges der 7. Panzerdivision als »Greifgruppe« eingesetzt, um einzelne Demonstranten gezielt aus der Menge zu holen und hinter die Sperrkette der Volkspolizei zu bringen.

7. Oktober

Zum letzten Mal finden in Ost-Berlin eine Ehrenparade der NVA und in Rostock die Flottenparade der Volksmarine aus Anlass des Gründungstages der DDR statt. Es gibt keine Zwischenfälle. In den Mittagsstunden werden in Karl-Marx-Stadt drei Hundertschaften aus dem Standort Frankenberg zu Sicherungs- und Absperrmaßnahmen eingesetzt. In Dresden verlegen am Abend vier Hundertschaften der 7. Panzerdivision und zwei Hundertschaften der Militärakademie in die Innenstadt. Dort demonstrieren ca. 5000 Personen. Die Armeekräfte sind zur Unterstützung der Polizei sowie zur Sicherung von Gebäuden und Objekten bis nach Mitternacht im Einsatz. Als Ministerreserve wird eine Einsatzeinheit der Offizierhochschule der Grenztruppen Suhl in Stärke von 350 Mann in die Nähe von Berlin verlegt.

8. Oktober

Erneut sind in Dresden Hundertschaften der 7. Panzerdivision zur Unterstützung der Polizei im Einsatz. In Bereitschaft befinden sich zudem zwei Hundertschaften der Militärakademie. Zeitweise nach Dresden verlegt und in Bereitschaft gehalten werden vier Hundertschaften der Offizierhochschule

Kamenz, drei Hundertschaften der 7. Panzerdivision aus Großenhain und Pirna sowie zwei Hundertschaften der Offizierhochschule Bautzen. In der sich zuspitzenden Situation gelingt es Dresdener Persönlichkeiten, unter ihnen der evangelische Bischof Dr. Johannes Hempel, die Demonstration friedlich zu beenden. In der Folge beginnt ein Dialog zwischen Opposition und Staatsmacht, der die gefährliche Konfrontation in Dresden beendet.

9. Oktober
Vor der allwöchentlichen Montagsdemonstration in Leipzig rufen verantwortungsbewusste Persönlichkeiten der Stadt wie Gewandhauskapellmeister Kurt Masur und das Mitglied der SED-Bezirksleitung Roland Wötzel über den Stadtfunk zu Besonnenheit und friedlichem Dialog auf. 70 000 Menschen demonstrieren daraufhin am Abend friedlich unter der Hauptlosung »Wir sind das Volk«. Kräfte der NVA kommen in Leipzig nicht zum Einsatz.

In Dresden werden abends NVA-Hundertschaften für mehrere Stunden in verschiedene Bereitschaftsräume in der Stadt verlegt, ohne jedoch zum Einsatz zu kommen. In Ost-Berlin sind drei Hundertschaften der Stadtkommandantur und drei Hundertschaften der Ministerreserve dem Kommandeur des Grenzkommandos Mitte zur Verstärkung der Grenzsicherung unterstellt. Insgesamt stehen in der DDR an diesem Tag 86 Hundertschaften der NVA und der Grenztruppen der DDR in Bereitschaft.

10. Oktober
Auf dem Territorium der DDR finden keine Demonstrationen statt. Die für einen möglichen Einsatz vorbereiteten Kräfte und Mittel der NVA und der Grenztruppen befinden sich in ihren Standorten in Bereitschaft.

11. Oktober
Offizierschülerkompanien der Grenztruppen verstärken zeitweise einen Grenzunterabschnitt an der Grenze zu Polen. Eine weitere Offizierschülerkompanie befindet sich als Reserve des Chefs der Grenztruppen der DDR in der Nähe von Berlin.

13. Oktober
Erich Honecker legt in seinem Befehl Nr. 9/89 Maßnahmen zur »Gewährleistung der Sicherheit und Ordnung« in Leipzig fest. Danach haben die Bezirkseinsatzleitung Leipzig und die Kreiseinsatzleitungen der Stadt mit sofortiger Wirkung ihre »Führungsbereitschaft« herzustellen und alles zu tun, um geplante Demonstrationen zu verhindern. Der Einsatz der Schusswaffe ist grundsätzlich verboten. Zugleich werden in und um Berlin 21 Hundertschaften der NVA in Bereitschaft versetzt. Dazu gehören drei Hundertschaften der Stadtkommandantur Ost-Berlin, eine Hundertschaft der Militärpolitischen Hochschule Berlin sowie 17 Hundertschaften der 1. Mot.-Schützendivision in Oranienburg, Stahnsdorf, Potsdam-Eiche, Beelitz, Lehnitz und Blankenfelde. Eine zusätzliche Reserve von fünf Hundertschaften der NVA wird in Brandenburg an der Havel bereitgehalten.

Im Weiteren werden in Ost-Berlin zusätzliche Kräfte der Grenztruppen in Bereitschaft versetzt, so u.a. am Brandenburger Tor und an den Grenzübergangsstellen. In Karl-Marx-Stadt (Chemnitz) stehen drei NVA-Hundertschaften aus Frankenberg bereit. Sie kommen nicht zum Einsatz.

14. Oktober
In Leipzig stehen insgesamt 31 Hundertschaften der NVA bereit, davon elf aus der Garnison Leipzig, acht aus Delitzsch, je drei aus Eilenburg sowie zwei aus Döbeln und sieben aus Bad Düben. Gegen 22.30 Uhr werden drei Hundertschaften des Luftsturmregiments-40 aus Lehnin nach Leipzig verlegt. In Plauen kommt es von 15.00 bis 16.30 Uhr zur Ansammlung von ca. 4000 Menschen im Stadtgebiet. Bereitgestellte Kräfte der 7. Panzerdivision aus Frankenberg kommen nicht zum Einsatz. Die Grenztruppen der DDR setzen auch an diesem Tage die verstärkte Grenzsicherung gegenüber West-Berlin bzw. die verstärkte Grenzüberwachung an der Grenze zu Polen und der ČSSR fort. Für Berlin sind insgesamt 37 Hundertschaften in Bereitschaft. Die NVA übermittelt dem Oberkommandierenden der Westgruppe der Truppen die Bitte, vor dem Hintergrund der angespannten innenpolitischen Situation in der DDR auf Manöver und größere Truppenbewegungen zu verzichten.

16. Oktober
In den Abendstunden kommt es in Ost-Berlin und Leipzig zu Menschenansammlungen und Demonstrationen. Allein in Leipzig beteiligen sich daran 50 000 bis 70 000 Personen. Die in Bereitschaft gehaltenen NVA-Hundertschaften kommen nicht zum Einsatz. Eine von der SED-Führung für diesen Tag befürchtete Konfrontation bleibt offenbar auch deshalb aus, weil geplante Demonstrationshandlungen des Militärs auf den Straßen der beiden Städte nicht stattfinden.

17. Oktober
Die angewiesene »Erhöhte Führungsbereitschaft« im Verteidigungsministerium sowie in den nachgeordneten Kommandos wird aufrechterhalten. Am Abend kehren die Angehörigen des Luftsturmregiments aus Leipzig in ihre Kaserne nach Lehnin zurück. Hundertschaften der NVA bleiben in Ost-Berlin, Leipzig und Dresden weiter in Bereitschaft.

18. Oktober
Egon Krenz löst Erich Honecker als Generalsekretär des ZK der SED ab.

19. Oktober
Die befohlene »Erhöhte Führungsbereitschaft« und die Bereitschaft der etwa 120 in der NVA bestehenden Hundertschaften werden fortgesetzt. In Greifswald stehen zeitweise 100 Offizierschüler der Militärmedizinischen Sektion der Universität zur Unterstützung der Polizei zur Verfügung.

21. Oktober
Auf Anforderung des Ost-Berliner Polizeipräsidenten werden drei Hundertschaften der Stadtkommandantur und die Hundertschaft der Militärpolitischen Hochschule in »Erhöhte Führungsbereitschaft« versetzt.
23. Oktober
Das Jagdfliegergeschwader-7 in Drewitz wird in Umsetzung des Abrüstungsbeschlusses vom Januar 1989 außer Dienst gestellt.
24. Oktober
Die Volkskammer wählt nach dem Rücktritt Erich Honeckers Egon Krenz zum Vorsitzenden des Staatsrates und Vorsitzenden des Nationalen Verteidigungsrates.

In den Standorten Beelitz, Gotha, Goldberg, Sondershausen, Großenhain und Stallberg wird mit militärischem Zeremoniell die Auflösung von sechs Panzerregimentern der NVA beendet. 600 Panzer werden ausgemustert.

Die »Erhöhte Führungsbereitschaft« und die Bereitschaft der Hundertschaften bleiben aufrechterhalten; ein Einsatz erfolgt nicht.
25. Oktober
Ein Sprecher des sowjetischen Außenministeriums bestätigt, dass die Staaten des Ostblocks über ihren weiteren politischen Weg selbst entscheiden dürfen.

Im Zusammenhang mit einer angekündigten Demonstration zum Brandenburger Tor werden die Grenzkräfte dort zeitweise verstärkt.
31. Oktober
Seit Tagen werden die »Erhöhte Führungsbereitschaft« und das festgelegte Regime der Bereitschaft für die Hundertschaften aufrechterhalten. Es kommt jedoch nicht zu Einsätzen der Kräfte von NVA und Grenztruppen. Allerdings beginnen Vorbereitungen für einen möglichen Einsatz bei der für den 4. November angekündigten Protestkundgebung auf dem Berliner Alexanderplatz.
1. November
Egon Krenz hebt mit seinem Befehl Nr. 10/89 den Befehl Honeckers vom 26. September 1989 auf. Es geht aber weiterhin um mögliche Einsätze der Staatsmacht gegen Demonstranten, insbesondere gegen deren Eindringen in das Grenzgebiet in Berlin. Später werden diese Anordnungen auf alle Bezirke der DDR und insbesondere auf die Grenzbezirke übertragen. Die Anwendung der Schusswaffe bleibt grundsätzlich verboten. Kräfte der NVA und der Grenztruppen der DDR werden weiter auf einen Einsatz am 4. November 1989 in Ost-Berlin vorbereitet.
2. November
In vielen Städten der DDR wird demonstriert. In Erfurt und Plauen gehen Zehntausende Menschen auf die Straße. Zur Sicherung der Disziplinareinheit-2 der NVA in Schwedt wird eine Hundertschaft der Militärtechnischen

Schule der Nachrichtentruppen Frankfurt (Oder) zeitweise an diesen Standort verlegt.

3. November
Die Planungen für den Folgetag sehen u.a. die Einsatzbereitschaft von insgesamt 118 Hundertschaften der Nationalen Volksarmee und der Grenztruppen zur Unterstützung der Polizei sowie zur Verstärkung der Grenzsicherung vor. 43 Hundertschaften davon stehen allein für Ost-Berlin bereit.

4. November
Auf dem Berliner Alexanderplatz findet mit mehreren Hunderttausend Menschen die bisher größte Demonstration in der DDR statt. Auch in anderen Orten verlaufen Kundgebungen und Demonstrationen friedlich.

5. November
Die bereits seit Längerem anhaltende »Erhöhte Führungsbereitschaft« des Verteidigungsministeriums und nachgeordneter Kommandos wird fortgesetzt. In der NVA und den Grenztruppen der DDR befinden sich 183 Hundertschaften in einer Zwei- bis Drei-Stunden-Bereitschaft.

6. November
Armeegeneral Heinz Keßler meldet dem Vorsitzenden des Nationalen Verteidigungsrates Egon Krenz u.a., dass die Verbindungen mit dem Stab der sowjetischen Westgruppe der Truppen gewährleistet sind. In insgesamt 34 Städten finden die nun schon traditionellen Montagsdemonstrationen ohne »besondere Vorkommnisse« statt.

7. November
Rücktritt der Regierung Willi Stoph. Das SED-Politbüro spricht sich für Änderungen des Reisegesetzes der DDR aus.

8. November
Das Politbüro des ZK der SED tritt geschlossen zurück. Die Bürgerrechtsbewegung Neues Forum wird legalisiert. In seinem Bericht zur Lage der Nation im Deutschen Bundestag spricht sich Bundeskanzler Helmut Kohl für die Wiedervereinigung aus, mahnt aber zu beharrlicher Geduld.

9. November
Öffnung der Grenze der DDR zur Bundesrepublik und zu West-Berlin.

Am Vormittag bereitet eine Arbeitsgruppe der Regierung eine Beschlussvorlage für den Ministerrat zur Ausreiseregelung vor. Kurz vor 19.00 Uhr informiert SED-Politmitglied Günter Schabowski auf einer Pressekonferenz über die neue Reiseregelung. Dies wird als »sofortige Grenzöffnung« verstanden und über die Medien verbreitet. Schon gegen 20.00 Uhr bilden sich in Berlin an einigen Grenzübergangsstellen größere Menschenansammlungen. Etwa zwei Stunden später fordern am Grenzübergang Bornholmer Straße bereits ca. 20 000 Menschen, die Tore zu öffnen. Ohne Weisungen von »oben« geben Offiziere der Passkontrolleinheit eigenmächtig den Übergang frei. Wenig später werden am Grenzübergang Heinrich-Heine-Straße sowie an anderen

Grenzübergangsstellen die Schlagbäume geöffnet. In der Nacht passieren rund 60 000 DDR-Bürger die Grenzübergangsstellen in Berlin, von denen 45 000 noch in derselben Nacht wieder zurückkehren. Die militärische Führung der DDR ist zu dieser Zeit handlungsunfähig. Erst am späten Abend wird der Chef der Grenztruppen, Generaloberst Klaus-Dieter Baumgarten, auf einer Kollegiumssitzung des Verteidigungsministeriums in Strausberg telefonisch darüber informiert, dass es einen Ansturm auf die Grenze gebe. Um 0.20 Uhr werden die Grenztruppen in »Erhöhte Gefechtsbereitschaft« versetzt.

10. November
Der sowjetische Botschafter in der DDR Vjačeslav I. Kočemasov zeigt sich über die Lage an der Berliner Mauer beunruhigt. Egon Krenz erlässt den Befehl Nr. 12/89 über die Bildung einer »operativen Führungsgruppe« des Nationalen Verteidigungsrates. Sie soll unter der Leitung des Chefs des Hauptstabes der NVA Informationen über die Gesamtlage in der DDR sammeln, analysieren und Vorschläge für Führungsentscheidungen vorbereiten. Gegen 13.00 Uhr werden die Potsdamer 1. Mot.-Schützendivision und das Luftsturmregiment-40 in Lehnin alarmiert, um gegebenenfalls in Berlin eingesetzt zu werden.

11. November
Hunderttausende DDR-Bürger passieren die Grenzen nach West-Berlin und zur Bundesrepublik. Immer neue Grenzübergänge werden eröffnet.

Auf einer Parteiaktivtagung des Verteidigungsministeriums in Strausberg wird der Rücktritt des Ministers und einiger seiner Stellvertreter gefordert. Die tags zuvor vom Verteidigungsministerium ausgelöste »Erhöhte Gefechtsbereitschaft« der Einheiten der 1. Mot.-Schützendivision und des Lehniner Luftsturmregiments wird am frühen Nachmittag aufgehoben. Bis 18.00 Uhr erfolgt die Auflösung der nichtstrukturmäßigen 179 Hundertschaften der NVA. Zur Verstärkung der Grenzsicherung in Berlin werden aber noch ersatzweise Kräfte der NVA bereitgestellt.

12. November
Armeegeneral Heinz Keßler erlässt den Befehl Nr. 124/89 über die gegenwärtigen Aufgaben der NVA und der Grenztruppen der DDR sowie den Befehl Nr. 125/89 über die Gewährleistung der zeitweiligen Unterbringung von Rückkehrern. Letzterer bestimmt, dass die NVA und die Grenztruppen dazu kurzfristig geeignete Einrichtungen als Aufnahmeobjekte bereitzustellen haben. Die »Erhöhte Führungsbereitschaft« im Ministerium und in Stäben wird aufrechterhalten.

13. November
Hans Modrow wird mit der Bildung einer neuen Regierung beauftragt. Demonstrationen finden in verschiedenen Orten der DDR nach wie vor ohne Zwischenfälle statt. Versuche, Grenzsicherungsanlagen in Berlin ge-

waltsam zu entfernen, werden von Kräften der West-Berliner Polizei und der Grenztruppen der DDR verhindert.

15. November
Armeegeneral Heinz Keßler sowie sein Stellvertreter und Chef der Politischen Hauptverwaltung der NVA Generaloberst Horst Brünner erklären ihren Rücktritt.

16. November
Erneut finden verschiedenenorts größere Demonstrationen mit Losungen wie »Bestrafung der Verantwortlichen des MfS« statt. Die »Erhöhte Führungsbereitschaft« im Verteidigungsministerium sowie in den Kommandos und Führungsorganen der NVA und der Grenztruppen der DDR wird aufrechterhalten, für die Einsatzleitungen wird sie in Hausbereitschaft umgewandelt.

17. November
Vor der Volkskammer stellt Ministerpräsident Hans Modrow seine Regierung vor und gibt eine Regierungserklärung ab. Er kündigt Reformen im Land an. So soll u.a. das Ministerium für Staatssicherheit in ein Amt für Nationale Sicherheit (AfNS) umgewandelt werden.

18. November
Admiral Theodor Hoffmann wird Verteidigungsminister in der Modrow-Regierung. Sein Nachfolger als Chef der Volksmarine wird Vizeadmiral Hendrik Born.

20. November
Kommandeurtagung zur Einleitung der Militärreform in der DDR.

29. November
Egon Krenz erlässt den Befehl Nr. 16/89 über die Einstellung der Tätigkeit der Einsatzleitungen der Bezirke und Kreise mit Wirkung vom 30. November 1989. Zugleich werden alle die Tätigkeit der Einsatzleitungen betreffenden Grundsatzdokumente außer Kraft gesetzt.

1. Dezember
Die Volkskammer der DDR beschließt, den in der Verfassung fixierten Führungsanspruch der SED aus dem Dokument zu streichen. Die Grenztruppen werden neu strukturiert. Anstelle der Grenzkommandos werden Grenzbezirks- und Grenzkreiskommandos als Grundlage eines künftigen Grenzschutzes gebildet. Die Aufstellung von Ausbildungsbasen in den Liegenschaften der aufgelösten Panzerregimenter in Sondershausen, Beelitz, Goldberg, Karpin, Großenhain und Gotha ist abgeschlossen.

3. Dezember
Auf der 12. Tagung des ZK der SED treten das Politbüro und das ZK der SED zurück.

4. Dezember
Bürgerrechtler besetzen das Bezirksamt für Nationale Sicherheit in Erfurt.
6. Dezember
Das Kollegium des Verteidigungsministeriums fordert alle Armeeangehörigen auf, die von anderen bewaffneten Organen übernommenen Waffen und Munition zuverlässig zu sichern.

Egon Krenz tritt als Vorsitzender des Staatsrates und Vorsitzender des Nationalen Verteidigungsrates zurück. Gleichzeitig werden alle Mitglieder des Verteidigungsrates von ihren Funktionen abberufen, womit dessen Tätigkeit faktisch endet. Amtierender Vorsitzender des Staatrates wird Manfred Gerlach.

Die Entwaffnung der »Kampfgruppen der Arbeiterklasse« wird angeordnet.
7. Dezember
Befehl Nr. 135/89 des Verteidigungsministers über die Bildung einer Kommission für eine Militärreform in der DDR. Es wird ein Ausschuss zur Untersuchung von Amtsmissbrauch, Korruption und persönlicher Bereicherung in der NVA, den Grenztruppen und der Zivilverteidigung gebildet.

Der langjährige Minister für Staatssicherheit Erich Mielke wird verhaftet.
8./9. Dezember
In einer Grundsatzerklärung der Europäischen Union zum Wandel in Mittel- und Osteuropa wird prinzipiell das Recht der Deutschen auf Einheit anerkannt.

In Berlin findet ein außerordentlicher Parteitag der SED statt. Der neue Parteivorsitzende heißt Gregor Gysi.
11. Dezember
In Berlin beraten Vertreter des Sekretariats der Berliner Bischofskonferenz, des Deutschen Caritasverbandes und des Ministeriums für Nationale Verteidigung über den künftigen Zivildienst.
14. Dezember
Der Ministerrat der DDR beschließt die Auflösung des Amtes für Nationale Sicherheit bis zum 31. März 1990 sowie die Bildung eines Nachrichtendienstes der DDR und eines Verfassungsschutzes der DDR. Zudem sollen die Angehörigen der Personenkontrolleinheiten (PKE) des MfS entlassen bzw. in die Grenztruppen eingegliedert werden. Die »Kampfgruppen der Arbeiterklasse« werden zum 30. Juni 1990 aufgelöst.
16./17. Dezember
Auf der zweiten Session des außerordentlichen Parteitages der SED fügt die Partei ihrem Namen den Zusatz »Partei des Demokratischen Sozialismus« an (SED-PDS).

18. Dezember
Vertreter von Parteien, Massenorganisationen, Bürgerbewegungen und wissenschaftlichen Einrichtungen kommen in der Militärpolitischen Hochschule in Berlin-Grünau zur ersten Beratung des »Runden Tisches Militärreform« zusammen.
19. Dezember
Bundeskanzler Helmut Kohl und Ministerpräsident Hans Modrow treffen sich in Dresden.

In einer Rede vor dem Politischen Ausschuss des Europäischen Parlaments in Brüssel formuliert der sowjetische Außenminister Ševardnadze Bedingungen für die deutsche Vereinigung.
20. Dezember
Der Volkskammerausschuss für Nationale Verteidigung berät den Entwurf für die künftige Militärdoktrin der DDR.
21. Dezember
Der DDR-Ministerrat beschließt die Bildung einer Regierungskommission »Militärreform der DDR«.
29. Dezember
Der Schriftsteller und Bürgerrechtler Václav Havel wird zum Präsidenten der Tschechoslowakei gewählt.
Jahresende
Die Parteiorganisationen der SED bzw. SED-PDS stellen ihre Tätigkeit in der NVA ein.

1990
1. Januar
Im DDR-Verteidigungsministerium werden Führungsposten neu besetzt. Generalleutnant Manfred Grätz wird anstelle von Generaloberst Fritz Streletz Chef des Hauptstabes der NVA. Die Dienststellung des Chefs der Rückwärtigen Dienste der NVA übernimmt Vizeadmiral Hans Hofmann. Der bisherige Chef der Politischen Hauptverwaltung Generaloberst Horst Brünner scheidet aus dem Dienst aus. Bis zum 15. Februar 1990 werden alle Politorgane in der NVA aufgelöst. Neuer Chef der Landstreitkräfte wird Generalleutnant Horst Skerra. Generalmajor Dieter Teichmann wird mit der Führung der Grenztruppen der DDR beauftragt.
2. Januar
Verteidigungsminister Admiral Theodor Hoffmann führt in Beelitz mit den seit Silvester streikenden Soldaten und deren Vertretern Gespräche über den Forderungskatalog. Er verspricht, alle Forderungen der Soldaten zu prüfen.

3. Januar
Ministerpräsident Hans Modrow weist die Umbildung der Grenztruppen der DDR zu einem dem Innenministerium unterstellten Grenzschutz an.

10. Januar
Verteidigungsminister Admiral Theodor Hoffmann empfängt den Oberkommandierenden der Vereinten Streitkräfte des Warschauer Paktes, Armeegeneral Pëtr G. Lušev, zu einem Gespräch über die militärpolitische Situation in der DDR.

13. Januar
Der Ministerrat der DDR beschließt die Ausgliederung der Zivilverteidigung aus dem Verantwortungsbereich des Verteidigungsministeriums und unterstellt sie dem Ministerpräsidenten direkt. Leiter der Zivilverteidigung ist weiterhin Generaloberst Fritz Peter.

15. Januar
In Berlin besetzt ein Bürgerkomitee die Zentrale des früheren MfS. Die Zivilverteidigung wird in Zivilschutz umbenannt.

16. Januar
Erste Sitzung der Regierungskommission »Militärreform der DDR«.

16. Januar – 5. Februar
Konferenz über vertrauens- und sicherheitsbildende Maßnahmen und Militärdoktrinen in Wien. Eine Delegation der NVA nimmt daran teil.

17. Januar
Verteidigungsminister Theodor Hoffmann unterzeichnet einen Befehl über die Organisation und Führung der staatsbürgerlichen Arbeit in der NVA. Die Militäraufklärung gegenüber der Bundesrepublik wird eingestellt.

20. Januar
In Leipzig wird der Verband der Berufssoldaten der DDR (VBS) gegründet.

20./21. Januar
Der Vorstand der SED-PDS entscheidet, die Partei als Partei des Demokratischen Sozialismus (PDS) fortzuführen.

22. Januar
Vertreter von Parteien und Organisationen bilden einen »Runden Tisch« und beraten über »militärpolitische Leitlinien der DDR«.

24. Januar
Der ehemalige Verteidigungsminister Heinz Keßler wird wegen Korruptionsverdachts verhaftet.

27. Januar
Die militärische Führung der Gesellschaft für Sport und Technik (GST) tritt zurück, der Zentralvorstand löst sich auf.

Januar
Die Verwaltung 2000, das Überwachungsorgan des MfS im Bereich der NVA und der Grenztruppen, wird aufgelöst.

1. Februar
Ministerpräsident Hans Modrow stellt sein Konzept »Deutschland, einig Vaterland« vor, das eine Vereinigung der beiden deutschen Staaten in vier Stufen vorsieht.

In der NVA treten Besoldungserhöhungen in Kraft. Der Wehrsold eines Mannschaftssoldaten erhöht sich um 100 DDR-Mark auf nunmehr 250 DDR-Mark.

5. Februar
Rainer Eppelmann (Demokratischer Aufbruch) wird in der Regierung Modrow Minister ohne Geschäftsbereich. Es bildet sich das Wahlbündnis Allianz für Deutschland aus CDU, DSU und DA.

6. Februar
Der 4. »Runde Tisch« beim Verteidigungsminister berät über die künftigen »Militärpolitischen Leitsätze der DDR«.

8. Februar
In einer Verordnung des Ministerrats wird wehrpflichtigen Bürgern die Möglichkeit eröffnet, Zivildienst zu leisten. Die Dauer des Dienstes beträgt zwölf Monate.

22. Februar
Der Wehrbeauftragte des Deutschen Bundestages, Willi Weiskirch, besucht ein NVA-Regiment in Bad Salzungen.

22./23. Februar
Erster Kontakt zwischen dem Verband der Berufssoldaten der DDR und dem Deutschen Bundeswehrverband.

24./25. Februar
Bundeskanzler Helmut Kohl und USA-Präsident George Bush einigen sich in Camp David darauf, dass das vereinte Deutschland NATO-Mitglied bleiben, doch die berechtigten Sicherheitsinteressen aller Staaten respektieren soll.

26. Februar
Die Außenminister der UdSSR und der ČSSR, Eduard Ševardnadze und Jiří Dienstbier, unterzeichnen ein Abkommen über den Abzug der sowjetischen Truppen aus der ČSSR bis zum 1. Juli 1991.

Februar
Die Verordnung über den Zivildienst in der DDR tritt in Kraft.

1. März
34. Jahrestag der NVA. Er wird nicht mehr als Feiertag für die Armeeangehörigen begangen.

9. März
Der »Runde Tisch« beim Minister für Verteidigung berät Neufassungen des Wehrdienst- und des Dienstpflichtgesetzes.
15. März
Vereidigung von Michail S. Gorbačev als Präsident der UdSSR.
Der Abschlussbericht über Amtsmissbrauch, Korruption und persönliche Bereicherung in der NVA, den Grenztruppen der DDR und der Zivilverteidigung wird veröffentlicht.
16. März
Der Ministerrat der DDR beschließt die Schaffung eines Amtes für Abrüstung und Konversion.
18. März
Erste freie Wahlen zur Volkskammer in der DDR. Wahlsieger wird die Allianz für Deutschland mit rund 48 Prozent der Wählerstimmen.
20. März
Letzte Sitzung des »Runden Tisches« beim Verteidigungsminister zur Militärreform.
28./29. März
In Hamburg treffen sich Offiziere der Bundeswehr und der NVA.
31. März
Endgültige Auflösung des Amtes für Nationale Sicherheit.
März
Auflösung des nunmehr als »Informationsdienst« bezeichneten Bereichs Aufklärung in der NVA.
2. April
Verteidigungsminister Admiral Theodor Hoffmann erlässt den Befehl Nr. 46/90 zur Bildung eines Grenzschutzes.
17. April
Die bisher der Volksmarine unterstellte Grenzbrigade Küste wird offiziell den Grenztruppen unterstellt.
18. April
Der Minister für Abrüstung und Verteidigung Rainer Eppelmann übernimmt in Strausberg seine Amtsgeschäfte.
19. April
Regierungserklärung von Ministerpräsident Lothar de Maizière vor der Volkskammer der DDR.
20. April
Erstes Gespräch des Ministers für Abrüstung und Verteidigung Rainer Eppelmann mit dem Oberkommandierenden der Westgruppe und dem Oberkommandierenden der Vereinten Streitkräfte der Teilnehmerstaaten des Warschauer Vertrags.

26. April
Die Volkskammer beschließt ein Gesetz zur Änderung des Wehrdienstgesetzes und einen neuen Fahneneid für die Angehörigen der NVA.

27. April
Erstes Treffen des Ministers für Abrüstung und Verteidigung Rainer Eppelmann mit Bundesverteidigungsminister Gerhard Stoltenberg in Köln.

Mai
Kommandeurtagung in Strausberg. Rainer Eppelmann geht von einem längeren Nebeneinander zweier deutscher Armeen aus.

7.–10. Mai
Besuch einer Militärdelegation der DDR unter der Leitung des Ministers für Abrüstung und Verteidigung in der Sowjetunion.

9. Mai
Die diesjährigen Einberufungen zur NVA sind abgeschlossen.

18. Mai
Unterzeichnung des Vertrages über die Schaffung einer Wirtschafts-, Währungs- und Sozialunion in Bonn.

Erster Truppenbesuch des Ministers für Abrüstung und Verteidigung Rainer Eppelmann.

23. Mai
Kommandeurtagung der NVA in Strausberg.

30. Mai–4. Juni
Amerikanisch-sowjetischer Gipfel in den USA. In den Gesprächen zwischen Michail Gorbačev und George Bush gibt es Annäherungen in der Frage der Bündniszugehörigkeit eines vereinten Deutschlands.

1. Juni
Befehl Nr. 16/90 des Ministers für Abrüstung und Verteidigung zur Schaffung eines Rates der Kommandeure der NVA zum 1. Juli 1990.

Die von den Ministern Stoltenberg und Eppelmann vereinbarte Rahmenrichtlinie für offizielle Kontakte zwischen NVA und Bundeswehr tritt in Kraft.

7. Juni
Der Politische Beratende Ausschuss des Warschauer Vertrags beschließt in Moskau die Überprüfung des Charakters, der Funktion und Tätigkeit der Vertragsorganisation, erklärt die Bereitschaft zum Zusammenwirken mit der NATO und spricht sich für die Einbettung der deutschen Einigung in den gesamteuropäischen Prozess aus.

7./8. Juni
Die Außenministertagung der NATO vertritt die Auffassung, dass ein vereintes Deutschland Vollmitglied der NATO, einschließlich seiner integrierten Militärstruktur, sein soll.

12. Juni
Vor dem Obersten Sowjet der UdSSR entwickelt Präsident Gorbačev die Idee einer assoziierten Mitgliedschaft des vereinigten Deutschlands in beiden Militärbündnissen.

13./14. Juni
Die Verteidigungsminister des Warschauer Paktes tagen in Strausberg.

18./19. Juni
Auf der Ostsee findet ein Flottenmanöver des Warschauer Vertrags mit Beteiligung von Kräften der Sowjetunion, Polens und der DDR statt.

26. Juni
Der Minister für Abrüstung und Verteidigung Rainer Eppelmann erklärt das Ende der Grenzüberwachung an den Grenzen zur Bundesrepublik.

1. Juli
Der Vertrag über die Wirtschafts-, Währungs- und Sozialunion mit der Bundesrepublik Deutschland tritt in Kraft. Damit fallen die Grenzkontrollen zwischen beiden deutschen Staaten weg.

18.–21. Juli
Die NVA nimmt nicht an der geplanten Luftverteidigungsübung der Vereinten Streitkräfte des Warschauer Paktes »Granit« teil und sagt die Teilnahme an einer weiteren bevorstehenden Übung ab.

20. Juli
Im Gedenken an den 20. Juli 1944 findet eine Neuvereidigung der Angehörigen der NVA statt. Zugleich erhalten Gebäude in der Liegenschaft des Strausberger Ministeriums die Namen »Stauffenberg« und »Tresckow«.

Das bisherige Emblem auf den Mützen mit Hammer und Zirkel wird durch eine schwarz-rot-goldene Kokarde ersetzt.

8. August
Der Minister für Abrüstung und Verteidigung Rainer Eppelmann befiehlt die Auflösung der Organe der staatsbürgerlichen Arbeit in der NVA.

11. August
Die letzten Absolventen der NVA-Offizierhochschulen werden zu Offizieren ernannt.

15. August
Laut Befehl Nr. 28/90 des Ministers für Abrüstung und Verteidigung sind alle Berufssoldaten über 55 Jahre aus der NVA und den Grenztruppen zu entlassen.

20. August
Der Verbindungsstab der Bundeswehr unter der Leitung von General Ekkehard Richter nimmt in Strausberg seine Arbeit auf.

3. September
Der Minister für Abrüstung und Verteidigung Rainer Eppelmann befiehlt, den Zivilschutz bis Ende 1990 aufzulösen.
7. September
Auf der Grundlage des Befehls Nr. 41/90 sind bis zum 30. September 1990 alle weiblichen Armeeangehörigen, außer Offiziere des Medizinischen Dienstes, aus dem aktiven Wehrdienst zu entlassen.
9. September
Für 280 Offiziere der NVA beginnt ein Ausbildungslehrgang an der Offizierschule der Luftwaffe in Fürstenfeldbruck (Bayern), um sie auf ihre Aufgabe als Offiziere in der Bundeswehr vorzubereiten.
12. September
Der Vertrag über die abschließende Regelung in Bezug auf Deutschland (Zwei-plus-vier-Vertrag) wird in Moskau unterzeichnet. In einem gemeinsamen Brief geben Bundesaußenminister Hans-Dietrich Genscher und DDR-Ministerpräsident Lothar de Maizière u.a. Zusicherungen über die Fortdauer bzw. Revision bestehender völkerrechtlicher Verträge.
Letzte Kommandeurtagung der NVA in Strausberg über den Weg der NVA in die deutsche Einheit.
20. September
Die Volkskammer der DDR und der Deutsche Bundestag verabschieden jeweils mit Zweidrittelmehrheit den Einigungsvertrag.
21. September
Auflösung der Grenztruppen.
24. September
Armeegeneral Pëtr G. Lušev und Minister Rainer Eppelmann unterzeichnen in Berlin ein Protokoll über die Herauslösung der NVA aus den Vereinten Streitkräften des Warschauer Vertrags.
In Strausberg findet ein Verabschiedungsappell für Generale und Admirale der NVA statt.
26. September
In Berlin findet der letzte Große Wachaufzug der NVA statt.
28. September
Entlassung aller noch in der NVA verbliebenen Generale und Admirale aus dem aktiven Dienst.
1. Oktober
Die sowjetische Westgruppe der Truppen hat ihre Kontrollen der Bewegungen von Truppen der Westmächte auf Straßen und Bahnlinien zwischen Helmstedt und Berlin eingestellt. Die Aktivitäten der Militärmissionen ruhen.
2. Oktober
Um 24.00 Uhr hört die Nationale Volksarmee auf zu existieren.

3. Oktober
Herstellung der Deutschen Einheit.
12. Oktober
Der Vertrag zwischen der Bundesrepublik Deutschland und der UdSSR über die Bedingungen des befristeten Aufenthalts und die Modalitäten des planmäßigen Abzugs der sowjetischen Truppen aus Deutschland wird unterzeichnet.

1992
19. August
Abschluss des Abzugs der 1. Gardepanzerarmee der WGT aus Sachsen.
2. Oktober
Die ersten 20 ehemaligen NVA-Soldaten werden zu Berufssoldaten der Bundeswehr ernannt.

1994
31. August
Gemeinsame deutsch-russische Veranstaltung in Berlin in Anwesenheit von Präsident Boris El'cin und Bundeskanzler Helmut Kohl anlässlich des Abzugs der letzten russischen Soldaten aus Deutschland.

Ausgewählte Dokumente

Aus einer Information der HA I des MfS, 19. September 1989[1]

Relativ breiten Raum im Stimmungs- und Meinungsbild nahmen erneut die Ereignisse und *Entwicklungen in den sozialistischen Ländern, insbesondere der Sowjetunion* ein. Die *Situation* im sozialistischen Lager wird von einem Teil der Offiziere des MfNV als *besorgniserregend und brisant* beurteilt. Dies gipfelt in solchen Einschätzungen, wonach der Gegner noch nie solche Erfolge erreicht habe und die negativen Auswirkungen auf die internationale Ausstrahlungskraft des Sozialismus eine echte Gefahr für die weitere Entfaltung, ja die augenblickliche Existenz des Sozialismus, darstellten.

Kennzeichnend für Meinungen zur Sowjetunion ist, daß bei nicht wenigen Berufskadern die *anfängliche enthusiastische und euphorische Begrüßung der Umgestaltung in zunehmendem Maße durch Nüchternheit, Zweifel und Unbehagen verdrängt wird*. Diese richten sich zum Teil auf die Person *Michael Gorbatschow's* und reichen bis zu der Fragestellung, ob er für die Sache des Sozialismus als zuverlässig einzuschätzen sei, oder ob er nicht gewollt oder ungewollt dem Imperialismus in die Hände arbeite?

Während der im *Juli stattgefundenen Front-Kommandostabsübung* trafen Offiziere des Stabes Rückwärtige Dienste bei ihren sowjetischen *Gesprächspartnern der Westgruppe* die Feststellung, daß diese sehr *beunruhigt* sind über die Prozesse in ihrer Heimat und sich *teilweise ratlos zeigten*. Unter anderem vertraten Offiziere der Westgruppe die Auffassung, daß der Demokratisierungsprozeß in der Sowjetunion zu weit getrieben wurde. Genosse Gorbatschow hätte zu viele Probleme gleichzeitig angepackt. Er hätte die Umgestaltung schrittweise lösen müssen. Fast einhellig wurde durch die sowjetischen Offiziere die Meinung vertreten, daß der Staats- und Parteibürokratismus zu feste Wurzeln habe, als daß er sich durch Reformen ausrotten ließe. Allein dadurch hätte Michael Gorbatschow genügend Gegner, die vieles sabotieren.

---

[1] BStU, MfS, HA I, Nr. 1333, Bl. 4 (Hervorhebungen im Original unterstrichen).

Aus dem Referat des Ministers für Nationale Verteidigung, Armeegeneral Heinz Keßler, auf der Kommandeurtagung zur Auswertung des Ausbildungsjahres 1988/89, 22. September 1989[2]

Mit der erfolgreichen Lösung der Aufgaben zur Gewährleistung des militärischen Schutzes der DDR entsprechend dem vom XI. Parteitag der SED erteilten Klassenauftrag und der aktiven Mitwirkung am Prozeß des Abbaus der militärischen Konfrontation in Europa trägt die Nationale Volksarmee auch künftig dazu bei, die auf den Frieden und die Schaffung eines internationalen Sicherheitssystems gerichtete außenpolitische Strategie unserer Partei zu verwirklichen.

Für unsere Verbände und Truppenteile ergibt sich daraus die Aufgabe, gemeinsam mit der Westgruppe der sowjetischen Streitkräfte die Unantastbarkeit des Hoheitsgebietes der DDR zu gewährleisten, erforderliche Maßnahmen und Handlungen zur Krisenbewältigung durchzuführen und jederzeit fähig zu sein, im Bestand der Vereinten Streitkräfte der Teilnehmerstaaten des Warschauer Vertrages an der Abwehr einer Aggression und an der Zerschlagung der Angriffsgruppierungen des Aggressors teilzunehmen.

Im Frieden hat die Nationale Volksarmee auch mit Teilkräften zur Erfüllung volkswirtschaftlicher Aufgaben beizutragen.

Diese Aufgaben müssen bei gleichzeitiger Reduzierung, Umstrukturierung und Reorganisation unserer Streitkräfte in hoher Qualität gelöst werden. Das ist nur auf dem Wege der umfassenden Intensivierung möglich. Alles das zeigt, daß die NVA in eine neue Etappe ihrer Entwicklung eingetreten ist, wie das auf der zentralen militärwissenschaftlichen Konferenz am 21. April richtig herausgearbeitet wurde.

Wir stehen folglich mitten in einer Umbruchsituation, was mit Präzisierungen im Auftrag, mit grundsätzlichen Veränderungen in der Organisationsstruktur, in der Ausrüstung, Ausbildung und Erziehung der Streitkräfte verbunden ist und vielfältige Probleme mit sich bringt, die das Leben und die Zukunft unserer Berufskader und ihrer Familien berühren.

---

[2] BArch, DVW 1/139433, Bl. 11 f.

Aus einer Information der 21. VPB Leipzig vom
10. Oktober 1989³

Fast ausnahmslos vertreten alle Angehörigen der 21. VPB die Auffassung, daß die gestrige Entscheidung über den nicht aktiven Einsatz der VP-Einsatzkräfte richtig war und eine somit unvermeidliche Konfrontation vorerst verhinderte.

Gleichzeitig war diese Entscheidung für viele Genossen eine Erleichterung, die sich abzeichnende Angst vor gewalttätigen Auseinandersetzungen bedeutend abzubauen.

In diesem Zusammenhang werden die Bemerkungen und die Einweisung durch den Stellvertreter des Chefs und Stabschef der BDVP, Oberst der VP [...], am 09.10.1989 deutlicher Kritik unterworfen. Jedem war doch klar, daß die Teilnehmerzahl am 09.10. mindestens so hoch sein würde, wie am 02.10.1989.

Damit sind gleichzeitig weitergehende Fragen und Auffassungen verbunden, die das Stimmungs- und Meinungsbild der Einheiten bestimmen, wie z.B.:
– Wie werden sich die Zustände in Leipzig und der DDR weiter entwickeln?
– Warum müssen erst Zehntausende auf die Straße gehen, damit sich Partei und Staat rühren?
– Warum beginnen erst jetzt die Massenmedien zu reagieren? (Information ist Bürgerrecht und Staatspflicht)
– Warum war bis jetzt keiner ehrlich bereit, über die Probleme zu diskutieren und gemeinsame Lösungen anzustreben, statt alles totzuschweigen oder zu kriminalisieren?

Viele Angehörige erkennen an, daß gegen Rowdys (wie in Dresden) mit aller Härte vorgegangen werden muß. Andererseits gibt es zahlreiche Meinungen, wo Genossen die friedlichen Demonstranten vom 09.10.89 nicht als Rechtsbrecher ansehen und auch von sich aus den Einsatz von Hilfsmitteln ablehnen, insofern keine Übergriffe erfolgen.

Dringend wird zum *wiederholten Male* die ehrliche Bitte und Forderung erhoben, Ausgang und Urlaub in Zivilkleidung zu gestatten, wenn auch nur zeitweilig und auf Leipzig beschränkt.

Dieser Vorschlag wird von *allen* Vorgesetzten unterstützt, da noch keine der Ursachen dafür beseitigt wurden. Uns enttäuscht stark diese Haltung der Führungsebenen, die dies entscheiden können, obwohl schon mehrfach darum gebeten wurde.

Die Masse der Angehörigen drückt eine hohe Erwartungshaltung in der Hinsicht aus, daß die anstehenden Probleme für alle deutlich sichtbar diskutiert

---

3   StAL, BDVP, 3929, Bl. 123 f. (Hervorhebungen im Original unterstrichen).

und geklärt werden, da sonst Montags-Einsätze bleiben werden und die Gefahr gewalttätiger Eskalationen in sich bergen.

Die Genossen sagen auch eindeutig, daß sie sich gewiß sind, daß wir die schon lange auf der Tagesordnung stehenden Probleme lösen können, um den Sozialismus in der DDR weiter zu stärken.

Aus einer Information der HA I des MfS, 9. November 1989[4]

Durch den IME »Eckhard Bode« wurde mitgeteilt, daß heute Vormittag, am 9.11.1988 im TAZ mit allen Chefs, Leitern und Parteisekretären eine erste Auswertung der ZK-Sitzung durch den Minister für Nationale Verteidigung erfolgte.

Alle Anwesenden, bis auf wenige Ausnahmen, waren mit den Darlegungen nicht einverstanden, da er ca. eine ¾ Stunde solche Informationen brachte, wie sie bereits in den Nachrichten am 8.11.1989 veröffentlicht wurden.

Die Anwesenden haben daraufhin ihre Aufzeichnungsbücher geschlossen und die Schreibgeräte weggelegt, da die Meinung vertreten wurde, derartige allgemeine Informationen brauchte man nicht aufzuschreiben. Der Minister für Nationale Verteidigung erklärte sich mit der Demonstration der Berliner Parteimitglieder vor dem ZK gestern Abend nicht einverstanden. Er hat erklärt, daß die dort recht schrillen Töne nicht stören würden.

Er sprach sich grundsätzlich gegen eine Parteikonferenz bzw. einen Sonderparteitag aus.

Generalleutnant Süß (HI) erklärte offen, daß er diese Meinung nicht teilen kann und sicherlich ein breiter Widerstand unter den Parteimitgliedern auftreten wird. Es entsteht dadurch die Gefahr eines Generalstreiks.

Der Minister wurde von Generalleutnant Süß und weiteren Anwesenden gebeten, auf der ZK-Tagung die einstimmige Auffassung zum Ausdruck zu bringen, daß eine Parteikonferenz notwendig ist.

Er wurde aufgefordert, die Meinung der Anwesenden dort darzulegen und nicht seine Meinung. Er will sich dieses überlegen.

Weiterhin wurde gefordert, die Demonstration am Sonntag in Strausberg legal zu gestalten. Alle Armeeangehörigen aufzufordern in Uniform an dieser Demo teilzunehmen und unsere Einstellung (Parteipolitik) zu demonstrieren.

Der IME äußerte Bedenken, wenn der Minister für Nationale Verteidigung auftreten sollte, wäre das eine durchgängige Blamage.

---

4 BStU, MfS, Sekr. Neiber, Nr. 874, Bl. 116.

Unter den Anwesenden herrschte große Einmütigkeit im Auftreten und den vorgebrachten Forderungen. Neben einigen anderen war Generalleutnant Ludwig sehr zurückhaltend. Das waren jedoch nur Einzelerscheinungen. Verurteilt wurde, daß die PHV eine eigene Besprechung durchführte, dieses wurde als eine Art Absonderung hingestellt.

Aus einer Analyse zur Meinungsumfrage der PHV bei Angehörigen der Grenztruppen zur »Umgestaltung des Sozialismus«, Ende November 1989[5]

Auch unter den heutigen Bedingungen ist die Erkenntnis von der Verteidigungsnotwendigkeit des Sozialismus eine tragende Säule des Wehrbewußtseins der Armeeangehörigen und Grenzsoldaten. Nach wie vor geht eine Mehrheit der Soldaten (68 Prozent) und der überwiegende Teil der Unteroffiziere (80 Prozent) von der friedenserhaltenden Funktion sozialistischer Streitkräfte aus. Wertungen von Angehörigen der Grenztruppen heben sich dabei deutlich positiv von Aussagen der Soldaten und Unteroffiziere der Landstreitkräfte ab. Auch hier zeigen sich jedoch regressive Tendenzen. Auffällig ist insbesondere ein schwindendes Verständnis für den Zusammenhang von potentieller Bedrohung durch die NATO-Streitkräfte und der Forderung nach äquivalenter Verteidigungsbereitschaft der sozialistischen Staaten. (Nur noch 75 Prozent der Soldaten und 85 Prozent der Unteroffiziere). Die Gewährleistung der Sicherheit unserer Staatsgrenzen wird lediglich noch von 53 Prozent der Soldaten und von 75 Prozent der Unteroffiziere als Aufgabe der Nationalen Volksarmee und der Grenztruppen bestimmt.

Motive für Verteidigungsbereitschaft sind nach wie vor bei Mehrheiten vorhanden. Dabei zeigen sich rückläufige Entwicklungen eher bei gesellschaftlich begründeten als bei jenen Motiven, die auf persönliche Werte bezogen sind. [...] Der Rückgang gesellschaftsbezogener Motive weist auf Veränderungen im Verständnis der Verteidigungswürdigkeit unserer Gesellschaft und belegt die eingangs ausgewiesene abnehmende Staatsverbundenheit. Folgerichtig wirkt das auf die Ausprägung des Verteidigungswillens. Zur Verteidigung der DDR unter Einsatz ihres Lebens sind noch 43 Prozent der Soldaten und 68 Prozent der Unteroffiziere bereit. Weiter angestiegen ist der Anteil der Urteilsunsicheren, kaum verändert der der Ablehnenden.

---

5   BArch, AZN P-3016, Bl. 366 f.

Aus dem Redeentwurf des Ministers für Nationale Verteidigung, Admiral Theodor Hoffmann, auf einer Kommandeurtagung, 19. Januar 1990[6]

Meine Herren Offiziere!

Die heutige Kommandeurstagung hat das Ziel, die Lage in der Armee zu beurteilen und uns die gegenwärtigen Aufgaben klarzumachen.

Das Hauptziel, worum es jetzt gehen muß, ist die Stabilisierung und damit Erhaltung der Streitkräfte, ihrer Funktion im Bündnis und der demokratischen Umgestaltung der Gesellschaft.

Einige Worte zur Lage im Lande.

Wie gespannt und kompliziert sie ist, wie sich innere Spannungen und Komplikationen seit Jahresbeginn in vieler Hinsicht verschärft haben und es außerordentlich schwer machen, das Schiff auf Kurs zu halten – das brauche ich nicht zu betonen, Sie wissen es so gut wie ich und erfahren es »vor Ort« jeden Tag aufs neue.

Worauf kommt es in dieser Situation für jeden von uns an? Ich meine, es kommt vor allem darauf an,
– in der Fülle täglicher Ereignisse stets das Wesen des revolutionären Prozessen in der DDR klar im Blickfeld zu halten und
– immer wieder neu und präzise zu entscheiden, was von seiten der Führung, der Kommandeure zu tun oder nicht zu tun ist, um den Gang der Dinge im Sinne einer Erneuerung und Stabilisierung unserer gesellschaftlichen Ordnung zu steuern, um dem Abgleiten in Anarchie wirksam zu begegnen. Wir dürfen nicht zulassen, daß die Armee zu einem Sicherheitsrisiko der eingeleiteten Veränderungen wird.

Mit was für einer Revolution haben wir es zu tun?

Es ist eine Volksrevolution in einem Staat bisheriger stalinistischer Prägung, der trotz unbestreitbarer Erfolge für die Werktätigen nicht vermochte, eine gegenüber dem Kapitalismus höher entwickelte, demokratischere Gesellschaftsordnung herbeizuführen, sondern durch die Politik einer anmaßenden und selbstherrlichen Partei- und Staatsführung in schroffen Gegensatz zu den Interessen der Volksmassen geriet und den friedlichen, demokratischen Aufbruch aller Klassen und Schichten herausforderte.

In dieser Revolution dominieren trotz einzelner Akte von Vandalismus nach wie vor gewaltfreie Methoden.

---

6 Fonds ZMSBw, Nachlass Generalleutnant a.D. der NVA Hans Süß (2014). (Hervorhebungen im Original unterstrichen.)

Die Bestrebungen der überwiegenden Mehrheit des Volkes gehen dahin, ein politisches System zu schaffen, das Bürgerfreiheit, persönliche Sicherheit, Rechtsstaatlichkeit, eine effiziente Wirtschaft, soziale und ökologische Sicherheit garantiert, bisherige überwachungsstaatliche oder in anderer Weise undemokratische Strukturen konsequent überwindet. Nach außen ist diese Revolution auf radikale Abrüstung und gleichberechtigte internationale Beziehungen gerichtet, besonders aber auf eine Vertragsgemeinschaft und auf eine Konföderation beider deutscher Staaten im Rahmen eines »europäischen Hauses«. Das ist übrigens auch die strategische Linie der Regierung Modrow – allerdings in realistischen Etappen und Zeiträumen sowie unter strikter Beachtung der Interessen der Nachbarn und der Errichtung des europäischen Hauses.

Dabei müssen wir uns klar sein, daß viele Bürger der DDR hoffen, durch möglichst sofortige staatliche Vereinigung mit der BRD ihren Lebensstandard unverzüglich auf das Niveau westdeutscher Durchschnittsverdiener heben zu können.

Wie die Vertragsgemeinschaft und später eine Konföderation im einzelnen zu bewerkstelligen ist, darüber gehen die Ansichten z.T. weit auseinander. Aber der Wille und die Entschlossenheit, in den Grundrichtungen auf Demokratie, effektive Wirtschaft, Wohlstand und soziale Sicherheit bei stabilem Frieden zügig voranzukommen, herrscht bei den meisten Regierungs- wie Oppositionsparteien und -bewegungen vor.

Die akute und gefährliche Zuspitzung der Lage im Zusammenhang mit den Ereignissen beim Eindringen in das ehemalige MfS sowie bei anderen Demonstrationen – auch in STRAUSBERG – am Montag sollte uns nicht übersehen lassen, daß am gleichen Tag am Runden Tisch ein beachtlicher Schritt nach vorn getan wurde.

Dort zeigte sich: Je sachkundiger, offener und auch achtungsvoller Regierungsvertreter dem Runden Tisch geforderte Auskunft geben, desto größer wird dort die Bereitschaft zur Mitarbeit und Mitverantwortung und der Zwang auch für die oppositionellen Kräfte, sachlich zur Stabilisierung der Lage beizutragen.

Das zeigte auch wieder der Runde Tisch von gestern.

Der sowjetische Botschafter in der BRD, Kwizinski, hat bekanntlich am Mittwoch auf einer Veranstaltung der Bundeswehr zu Besonnenheit, Sachlichkeit und Ruhe in *beiden* deutschen Staaten aufgerufen, um die Perestroika in Mittel- und Osteuropa sowie die Sicherheitslage ganz Europas nicht zu gefährden. Und der ehemalige USA-Botschafter in MOSKAU hat vor der Gefahr gewarnt, dass in der DDR keine handlungsfähige Regierung mehr bestehen und eine solche Lage die vier Siegermächte unter Beteiligung der BRD zur Aufrechterhaltung der Ordnung in der DDR zwingen könnte.

Sicherheitspartnerschaft, Besonnenheit und Augenmaß ist folglich der einzige Weg zur Bewältigung der Krise in unserem Land, der einzige, der uns offen steht. Es muss und wird auch der Weg zur Bewältigung von Gefühlsausbrüchen und Gewaltentladungen sein, mit denen wir in den kommenden Monaten noch rechnen müssen.

Ich betone nochmals: es gibt keinen anderen Weg! Sollte es noch jemanden geben, der mit dem Gedanken spielt, »bis hierher, aber dann wird zurückgeschlagen«, der sollte schnellstens und mit aller Konsequenz davon abrücken.

Keines unserer inneren Probleme ist gewaltsam lösbar, alle müssen unbedingt und können auch tatsächlich – wie es die Praxis beweist – mit politischen Mitteln, auf dem Wege des vernünftigen, vermittelnden Dialogs, auf dem Wege der direkten Einbeziehung der Protestierenden in die Arbeit gelöst werden.

Der Weg der Gewaltlosigkeit, der von Beginn an für die Revolution in unserem Land kennzeichnend war, wird auch international als etwas Neues, als eine beachtliche geschichtliche Erfahrung geschätzt. Daß dieser Weg, erforderliche gesellschaftliche Veränderungen ohne Gewaltanwendung herbeizuführen, auch in den nächsten Etappen eingehalten und nicht durch den Rückfall in Gewalttätigkeiten unseligen Angedenkens oder gar in einen Bürgerkrieg beendet wird – dafür trägt die Armee eine besondere Verantwortung.

In unserem Gewahrsam befinden sich enorme Mengen von Waffen und Munition.

Wir haben nicht nur unsere strukturmäßige Bewaffnung und die Ausrüstung der Mobilmachungstruppen, sondern große Mengen *zusätzlicher* Waffen zu sichern, die vor allem vom Amt für Nationale Sicherheit und von den Kampfgruppen übernommen werden.

Um einen Eindruck von den Größenordnungen dieser zusätzlichen Waffensysteme zu bekommen, sollen einige Zahlen genannt werden:
- Es sind ca. 1.000 Schützenpanzerwagen mehrerer Modifikationen, mit deren Verschrottung begonnen wurde,
- 2.300 Fla-MG und 2.100 Maschinengewehre,
- ca. 50.000 Panzerbüchsen mit über 500.000 Granaten,
- über 360.000 Maschinenpistolen verschiedener Typen und etwa 135.000 Pistolen mit über 300 Millionen Patronen.

Hinzu kommen große Mengen an Handgranaten, Sprengstoffe unterschiedlicher Art und Verwendung sowie umfangreiche Spezialtechnik und materielle Mittel des Chemischen und Pionierdienstes.

Alle diese Waffen und anderen Kampfmittel sind absolut zuverlässig zu sichern! Es ist unbedingt zu gewährleisten, daß sie unter keinen Umständen Unbefugten in die Hände geraten! Dafür sind Sie, die Kommandeure, Chefs und Leiter, voll verantwortlich.

[...]

In mehreren Schreiben und in Informationen an das Konsultationszentrum MILITÄRREFORM haben Armeeangehörige, die in Komplexlager kommandiert wurden, auf nicht ausreichende Bedingungen bei der feldmäßigen Unterbringung und hygienischen Sicherstellung hingewiesen und Verbesserung gefordert. Durch die Kommandeure sind alle Mittel, die für die feldmäßige Unterbringung in der Ausrüstung der NVA vorhanden sind, voll einzusetzen. Das betrifft auch die kulturelle Betreuung.

Das größte Problem, vor dem wir in den letzten Monaten standen und mit dessen Lösung wir uns auch in den kommenden Wochen zu beschäftigen haben, ist der Einsatz in der Volkswirtschaft und dessen etappenweise Beendigung.

Gegenwärtig sind insgesamt ca. 21.000 Armeeangehörige und Bausoldaten in Abstimmung mit der Staatlichen Plankommission, auf Bitten örtlicher Organe sowie auf Antrag von wirtschaftsleitenden Einrichtungen in der Volkswirtschaft im Einsatz.

Die überwiegende Mehrzahl der eingesetzten Armeeangehörigen bewies und beweist dabei große Einsatzbereitschaft und Disziplin – auch in den angespannten letzten Wochen und Tagen. Es gibt viele Armeeangehörige, die diesen Einsatz sowohl in Betrieben als auch im Gesundheitswesen fortsetzen möchten. Für die treue Pflichterfüllung aller Beteiligten sage ich herzlichen Dank.

In diesen Dank sind auch die in den Kasernen verbliebenen Armeeangehörigen einbezogen, die mit ihren Leistungen dazu beigetragen haben, ohne zusätzlich finanziell stimuliert zu werden, die Sicherheit der militärischen Anlagen zu gewährleisten, die Wartung an der Technik und andere Aufgaben zu erfüllen.

Nach den Ereignissen im Oktober und November 1989 zeigte es sich, daß der zentralisierte Einsatz von Armeeangehörigen, der die Nationale Volksarmee vor viele und nur teilweise gelöste Probleme stellte, kaum beherrschbar ist und sich immer mehr gegen uns richtet.

Halbherzig organisierte Einsätze, fehlende Führungslinien und nicht ausreichend durchdachte Entscheidungen führten zu Streikandrohungen, Arbeitsverweigerungen und infolgedessen zu administrativen Weisungen unter Zwang.

Um die entstandene Situation in den in der Volkswirtschaft eingesetzten Einheiten besser beurteilen zu können, sind aber auch die Bedingungen, unter denen die Armeeangehörigen in einigen Betrieben zum Einsatz kamen bzw. kommen sollten, zu beurteilen.

Dazu zählen:
– der Einsatz in Abteilungen, die für den Strafvollzug eingerichtet sind,
– das Empfinden vieler Soldaten, nicht zweckmäßig oder entsprechend ihren beruflichen Möglichkeiten eingesetzt zu werden, sowie
– die Trennung der Berufskader von ihren Familien und Mängel in der sozialen Betreuung, vor allem bei Unterkunft und Versorgung.

[...]

Zukünftig sollte die Nationale Volksarmee nur noch auf Weisung der Regierung der DDR zur Beseitigung der Folgen von extremen Witterungsbedingungen und bei Katastrophen eingesetzt werden. Alles andere bedeutet Zweckentfremdung für die Streitkräfte und darf es nicht mehr geben.

Die Ingenieurbautruppen der NVA erfüllen wie bisher die befohlenen Militärbauaufgaben im Interesse der Sicherstellung von Maßnahmen der Landesverteidigung sowie der Verbesserung der Dienst-, Arbeits- und Lebensbedingungen.

Ich brauche hier niemandem zu erklären, daß wir unter den gegenwärtigen Bedingungen nicht von einem ernstzunehmenden Grad an Gefechtsbereitschaft und Mobilmachungsbereitschaft der NVA reden können.

Zur Gefechtsbereitschaft der Truppen und Flottenkräfte mit Stand vom 12. Januar ergibt sich folgendes Bild:

Ausgehend vom Ausbildungs- und Auffüllungsstand der Truppen und Flottenkräfte ist die Geschlossenheit der Truppenteile, Einheiten und der Besatzungen der Schiffe erheblich eingeschränkt. In der Gefechtsausbildung wird weiterhin der Schwerpunkt auf die Einzelausbildung der Armeeangehörigen gelegt.

Im MSR-17 (HALLE) zum Beispiel ist folgender Auffüllungsstand vorhanden:

bis zum 26.01.1990
Unteroffiziere auf Zeit: 48 Prozent
Soldaten im GWD: 42 Prozent
Gesamt: 44 Prozent

ab 26.01.1990
Unteroffiziere auf Zeit: 29 Prozent
Soldaten im GWD: 31 Prozent
Gesamt: 31 Prozent

Insgesamt ergibt sich für die *Landstreitkräfte*:
- ab 26.01.1990 stehen zur Aufrechterhaltung der Gefechtsbereitschaft ca. 35 Prozent des strukturmäßigen Bestandes von UaZ und Soldaten zur Verfügung
- die Gefechtsausbildung kann im Durchschnitt nur mit 1–2 Kompanien durchgeführt werden
- die Struktureinheiten der Truppenteile werden nur über 16–20 UaZ verfügen.

Bei den *Luftstreitkräften/Luftverteidigung* ist die Führungsbereitschaft in den Führungsorganen auf allen Ebenen gewährleistet. Im engen Zusammenwirken mit der Westgruppe der Streitkräfte werden die Aufgaben im Diensthabenden System mit großen Einschränkungen erfüllt.

Ab 01.02.1990 erfolgt der Übergang in das neue System der Luftverteidigung der DDR. In den Plänen der Überführung erfolgte die Einarbeitung der veränderten Zeitnormative zur Herstellung höherer Stufen der Gefechtsbereitschaft.

Die Rückführung von ca. 1.000 Armeeangehörigen, die in der Volkswirtschaft eingesetzt sind, ist innerhalb 24 Stunden gewährleistet.

Ausgehend vom Auffüllungsstand der Truppenteile mit Sicherstellungskräften werden 12–16 Flugzeuge je Jagdfliegergeschwader zur kurzfristigen Konservierung vorbereitet.

Die Gefechtsausbildung wurde auf der Grundlage der Programme der Gefechtsausbildung im Monat Dezember begonnen. Schwerpunkte bildeten bei den Fliegerkräften
- Sicherung des erforderlichen Gefechtswertes der Flugzeugführer für die Aufrechterhaltung des Diensthabenden Systems,
- Aufrechterhaltung des erforderlichen Trainingszustandes des fliegenden Personals unter Ausnutzung aller Möglichkeiten bodenständiger Trainingsmittel.

Die bisher festgelegten Mindestflugzeitnormen für fliegerisches Personal werden bei dem z.T. vorhandenen Auffüllungsstand mit fliegendem Personal unterschritten. Ein Teil des fliegenden Personals kann über einen längeren Zeitraum nicht an der Ausbildung teilnehmen.

Gegenwärtig wird an der Erarbeitung von Lösungsvarianten für die Fortsetzung der Gefechtsausbildung und die Erfüllung der Aufgaben im Diensthabenden System unter Berücksichtigung der am 26.01.1990 weiteren Entlassungen gearbeitet.

Die *Volksmarine* ist mit Wirkung vom 26.01.1990 mit insgesamt 11 850 Mann zu 75 Prozent aufgefüllt. Bei Soldaten und Unteroffizieren auf Zeit beträgt der Auffüllungsstand 55 Prozent, bei Soldaten im Grundwehrdienst 63 %.

Aus diesem Auffüllungs- sowie dem gegenwärtigen Ausbildungsstand ergeben sich folgende Konsequenzen:

Von den 80 vorhandenen Kampfschiffen befinden sich 39 im Dienst und 41 zeitweilig außer Dienst.

Die im Dienst befindlichen Kampfschiffe unterteilen sich in
- 14 Schiffe der ständigen Bereitschaft (davon 11 sofort verfügungsbereit)
- 13 Schiffe Reserve Kategorie 1
- 12 Schiffe Reserve Kategorie 2

Die Möglichkeiten der Sicherstellung der Führung sowie der rückwärtigen und technischen Sicherstellung der Flottenkräfte sind eingeschränkt. Die Bewachung der Objekte, Dienststellen und Kampftechnik erfolgt mit einem Minimum an Kräften.

Die Gefechtsausbildung wird auf die schnellstmögliche Überführung der Schiffe der Reserve Kategorie 1 in die ständige Bereitschaft ausgerichtet.

Aus der Rede des Ministers für Abrüstung und Verteidigung Rainer Eppelmann auf der Tagung der DDR-Volkskammer zur Begründung der Wehrpflicht, 26. April 1990[7]

Es ist ein klärendes Wort zur Wehrpflicht notwendig. Die Forderung, die Wehrpflicht abzuschaffen, erscheint mir der heutigen Situation nicht angemessen. Diese Forderung hätte ich mir zu einer Zeit gewünscht, als die freie Entscheidung zwischen Waffe und nicht Waffe nicht möglich war.

Diese Forderung hätte ich mir gewünscht, als die Armee unter der Führung der SED auch geplantes Unterdrückungspotential unseres Volkes gewesen ist. Es gab eine Zeit – sie ist noch nicht so lange her –, da wollten viele Bürger in unserem Lande mit unserer Armee nichts zu tun haben, da wollten sich junge Frauen mit uniformierten Offizieren in der Öffentlichkeit nicht zeigen – aus den genannten Gründen. Das hat sich spätestens mit dem 18. März geändert.

Die Situation ist anders, und aus einer SED-Armee wird eine Volksarmee, eine Bürgerarmee. Im Oktober, und das sei an dieser Stelle ganz deutlich gesagt, hat sich unsere Armee auf ihre Rolle als Volksarmee besonnen.

Das historische Beispiel ist ein erster Schritt in eine Richtung, die ich persönlich für richtig halte. Bisher hat es für meinen Eindruck in einem guten Sinne den Staatsbürger in Uniform in der DDR nicht gegeben. Aber die Männer, denen ich in den letzten Tagen, seit meiner Amtseinführung, begegnet bin, haben mir durch einen hohen Grad an Verantwortlichkeit, durch ein hohes Maß an Gemeinsinn den Willen zur verantwortlichen Gestaltung eines friedlichen Lebens glaubhaft gemacht und mir darum Achtung abgerungen.

Aus der Chronik des Militärbezirkes III für das Ausbildungsjahr 1988/89, Juli 1990[8]

Am 04.10.1989, 23.45 Uhr, wurde auf Weisung des Stellvertreters des Ministers und Chef der Landstreitkräfte die ERHÖHTE GEFECHTSBEREITSCHAFT für den Militärbezirk ausgelöst. Während in den frühen Morgenstunden des 05.10. in der überwiegenden Mehrheit der Objekte des Militärbezirkes die Sicherheit für Waffen und Munition in den Waffenkammern wieder hergestellt war, wurden für Führungsorgane und Truppen in den Räumen Dresden, Leipzig und Karl-Marx-Stadt weitere Maßnahmen festgelegt.

---

7 Information. Anregungen für die Arbeit in der Truppe, 6/1990, S. 1.
8 BArch, DVH 9/67088, Bl. 7 f.

Mit Auslösung des Signals ERHÖHTE GEFECHTSBEREITSCHAFT wurden Teile der 7. PD im Standort Dresden dem Chef der Militärakademie »Friedrich Engels«, Generalleutnant Gehmert, unterstellt und für Dresden eine Gruppierung zur Unterstützung der Volkspolizei geschaffen. Zu dieser Gruppierung gehörten außerdem Kräfte der Offiziershochschulen Löbau, Kamenz und Bautzen sowie der Militärakademie. Gleichzeitig wurde die Weisung zur Ausgabe von 30 Schuß Munition für MPi und 12 Schuß für Pistole erteilt.

In dieser Situation wurden für Dresden erst 6 (Nacht vom 04. zum 05.10.) und später weitere 18 Hundertschaften aus strukturell kleineren Einheiten gebildet.

Am 05.10. rückten von 01.00 Uhr bis 03.00 Uhr und in der Zeit von 22.00 Uhr bis 06.10., 01.00 Uhr fünf Hundertschaften aus ihren Objekten aus. Es kam zu keinen unmittelbaren Kontakten mit der Zivilbevölkerung. Waffen und Munition wurden mitgeführt.

In Erkenntnis der durch das Mitführen der Waffen möglichen Gefahren wurde auf Ersuchen der in Dresden eingesetzten Generale und Offiziere am 06.10. gegen 10.25 Uhr durch den Minister für Nationale Verteidigung der Verbleib der Waffen und Munition in den Objekten befohlen und gleichzeitig mit der Zuführung von Schlagstöcken zu den Einheiten begonnen.

Gegen 21.00 Uhr am 06.10. verließen 5 Hundertschaften mit dem Ziel der Absperrung am Hauptbahnhof ihre Objekte. Eine dieser Hundertschaften wurde gemeinsam mit der Volkspolizei zum Freimachen zweier VP-Fahrzeuge als Räumkette eingesetzt. Die Soldaten wurden mit Steinen und anderen Gegenständen beworfen und beschimpft. Zwei Soldaten wurden durch Steinwürfe verletzt. Die Schlagstöcke kamen nicht zum Einsatz.

Aus dieser Hundertschaft wurden später 20 Armeeangehörige des Fernaufklärungszuges des AB-7 herausgelöst, um unter Leitung ihres Zugführers auf Weisung eines VP-Offiziers 4 bis 5 Personen, die von der Polizei bezeichnet wurden, aus der Menge zu greifen und hinter die Sperrkette zu bringen. Dieser Einsatz endete für zwei der Hundertschaften nach 3 und für drei nach 5 ½ Sunden.

In der Zeit vom 07.10., 20.00 Uhr bis 08.10., 01.00 Uhr wurden fünf Hundertschaften als Sperr- oder Räumketten sowie zur Sicherung von Gebäuden in Dresden eingesetzt. Dabei kam es zu keinen unmittelbaren Kontakten mit Demonstranten.

In den Abendstunden des 08.10. und des 09.10. wurden durch Hundertschaften Bereitschaftsräume im Stadtgebiet bezogen. Zum Einsatz kam es nicht. Am 10.10.1989 wurden alle Einheiten in ihre Stammobjekte zurückverlegt.

In Leipzig wurde nach der Auslösung der ERHÖHTEN GEFECHTSBEREITSCHAFT am 04.10. um 23.45 Uhr nach ca. 5 Stunden am 05.10., 05.00 Uhr die Sicherheit für Waffen und Munition in den Waffenkammern wieder hergestellt. Beginnend in den Morgenstunden des 05.10. wurden im

Raum Leipzig 27 Hundertschaften gebildet (AZ-17, AR-3, FuTB-3, NR-3). Für 15 Hundertschaften wurden Schlagstöcke zugeführt. Diese Mittel wurden zentral gelagert und nicht an den Mann ausgegeben.

Als Aufgaben der Hundertschaften waren Absperrungen sowie Objektsicherungen (z.B. Hauptbahnhof, Hauptpostamt und Sender Leipzig) vorgesehen.

Zusätzlich zu den 27 Hundertschaften wurden am 14.10. abends bis zum 17.10. drei Hundertschaften des Luftsturmregimentes 40 in das Objekt des AR-3 verlegt. Diese zeitweilig mit Schlagstöcken und Schilden ausgerüsteten Einheiten kamen, wie die übrigen Einheiten, nicht zum Einsatz.

Die im Standort Frankenberg (AR-7, GeWA-7) gebildeten drei Hundertschaften verlegten am 07.10. nach Karl-Marx-Stadt und wurden nach einer Bereitschaft von 12.30 bis 14.00 Uhr im Zentrum der Stadt gegen 17.00 Uhr in das Regiment des GAR-12 nach Plauen verlegt. Dort bildeten sie ab 22.15 Uhr für 30 Minuten Sperrketten. Ein weiterer Einsatz von 25 Armeeangehörigen sollte am 08.10. um 13.00 Uhr gegen ca. 20 Skinheads erfolgen. Da diese bei Annäherung der Armeeangehörigen den Platz verließen, war der Einsatz nicht mehr notwendig. Nach einer erneuten Bereitschaft im Stadtgebiet von ca. 1 ½ Stunden erfolgte um 19.30 Uhr die Rückverlegung nach Frankenberg.

Bei einem weiteren Einsatz der Frankenberger Hundertschaften (Bereitschaft am 15.10. von 09.00 bis 24.00 Uhr) in Karl-Marx-Stadt und Plauen kam es zu keinen direkten Kontakten mit Zivilpersonen.

Aus einer Information zu den Resultaten einer soziologischen Analyse in der 9. Panzerdivision der NVA, Juni 1990[9]

Sinn und Auftrag der NVA werden von den Berufssoldaten vorrangig aus der Verantwortung für die Gewährleistung europäischer Sicherheitsstrukturen hergeleitet. 54 Prozent der Berufunteroffiziere, Fähnriche und Offiziere teilen diese Auffassung uneingeschränkt. Aus der Verpflichtung zum Schutz des Territoriums der DDR bestimmen nur noch 31 Prozent die Notwendigkeit der NVA. Für 20 Prozent spielt dieser Grund keine bzw. kaum noch eine Rolle, wenn es um die Begründung der Existenz der NVA geht.

Absehbare Aufgaben der staatlichen Souveränität der DDR und Wegfall von Bedrohungen sind Ursachen für den im Vergleich zu früheren Untersuchungen drastischen Rückgang der Anerkennung der Armee als Schutzinstrument. Verbunden damit baut sich das grundlegende Motiv für militärische Tätigkeit,

---

[9] BArch, AZN P-3016, Bl. 528 f. und Bl. 534.

Schutz des Staates, seines Territoriums ab. Sicherheitsverantwortung, stärker in den gesamteuropäischen Rahmen eingeordnet, wirkt jedoch im Dienst nach wie vor leitend.

[...]

Aufgabenerfüllung im täglichen Dienst ist bei Berufssoldaten gegenwärtig vorrangig von Verantwortung für die Sicherheit von Waffen und Munition (93 Prozent) und für die Bewahrung der erheblichen materiellen Werte (66 Prozent) getragen. Zugleich gewinnt die Sorge um den Arbeitsplatz an Bedeutung. Nicht zu unterschätzen ist auch die Gewohnheit, gute Arbeit zu leisten.

Pflichterfüllung gegenüber dem Volk und Erhalt der Handlungsfähigkeit der NVA, zwei stärker von politischen Erwägungen getragene Motive, werden zwar noch mehrheitlich als wichtig betrachtet, stehen jedoch in der Rangfolge am Ende.

Im militärischen Beruf tätig zu sein, gehört für 80 Prozent der Berufssoldaten zu den wichtigsten Größen ihres Lebens. Umgang mit Menschen und Technik, Anwendung vorhandener und erworbener Fähigkeiten und das Empfinden, gebraucht zu werden, befördern Dienstmotivation und Bindung an den Beruf. Zugleich werden soldatische Werte gewichtiger. Auch die Zufriedenheit, einen Arbeitsplatz zu haben und damit sozial abgesichert zu sein, gewinnt im Verhältnis zum Beruf an Bedeutung. Dabei werden selbst Unterforderung und nicht qualifikationsgerechter Einsatz in Kauf genommen.

Nur sechs Prozent erklären ihre Unzufriedenheit mit dem Beruf.

[...]

Derzeit führt die Unsicherheit, wie lange der militärische Beruf noch ausgeübt werden kann, bei 84 Prozent der Befragten zu Problemen in den familiären Beziehungen. Hinzu kommt die Sorge um den Arbeitsplatz der Ehefrau/Partnerin. So bringen 51 Prozent der Befragten zum Ausdruck, daß der Arbeitsplatz des Partners gefährdet sei. Gegenwärtig sind 10 Prozent der Ehrefrauen/Partner arbeitslos.

Sichtbar wird, daß die Armee betreffende Reduzierungsschritte häufig auch die Ehepartner von Berufssoldaten einschließen, die als Zivilbeschäftigte arbeiten oder deren Arbeitsstelle direkt von der NVA abhängt. Dadurch wird die Situation in betroffenen Familien erheblich verschärft.

Zu berücksichtigen ist weiterhin die Tatsache, daß zahlreiche Frauen bereits früher ihren eigentlichen Beruf aufgeben mußten oder auf berufliche Entwicklung verzichtet haben, um am Standort des Ehemannes wohnen und dennoch einer beruflichen Tätigkeit nachgehen zu können.

In Fällen, wo beide Partner »nicht mehr gebraucht werden« und die materielle Absicherung der Familie generell in Frage steht, sind erhebliche psychische Konflikte zu erwarten.

Vor diesem Hintergrund verbreiten sich gegenwärtig Erscheinungen von Existenzangst. (Wörtlich aus einem Gespräch mit Betroffenen: »Eine ganze Reihe von Familien wird unter den Hammer kommen.«)

Ministerium des Innern	Führungs- und Leitungstätigkeit	00 00 00
	– Führungsdokumente –	33
		Blatt 1

)00061

Geheime Verschlußsache
I 080 557
. Ausf., Blatt 1 - 3

BStU
000322

Befehl Nr. 0020/89
des Ministers des Innern
und Chefs der Deutschen Volkspolizei

über

Aufgaben und Grundsätze für den Einsatz der Volkspolizei-
Bereitschaften und Kompanien der Transportpolizei

– Vom 25. Februar 1989 –

Zur einheitlichen Durchsetzung der Aufgaben und Grundsätze für den Einsatz sowie zur Festigung der Kampfkraft und Einsatzbereitschaft der Volkspolizei-Bereitschaften und Kompanien der Transportpolizei (nachfolgend VPB und Kp. (T) genannt)

B E F E H L E   I C H :

1. (1) Die VPB und Kp. (T) sind kasernierte, vollmotorisierte ständig einsatzbereite, nach militärischen Prinzipien organisierte und geführte Einheiten der DVP.

(2) Der Dienst in den VPB und Kp. (T) entspricht der Ableistung des Wehrdienstes. Er erfolgt auf der Grundlage des Gesetzes vom 25. März 1982 über den Wehrdienst in der Deutschen Demokratischen Republik – Wehrdienstgesetz – (GBl. I Nr. 12 S. 221) sowie der Anordnung des Nationalen Verteidigungsrates der Deutschen Demokratischen Republik vom 23. April 1982 über den Verlauf des Dienstes in den Kasernierten Einheiten des Ministeriums des Innern – Dienstlaufbahnordnung – Kasernierte Einheiten des Ministeriums des Innern –.

2. (1) Der Einsatz der VPB und Kp. (T) erfolgt auf der Grundlage des Gesetzes vom 11. Juni 1968 über die Aufgaben und Befugnisse der Deutschen Volkspolizei (GBl. I Nr. 11 S. 232), der Beschlüsse und Anordnungen des Nationalen Verteidigungsrates der Deutschen Demokratischen Republik sowie der Befehle seines Vorsitzenden und der Befehle und Weisungen des Ministers des Innern und Chefs der DVP.

Kopie BStU
AR 8

Quelle: BStU, MfS, AGM, Nr. 406, Bl. 322–327.

(2) Die VPB und Kp. (T) haben auf der Grundlage eines hohen Standes der Kampfkraft und Einsatzbereitschaft ihren Beitrag zur Erfüllung des Klassenauftrages der DVP und der anderen Organe des MdI unter allen Bedingungen der Lage zuverlässig zu leisten.

3. (1) Die VPB und Kp. (T) haben die Aufgaben

- den operativen Dienst der DVP schwerpunktmäßig zu verstärken
- Ordnungs- und Sicherungseinsätze sowie
- Kampfeinsätze

durchzuführen und bei Erfordernis Objekte der DVP zu bewachen.

(2) Der Einsatz der Einheiten kann geschlossen oder mit Teilkräften sowie im Zusammenwirken mit anderen Einsatzweigen der DVP bzw. selbständig erfolgen. Zu Ordnungs- und Sicherungssowie Kampfeinsätzen erfolgt der Einsatz in der Regel ab Kompaniestärke aufwärts.

4. (1) Die schwerpunktmäßige Verstärkung des operativen Dienstes der DVP ist insbesondere vorzunehmen zur

- Verdichtung des schutzpolizeilichen Streifendienstes vorrangig in Groß- und Bezirksstädten, wenn politische Höhepunkte zu sichern oder Störungen der öffentlichen Ordnung und Sicherheit zu erwarten bzw. eingetreten sind

- Unterstützung verstärkter polizeilicher Regelungs- und Überwachungsaufgaben

- Beherrschung von Lagen, die einen unverzüglichen Kräfteeinsatz erfordern, zum Beispiel bei Fahndungsmaßnahmen.

(2) Der Einsatz wird in der Regel in Gruppen- bzw. Zugstärke befohlen und ist schriftlich nachzuweisen. Die Angehörigen sind dabei grundsätzlich für die Dauer der Dienstdurchführung dem Dienstregime der jeweiligen operativen Kräfte zuzuordnen.

5. Bei Ordnungs- und Sicherungseinsätzen handeln die Einheiten vorrangig zur

- Gewährleistung von Ordnung und Sicherheit bei bedeutsamen Anlässen und Veranstaltungen

- Sicherung von Staatsfahrten

- Unterstützung von Fahndungsmaßnahmen nach flüchtigen Rechtsbrechern sowie Suche und Sicherstellung wichtiger Sachen

- Auflösung von Ansammlungen mit Störabsichten

- Bekämpfung von Gewaltakten und bewaffneten Rechtsbrechern

- Vorbeugung, Abwehr und Bekämpfung von Katastrophen, schweren Havarien, Bränden und anderen Ereignissen mit folgenschweren Auswirkungen.

GVS I 080 557   00 00 00 -33 Blatt 2

6. Die Durchführung von Kampfeinsätzen erfolgt insbesondere zur
   - Bekämpfung und Vernichtung von subversiven und anderen bewaffneten Kräften des Gegners
   - zeitweiligen Sicherung und Verteidigung von Abschnitten, Räumen und Objekten
   - Sicherung wichtiger Versorgungstransporte auf Schienenwegen
   - Freikämpfung bedeutsamer Objekte
   - Teilnahme an der Zerschlagung gegnerischer Einheiten auf dem Territorium der DDR.

7. Die Bewachung von Objekten der DVP, außer zu Aufgaben gemäß der Ziffer 6, erfolgt nur mit Genehmigung des Ministers des Innern und Chefs der DVP.

8. Die VPB sind den Chefs der BDVP unterstellt, in deren Dienstbereichen sie disloziert sind. Dem Präsidenten der Volkspolizei Berlin sind die 17., 18. und 19. VPB unterstellt.

9. (1) Reserve des Ministers des Innern und Chefs der DVP sind die
    11. Volkspolizei-Bereitschaft
    12. Volkspolizei-Bereitschaft
    17. Volkspolizei-Bereitschaft
    20. Volkspolizei-Bereitschaft
    21. Volkspolizei-Bereitschaft.

   (2) Der Einsatz der im Absatz 1 genannten VPB erfolgt grundsätzlich auf Befehl des Ministers des Innern und Chefs der DVP.

10. (1) Der Präsident der Volkspolizei Berlin bzw. die Chefs der BDVP (nachfolgend Chefs der BDVP genannt) sind berechtigt, die ihnen unterstellten VPB unter Beachtung der Festlegungen in Ziffer 9 Absatz 2 zu den in Ziffer 3 festgelegten Aufgaben einzusetzen.

    (2) Der Einsatz von Kräften im Gesamtumfang von mehr als einer Kompanie bedarf der Genehmigung des Ministers des Innern und Chefs der DVP. Sie kann bei zwingenden Erfordernissen der Lage nachträglich eingeholt werden. Die Genehmigung ist über den Stellvertreter des Ministers und Chef des Stabes zu beantragen.

    (3) Der Kräfteeinsatz zur Erfüllung der in Ziffer 5 festgelegten Aufgaben ist ab Zugstärke unverzüglich dem Stellvertreter des Ministers und Chef des Stabes zu melden.

11. VPB und Kp. (T) können im Gesamtbestand oder mit Teilkräften
    a) auf Befehl des Ministers des Innern und Chefs der DVP dem Chef der BDVP eines anderen Bezirkes
    b) auf Befehl des Chefs der BDVP zeitweilig operativ
       - dem Leiter eines VPKA und analoger Dienststellen
       - dem zuständigen Kommandeur der NVA oder der Grenztruppen der DDR

unterstellt werden.
Sie haben bereit zu sein, Aufgaben im Zusammenwirken mit Diensteinheiten des Ministeriums für Staatssicherheit zu lösen.

12. (1) Die Kp. (T) sind den Leitern der TPÄ unterstellt, in deren Dienstbereichen sie disloziert sind.

    (2) Zum Einsatz der Kp. (T) im Gesamtbestand oder mit Teilkräften sind die Leiter der zuständigen TPÄ nach Bestätigung durch den Chef der BDVP berechtigt.

    (3) Die Kp. (T) sind grundsätzlich auf dem Gelände der Deutschen Reichsbahn einzusetzen.

13. (1) Der Einsatz von Kräften und Mitteln der VPB und Kp. (T) zur Lösung volkswirtschaftlicher und anderer Aufgaben, die nicht in diesem Befehl festgelegt sind, ist nur mit Genehmigung des Ministers des Innern und Chefs der DVP gestattet. Sie ist über den Stellvertreter des Ministers und Chef des Stabes zu beantragen.

    (2) Der Einsatz von Angehörigen der VPB und Kp. (T), die sich zur Aus- und Weiterbildung an Lehr- oder Ausbildungseinrichtungen befinden oder Dienst leisten, der der Ableistung des Reservistenwehrdienstes entspricht, hat nur im Rahmen der dafür in den Ausbildungsprogrammen vorgesehenen Stunden zu erfolgen, sofern der Minister des Innern und Chef der DVP keine anderen Festlegungen trifft.

14. Zur Durchführung von Ordnungs- und Sicherungseinsätzen sowie von Kampfeinsätzen können Kräfte und Mittel der DVP und der anderen Organe des MdI sowie der Kampfgruppen der Arbeiterklasse den Kommandeuren der VPB und Kompaniechefs der Kp. (T) zeitweilig unterstellt bzw. im Interesse der Unterstützung der Handlungen dieser Einheiten eingesetzt werden.

15. Das Zusammenwirken und die Zusammenarbeit sind grundsätzlich durch den Vorgesetzten zu organisieren, dem die VPB und Kp. (T) für den Einsatz unterstellt wurden, und durch die Kommandeure und Einheitsführer im erforderlichen Umfang aufrechtzuerhalten.

16. Die Chefs der BDVP und Leiter der TPÄ sind für einen hohen Stand der Kampfkraft und Einsatzbereitschaft der VPB und Kp. (T) verantwortlich. Sie haben auf der Grundlage der Beschlüsse, Rechtsvorschriften und Weisungen die ständige Entwicklung der VPB und Kp. (T) als politisch zuverlässige, standhafte, schlagkräftige und stets einsatzbereite Einheiten der DVP zu gewährleisten.

17. Die Chefs der BDVP, Leiter der TPÄ, Kommandeure sowie Einheitsführer haben die vorbildliche Erfüllung der übertragenen Aufgaben zu verwirklichen durch

    - die weitere Ausprägung der führenden Rolle der SED und die konsequente Festigung der Einzelleitung, die überzeugende Führung der politisch-ideologischen Arbeit und die allseitige

GVS I 080 557

Entwicklung der sozialistischen Beziehungen

- die konsequente Einhaltung der Prinzipien der sozialistischen Kaderarbeit und der verwendungsgerechten personellen Auffüllung
- eine hohe Organisiertheit des gesamten militärischen Lebens und die Erziehung zur Befehlstreue
- die intensive und effektive politische und fachliche Ausbildung der Angehörigen sowie die Ausprägung der Fähigkeit zur organisierten Erhöhung des Grades der Einsatzbereitschaft
- die rechtzeitige, vollständige und normgerechte materielle, technische, medizinische und finanzielle Sicherstellung in Verbindung mit der weiteren Verbesserung der Dienst- und Lebensbedingungen.

18. Die Chefs der BDVP und die Leiter der TPÄ haben zu sichern, daß

- die Vorgesetzten in den Einheiten periodisch bzw. anlaßbezogen im erforderlichen Umfang in die Lage auf dem Gebiet der öffentlichen Ordnung und Sicherheit eingewiesen werden
- die Kommandeure und die Kompaniechefs der Kp. (T) exakte Weisungen für die Lösung der zu erfüllenden Aufgaben erhalten
- den Einheiten durch eine qualifizierte Kontroll- und Inspektionstätigkeit umfassende Hilfe und Unterstützung gewährt wird
- der Stand der Kampfkraft und Einsatzbereitschaft regelmäßig eingeschätzt wird und die Kommandeure bzw. Kompaniechefs dazu periodisch vor der Leitung der BDVP (des TPÄ) zu berichten haben
- ihre Stellvertreter und die ihnen direkt unterstellten Leiter ihren Pflichten gegenüber den Einheiten gerecht werden
- die Leiter Bereitschaften/Kampfgruppen der BDVP die volle Verantwortung für die Koordinierung der Maßnahmen gegenüber den Einheiten tragen.

19. (1) Die Chefs, Leiter und Kommandeure haben bei Notwendigkeit in eigener Zuständigkeit schriftlich festzulegen, welcher Personenkreis zur Erfüllung dienstlicher Aufgaben auszugsweise in diesen Befehl einzuweisen ist. Die Einweisung hat aktenkundig zu erfolgen.

(2) Die Kompaniechefs der Kp. (T) sind entsprechend ihrer Zuständigkeit in diesen Befehl einzuweisen.

20. Der Befehl Nr. 0020/89 des Ministers des Innern und Chefs der Deutschen Volkspolizei tritt mit sofortiger Wirkung in Kraft. Gleichzeitig tritt der Befehl Nr. 0020/86 des Ministers des Innern und Chefs der Deutschen Volkspolizei über Rolle, Platz, Aufgaben und Einsatzgrundsätze der Volkspolizei-Bereitschaften und Kompanien der Transportpolizei vom 19. Juni 1986 (GVS I 080 407) außer Kraft.

Berlin, den 25. Februar 1989

Minister des Innern
und Chef der Deutschen Volkspolizei

Dickel
Armeegeneral

```
GRENZTRUPPEN                           O.U., den  04.04.1989
DER DEUTSCHEN DEMOKRATISCHEN REPUBLIK
Stellvertreter des Chefs und
       Chef des Stabes                          BStU
                                              000002
```

Niederschrift

über die Rücksprache beim Minister für Nationale Verteidigung, i.V. Generaloberst Streletz, am 03.04.1989

An der Rücksprache nahmen teil:

(1) Stellvertreter des Ministers   Generaloberst Baumgarten
    und Chef der Grenztruppen

(2) Stellvertreter des Chefs und   Generalleutnant Lorenz
    Chef der Politischen Verwaltung

(3) Stellvertreter des Chefs und   Generalmajor Teichmann
    Chef des Stabes

Unter Bezugnahme auf eine telefonische Rücksprache mit dem Mitglied des Politbüros, Genossen E. Krenz, am 02.04.1989 zur Entwicklung der Lage an der Staatsgrenze führte Generaloberst Streletz aus:

1. Der Generalsekretär unserer Partei hat seine Unzufriedenheit über die Entwicklung der Lage an der Staatsgrenze zum Ausdruck gebracht. Obwohl in den Grenztruppen 48 000 Mann (?) zur Verfügung stehen, kommt es zu solchen schwerwiegenden Vorkommnissen - wie in den letzten Tagen - und es wird die Frage gestellt

   - Warum haben wir immer noch Fahnenfluchten zu verzeichnen?

Quelle: BStU, MfS, HA I, Nr. 5753, Bl. 1-5.

- Warum werden die Grenzposten nicht von 2 auf 3 Mann erhöht?

- Warum kommen keine Pferde an der Grenze zum Einsatz, damit würde die Beweglichkeit der eingesetzten Kräfte auch mit erhöht?

- Warum werden in den Meldungen über besondere Vorkommnisse immer wieder Vorwände deutlich, auf die wir hereinfallen (Verrichtung der Notdurft, vorgetäuschter Defekt am Fahrzeug)?

Wichtig ist, daß die Führung des Kommandos der Grenztruppen die Ursachen dieser Vorkommnisse gründlicher als bisher auswertet und dafür Sorge trägt, daß sich etwas nicht wiederholt.

2. Zur Anwendung der Schußwaffe an der Staatsgrenze:
Wenn der Minister für Nationale Verteidigung sagt, daß kein Schießbefehl existiert, dann darf man auch an der Staatsgrenze nicht schießen oder der Verteidigungsminister verliert an Glaubwürdigkeit.
Es darf nicht auf fliehende Menschen geschossen werden, wenn es keinen Schießbefehl gibt.
Es muß durchgesetzt werden, daß nur dann geschossen wird, wenn Leib und Leben der Grenzsoldaten gefährdet werden.

3. Es sollte geprüft werden, an der Staatsgrenze mehr und tiefere Gräben, mehr und bessere Hindernisse aufzubauen, damit keiner mit Fahrzeug durchbrechen kann.
Diese Anlagen sollten so aufgebaut werden, daß sie vom Gegner nicht einsehbar sind. Auch die Blumenkastensperren an den Grenzübergangsstellen bieten kein schönes Bild und sollten kulturvoller gestaltet werden.

Es gilt zu beachten: Lieber einen Menschen abhauen lassen, als in der jetzigen politischen Situation die Schußwaffe anzuwenden.
Der Generalsekretär hat gefordert, mit der Führung des Kommandos der Grenztruppen über diese Probleme zu sprechen.

Im weiteren führte Generaloberst Streletz aus:

- Fakt ist, daß die Ursachen für Fahnenfluchten mit darin liegen, daß die Dienstvorschriften und Befehle nicht exakt durchgesetzt werden.

- Versucht werden muß, über die politisch-ideologische Erziehungsarbeit diese Probleme besser in den Griff zu bekommen.

- Auf keinen Fall darf eine Kampagne gestartet werden, daß wir nicht schießen.
  Wir müssen erreichen, daß unsere Posten nicht zu schießen brauchen.

- Die Vermeidung der Anwendung der Schußwaffe und des Nichtzulassens von besonderen Vorkommnissen an der Grenze sind gegenwärtig von besonderer politischer Bedeutung im Zusammenhang mit einem bevorstehenden möglichen Besuch des französischen Präsidenten in der DDR wie aber auch mit möglichen Reaktionen sowjetischer Genossen - müßt ihr in der jetzigen Situation an eurer Grenze schießen?

- Durch das Kommando der Grenztruppen sollten Überlegungen angestellt werden, wie bei der Auswahl für die Einberufungen zu den Grenztruppen differenziert werden kann, da das Auswahlkontingent immer geringer wird. Zur Auffüllung von Stabseinheiten, Sicherstellungskräften an den Lehreinrichtungen und auf den Übungsplätzen usw. sollte ein Teil des Auffüllungskontingents festgelegt werden, der nicht den Auswahlbedingungen der Einberufung zu den Grenztruppen entsprechen muß.

Generaloberst Streletz orientierte, daß möglicherweise Ende April dem Minister für Nationale Verteidigung die Lageentwicklung an der Grenze gemeldet werden soll und dabei Überlegungen darzulegen sind, wie wir die Entwicklung in den nächsten zwei Jahren einschätzen und was die Grenztruppen dazu machen könnten.

Niederschrift gefertigt:　　　　　　　　　　Teichmann
　　　　　　　　　　　　　　　　　　　　　Generalmajor

01624

DEUTSCHE DEMOKRATISCHE REPUBLIK

NATIONALER VERTEIDIGUNGSRAT
DER VORSITZENDE

Geheime Verschlußsache!
GVS-... 912 371
... Ausfertigung = ..3.. Blatt

= 9. Jan.

B E F E H L Nr. 8 /89

des Vorsitzenden des Nationalen Verteidigungsrates
der Deutschen Demokratischen Republik

über

Maßnahmen zur Gewährleistung der Sicherheit
und Ordnung in der Hauptstadt der DDR, BERLIN,
anläßlich des 40. Jahrestages der DDR

vom 26. 09. 1989

Am 07. 10. 1989 begehen die Bürger der Deutschen Demokratischen Republik voller Stolz und Freude den 40. Jahrestag der Gründung der Deutschen Demokratischen Republik.

Die Vorbereitung und Durchführung dieses gesellschaftlichen Höhepunktes der Bürger der Deutschen Demokratischen Republik benutzen bestimmte Kreise in der BRD und BERLIN (WEST) sowie von ihnen ausgehaltene und beeinflußte feindliche Gruppen zu einer außergewöhnlichen Hetzkampagne gegen unsere sozialistische Gesellschaftsordnung sowie gegen das gesamte Volk der DDR und zur Störung des Ablaufes des normalen Lebens.

Zur Gewährleistung der Sicherheit und Ordnung in der Hauptstadt der Deutschen Demokratischen Republik, BERLIN, und zur Verhinderung von Provokationen unterschiedlicher Art bei der Vorbereitung und Durchführung der Veranstaltungen anläßlich der Feierlichkeiten zum 40. Jahrestag der Deutschen Demokratischen Republik.

B E F E H L E I C H :

Quelle: Minderheitenvotum Arnold, S. 1624–1626.

01625
Geheime Verschlußsache!
GVS-Nr.: B 912 371 .5. Ausf. Bl. 2

1. Auf der Grundlage des Statuts der Einsatzleitungen der Deutschen Demokratischen Republik haben

   - die Bezirkseinsatzleitung der Hauptstadt der DDR, BERLIN,
   und
   - die Kreiseinsatzleitungen der Stadtbezirke der Hauptstadt der DDR, BERLIN,

   mit sofortiger Wirkung

   die Führungsbereitschaft in ihren stationären Objekten herzustellen.

2. Die Arbeitsorgane der Vorsitzenden und die Führungsorgane der Mitglieder dieser Einsatzleitungen sind ständig durch leitende Kader zu besetzen.

3. Hauptaufgaben der Bezirkseinsatzleitung sind:

   - die ständige Analyse der politischen Lage und die Festlegung der erforderlichen politisch-ideologischen und politisch-operativen Maßnahmen zur Gewährleistung einer hohen Sicherheit und Ordnung auf dem Territorium der Hauptstadt der DDR, BERLIN,

   - die Organisation einer zielgerichteten politisch-ideologischen Arbeit in allen gesellschaftlichen Bereichen und des offensiven Reagierens auf provokatorische Erscheinungen und Aktionen,

   - die Aufrechterhaltung eines ununterbrochenen engen Zusammenwirkens zwischen dem Arbeitsorgan des Vorsitzenden und den Führungsorganen der Mitglieder der Bezirkseinsatzleitung,

   - die Gewährleistung einer ständigen operativen Informationstätigkeit von den Kreiseinsatzleitungen der Stadtbezirke zur Bezirkseinsatzleitung,

   - die Bereitschaft zur Organisation des Zusammenwirkens mit den Bezirkseinsatzleitungen FRANKFURT/ODER und POTSDAM in Abhängigkeit von der Lageentwicklung,

   - die Gewährleistung einer straffen Führung der Kreiseinsatzleitungen der Stadtbezirke sowie

   - die Kontrolle der festgelegten Maßnahmen.

01626

Geheime Verschlußsache!
GVS-Nr.: B 912 371 .5.: Ausf. Bl. 3

4. Der Vorsitzende der Bezirkseinsatzleitung der Hauptstadt der DDR, BERLIN, hat in einem Befehl

- die Herstellung der Führungsbereitschaft der Kreiseinsatzleitungen der Stadtbezirke anzuweisen und

- in Abhängigkeit von den spezifischen Bedingungen der Stadtbezirke den Kreiseinsatzleitungen entsprechende Aufgaben zu stellen.

5. Meldungen an den Generalsekretär des Zentralkomitees der SED und Vorsitzenden des Nationalen Verteidigungsrates der DDR:

- Sofortmeldungen über schwerwiegende besondere Vorkommnisse politisch-provokativen Charakters;

- tägliche Meldungen 08.00 Uhr mit Stand 06.00 Uhr über die Gesamtlage im Verantwortungsbereich der Hauptstadt der DDR, BERLIN, schriftlich.

6. Dieser Befehl tritt mit sofortiger Wirkung in Kraft und hat Gültigkeit bis auf Widerruf.

Berlin, den 26. 09. 1989   E. H o n e c k e r
Generalsekretär des Zentralkomitees
der Sozialistischen Einheitspartei
Deutschlands und Vorsitzender des
Nationalen Verteidigungsrates der
Deutschen Demokratischen Republik

MINISTERRAT
DER DEUTSCHEN DEMOKRATISCHEN REPUBLIK
MINISTERIUM FÜR NATIONALE VERTEIDIGUNG
Der Minister

Berlin, den 04. 10. 1989
Tgb.-Nr.: A-247/89

Generalsekretär des Zentralkomitees
der SED und Vorsitzenden des
Nationalen Verteidigungsrates der
Deutschen Demokratischen Republik

Genossen Erich H o n e c k e r

Mitglied des Politbüros des ZK der
SED und Minister für Staatssicherheit der DDR
Genossen Erich M i e l k e

mit der Bitte um Kenntnisnahme.

Werter Genosse Erich Honecker!

In Deinem Auftrage habe ich durch den Stellvertreter des Ministers und Chef der Politischen Hauptverwaltung, Generaloberst Brünner, am Nachmittag des 04. 10. 1989 in Wünsdorf den Oberkommandierenden der Westgruppe der sowjetischen Streitkräfte, Armeegeneral Snetkow, und das Mitglied des Militärrates und Chef der Politischen Verwaltung, Generaloberst Moissejew, über die Entscheidungen der Partei- und Staatsführung der DDR zur Abwehr der politischen Angriffe durch die BRD gegen die Souveränität der DDR informieren lassen.

Dabei verwies er auf die verstärkte Hetz- und Lügenkampagne mittels der Massenmedien der BRD, die unter den Thesen des "Fortbestandes des Deutschen Reiches in den Grenzen von 1937" und der "Obhutspflicht für alle Deutschen" geführt wird. Er erläuterte die wortbrüchige Handlungsweise der Bonner Regierung hinsichtlich der Durchführung humanitärer Maßnahmen gegenüber denjenigen, die die DDR illegal verlassen wollen sowie den Bruch der Wiener Konvention über die Arbeit der diplomatischen Missionen.

Generaloberst Brünner teilte den Genossen Armeegeneral Snetkow und Generaloberst Moissejew die gestern und heute getroffenen Maßnahmen mit, welche die zeitweilige Aussetzung des paß- und visafreien Reiseverkehrs zwischen der DDR und der ČSSR sowie die Ausweisung der sich unrechtmäßig in der BRD-Botschaft in Prag befindlichen Personen mit Reisezügen der DDR in die BRD betreffen.

NVA 01 601 Ag 117/XXVI-06/2081-84   Postanschrift: 1260 Strausberg, PF 59 801

Quelle: BStU, SdM, Nr. 90, Bl. 31 f.

Nochmals wurde auf die strikte Verwirklichung der von mir in einem Brief an den Oberkommandierenden bereits vorher gerichteten Bitten für Ordnungs- und Sicherheitsmaßnahmen seitens der Westgruppe der sowjetischen Streitkräfte während der Feierlichkeiten zum 40. Jahrestag der DDR verwiesen.

Armeegeneral Snetkow bat darum, Dir und dem gesamten Politbüro den Dank für die Information zu übermitteln. Die sowjetischen Genossen betrachten dies als einen bedeutsamen Ausdruck des gegenseitigen Vertrauens und der Haltung der Parteiführung zum Oberkommando der Westgruppe der sowjetischen Streitkräfte. Sie verfolgen die gegenwärtige Klassenkampfsituation selbst sehr aufmerksam und spüren die Bedeutung der besonnenen Politik der DDR.

Der Oberkommandierende brachte seine Gewißheit zum Ausdruck, daß unter Führung der SED die sich aus der gegenwärtigen Situation ergebenden Aufgaben und die Anforderungen der Zukunft erfolgreich bewältigt werden. Die DDR ist ein festes Glied der sozialistischen Staatengemeinschaft und auf das engste mit der Sowjetunion verbunden. Es wird niemals eine Abschottung der DDR geben. Dafür spricht auch die Anwesenheit der Westgruppe der sowjetischen Streitkräfte auf dem Territorium des ersten deutschen Arbeiter- und-Bauern-Staates.

Er hob hervor, daß die Deutsche Demokratische Republik mit großen Erfolgen auf allen gesellschaftlichen Gebieten ihrem 40. Geburtstag entgegengeht. Wir werden dieses Jubiläum gemeinsam würdig begehen. Besonderer Ausdruck dafür werden die Teilnahme der sowjetischen Delegation unter Leitung des Genossen M. Gorbatschow und die am 05. 10. 1989 in Wünsdorf stattfindende Festveranstaltung der Westgruppe der sowjetischen Streitkräfte sein.

Abschließend bat Genosse Armeegeneral Snetkow zu melden, daß seinerseits alle erforderlichen Maßnahmen bezüglich der vom Minister für Nationale Verteidigung ausgesprochenen Bitten getroffen wurden.

Ich bitte Dich um Kenntnisnahme.

Mit sozialistischem Gruß

H. Keßler
Armeegeneral

AKG/Kontrollgruppe   00130   Dresden, 5. Oktober 1989
                               eb-sta

AKTENVERMERK

Im Auftrage des Leiters der Bezirksverwaltung nahm der Unterzeichner am 4. Oktober 1989, 23.15 Uhr, an einer Beratung beim 1. Sekretär der SED-Bezirksleitung, Genossen Modrow, als Vertreter der Bezirksverwaltung für Staatssicherheit teil.

Genosse Modrow informierte, daß er gerade mit dem Minister für Nationale Verteidigung, Genossen Armeegeneral Keßler, gesprochen habe und dessen Einverständnis vorliegt, daß sofort

- 2 Bataillone der 7. PD Dresden,
- 2 Bataillone der OHS Löbau,
- 100 Genossen der Militärakademie "Friedrich Engels" Dresden und
- 7 Hundertschaften der Kampfgruppen

für die Beherrschung der Lage am Dresdner Hauptbahnhof zum Einsatz kommen.
Diese Kräfte werden bei Eintreffen zentral durch den Chef der BDVP. und von dort einzusetzenden Verbindungsoffizieren geführt.

Durch die BDVP, das MfS und die NVA ist ein Plan zur straffen und gemeinsamen Führung der Aktion zu erarbeiten.

Das Mitglied des Politbüros, Genosse Krenz, wurde durch Genossen Modrow ebenfalls über die Lage und die derzeitig eingesetzten Kräfte informiert.
Genosse Modrow erläuterte, daß nach einer endgültigen Klärung der Fahrtstrecke der Züge

- Bad Schandau - Dresden
- Bad Schandau, Pirna, Dürrröhrsdorf, Arnsdorf, Kamenz in Richtung Cottbus
- Züge zurück in die CSSR

die dafür erforderlichen vorbeugenden Sicherungsmaßnahmen an den jeweiligen Fahrtstrecken kurzfristig einzuleiten sind.

Das MfS wurde ersucht, über die Reichsbahndirektion Dresden Einfluß auszuüben, daß endgültige und schnelle Vorschläge zur Fahrtroute und dazu notwendige Entscheidungen durch das Ministerium für Verkehrswesen getroffen werden.

Nach Rückmeldung des Unterzeichners wurde der Leiter der Bezirksverwaltung von den gegebenen Orientierungen und getroffenen Festlegungen informiert.

                                    Leiter der Kontrollgruppe

                                    Eberlein
                                    Oberstleutnant

Quelle: Minderheitenvotum Arnold, S. 130.

	BStU
	000001

MINISTERIUM FÜR STAATSSICHERHEIT

1. Herger
2. Dickel
3. Nei
4. Mittig
5. HA VII, Ltr.
6. Ca
7. Seebe

Streng geheim!
Um Rückgabe wird gebeten!

Nr. 457 / 89

Berlin, den 1 5. 10. 89

4 Blatt

_____ Exemplar

INFORMATION
über

einige beachtenswerte Erscheinungen in den Kampfgruppen der Arbeiterklasse im Zusammenhang mit der gegenwärtigen Lageentwicklung

Zur Gewährleistung der öffentlichen Ordnung und Sicherheit wurden im Zeitraum des 40. Jahrestages der Gründung der DDR und im Zusammenhang mit der Abschiebung von ehemaligen DDR-Bürgern aus den BRD-Botschaften in Prag und Warschau in die BRD ca. 3 500 Angehörige der Kampfgruppen der Arbeiterklasse in der Hauptstadt der DDR, Berlin, sowie den Bezirken Dresden, Magdeburg, Suhl, Leipzig, Halle und Karl-Marx-Stadt im Rahmen von Sicherungseinsätzen direkt zum Einsatz gebracht und weitere ca. 7 100 Kampfgruppenangehörige aus sechs Bezirken (Berlin, Magdeburg, Dresden, Suhl, Halle und Karl-Marx-Stadt) in Bereitschaft versetzt.

Nach vorliegenden Hinweisen hat die überwiegende Mehrheit der Kämpfer eine hohe Einsatzbereitschaft gezeigt und im engen Zusammenwirken mit den Schutz- und Sicherheitsorganen sowie gesellschaftlichen Kräften die gestellten Aufgaben mit hoher Disziplin und Zuverlässigkeit realisiert.

Quelle: BStU, MfS, ZAIG, Nr. 3808, Bl. 1–4.

MINISTERIUM FÜR STAATSSICHERHEIT

In verschiedenen Einheiten der Kampfgruppen kam es im Verlaufe der Einsätze zu die Kampf- und Einsatzbereitschaft sowie den politisch-moralischen Zustand beeinträchtigenden Vorkommnissen, Handlungen und Erscheinungen.

Das findet seinen Ausdruck vor allem in

- der Ablehnung des vorgesehenen Einsatzes durch einzelne Kollektive und Kämpfer,

- Austrittserklärungen aus der SED und den Kampfgruppen sowie

- der Verweigerung von Befehlen.

Nach bisher vorliegenden Hinweisen erklärten z. B. 188 Kämpfer ihren Austritt aus den Kampfgruppen der Arbeiterklasse und 146 Kämpfer lehnten nach Erteilung des Einsatzbefehles dessen Durchführung ab.

Schwerpunkte bezüglich des Austrittes von Kämpfern aus der SED und den Kampfgruppen bilden die Bezirke Karl-Marx-Stadt (136), Leipzig (18) und Magdeburg (9). Die häufigsten Befehlsverweigerungen waren zu verzeichnen in Leipzig (85), Karl-Marx-Stadt (28) und Magdeburg (27).

Ausgewählte Beispiele:

- Nach der Alarmierung des I KGB (mot.) Karl-Marx-Stadt und der anschließenden Einweisung der Kämpfer legten 9 Angehörige demonstrativ ihren Kampfgruppenausweis auf den Tisch und weitere 15 Kämpfer lehnten den Einsatz ab. Unter diesem Personenkreis befinden sich 3 Gruppenführer und 12 Mitglieder der SED.

MINISTERIUM FÜR STAATSSICHERHEIT

- Während der Einweisung der 3. Hundertschaft in Karl-Marx-Stadt (Trägerbetrieb: VEB Großdrehmaschinenbau "8. Mai" Karl-Marx-Stadt) in die Sicherungsmaßnahmen bezüglich der Abschiebung von DDR-Bürgern, die sich rechtswidrig in der BRD-Botschaft in der CSSR aufhielten, lehnten 23 Kämpfer die Durchführung des Einsatzbefehles ab und weitere 9 Angehörige legten nach der Einweisung ihren Kampfgruppenausweis spontan auf den Tisch und verließen den Stützpunkt, so daß diese Einheit nicht zum Einsatz gebracht werden konnte.

- Im Kreis Plauen haben 115 Kampfgruppenangehörige ihren Austritt aus der Kampfgruppe mündlich und zum Teil schriftlich erklärt.

- Im Bezirk Gera gibt es ausnahmslos in allen Einheiten Kampfgruppenangehörige, welche die Teilnahme an Ordnungs- und Sicherungseinsätzen ablehnten.

Nach bisher vorliegenden ersten Erkenntnissen liegen derartigen Erscheinungen vor allem folgende Ursachen, Motive und begünstigende Bedingungen zugrunde:

Unzureichende Vorbereitung der Kämpfer auf eine mögliche Konfrontation mit feindlichen, oppositionellen Kräften im Innern der DDR

ungenügende Einweisung der Kämpfer in die im Territorium entstandene Lage

Angst, gegen die Bevölkerung "Zwangsmaßnahmen" durchführen zu müssen, die zu Repressalien gegen sie oder ihre Familienangehörigen führen könnten

Ablehnung des Einsatzes in Zivil, mit Schlagstock und Bauarbeiterhelm

MINISTERIUM FÜR STAATSSICHERHEIT

Auswirkungen feindlich-negativer Einflüsse, u. a. die Solidarisierung mit Forderungen der oppositionellen Bewegung "NEUES FORUM" in einzelnen Fällen.

Im Zusammenhang mit Sicherungseinsätzen zeigte sich eine Reihe von Kämpfern beeindruckt von oftmals massiven Beschimpfungen durch Demonstranten und Passanten mit solchen Rufen wie "Schande - Arbeiter gegen Arbeiter" und "Geburtstagsgeschenk der Obrigkeit". Andererseits brachten viele Kämpfer nach den Einsätzen zum Ausdruck, daß derartige Maßnahmen schon zu früheren Zeitpunkten hätten durchgeführt werden müssen. In Fragen der Gewährleistung von Ordnung und Sicherheit dürften wir uns niemals die Initiative aus der Hand nehmen lassen.

Die Untersuchungen des MfS, insbesondere zur weiteren Aufklärung der Ursachen, Motive und begünstigenden Bedingungen für die Kampf- und Einsatzbereitschaft der Kampfgruppen beeinträchtigende Faktoren, werden fortgeführt.

Die 1. Sekretäre der zuständigen territorialen Bezirks- und Kreisleitungen der SED wurden informiert.

Es wird vorgeschlagen zu prüfen, durch die zuständigen Organe unter Beachtung der Lageentwicklung entsprechende Untersuchungen/Überprüfungen durchzuführen und Schlußfolgerungen zur Gewährleistung der Kampf- und Einsatzbereitschaft und der Einstellung auf sich aus der Lage ergebende Erfordernisse abzuleiten.

Bereich 2000   O. U., 27. Oktober 1989

Information
über das Stimmungs- und Meinungsbild der Angehörigen
und Zivilbeschäftigten der NVA und der GT/DDR

Die <u>Übertragung der Funktionen des Vorsitzenden des
Staatsrates</u> und des Vorsitzenden des Nationalen
Verteidigungsrates an den Genossen Krenz entsprach
den Erwartungen und hat zu keinen besonderen Reaktionen geführt. Allgemein wird er für dynamisch und
befähigt gehalten, diese Ämter auszuführen.
Von einem Teil Armeeangehöriger gibt es solche Auffassungen:

- Egal, wer gewählt wird, Hauptsache die Funktion ist
  wieder besetzt und damit die Handlungsfähigkeit
  gewährleistet.

- Kann eine solche Machtkonzentration nicht (wieder)
  zu negativen Folgen führen?

- Ist eine Person überhaupt in der Lage, den Anforderungen
  von drei derart verantwortungsvollen Ämtern zu genügen?

Der Wahlakt selbst hat dagegen intensive Diskussionen
ausgelöst. Das betraf insbesondere

- die Tatsache erstmals erlebter Gegenstimmen, die mit
  Erstaunen zur Kenntnis genommen und als Anzeichen der
  "neuen Linie der Partei- und Staatsführung und des
  neuen Demokratieverständnisses in der Gesellschaft"
  beurteilt wurden;

Quelle: BStU, MfS, HA I, Nr. 5398, Bl. 284–287.

- die Leitung der Tagung durch Genossen Sindermann,
  dessen Auftreten vor allem bei der Feststellung
  der Abstimmungsergebnisse als "blamabel" und
  "hilflos" bezeichnet worden ist und bei vielen
  Unmut hervorgerufen hat.

Von einigen Soldaten und Unteroffizieren sind kritische
Bemerkungen gekommen, daß es sich wiederum nicht um eine
echte Wahl gehandelt habe, da kein Gegenkandidat aufgestellt worden und somit das Ergebnis von vornherein
klargewesen sei.

Die abgegebene Erklärung des Genossen Krenz fand überwiegend positive Aufnahme.

Die von den Partei- und Staatsorganen aktivierten
Gespräche mit den verschiedensten Partnern und Gruppen
in der DDR und die entsprechenden Medienveröffentlichungen
finden unverändert Niederschlag in zustimmenden Meinungs-
äußerungen aller Personenkategorien. Dabei sind als
Hauptrichtungen erkennbar:

- Vor allem von Berufskadern die einhellige Unterstützung
  des Standpunkts unserer Partei über die schrittweise
  Lösung der angestauten Probleme zur Verbesserung und
  Stärkung des Sozialismus.

- Zunehmend wird die Frage nach den Ursachen für das
  Entstehen dieser ernsten Situation gestellt und deren
  offene Beantwortung als notwendig für die Überwindung
  dieser Zustände und das Ausschließen neuerlicher
  Fehlentwicklungen angesehen.
  Weit verbreitet ist die Auffassung, daß viele Funktionäre
  ungerechtfertigte Privilegien haben und deswegen die
  wahre Lage nicht sehen wollten.

Deshalb sei die strikte Abschaffung solcher Privilegien unbedingt erforderlich.

- In beachtlichem Maße hat "Neues Forum" auch in den Streitkräften Wirkung erreicht. Es verstärkten sich Auffassungen, diese Gruppierung als gesellschaftliche Kraft anzuerkennen und zuzulassen. Z. B. gibt es an der OHS der Landstreitkräfte verstärkt die Meinung, zunächst alle Standpunkte offenlegen zu lassen und dann die dominierenden Interessen herauszufinden, die zu realisieren seien. Das wird als Möglichkeit betrachtet, die Situation in unserer Gesellschaft wieder zu stabilisieren.
  Aus der Tatsache, daß es bereits zu Gesprächen von führenden Funktionären mit Vertretern des "Neuen Forums" gekommen ist, wird von einigen auf eine baldige offizielle Zulassung der Vereinigung geschlußfolgert.

- In den Äußerungen vieler Armeeangehöriger findet sich die Forderung, auch in der NVA und der GT/DDR einen umfassenderen Austausch über gesellschaftliche Probleme und die weitere Entwicklung zu führen. Viele sehen sich in der Erwartung getäuscht, daß die Vorgesetzten und die Politorgane, wie im zivilen Bereich sichtbar, das vertrauensvolle Gespräch in ihren Bereichen suchen. Während bei Inspektionen mehrere Busse mit Generalen und hohen Offizieren vorgefahren wären, würde in der jetzigen Zeit gerade noch ein einzelner Oberstleutnant anreisen.
  Über den Dialog innerhalb der Truppen und Stäbe Klarheit zu schaffen, sei nicht zuletzt auch im Hinblick auf die bevorstehenden Einberufungen notwendig, weil mit einer Häufung von Fragen und verfestigten Auffassungen bei den neuen Wehrpflichtigen zu rechnen sei.

Die insbesondere von den Berufskadern mit Besorgnis
aufgenommenen weiter um sich greifenden Demonstrationen
werden von diesen als Form zur Lösung der anstehenden
Probleme und wegen der Gefahr ihrer Eskalation abgelehnt.
Verbreitete Auffassungen sind

- bei aller Differenzierung darf sich der Staat
  und die Partei nicht von Rowdys und feindlichen
  Elementen erpressen lassen;

- nicht genehmigte Demonstrationen, noch dazu, wenn sie
  mit Beeinträchtigungen des Verkehrs und Einschränkungen
  des öffentlichen Lebens verbunden sind, dürfen nicht
  weiter geduldet werden;

- die auf die Straße gehen, müssen die Macht des Staates
  spüren - über die Polizeiaktionen am 1. Mai 1989 in
  Westberlin redet heute auch niemand mehr (einige ältere
  Offiziere im KGT).

In verschiedenen Bereichen schlugen Offiziere vor, sich
selbst in die Demonstrationen einzureihen und dort den
politischen Dialog zur Erläuterung der Positionen unserer
Partei zu führen.

Verteiler
- Gen. Armeegeneral Keßler
- Gen. Generaloberst Streletz
- Gen. Generaloberst Brünner

Persönlich

BStU
000008

INFORMATION

der operativen Führungsgruppe

vom: 12. November 1989

Betreff: Lage auf dem Territorium der DDR

Die Lage an der Staatsgrenze der DDR zur BRD und zu Berlin (West) war im Berichtszeitraum weiterhin gekennzeichnet durch zahlreiche Verletzungen des Hoheitsgebietes der DDR, das Zerstören von Grenzsicherungsanlagen in der Hauptstadt der DDR, Berlin, vom westberliner Gebiet aus, das Ansammeln größerer Personengruppen an Stellen der Staatsgrenze, an denen mit der Öffnung zusätzlicher Grenzübergangsstellen gerechnet wurde sowie die anhaltend hohe Zahl von Aus- und Einreisen von DDR-Bürgern über die Grenzübergangsstellen.

In den Morgenstunden versuchten ca. 500 Personen vom westberliner Gebiet aus südlich des Brandenburger Tores die Grenzmauer mit technischen Mitteln zu zerstören. Ein Teil von ihnen besetzte die Mauer.
Im Zeitraum von 08.05 Uhr bis 08.55 Uhr wurden diese Handlungen durch den Einsatz von 3 Wasserwerfern unterbunden. Seit diesem Zeitpunkt wird ein erneutes Besetzen der Mauer durch unbewaffnete Angehörige der Grenztruppen der DDR verhindert.
Zur Sicherung des Pariser Platzes wurden Angehörige der Grenztruppen der DDR zwischen den Schiebetoren eingesetzt.

Zu provokatorischen Versuchen des Zerstörens von Grenzsicherungsanlagen kam es in den Nachmittagsstunden in der Köpenicker Straße, im Stadtbezirk Berlin-Mitte sowie in der Stubenrauchstraße und der Beyerstraße in Potsdam-Babelsberg.

Kopie BStU
AR 8

Quelle: BStU, MfS, ZAIG, Nr. 21854, Bl. 8–12.

Information vom 12. 11. 1989 Blatt 2

Während der Vorbereitungsarbeiten zur Eröffnung der Grenzübergangsstelle Stapelburg/Wernigerode/Magdeburg gelangten ca. 1 200 Bürger der DDR unkontrolliert in die BRD.
Bei Ellrich/Nordhausen/Erfurt erzwangen ca. 150 Bürger der DDR den Durchlaß in die BRD.

Seit den Mittagsstunden sind die Kommandanten der Grenzübergangsstellen befugt, mit der BRD-Seite Abstimmungen zum grenzüberschreitenden Verkehr direkt durchzuführen.

Am 11. November 1989 sind bis 24.00 Uhr insgesamt ca. 1 277 000 Bürger der DDR über die Grenzübergangsstellen der Hauptstadt zu Fuß bzw. mit Pkw nach Berlin (West) ausgereist. Ca. 1 179 000 Bürger der DDR reisten bisher wieder ein.
Über die Grenzübergangsstellen zur BRD sind ca. 400 000 Bürger der DDR aus- und ca. 197 000 wieder eingereist.

An allen Grenzübergangsstellen der Hauptstadt setzte ab 06.00 Uhr ein starker Ausreiseverkehr ein. Allein an der Grenzübergangsstelle Bornholmer Straße reisten bis 19.00 Uhr über 430 000 Bürger der DDR nach Berlin (West) aus. Es wurden zunächst noch stichprobenartige Identitätskontrollen vorgenommen, die schließlich ebenfalls eingestellt werden mußten.
Stark frequentiert waren auch die am 11. November 1989 in der Hauptstadt neu eröffneten Grenzübergangsstellen Eberswalder Straße, U-Bahnhof Jannowitzbrücke, und Puschkinallee.

Die Abfertigung der Reisenden an den Grenzübergangsstellen der DDR zur BRD verlief ohne Zwischenfälle.
Starker Reiseverkehr herrschte besonders an den Grenzübergangsstellen des Transitverkehrs zwischen der BRD und Berlin (West). Mit Ausnahme der Grenzübergangsstellen Stolpe/Oranienburg/Potsdam und Zarrentin/Hagenow/Schwerin kam es an allen Grenzübergangsstellen zu Rückstaus. Die hauptsächliche Ursache für die Staubildung in Marienborn/Oschersleben/Magdeburg (ca. 50 km) lag an der schleppenden Abfertigung von Seiten der BRD.

Information vom 12. 11. 1989　Blatt 3

Der Ministerpräsident des BRD-Landes Niedersachsen, Albrecht, passierte gegen 20.00 Uhr zu Fuß die Grenzübergangsstelle Stapelburg und hielt sich ca. eine Stunde in einer Gaststätte in Stapelburg auf. Er bekundete die Absicht, Möglichkeiten für die Einrichtung weiterer Grenzübergangsstellen zu erörtern.

Nach Öffnung der Meldestellen der Deutschen Volkspolizei war ein sehr hoher Zustrom von Bürgern zur Erlangung von Visa für Privatreisen bzw. zur ständigen Ausreise aus der DDR zu verzeichnen. Dabei traten trotz eines zusätzlichen Kräfteeinsatzes vereinzelt Wartezeiten von 3 bis 5 Stunden auf. Die Bürger verhielten sich diszipliniert.
Insgesamt wurden seit dem 10. 11. 1989 durch die Meldestellen der Deutschen Volkspolizei ca. drei Millionen Visa sowie 9 497 Genehmigungen für die ständige Ausreise aus der DDR erteilt.

Umfangreiche verkehrsorganisatorische Maßnahmen der Verkehrspolizei, verbunden mit einer breiten Öffentlichkeitsarbeit, besonders über Rundfunk, sicherten trotz teilweise erheblicher Einschränkungen des allgemeinen innerstädtischen Verkehrsablaufes die ungehinderte Reisetätigkeit der Bürger.

Auf den Fern- und S-Bahnhöfen der Hauptstadt, dem Bahnhof Berlin-Schönefeld sowie den Reiseknotenbahnhöfen der Bezirksstädte war eine zunehmende Konzentration von Personen für die Ein- und Ausreise von und nach der BRD und Berlin (West) zu verzeichnen. Besonders auf den S-Bahnhöfen Berlin Friedrichstraße und Jannowitzbrücke mußten Regulierungsmaßnahmen durchgeführt werden. Die Regelreise- und Entlastungszüge waren zwischen 150 und 200 % besetzt. Im Betriebsablauf traten in diesem Zusammenhang keine Störungen auf.

Die Anzahl durchgeführter Demonstrationen und Kundgebungen einschließlich kirchlich geprägter Veranstaltungen sowie die Teilnahme daran ist weiter rückläufig. Diese Situation wird in einigen Bezirken auch auf die neuen Reisemöglichkeiten zurückgeführt.

Information vom 12. 11. 1989 Blatt 4

Zu größeren Veranstaltungen kam es in den Städten Plauen/Karl-Marx-Stadt (ca. 15 000 Teilnehmer), Annaberg/Karl-Marx-Stadt (ca. 6 000 Teilnehmer) und Arnstadt/Erfurt (ca. 8 000 Teilnehmer).

Aufschriften auf Transparenten und Sprechchöre richteten sich insbesondere gegen das Ministerium für Staatssicherheit bzw. führende Funktionäre des Partei- und Staatsapparates und forderten vor allem die Einberufung eines Sonderparteitages, freie Wahlen und die Durchführung von Reformen.
Vereinzelt wurden Losungen wie "Deutschland einig Vaterland" und "Egon, reiche Helmut die Hand - vereint unser Vaterland" mitgeführt.

Im Zusammenhang mit den verstärkten Aktivitäten des "Neuen Forums" fand am 11. 11. 1989 im Gemeindehaus der Christuskirche Berlin-Köpenick ein internes Regionaltreffen statt, an dem ca. 60 Personen aus der Hauptstadt und verschiedenen Bezirken teilnahmen. Es waren 7 Kamerateams aus dem nichtsozialistischen Ausland, darunter das ZDF, anwesend. Der Versammlungsort wurde durch Einlaßkontrolle und Streifen in der Umgebung durch Angehörige des "Neuen Forums" abgesichert. Zum Inhalt des Treffens können keine Angaben gemacht werden.

Im Bezirksverband Schwerin der NDPD wurde geäußert, daß auch die NDPD Mitverantwortung für die gegenwärtige politische Krise trage. Die NDPD müsse sich neu profilieren, um den Auflösungsprozeß aufzuhalten. Dazu gehöre auch die Mitarbeit von Parteifreunden im "Neuen Forum".

In breiten Bevölkerungskreisen des Bezirkes Erfurt wurden Spekulationen über eine mögliche Währungsreform in der DDR geäußert.

Unter der DDR-Bevölkerung herrscht zunehmend Unverständnis und Verärgerung darüber, daß die starken Abkäufe von Lebensmitteln und Konsumgütern durch Ausländer, insbesondere polnische Bürger und US-Amerikaner, unvermindert anhalten. Es wird gefragt, wann die angekündigten Maßnahmen zur Unterbindung dessen endlich wirksam werden.

Information vom 12. 11. 1989   Blatt 5

Verunsicherungen zeigen sich auch im Zusammenhang mit den Reiseregelungen. Befürchtet werden vor allem zusätzliche ökonomische Schwierigkeiten. Gefordert werden Maßnahmen zur Unterbindung von Spekulationen und Grenzgängerei.

Im Kraftverkehrskombinat Dresden kündigen die Fahrer der Bereiche Dresden, Meißen, Riesa und Großenhain den 1. Dezember 1989 einen Streik an, wenn die vielfältigen Lohnunterschiede nicht überarbeitet werden.
Das Ministerium wurde informiert, reagierte bisher jedoch nicht.

Für die zu erwartende Rückkehr von ca. 10 000 ehemaligen DDR-Bürgern ab 15. November 1989 wurden durch den amtierenden Ersten Stellvertreter des Vorsitzenden des Ministerrates die erforderlichen Maßnahmen angewiesen.

Beratung der Expertengruppe - Militärreform am 03.01.1990, 14.30 Uhr

Teilnehmer:

Generalleutnant	Süß
Generalleutnant	Baarß
Generalmajor	Herrich
Generalmajor	Kokott
Oberst	Alms
Oberst	Colditz
Oberst	Güther
Oberst	Härtel
Oberst	Hartmann
Oberst	Hauguth
Oberst	Krumbiegel
Oberst	Mattig
Oberst	Müller, D.
Oberst	Müller, K.-M.
Oberst	Off
Oberstleutnant	Kütterer
Oberstleutnant	Basilauskas
Oberstleutnant	Wiesenthal

Generalleutnant Süß:

Eröffnet die Beratung und macht Ausführungen zur Lagebeurteilung.

- Die NVA befand sich noch nie in solch einer Krise wie gegenwärtig.

  Erste Anzeichen spitzten sich in der Nacht zum 01.01. im Standort Beelitz zu; Ähnliches geschah in den Standorten Neuseddin und Dresden.

  Beelitz hatte Signalwirkung für die gesamte NVA.

- Informiert über die Eskalation in Beelitz, die zur Meuterei führte, den Chef LaSK nicht zu Wort kommen ließ und den persönlichen Einsatz des Ministers für Nationale Verteidigung erforderte.

- Die in Beelitz getroffenen Festlegungen, u.a. die Überführung der in den Ausbildungsbasen bis 21.01.1990 auszubildenden SiGWD in die Verantwortung der Heimat-WKK, die gestern abend im Fernsehen

Quelle: Fonds ZMSBw, Nachlass Generalleutnant a.D. der NVA Prof. Dr. Hans Süß, Potsdam 2014.

- 2 -

der DDR übertragen wurden, führten dazu, daß bis heute früh aus
12 NVA-Standorten ultimative Forderungen gestellt werden.
(Zeithain, Kommando der VM, AR-8, MSR-3, 2. NBr., ISB-1,
PoR-3, PiBB-22, 4 Standorte der GT)

- Anrufer aus den Bautruppenteilen mit denen gestern hier beraten wurde, erklärten die Hinfälligkeit der Vereinbarung.
- Gegenwärtig existieren 2 Grundströmungen in der NVA:
  1. Generelle Auflösung der NVA (vor allem durch Soldaten).
  2. Tiefes Mißtrauen gegenüber dem Minister und Forderung nach Rücknahme der Entscheidung (besonders durch Kommandeure und Berufskader).
- Informiert, daß heute morgen eine Beratung des Ministers, mit den Stellvertretern stattfand, die die Ursachen der Krise und ihre Überwindung zum Gegenstand hatte.

Hauptursachen:
1. Der durch Mittag 1985 durchgesetzte Beschluß in steigendem Maße die NVA in der Volkswirtschaft einzusetzen, deformierte den Charakter und den Auftrag der NVA vollständig.

2. In der Armeeführung wurde in der letzten Zeit ungenügend verstanden den Ereignissen zuvorzukommen.

Hauptforderungen:
1. Die in der Volkswirtschaft eingesetzten Kräfte sollen in den Heimatkreisen in den erlernten Berufen der Volkswirtschaft zugeführt werden.

2. Reduzierung des Grundwehrdienstes auf 12 Monate.

3. Schnelle Inkraftsetzung des Zivildienstes.

4. Ansteigende Unzufriedenheit der Berufskader in der NVA.

Festlegungen des Ministers:
1. Dem Ministerpräsidenten wird heute nachmittag mit den anderen Sicherheitsorganen die konkrete Lage verdeutlicht.

- 3 -

2. - Erwirkung der Zustimmung des Ministerpräsidenten bzw. des Ministerrates auf seiner Sitzung am 04.01.1990, daß alle Truppenteile, die fast ausschließlich in der Volkswirtschaft arbeiten bis April 1990 oder Ende Februar 1990 aufgelöst werden.
(6 Ausbildungsbasen der NVA, Bautruppenteile der Ministerien für Bauwesen/Wohnungswirtschaft und Verkehrswesen u.a.)
- Übergang zum 12-Monate-GWD mit der Frühjahrseinberufung.

3. Erwirkung der Grundsatzentscheidung über die Reduzierung der NVA und ausschließliche Lösung von Aufgaben des Verteidigungsauftrages (ca. 100.000 Mann).

4. Präzisierung der DV 010/0/003
- Aufhebung der 50%-Anwesenheitsklausel und Fixierung der notwendigen Gefechtseinteilung,
- Änderung der Anrede,
- 5-Tage-Woche für alle Armeeangehörigen,
- Festlegung von Wochendienststunden,
- Aufhebung der Pflicht zum Essen,
- Überprüfung der Möglichkeiten der Erhöhung des Wehrsoldes,
- Aufhebung der Standortbereiche,
- Möglichkeit nach 22.00 Uhr Freizeitmaßnahmen durchzuführen,
- Möglichkeiten der UoZ als Außenschläfer,
- Offenlegung der Haushalte der Truppenteile,
- Keine Feiern von Berufskadern auf NVA-Kosten,
- Durchsetzung des Leistungsprinzips,
- Personalausweise bleiben am Mann.

- 4 -

5. Festlegungen von Sofortmaßnahmen lt. Fernschreiben vom 03.01.1990, verteilt bis auf Ebene Kommandeur Truppenteil - wird vorgetragen.
(liegt schriftlich vor)

6. Vorlage an den Ministerrat - wird vorgetragen.
(liegt schriftlich vor)

- Faßt die Festlegungen noch einmal zusammen.
    1. Fernschreiben mit Sofortmaßnahmen.
    2. Durchführung einer Kommandeurstagung am 05.01.1990.
    3. Beratung des STMCHS mit dem CMBU, den Kommandeuren der Truppenteile, STMCRD, CP1W, CLaSK zur Durchsprache der Maßnahmen zur Auflösung der festgelegten Truppenteile.
    4. Erarbeitung einer neuen DV 010/0/003.

- Stellt die Aufgabe an die Expertengruppe zur Vorbereitung einer Aufgabenstellung für die Erarbeitung des Referates des Ministers und arbeitet Schwerpunkte heraus.

Generalleutnant BaarB:

- Schlägt vor zu einzelnen Problemkreisen eine Ideenberatung durchzuführen, auf deren Grundlage der Vorschlag zur Gliederung der Rede des Ministers für Nationale Verteidigung zur Kommandeurstagung am 05.01.1990 entsteht.

Dieser Vorschlag liegt schriftlich vor.

Protokollführung: Oberstleutnant Wiesenthal

MINISTERRAT DER DEUTSCHEN DEMOKRATISCHEN REPUBLIK
MINISTERIUM FÜR ABRÜSTUNG UND VERTEIDIGUNG
DER MINISTER

Vertrauliche Verschlußsache!
VVS-Nr.: A 940 048
5. Ausfertigung = 2. Blatt

Minister für Verteidigung der Union
der Sozialistischen Sowjetrepubliken
Marschall der Sowjetunion J a s o w , D.T.

M O S K A U

Werter Marschall der Sowjetunion!

In der Zeit vom 03. bis 08. 09. 1990 wurden im Ministerium für Abrüstung und Verteidigung der DDR zwischen Delegationen der UdSSR und der DDR Verhandlungen über die Übergabe von sensitiver Militärtechnik der Nationalen Volksarmee der DDR an die sowjetischen Streitkräfte geführt.

Im Ergebnis dieser Verhandlungen wurde ein Protokoll unterzeichnet, dem ich vollinhaltlich zustimme.
Gleichzeitig wurde ein Arbeitsprotokoll zu noch offenstehenden Fragen angefertigt.
Erlauben Sie mir, Herr Minister, zu diesen Fragen unseren Standpunkt darzulegen:

1. Ein Teil der sensitiven Technik wird der sowjetischen Seite kostenlos übergeben als Ausgleich für die im Zusammenhang mit der Stornierung von Lieferungen an Militärtechnik in die DDR entstandenen bzw. noch entstehenden finanziellen Verluste. Es handelt sich hierbei um Spezialausrüstungen mit einem Zeitwert von ca. 100 Mio Rubel (ca. 240 Mio DM).

Darüber hinaus wird mit einem annähernd gleichen Zeitwert sensitive Bewaffnung übergeben, für die eine Verrechnung im Rahmen der Regulierung von Forderungen der UdSSR beim Abzug ihrer Truppen vom Territorium der heutigen DDR erfolgen sollte. Darüber müßte noch ein entsprechendes Protokoll erarbeitet werden.

Postfach 59 801   Strausberg   1260

Quelle: BArch, DVW 1/136989, o.Bl.

Vertrauliche Verschlußsache!
VVS-Nr.: A 940048 . 5. Ausf. Bl. 2

2. Hinsichtlich der als sensitiv eingestuften

   - Funkmeßstationen ST-68 U   und
   - Funkhöhenmesser PRW-17

   erlaube ich mir den Vorschlag zu unterbreiten, sie im Bestand der Luftverteidigung auf dem Territorium der jetzigen DDR zu belassen, um auch im Interesse der Westgruppe der Streitkräfte der UdSSR die Flugsicherung unter Berücksichtigung des zu erwartenden Verbotes der Meterwellen-Funkmeßtechnik zu gewährleisten.
   Wenn Ihrerseits auf eine Übergabe bestanden wird, würden wir erforderliche Schritte einleiten. Es müßten jedoch terminliche und organisatorische Vereinbarungen getroffen werden, weil der Abbau dieser Technik mindestens 14 Tage in Anspruch nehmen wird und nicht ohne Zusammenarbeit mit der Westgruppe der Streitkräfte verwirklicht werden kann.

3. Was die Sensitivität der Fla-Raketenkomplexe S-200, "OSA-AK" und "Strela-10" betrifft, so können wir die Meinung der sowjetischen Seite nicht teilen. Wir gehen davon aus, daß es keine triftigen Gründe für ihre Übergabe gibt.

4. Die Prüfung der Möglichkeiten zur unentgeltlichen Übergabe nicht sensitiver Militärtechnik der NVA, an der die sowjetische Seite interessiert ist, wird von mir eingeleitet. Ich bitte jedoch um Verständnis dafür, daß dieser Prozeß bis zur Herstellung der staatlichen Einheit Deutschlands nicht mehr abgeschlossen werden kann und demzufolge von den Rechtsnachfolgern weiter bearbeitet werden muß.

Ich möchte die Gelegenheit nutzen, um mich für die stets konstruktive Zusammenarbeit recht herzlich zu bedanken und bin überzeugt, daß wir auch zu den aufgeworfenen Problemen einen Konsens erreichen werden.

Hochachtungsvoll

Strausberg, den 18.9. 1990

Rainer Eppelmann

Abkürzungen

AB	Aufklärungsbataillon
Abt.	Abteilung
a.D.	außer Dienst
AfNS	Amt für Nationale Sicherheit
AGM	Arbeitsgruppe des Ministers
AklZ	Aufklärungszug
AR	Artillerieregiment
ARK	Auflösungs- und Rekultivierungskommando
ASt.	Außenstelle
AZ	Ausbildungszentrum
BArch	Bundesarchiv
Bd	Band
BDVP	Bezirksbehörde der Deutschen Volkspolizei
BEL	Bezirkseinsatzleitung
BL	Bezirksleitung
BMP	Boevaja Mašina Pechoty (Schützenpanzer)
BND	Bundesnachrichtendienst
BRD	Bundesrepublik Deutschland
BStU	Der Bundesbeauftragte für die Unterlagen des Staatssicherheitsdienstes der ehemaligen Deutschen Demokratischen Republik
BV	Bezirksverwaltung
BVfS	Bezirksverwaltung für Staatssicherheit
CDU	Christlich Demokratische Union
CIA	Central Intelligence Agency
ČSSR	Československá Socialistická Republika (Tschechoslowakische Sozialistische Republik)
CWIHP	Cold War International History Projekt
DA	Demokratischer Aufbruch
DBD	Demokratische Bauernpartei Deutschlands
DDR	Deutsche Demokratische Republik
DHS	Diensthabendes System
DSU	Deutsche Soziale Union
DVP	Deutsche Volkspolizei
FDJ	Freie Deutsche Jugend

FJK	Fallschirmjägerkompanie
FSB	Federal'naja Služba Bezopasnosti (Bundesagentur für Sicherheit)
FuTB	Funktechnisches Bataillon
GAR	Grenzausbildungsregiment
GD	Gardedivision
GeWA	Geschosswerferabteilung
GSBT	Gruppe der Sowjetischen Besatzungstruppen in Deutschland
GSSD	Gruppe der Sowjetischen Streitkräfte in Deutschland
GST	Gesellschaft für Sport und Technik
GSTD	Gruppe der Sowjetischen Truppen in Deutschland
GT	Grenztruppen
GÜSt	Grenzübergangsstelle
GWD	Grundwehrdienstleistende(r)
HA	Hauptabteilung
Hbf.	Hauptbahnhof
IM	Inoffizieller Mitarbeiter (des MfS)
IME	Inoffizieller Mitarbeiter im besonderen Einsatz
INF	Intermediate Range Nuclear Forces
k.A.	keine Angabe
KCB	Kernwaffen, Chemische Kampfstoffe, Biologische Kampfmittel
KEL	Kreiseinsatzleitung
KG	Kampfgruppen
KGB	Komitet Gosudarstvennoj Bezopasnosti (Komitee für Staatssicherheit)
KGH	Kampfgruppenhundertschaft
KPdSU	Kommunistische Partei der Sowjetunion
KSE	(Vertrag über) Konventionelle Streitkräfte in Europa
KSZE	Konferenz für Sicherheit und Zusammenarbeit in Europa
KVAE	Konferenz über Vertrauens- und Sicherheitsbildende Maßnahmen und Abrüstung in Europa
LA	Luftarmee
LaSK	Landstreitkräfte
LDPD	Liberal-Demokratische Partei Deutschlands
Lkw	Lastkraftwagen
lMG	leichtes Maschinengewehr
LSK/LV	Luftstreitkräfte/Luftverteidigung
LStR	Luftsturmregiment
LVZ	Leipziger Volkszeitung
MBFR	Mutual Balanced Forces Reductions
MBU	Militärbauwesen und Unterbringung
MdI	Ministerium des Innern
mech.	mechanisiert(e)
MfAV	Ministerium für Abrüstung und Verteidigung

MfNV	Ministerium für Nationale Verteidigung
MfS	Ministerium für Staatssicherheit
MG	Maschinengewehr
MGB	Ministerstvo Gosudarstvennoj Bezopasnosti (Ministerium für Staatssicherheit, Vorgängerorganisation des KGB von 1946 bis 1953)
mot.	motorisiert(e)
MPi	Maschinenpistole
MSD	motorisierte Schützendivision
MSR	motorisiertes Schützenregiment
MTW	Mannschaftstransportwagen
NATO	North Atlantic Treaty Organization
NDPD	National-Demokratische Partei Deutschlands
NR	Nachrichtenregiment
NVA	Nationale Volksarmee
NVR	Nationaler Verteidigungsrat
o.D.	ohne Datum
OHS	Offizierhochschule
OSL	Oberstleutnant
PD	Panzerdivision
PDS	Partei des Demokratischen Sozialismus
PdVP	Präsident/Präsidium der Deutschen Volkspolizei (Ost-Berlin)
PHV	Politische Hauptverwaltung
PKE	Personenkontrolleinheit
Pkw	Personenkraftwagen
Pz.-Abw.	Panzer-Abwehr
RGANI	Rossijskij Gosudarstvennyi Archiv Novejšej Istorii (Russisches Staatsarchiv für Zeitgeschichte)
RPG	Reaktive Panzerbüchse
SBZ	Sowjetische Besatzungszone
SDI	Strategic Defense Initiative
SdM	Sekretariat des Ministers
SED	Sozialistische Einheitspartei Deutschlands
SFL	Selbstfahrlafette
SPD	Sozialdemokratische Partei Deutschlands
SPW	Schützenpanzerwagen
StAL	Staatsarchiv Leipzig
START	Strategic Arms Reduction Talks
»Stasi«	Ministerium für Staatssicherheit
StVE	Strafvollzugseinrichtung
SV	Strafvollzug
TAZ	Tagungszentrum
UaZ	Unteroffizier auf Zeit

UdSSR	Union der Sozialistischen Sowjetrepubliken
UHA	Untersuchungshaftanstalt
UUK	Unabhängige Untersuchungskommission
VBS	Verband der Berufssoldaten der DDR
VIŽ	Voenno-istoričeskij žurnal
VO	Verbindungsoffizier
VP	Volkspolizei
VPB	Volkspolizei-Bereitschaft
VPKA	Volkspolizeikreisamt
VSBM	Vertrauens- und Sicherheitsbildende Maßnahmen
WGT	Westgruppe der Truppen
WTZ	Wissenschaftlich-Technisches Zentrum
ZAIG	Zentrale Auswertungs- und Informationsgruppe
ZK	Zentralkomitee
ZMSBw	Zentrum für Militärgeschichte und Sozialwissenschaften der Bundeswehr
ZZP	Zentraler Zuführungspunkt

Literatur

Achromeev, S.F., i G.M. Kornienko, Glazami maršala i diplomata. Kritičeskij vzgljad na vnejšnuju politiku SSSR do i posle 1985 goda, Moskva 1992

Altrichter, Helmut, Russland 1989. Der Untergang des sowjetischen Imperiums, München 2009

Anke, Matthias, Angst vor dem Bruderkrieg. In: Märkische Allgemeine Zeitung, 9.11.2004, S. 22

Apel, Hans, Der Abstieg. Politisches Tagebuch 1978−1988, 3. Aufl., Stuttgart 1990

Arlt, Kurt, Sowjetische (russische) Truppen in Deutschland (1945−1994). In: Im Dienste der Partei, S. 593−632

Armee ohne Zukunft. Das Ende der NVA und die deutsche Einheit. Zeitzeugenberichte und Dokumente. Im Auftrag des Militärgeschichtlichen Forschungsamtes hrsg. von Hans Ehlert unter Mitarb. von Hans-Joachim Beth, Berlin 2002 (= Militärgeschichte der DDR, 3)

Auf eiserne Art. Moskaus Ex-Außenminister Schewardnadse hat enthüllt, daß die deutsche Vereinigung gewaltsam verhindert werden sollte. In: Der Spiegel, 16/1991, S. 41−43

Auf Gefechtsposten. Ein Buch über die Gruppe der Sowjetischen Streitkräfte in Deutschland, Berlin (Ost) 1977

Bahr, Eckhard, Sieben Tage im Oktober. Aufbruch in Dresden, Leipzig 1990

Bange, Oliver, Der KSZE-Prozess und die sicherheitspolitische Dynamik des Ost-West-Konflikts 1970−1990. In: Wege zur Wiedervereinigung, S. 87−104

Bassistow, Juri W., Die DDR − ein Blick aus Wünsdorf. In: Jahrbuch für historische Kommunismusforschung 1994, S. 214−224

Baumgarten, Klaus-Dieter, Die Entwicklung der Grenzsicherung und der Grenztruppen an der Staatsgrenze zur BRD und zu Berlin (West) 1961−1990. In: Die Grenzen der DDR, S. 200−268

Baumgarten, Klaus-Dieter, Erinnerungen. Autobiographie des Chefs der Grenztruppen der DDR, Berlin 2008

Behrendt, Hans-Dieter, Über den DDR-Grenzschutz in der Wendezeit bis zur vollständigen Einstellung der Grenzkontrollen zwischen beiden deutschen Staaten und Berlin (West) Ende Juni 1990. In: Vom Mauerbau zum Mauerfall, T. 2, S. 7−53

Bröckermann, Heiner, Entwicklungsprobleme der Nationalen Volksarmee der DDR in den 1980er Jahren. In: Die NVA und die Ungarische Volksarmee, S. 75–87

Bröckermann, Heiner, Landesverteidigung und Militarisierung. Militär- und Sicherheitspolitik der DDR in der Ära Honecker 1971–1989. Hrsg. vom Militärgeschichtlichen Forschungsamt, Berlin 2011 (= Militärgeschichte der DDR, 20)

Bröckermann, Heiner, Die Nationale Volksarmee und die Gewaltfrage im Herbst 1989. In: 1989 und die Rolle der Gewalt, S. 129–152

Büttner, Stefan, und Martin Ebert, Wie der Kreml bereits vor 1989 die DDR aufgab. In: Fliegerrevue X, 24/2009, S. 6–31

Bundesrepublik Deutschland und DDR 1969–1990. Hrsg. von Dieter Grosser, Stephan Bierling und Beate Neuss, Stuttgart 1999 (= Deutsche Geschichte in Quellen und Darstellungen, 11)

Burlakov, Matvej P., Sovetskie vojska v Germanii 1945–1994, Moskva 1994

A Cardboard Castle? An Inside History of the Warsaw Pact 1955–1991. Ed. by Vojteck Mastny and Malcolm Byrne, Budapest, New York 2005 (= National Security Archive Cold War Reader)

Černjaev, Anatolij, Proekt. Sovetskaja politika 1972–1991 gg. vzgljad iznutri – 1989, URL: http://www2.gwu.edu/~nsarchiv/rus/Chernyaev.html (letzter Zugriff: 12.5.2014)

Černjaev, Anatolij S., Šest' let s Gorbačevym, Moskva 1993

Christoforov, Vasilij S., Dokumenty Central'nogo archiva FSB Rossii o sobytijach 17 ijunja 1953 g. v GDR. In: Novaja i novejšaja istorija, 1/2004, S. 90

CIA Intelligence Report: The Soviet Motorized Rifle Division and Tank Division: Organisation, Size, and Logistic Capability, November 1970, URL: http://216.12.139.91/docs/DOC_0000969826/DOC_0000969826.pdf (letzter Zugriff: 12.5.2014)

CIA-Memorandum: Status of Soviet Unilateral Withdrawals, October 1989, URL: https://www.cia.gov/library/center-for-the-study-of-intelligence/csi-publications/books-and-monographs/at-cold-wars-end-us-intelligence-on-the-soviet-union-and-eastern-europe-1989-1991/16526pdffiles/NIC89-10003.pdf (letzter Zugriff: 12.5.2014)

CIA-NIE 11-18-89: The Soviet System in Crisis: Prospect fort he Next Two Years, November 1989, URL: https://www.cia.gov/library/center-for-the-study-of-intelligence/csi-publications/books-and-monographs/at-cold-wars-end-us-intelligence-on-the-soviet-union-and-eastern-europe-1989-1991/16526pdffiles/NIE11-18-89.pdf (letzter Zugriff: 12.5.2014)

Ciesla, Burghard, Freiheit wollen wir! Der 17. Juni 1953 in Brandenburg, Berlin 2003

Colton, Timothy J., Commissars, Commanders, and Civilian Authority. The Structure of Soviet Military Politics, Cambridge 1979

DDR Krenz Tagesbericht 23.10.1989, URL: http://www.2plus4.de/chronik. php3?date_value=23.10.89&sort=003-001 (letzter Zugriff: 12.5.2014)

Diedrich, Torsten, Hans Ehlert und Rüdiger Wenzke, Die bewaffneten Organe der DDR im System von Partei, Staat und Landesverteidigung. Ein Überblick. In: Im Dienste der Partei, S. 1–67

Diedrich, Torsten, und Rüdiger Wenzke, Die getarnte Armee. Geschichte der Kasernierten Volkspolizei der DDR 1952 bis 1956. Hrsg. vom Militärgeschichtlichen Forschungsamt, Berlin 2001 (= Militärgeschichte der DDR, 1)

Diedrich, Torsten, Waffen gegen das Volk. Der 17. Juni 1953 in der DDR. Hrsg. vom Militärgeschichtlichen Forschungsamt, München 2003

Diedrich, Torsten, Wechselwirkungen zwischen dem inneren und dem äußeren Sicherheitssystem in der Entwicklung der DDR. In: Militär und Staatssicherheit, S. 29–52

Dislozierungen sowjetischer Truppen am 10.11.1989, URL: http://www.geschichtsspuren.de/forum/dislozierungen-sowjetischer-truppen-am-10-11-1989-t7252.html (letzter Zugriff: 7.5.2014)

Dokumente zur Außenpolitik der Deutschen Demokratischen Republik, Bd 5. Hrsg. vom Institut für Internationale Beziehungen an der Akademie für Staats- und Rechtswissenschaften der DDR, Potsdam-Babelsberg, in Zusammenarbeit mit der Abteilung Archiv des Ministeriums für Auswärtige Angelegenheiten der DDR, Berlin (Ost) 1954–1988

Dresdner Lebensläufe. Zeitzeugen berichten vom Leben und vom Umbruch im ehemaligen Bezirk Dresden. Aufgezeichnet von Werner Kaulfuss und Johannes Schulz, Schkeuditz 1993

Dve Germanii, URL: http://www.gsvg.ru/vospomonania_veterany_gsvg/287-dve-germanii.html (letzter Zugriff: 12.5.2014)

Ehlert, Hans, Von der »Wende« zur Einheit – Ein sicherheitspolitischer Rückblick auf das letzte Jahr der Nationalen Volksarmee. In: Armee ohne Zukunft, S. 1–73

Ehlert, Hans, Zwischen Mauerfall und Volkskammerwahl. Die NVA im Strudel des gesellschaftlichen Umbruchs in der DDR 1989/90. In: Staatsfeinde in Uniform?, S. 429–464

Eindeutig ein Gericht der Sieger. In: Der Spiegel, 36/1997, S. 46

Falin, Valentin, Konflikty v Kremle, Sumerki bogov po russkij, Moskva 1999

Fes'kov, V.I., K.A. Kalašnikov i V.I. Golikov, Sovetskaja armija v gody »cholodnoj vojny« (1945–1991), Tomsk 2004

Fliegerrevue X. Sonderheft: Militärluftfahrt in der DDR, Berlin 2013

Forndran, Erhard, Der säkulare Dialog: Rüstungskontrolle. In: Das Zeitalter der Bombe, S. 212–232

Frank, Hans, Die Westgruppe der Truppen (WGT). In: NVA. Anspruch und Wirklichkeit, S. 331–350

Froh, Klaus, Chronik der NVA, der Grenztruppen und der Zivilverteidigung der DDR 1956–1990, Berlin 2010 (= Forum moderne Militärgeschichte, 2)
Geppert, Edmund, Kein Buch mit sieben Siegeln. In: Dresdner Lebensläufe, S. 56–68
Gerlach, Manfred, Mitverantwortlich. Als Liberaler im SED-Staat, Berlin 1991
Gerster, Florian, Zwischen Pazifismus und Verteidigung. Die Sicherheitspolitik der SPD, Baden-Baden 1994
Gieseke, Jens, Die hauptamtlichen Mitarbeiter der Staatssicherheit. Personalstruktur und Lebenswelt 1950–1989/90, Berlin 2000 (= Wissenschaftliche Reihe des Bundesbeauftragten für die Unterlagen des Staatssicherheitsdienstes der ehemaligen Deutschen Demokratischen Republik, 20)
Glaser, Günther, Armee gegen das Volk? Zeitgenössische Studie mit Dokumenten zur Einsatzplanung des Militärs im Innern der DDR (1949–1965/66), Frankfurt a.M. [u.a.] 2009
Glaser, Günther, »... auf die ›andere Seite‹ übergehen«. NVA-Angehörige in Krise und revolutionärem Umbruch der DDR. Studie mit Dokumenten (22. September–17./18. November 1989), Berlin 2005
Görtemaker, Manfred, Geschichte der Bundesrepublik Deutschland. Von der Gründung bis zur Gegenwart, Frankfurt a.M. 2004
Goncharenko, Roman, »Bleibt in den Kasernen!« Warum die sowjetischen Truppen in der DDR den Mauerfall nicht verhinderten, Beitrag von Deutschlandradio Kultur, 25.9.2009, URL: http://www. deutschlandradiokultur.de/bleibt-in-den-kasernen.1001.de.html?dram:article_id=156890 (letzter Zugriff: 12.5.2014)
Grätz, Manfred, Ich, 1989/90. In: Was war und was bleibt, S. 11–19
Grandhagen, Wolfgang, Von der Grenzpolizei zu den Grenztruppen der DDR, Berlin 2004
Grashoff, Udo, »In einem Anfall von Depression ...«. Selbsttötungen in der DDR, Berlin 2006
Die Grenzen der DDR. Geschichte, Fakten, Hintergründe. Hrsg. von Klaus-Dieter Baumgarten und Peter Freitag, Berlin 2004
Gründungsaufruf des Neuen Forums, 18.9.1989. In: Bundesrepublik Deutschland und DDR, S. 324–326
Haase-Hindenberg, Gerhard, Der Mann, der die Mauer öffnete. Warum Oberstleutnant Harald Jäger den Befehl verweigerte und damit Weltgeschichte schrieb, München 2007
Hamelrath, Edward, Zwischen Gewalteskalation und Sicherheitspartnerschaft. Der Fall Dresden. In: 1989 und die Rolle der Gewalt, S. 203–229
Hammerich, Helmut R., Dieter H. Kollmer, Martin Rink und Rudolf Schlaffer, Das Heer 1950 bis 1970. Konzeption, Organisation und Aufstellung. Unter Mitarb. von Michael Poppe, München 2006 (= Sicherheitspolitik und Streitkräfte der Bundesrepublik Deutschland, 3)

Hanisch, Wilfried, Herbst 1989 – NVA und Grenztruppen der DDR. Chronologie wesentlicher Handlungen und Rahmenbedingungen. In: Was war die NVA?, S. 535–580

Hanisch, Wilfried, Zur Haltung der Soldaten der DDR bei der Grenzöffnung im November 1989. In: Nationale Volksarmee – Armee für den Frieden, S. 91–105

Heider, Paul, Militärreform in der DDR 1989/90. In: Reform – Reorganisation – Transformation, S. 383–400

Heider, Paul, Nationale Volksarmee – Ultima Ratio zum Erhalt der SED. In: Das letzte Jahr der DDR, S. 100–123

Heider, Paul, Die NVA im Herbst 1989. Zu ihrer Haltung während der revolutionären Umwälzung und ihr innerer Wandel auf dem Weg zur deutschen Einheit. In: Utopie kreativ, 54/1995, S. 47–63

Hein, Hans-Dieter, Chronik – die NVA in der gesellschaftlichen Wende. In: Was war die NVA? Zapfenstreich, S. 59–79

Heinemann, Winfried, Die DDR und ihr Militär, München 2011 (= Militärgeschichte kompakt, 3)

Heitmann, Clemens, Schützen und Helfen? Luftschutz und Zivilverteidigung in der DDR 1955 bis 1989/90. Hrsg. vom Militärgeschichtlichen Forschungsamt, Berlin 2006 (= Militärgeschichte der DDR, 12)

Hertle, Hans-Hermann, Chronik des Mauerfalls. Die dramatischen Ereignisse um den 9. November 1989, 12. Aufl., Berlin 2009

Hertle, Hans-Hermann, Der Fall der Mauer aus der Sicht der NVA und der Grenztruppen der DDR. Gespräch mit den Generälen Klaus-Dieter Baumgarten, Joachim Goldbach und Fritz Streletz. Mit einer Replik von F. Streletz auf H.-H. Hertle: Nach dem Fall der Mauer (in: Berliner Arbeitshefte, Nr. 94), Berlin 1995 (= Berliner Arbeitshefte und Berichte zur sozialwissenschaftlichen Forschung, 99)

Hertle, Hans-Hermann, Der Fall der Mauer. Die unbeabsichtigte Selbstauflösung des SED-Staates, Opladen 1996

Hertle, Hans-Hermann, »Ein Stein vom Herzen«. Hans-Hermann Hertle über die Rolle des DDR-Militärs bei der Maueröffnung. In: Der Spiegel, 46/1992, S. 40–43

Heute vor 10 Jahren. Leipzig auf dem Weg zur Friedlichen Revolution. Hrsg. von Tobias Hollitzer und Reinhard Bohse, Bonn 2000

Hoffmann, Heinz, Soldaten des Volkes – standhafte Kämpfer. Diskussionsrede auf dem X. Parteitag der SED, 12. April 1981. In: Protokoll der Verhandlungen des X. Parteitages, Bd 1, S. 191–198

Hoffmann, Theodor, Das letzte Kommando. Ein Minister erinnert sich, Berlin [u.a.] 1993

Hollitzer, Tobias, Der friedliche Verlauf des 9. Oktober 1989. Kapitulation oder Reformbereitschaft? Vorgeschichte, Verlauf und Nachwirkung. In: Revolution und Transformation, S. 247–288

Honecker, Erich, Zügig voran bei der weiteren Gestaltung der entwickelten sozialistischen Gesellschaft in der Deutschen Demokratischen Republik. Aus dem Bericht des ZK an den IX. Parteitag der SED, 18.5.1976. In: Honecker, Zuverlässiger Schutz des Sozialismus, S. 298

Honecker, Erich, Zuverlässiger Schutz des Sozialismus. Ausgewählte Reden und Schriften zur Militärpolitik der SED, 2., wesentl. erw. Aufl., Berlin (Ost) 1977

»Ich liebe euch doch alle ...«. Befehle und Lageberichte des MfS Januar–November 1989. Hrsg. von Armin Mitter und Stefan Wolle, Berlin 1990

Im Dienste der Partei. Handbuch der bewaffneten Organe der DDR. Im Auftrag des Militärgeschichtlichen Forschungsamtes hrsg. von Torsten Diedrich, Hans Ehlert und Rüdiger Wenzke, Berlin 1998

»Im Kreml brennt noch Licht«. Die Spitzenkontakte zwischen SED/PDS und KPdSU 1989–1991. Hrsg. von Detlef Nakath, Gero Neugebauer und Gerd-Rüdiger Stephan, Berlin 1998

Jahrbuch für historische Kommunismusforschung 1994. Im Auftrag der Stiftung zur Aufarbeitung der SED-Diktatur hrsg. von Hermann Weber [u.a.], Berlin 1994

Jones, Christopher, Gorbačevs Militärdoktrin und das Ende des Warschauer Paktes. In: Der Warschauer Pakt, S. 245–271

Kaufmann, Thomas A., Kontinuität und Wandel. Entwicklung der Militärdoktrin und Kriegsplanung des Warschauer Paktes im Verlauf der 80er Jahre unter Berücksichtigung der Landesverteidigung der DDR, Diss., Universität der Bundeswehr München, München 2002

Klein, Horst, Niemals Waffen gegen das Volk! Die Nationale Volksarmee der DDR – ein Garant der friedlichen Revolution im Herbst 1989. In: Was war die NVA? Zapfenstreich, S. 80–89

Knabe, Frithjof H., Unter der Flagge des Gegners. Wertwandel im Umbruch in den Streitkräften – von der NVA zur Bundeswehr, Diss. Univ. Leipzig; Opladen 1994 (= Studien zur Sozialwissenschaft, 146)

Kokoshin, Andrei A., Soviet Strategic Thought, 1917–1991, London 1999

Kowalczuk, Ilko-Sascha, Endspiel. Die Revolution von 1989 in der DDR, München 2009

Kowalczuk, Ilko-Sascha, und Stefan Wolle, Roter Stern über Deutschland. Sowjetische Truppen in der DDR, Berlin 2001

Kremb, Jürgen, und Peter Wensierski, Tage wie in Trance. In: Der Spiegel, 41/2004, S. 140–146

Der Kreml und die Wende 1989. Interne Analysen der sowjetischen Führung zum Fall der kommunistischen Regime. Dokumente. Hrsg. von Stefan Karner, Mark Kramer, Peter Ruggenthaler und Manfred Wilke, Innsbruck [u.a.] 2014 (= Veröffentlichungen des Ludwig Boltzmann-Instituts für Kriegsfolgen-Forschung, Sonderbd 15)

Krenz, Egon, Widerworte. Aus Briefen und Zeugnissen 1990 bis 2005, Berlin 2006
Küttler, Thomas, und Jean Curt Röder, Es war das Volk. Die Wende in Plauen. Eine Dokumentation, Plauen 1992
Kuhn, Ekkehard, »Wir sind das Volk!« Die friedliche Revolution in Leipzig, 9. Oktober 1989, Berlin 1992
Lapp, Peter Joachim, Grenzregime der DDR, Aachen 2013
Lautsch, Siegfried, Kriegsschauplatz Deutschland. Erfahrungen und Erkenntnisse eines NVA-Offiziers, Potsdam 2013
Lautsch, Siegfried, Die NVA-Operationsplanung für Norddeutschland 1983–1988. In: Wege zur Wiedervereinigung, S. 265–285
Das letzte Jahr der DDR. Zwischen Revolution und Selbstaufgabe. Hrsg. von Stefan Bollinger, Berlin 2004 (= Schriften der Rosa-Luxemburg-Stiftung, 11)
Lippert, Günter, Die GSTD: Speerspitze der Roten Armee. In: Internationale Wehrrevue, 5/1987, S. 553–563
Lohmann, Horst, GSSD. Die Gruppe der Sowjetischen Streitkräfte in Deutschland 1945–1994. Ein historischer Abriss, Hoppegarten 2010
Mahler, Gerhard, Sowjetische Truppen in Deutschland. Konventionelle Bedrohung der Bundesrepublik Deutschland, Kiel 1988
Maibaum, Werner, Geschichte der Deutschlandpolitik, Bonn 1998
Maksimyčev, Igor', Padenie Berlinskoj steny. Iz zapisok sovetnika-poslanika posol'stva SSSR v Berline, Moskva 2011
Mastny, Vojtech, und Gustav Schmidt, Konfrontationsmuster des Kalten Krieges 1946 bis 1956. Im Auftrag des Militärgeschichtlichen Forschungsamtes hrsg. von Norbert Wiggershaus und Dieter Krüger, München 2003 (= Entstehung und Probleme des Atlantischen Bündnisses bis 1956, 3)
Mastny, Vojtech, Die NATO im sowjetischen Denken und Handeln 1949 bis 1956. In: Mastny/ Schmidt, Konfrontationsmuster, S. 381–471
Die Mauer. Errichtung, Überwindung, Erinnerung. Hrsg. von Klaus-Dietmar Henke, München 2011
Mauerbau und Mauerfall. Ursachen – Verlauf – Auswirkungen. Hrsg. von Hans-Hermann Hertle, Konrad H. Jarausch und Christoph Kleßmann, Berlin 2002 (= Forschungen zur DDR-Gesellschaft)
Maurer, Jochen, Dienst an der Mauer. Der Alltag der Grenztruppen rund um Berlin, Berlin 2011 (= Geschichte von Mauer und Flucht)
Metzler, Marco, Nationale Volksarmee. Militärpolitik und politisches Militär in sozialistischer Verteidigungskoalition 1955/56 bis 1989/90, Baden-Baden 2012; zugl. Diss., Univ. Chemnitz 2011
Michail Gorbačev i germanskij voproz, Moskva 2006
Michail Gorbatschow und die deutsche Frage. Sowjetische Dokumente 1986–1991. Hrsg. von Aleksandr Galkin und Anatolij Tschernjajew, München 2011

Militär und Staatssicherheit im Sicherheitskonzept der Warschauer-Pakt-Staaten. Im Auftrag des Militärgeschichtlichen Forschungsamtes und der Bundesbeauftragten für die Unterlagen des Staatssicherheitsdienstes der ehemaligen DDR hrsg. von Torsten Diedrich und Walter Süß, Berlin 2010 (= Militärgeschichte der DDR, 19)

Militärgeschichte der BRD. Abriß. 1949 bis zur Gegenwart. Von einem Autorenkollektiv unter Leitung von Tibor Dobias, Berlin (Ost) 1989 (= Schriften des Militärgeschichtlichen Instituts der DDR)

Minderheitenvotum Arnold *siehe* Sächsischer Landtag, 1. Wahlperionde

Mittendrin. Die Berliner Volkspolizei 1989/ 90. Hrsg. von Karl-Heinz Kriz und Hans-Jürgen Gräfe, Berlin 2014

Nationale Volksarmee – Armee für den Frieden: Beiträge zu Selbstverständnis und Geschichte des deutschen Militärs 1945–1990. Hrsg. von Detlef Bald, Reinhard Brühl und Andreas Prüfert, Baden-Baden 1995 (= Militär- und Sozialwissenschaften, 17)

Neubert, Erhart, Unsere Revolution. Die Geschichte der Jahre 1989/90, München, Zürich 2008

1989 und die Rolle der Gewalt. Hrsg. von Martin Sabrow und Jan C. Behrends, Göttingen 2012

Nielsen, Harald, Die DDR und die Kernwaffen. Die nukleare Rolle der Nationalen Volksarmee im Warschauer Pakt, Baden-Baden 1998

The 1956 Hungarian Revolution. A History in Documents. Ed. by Csaba Békés, Malcolm Byrne and János M. Rainer, Budapest, New York 2002

NVA. Anspruch und Wirklichkeit nach ausgewählten Dokumenten. Hrsg. von Klaus Naumann, Berlin [u.a.] 1993

NVA. Ein Rückblick für die Zukunft. Zeitzeugen berichten über ein Stück deutscher Militärgeschichte. Hrsg. von Manfred Backerra, Köln 1992

Die NVA und die Ungarische Volksarmee im Warschauer Pakt. Im Auftrag des Militärgeschichtlichen Forschungsamtes hrsg. von Hans-Hubertus Mack, László Veszprémy und Rüdiger Wenzke, Potsdam 2011 (= Potsdamer Schriften zur Militärgeschichte, 15)

Odom, William E., The Collapse of the Soviet Military, New Haven, CT 1998

Ostermann, Christian F., Uprising in East Germany 1953. The Cold War, the German Question, and the First Major Upheaval Behind the Iron Curtain, Budapest 2001

Ostermann, Christian, »This is not a Politburo, but a Madhouse«. The Post-Stalin Succession Struggle, Soviet Deutschlandpolitik and the SED: New Evidence from Russian, German, and Hungarian Archives. In: CWIHP, Bulletin, 10/1998, S. 61–110

Ovens, Ove, Die Nationale Volksarmee der DDR zwischen »Wende« und Auflösung. Der Untergang der NVA im Lichte des Zusammenbruchs der DDR, Inaugural-Diss., Universität Regensburg, Ingolstadt 2003

»Pfarrer, Christen und Katholiken«. Das Ministerium für Staatssicherheit der ehemaligen DDR und die Kirchen. Hrsg. von Gerhard Besier und Stephan Wolf, Neukirchen-Vluyn 1991 (= Historisch-Theologische Studien zum 19. und 20. Jahrhundert, Quellen 1)

Plato, Alexander von, Die Vereinigung Deutschlands – ein weltpolitisches Machtspiel. Bush, Kohl, Gorbatschow und die internen Gesprächsprotokolle, 3. Aufl., Berlin 2009

Prager Frühling. Das internationale Krisenjahr 1968. Beiträge. Hrsg. von Stefan Karner [u.a.], 2 Bde, Köln, Weimar, Wien 2008

Prezidium CK KPSS 1954–1964. Černovye protokol'nye zapisi zasedanij. Stenogrammy. Postanovlenija, T. 1. Pod Red. A.A. Fursenko, Moskva 2003

Proščaj Germanija! Neizvestneye podrobnosti vyvoda zapandnoj gruppy vojsk, URL: http://oficery.ru/security/3632 (letzter Zugriff: 12.5.2014)

Prosim rassmotret' i utverdit'. In: Istočnik, 5/2001, S. 125

Protokoll der Verhandlungen des X. Parteitages der Sozialistischen Einheitspartei Deutschlands im Palast der Republik in Berlin 11. bis 16. April 1981, 2 Bde, Berlin (Ost) 1981

Reform – Reorganisation – Transformation. Zum Wandel in deutschen Streitkräften von den preußischen Heeresreformen bis zur Transformation der Bundeswehr. Im Auftrag des Militärgeschichtlichen Forschungsamtes hrsg. von Karl-Heinz Lutz, Martin Rink und Marcus von Salisch, München 2010

Revolution und Transformation in der DDR 1989/90. Hrsg. von Günther Heydemann, Gunther Mai und Werner Müller, Berlin 1999 (= Schriftenreihe der Gesellschaft für Deutschlandforschung, 73)

Richter, Michael, Die Friedliche Revolution. Aufbruch zur Demokratie in Sachsen 1989/90, Göttingen 2009 (= Schriften des Hannah-Arendt-Instituts für Totalitarismusforschung, 38)

Rogg, Matthias, Armee des Volkes? Militär und Gesellschaft in der DDR. Hrsg. vom Militärgeschichtlichen Forschungsamt, Berlin 2008 (= Militärgeschichte der DDR, 15)

Die Rolle des militärischen Faktors bei der Entstehung, Entwicklung und Auflösung der DDR. Hrsg. von Kersten Radzimanowski, Berlin 1995 (= Berliner Europa Forum, Sonderheft, 4)

Rossija (SSSR) v lokal'nych vojnach i vooružennych konfliktach vtoroj polovinyj XXveka. Pod redakciej V.A. Zolotareva, Moskva 2000

Roth, Heidi, Der 17. Juni 1953 in Sachsen, Köln, Weimar, Wien 1999

Sabrow, Martin, »1989« und die Rolle der Gewalt in Ostdeutschland. In: 1989 und die Rolle der Gewalt, S. 9–31

Sächsischer Landtag, 1. Wahlperiode, Drucksache 1/4773, Schlußbericht des Sonderausschusses zur Untersuchung von Amts- und Machtmißbrauch infolge der SED-Herrschaft zum 1. Untersuchungsgegenstand, Juli 1994, Anlagen zum *Minderheitenvotum des Abgeordneten Arnold* und der Fraktion Bündnis 90/ Grüne, Dresden 1994

Scheler, Wolfgang, Die Irrationalität des Krieges und die NVA im Rahmen des Warschauer Vertrages. In: Die Rolle des militärischen Faktors, S. 1–7

Schmalfuß, Karl-Heinz, Innenansichten. Dreißig Jahre im Ministerium des Innern der DDR. Ein General meldet sich zu Wort, Aachen 2009

Schön, ich gab die DDR weg. Michail Gorbatschow über seine Rolle bei der deutschen Vereinigung. In: Der Spiegel, 40/1995, S. 66–81

Schönbohm, Jörg, Zwei Armeen und ein Vaterland. Das Ende der Nationalen Volksarmee, Berlin 1992

Seubert, Heribert, Zum Legitimitätsverfall des militarisierten Sozialismus in der DDR, Hamburg 1995 (= Studien zu Konflikt und Kooperation im Osten, 3)

Siebs, Benno-Eide, Die Außenpolitik der DDR 1976–1989. Strategien und Grenzen, Paderborn [u.a.] 1999

Silomon, Anke, Anspruch und Wirklichkeit der »besonderen Gemeinschaft«. Der Ost-West-Dialog der deutschen evangelischen Kirchen 1969–1991, Göttingen 2006 (= Arbeiten zur Kirchlichen Zeitgeschichte, 45)

Sokraščenie Vooružennych Sil SSSR v sredine 50-ch godov. In: Voennye archivy Rossii, 1/1993, S. 273

Soutou, Georges-Henri, La guerre de cinquante ans. Le conflit Est-Ouest 1943–1990, Paris 2001

Sozialistische Militärpolitik und Wehrbereitschaft. Militärpolitisches Grundwissen für die sozialistische Wehrerziehung. Leitfaden. Hrsg. von einem Autorenkollektiv unter der Leitung von Bernhard Gonnermann, Berlin (Ost) 1987

Staatsfeinde in Uniform? Widerständiges Verhalten und politische Verfolgung in der NVA. Im Auftrag des Militärgeschichtlichen Forschungsamtes hrsg. von Rüdiger Wenzke, Berlin 2005 (= Militärgeschichte der DDR, 9)

Stechbarth, Horst, Soldat im Osten. Erinnerungen und Erlebnisse aus fünf Jahrzehnten. Hrsg. von KulturKunststatt Prora/NVA-Museum, Hüllhorst 2006

Steike, Jörn, Von den »Inneren Truppen« zur Bereitschaftspolizei (1953–1990). In: Im Dienste der Partei, S. 69–95

Stich, Jürgen, »Dann haben wir Bürgerkrieg«. Wie Horst Grade, Leiter der Kampfgruppenschule in Schmerwitz, im Wendejahr 1989 auf die Situation in der DDR reagierte. In: Märkische Allgemeine Zeitung, 25.11.2009, S. 3

Storkmann, Klaus, Geheime Solidarität? Militärbeziehungen und Militärhilfen der DDR in die Dritte Welt. Hrsg. vom Militärgeschichtlichen Forschungsamt, Berlin 2012 (= Militärgeschichte der DDR, 21)

Die Streitkräfte der UdSSR. Abriß ihrer Entwicklung von 1918 bis 1968, Berlin (Ost) 1974

Streletz, Fritz, Der 9. November 1989 – Mauerfall oder Grenzöffnung?. In: Was war die NVA?, S. 581–583

Subok, Wladislaw, und Konstantin Pleschakow, Der Kreml im Kalten Krieg. Von 1945 bis zur Kubakrise. Aus dem Amerikan. von Ulrich Schweizer, Hildesheim 1997

Süß, Walter, Der friedliche Ausgang des 9. Oktober in Leipzig. In: 1989 und die Rolle der Gewalt, S. 173–202

Süß, Walter, Der 9. November 1989. In: Die Mauer, S. 227–240

Süß, Walter, Selbstblockierung der Macht. Wachstum und Lähmung der Staatssicherheit in den siebziger und achtziger Jahren. In: Der Weg in den Untergang, S. 239–257

Süß, Walter, Staatssicherheit am Ende. Warum es den Mächtigen nicht gelang, 1989 eine Revolution zu verhindern, 2., durchges. Aufl., Berlin 1999 (= Analysen und Dokumente, 15)

Der Tag, an dem die Mauer fiel. Die wichtigsten Zeitzeugen berichten vom 9. November 1989. Hrsg. von Hans-Hermann Hertle und Kathrin Elsner, 2. Aufl., Berlin 2009

Taylor, Brian D., Politics and the Russian Army. Civil-Military Relations, 1689–2000, Cambridge 2003

Thomas, Peter, Der Abbau von Grenzsperranlagen an der ehemaligen Berliner Grenze. In: Vom Mauerbau zum Mauerfall, T. 1, S. 29–37

Thoß, Hendrik, Gesichert in den Untergang. Die Geschichte der DDR-Westgrenze, Berlin 2004

Triebe, Holger, Gedanken und Erlebnisse aus der Wendezeit. In: Was war die NVA?, S. 685–693

Triebe, Ingo, Meine Erlebnisse und Eindrücke vom Spätherbst 1989 bis Ende 1990. In: Was war die NVA?, S. 679–682

Tschernajew, Anatoli, Die letzten Jahre einer Weltmacht. Der Kreml von innen, Stuttgart 1993

Tudyka, Kurt P., Das OSZE-Handbuch. Die Organisation von Sicherheit und Zusammenarbeit von Vancouver bis Wladiwostok, Opladen 1997

Turantajew, Wladimir W., Die Gruppe der sowjetischen Streitkräfte in Deutschland beim Schutz der Westgrenze des sozialistischen Lagers. In: Zeitschrift für Militärgeschichte, 1/1969, S. 13

Uhl, Matthias, Krieg um Berlin? Die sowjetische Militär- und Sicherheitspolitik in der zweiten Berlin-Krise 1958 bis 1962, München 2008 (= Quellen und Darstellungen zur Zeitgeschichte, 73)

Ulrich, Karin, Die Bürgerbewegung in Dresden 1989/90, Köln [u.a.] 2001 (= Schriften des Hannah-Arendt-Instituts für Totalitarismusforschung, 18)

Umbach, Frank, Das rote Bündnis. Entwicklung und Zerfall des Warschauer Paktes 1955 bis 1991, Berlin 2005 (= Militärgeschichte der DDR, 10)

Und diese verdammte Ohnmacht. Report der unabhängigen Untersuchungskommission zu den Ereignissen vom 7./8. Oktober 1989 in Berlin. [Red.: Daniela Dahn und Fritz-Jochen Kopka], Berlin 1991

V Politbjuro CK KPSS. Po zapisam Anatolija Černjaeva, Vadima Medvedeva, Georgija Šachnazarova (1985–1991). Hrsg. von Anatolij Černjaev, Moskva 2008

Vencelovskij, Aleksej, Čto proizošlo v »den' iks«. Sobytija v GDR letom 1953-go i osen'ju 1989-go glasami ocevidca. In: Krasnaja Zvezda, 19.7.2003

Vom Mauerbau zum Mauerfall. Der DDR-Grenzschutz nach der Wende, 2 Tle. Hrsg. vom Brandenburger Verein für politische Bildung »Rosa Luxemburg« e.V., Potsdam 1997

Wagner, Armin, Die Kampfgruppen der Arbeiterklasse (1953–1990). In: Im Dienste der Partei, S. 281–337

Wagner, Armin, Walter Ulbricht und die geheime Sicherheitspolitik der SED. Der Nationale Verteidigungsrat der DDR und seine Vorgeschichte (1953 bis 1971). Hrsg. vom Militärgeschichtlichen Forschungsamt, Diss. Uni Potsdam 2001; Berlin 2002 (= Militärgeschichte der DDR, 4)

War Plans and Alliances in the Cold War. Threat Perceptions in the East and West. Ed. by Vojtech Mastny, Sven G. Holtsmark and Andreas Wenger, New York 2006

Der Warschauer Pakt. Von der Gründung bis zum Zusammenbruch 1955 bis 1991. Hrsg. von Torsten Diedrich, Winfried Heinemann und Christian F. Ostermann, Berlin 2009 (= Militärgeschichte der DDR, 16)

Was war die NVA? Studien – Analysen – Berichte. Zur Geschichte der Nationalen Volksarmee. Hrsg. von der Arbeitsgruppe Geschichte der NVA und Integration ehemaliger NVA-Angehöriger in Gesellschaft und Bundeswehr im Landesverband Ost des Deutschen BundeswehrVerbandes, Berlin 2001

Was war die NVA? Zapfenstreich. Studien – Analysen – Berichte zur Geschichte der Nationalen Volksarmee. Hrsg. von der Arbeitsgruppe Geschichte der NVA und Integration ehemaliger NVA-Angehöriger in Gesellschaft und Bundeswehr im Landesverband Ost des Deutschen BundeswehrVerbandes, Berlin 2010

Was war und was bleibt. Kamingespräche ehemals führender deutscher Militärs aus Ost und West. Hrsg. von Werner Krätschell, Potsdam 2005

Weber, Hans-Werner, Gläubigkeit, Opportunismus und späte Zweifel. Anmerkungen zu den Veränderungen im politisch-moralischen Bewußtsein des Offizierkorps der NVA. In: NVA. Ein Rückblick für die Zukunft, S. 43–66

Der Weg in den Untergang. Der innere Zerfall der DDR. Hrsg. von Konrad Jarausch und Martin Sabrow, Göttingen 1999

Wege zur Wiedervereinigung. Die beiden deutschen Staaten in ihren Bündnissen 1970 bis 1990. Im Auftrag des Zentrums für Militärgeschichte und Sozialwissenschaften der Bundeswehr hrsg. von Oliver Bange und Bernd Lemke, München 2013 (= Beiträge zur Militärgeschichte, 75)

Wentker, Hermann, Außenpolitik in engen Grenzen. Die DDR im internationalen System 1949–1989, München 2007 (= Quellen und Darstellungen zur Zeitgeschichte, 72)

Wentker, Hermann, Zwischen Unterstützung und Ablehnung der sowjetischen Linie. Die DDR, der Doppelbeschluss und die Nachrüstung. In: Zweiter Kalter Krieg und Friedensbewegung, S. 137–153

Wenzke, Rüdiger, Geschichte der Nationalen Volksarmee 1956–1990, Erfurt 2013

Wenzke, Rüdiger, Ulbrichts Soldaten. Die Nationale Volksarmee 1956 bis 1971, Berlin 2013 (= Militärgeschichte der DDR, 22)

Wenzke, Rüdiger, Zwischen »Prager Frühling« 1968 und Herbst 1989. Protestverhalten, Verweigerungsmuster und politische Verfolgung in der NVA der siebziger und achtziger Jahre. In: Staatsfeinde in Uniform?, S. 197–428

Wolle, Stefan, Die heile Welt der Diktatur. Alltag und Herrschaft in der DDR 1971–1989, Berlin 1998

Das Zeitalter der Bombe. Die Geschichte der atomaren Bedrohung von Hiroshima bis heute. Hrsg. von Michael Salewski, München 1995

Zolotarev, V.A., Istorija voennaja Strategija, Moskva 2000

Zweiter Kalter Krieg und Friedensbewegung. Der NATO-Doppelbeschluss in deutsch-deutscher und internationaler Perspektive. Hrsg. im Auftrag des Instituts für Zeitgeschichte München – Berlin und des Deutschen Historischen Instituts Washington von Philipp Gassert, Tim Geiger und Hermann Wentker, München 2011 (= Schriftenreihe der Vierteljahrshefte für Zeitgeschichte)

Personenregister

Achromeev, Sergej F. 148 f., 152 f., 159
Andropov, Jurij V. 18
Apel, Hans 20
Arlt, Kurt 142
Arnold, Eberhard 22

Bahr, Egon 20, 22
Baker, James 148
Baumgarten, Klaus-Dieter 11, 40, 56, 72, 75, 78, 84, 171
Belousov, Rem A. 153
Berger, Rolf 78
Böhm, Horst 115
Born, Hendrik 78, 172
Brandt, Willy 20
Brežnev, Leonid I. 18, 143
Bröckermann, Heiner 9
Brühl, Reinhard 22
Brünner, Horst 10, 40, 74, 172, 174
Burlakov, Matvej P. 147
Bush, George 176, 178

Černenko, Konstantin U. 18
Černjaev, Anatolij S. 148, 156
Chruščev, Nikita S. 137, 142 f.
Colton, Timothy 160
Čuralev, Vladimir M. 78

Dangrieß, Dieter 100
Dickel, Friedrich 106, 112, 116, 130
Dienstbier, Jiří 176

Ehlert, Hans 6

El'cin, Boris 181
Eppelmann, Rainer 6, 85, 87, 176–180
Eppler, Erhard 22

Falin, Valentin M. 153
Fischer, Oskar 18
Fritzsche, Holm 104
Furs, Aleksandr 158

Gehlert, Siegfried 155
Gehmert, Manfred 65, 165 f.
Genscher, Hans-Dietrich 165, 180
Geppert, Edmund 36 f.
Gerlach, Manfred 39, 99, 173
Geschke, Heinz 71
Glaser, Günther 6
Glomba, Horst 99
Goldbach, Joachim 74, 78
Gorbačev, Michail S. 1 f., 4, 13, 18–21, 24, 26 f., 29, 34, 39, 137, 147–157, 159 f., 163 f., 177–179
Grade, Horst 11
Grätz, Manfred 41, 78, 174
Grečko, Andrej A. 140
Grotewohl, Otto 140
Gueffroy, Chris 19, 58, 163
Gysi, Gregor 173

Hackenberg, Helmut 104
Havel, Václav 174
Hempel, Johannes 167
Hempel, Uwe 39

Herger, Wolfgang 69, 78, 127
Hertle, Hans-Hermann 3
Hiemann, Günter 22
Hoffmann, Heinz 5, 44, 46
Hoffmann, Theodor 33, 37, 52, 64, 76–81, 85, 89, 172, 174 f., 177, 188
Hofmann, Hans 78, 174
Honecker, Erich 2, 6, 13, 17–21, 24–27, 35, 37, 43, 46, 52, 58, 62 f., 69 f., 78, 104, 109, 124, 129, 135, 153 f., 163 f., 167–169
Horn, Gyula 152
Hübner, Werner 22

Jäger, Harald 11, 71
Jakovlev, Aleksandr N. 153
Jazov, Dmitrij T. 26, 147, 149

Keßler, Heinz 10, 31, 36 f., 46, 50, 52, 58, 61 f., 64 f., 72–79, 115 f., 153, 165 f., 170–172, 175, 184
Klein, Horst 5
Kočemasov, Vjačeslav I. 155–157, 171
Kohl, Helmut 21, 25, 39, 87, 159, 170, 174, 176, 181
Krapp, Wolfgang 98 f.
Krenz, Egon 11, 22, 34, 37, 39, 65, 69 f., 78 f., 96, 126, 155 f., 168–173
Krjučkov, Vladimir A. 156, 158
Küttler, Thomas 124
Kvicinskij, Julij A. 189

Lehmann, Rolf 22, 34
Ludwig, Harald 39, 187
Lušev, Pëtr G. 50, 78, 147, 175, 180
Lutz, Günther 121 f.

Maizière, Lothar de 85, 177, 180

Malinovskij, Rodion J. 143
Masur, Kurt 167
Mielke, Erich 100, 114–116, 124–126, 173
Mittig, Rudi 115, 125
Modrow, Hans 33 f., 36, 65, 79, 83, 115, 158, 165, 171 f., 174–176, 189
Moiseev, Michail A. 149
Müller, Peter 124

Neiber, Gerhard 115
Niemetz, Daniel 8, 12
Nyffenegger, Willi 65, 109, 112, 114–116

Peter, Erich 56
Peter, Fritz 41, 78, 175

Rau, Johannes 20
Rausch, Friedhelm 124, 129
Reagan, Ronald 24
Reinhold, Wolfgang 78
Richter, Ekkehard 179
Rust, Mathias 149
Ryžkov, Nikolaij I. 159

Sabrow, Martin 4
Schabowski, Günter 71, 127, 170
Scheler, Wolfgang 33 f., 40
Schmalfuß, Karl-Heinz 91, 93 f., 96, 100
Schönbohm, J. 26
Schönhuber, Franz 110
Scholz, Rupert 21, 26
Schröder, Wolfgang 134
Schulz, Kurt-Werner 19
Schuster, Dieter 22
Schwanitz, Dietrich 125
Semënov, Vladimir S. 140
Sens, Manfred 71

Ševardnadze, Eduard A.   149, 154, 156, 174, 176
Skerra, Horst   78, 174
Snetkov, Boris V.   5, 13 f., 78, 155
Sokolov, Sergej L.   149
Stalin, Iosif V.   138
Stauffenberg, Claus Schenk Graf von   179
Stechbarth, Horst   40, 73 f., 78
Stoltenberg, Gerhard   82, 178
Stoph, Willi   170
Straßenburg, Gerhard   106–108, 120, 122 f., 130 f., 133
Streletz, Fritz   22, 38, 40, 72–74, 78, 153, 174
Štrougal, Lubomír   21
Süß, Hans   33, 39 f., 80, 186
Süß, Walter   7

Teichmann, Dieter   11, 56, 78, 84, 174
Tresckow, Henning von   179

Uhl, Matthias   13
Ulbricht, Walter   137, 140

Vogel, Hans-Jochen   20

Wagner, Karl-Heinz   112, 114 f., 117
Weber, Hans-Werner   6
Weiskirch, Willi   176
Wenzke, Rüdiger   10
Wöllner, Erich   71 f.
Wötzel, Roland   167
Wolle, Stefan   14

Ziegler, Martin   25
Žukov, Georgij K.   138, 142

Ortsregister

Altengrabow   146
Aue   124
Auerbach   124

Bad Düben   168
Bad Salzungen   176
Bad Schandau   109 f., 113
Bautzen   67, 110, 113, 116, 118, 167, 195
Beelitz   73, 81, 167, 169, 172, 174
Berlin   57, 63, 71, 75, 124, 127 f., 138 f., 143, 156, 158, 165–167, 169–173, 175, 181
  -Grünau   174
  -Hellersdorf   128
  -Mitte   68
  -Prenzlauer Berg   126 f.
  -Rummelsburg   89, 129
  Ost-Berlin   3 f., 7, 11 f., 26, 29, 35–37, 52, 57, 62–64, 67–69, 71 f., 74 f., 85 f., 91 f., 112, 115 f., 123–133, 140, 155, 157 f., 163–171, 173, 180, 186
  West-Berlin   11, 19, 56 f., 72, 75, 84, 86, 125, 138, 163, 168–172
Blankenfelde   167
Bonn   82, 178
Brandenburg an der Havel   167
  -Briest   165
Brüssel   174
Budapest   23, 52
Bukarest   34, 164

Camp David   176
Černobyl   18
Chemnitz   59, 67, 69, 109, 124, 155, 166, 168, 194, 196
Cottbus   113

Delitzsch   97, 168
Döbeln   168
Dresden   4, 14, 34–37, 64–67, 69, 91, 93, 100, 108–120, 124 f., 128 f., 131–133, 135, 165–168, 174, 185, 194 f.
Drewitz   169

Eilenburg   168
Erfurt   59, 89, 169, 173

Frankenberg   166, 168, 196
Frankfurt (Oder)   170
Freital-Hainsberg   110
Fürstenfeldbruck   180

Gdańsk   163
Gera   59, 100
Görlitz   118
Goldberg   169, 172
Gotha   169, 172
Greifswald   168
Großenhain   67, 167, 169, 172

Hagenow   157
Halberstadt   59
Halle   92, 113, 128, 192
Hamburg   22, 177

Helmstedt 180
Hiroshima 18

Kamenz 67, 167, 195
Karl-Marx-Stadt *siehe* Chemnitz
Karpin 172
Köln 178
 -Wahn 41
Krampnitz 146

Lehnin 73, 165, 168, 171
Lehnitz 167
Leipzig 4, 37, 53, 64 f., 68–70, 91 f., 97 f., 100–108, 119–123, 125, 127–135, 137, 155, 164–168, 175, 185, 194–196
 -Paunsdorf 131
Löbau 67, 195
Lutzmannsburg 19

Magdeburg 59, 92
Markkleeberg 123, 131
Moskau 21, 24–26, 41, 154–156, 158 f., 178, 180, 189
Münster 22

Nagasaki 18
Neubrandenburg 50
New York 138, 150

Oranienburg 167
Ost-Berlin *siehe* Berlin

Pätz 11, 60, 87
Paris 139
Peking 34

Pirna 67, 167
Plauen 59, 67, 69, 109, 123–125, 132, 168 f., 196
Potsdam 11, 73, 92, 146, 171
 -Eiche 167
Prag 36, 52, 108, 165

Radebeul 113, 116
Rieck 110
Rostock 67, 166

Saarbrücken 22, 164
Schmerwitz 12 f.
Schönefeld 68
Schwarza 47
Schwedt 69, 169
Schwerin 59
Sondershausen 169, 172
Sopron 164
Stahnsdorf 165, 167
Stallberg 169
Starnberger See 22
Stendal 89
Stockholm 23
Strasbourg 34, 152
Strausberg 10, 39, 52, 72, 74, 86 f., 171, 177–180, 186
Suhl 59, 166

Warschau 52
Washington 25
West-Berlin *siehe* Berlin
Wien 23, 41, 154, 159, 163 f., 175

Zittau 67
Zwickau 109, 124

Autoren

Heiner Bröckermann, Jahrgang 1966, M.A., Dr. phil., Oberstleutnant; 1986 Eintritt in die Bundeswehr; 1990 bis 1994 Studium der Geschichte, Sozialwissenschaften und evangelischen Sozialethik in Hamburg und Münster; von 1994 bis 2000 Truppenoffizier, Kompaniechef, Auslandsverwendungen; von 2000 bis 2003 Dozent an der Offizierschule des Heeres in Dresden; von 2003 bis 2011 wissenschaftlicher Mitarbeiter, Redakteur der Zeitschrift »Militärgeschichte«, Pressesprecher und Bereichsleiter Anfragen, Informationen und Fachstudien am Militärgeschichtlichen Forschungsamt in Potsdam; 2011 Promotion an der Universität Potsdam. Seit 2011 stellvertretender Lehrgruppenkommandeur, Leiter der Gruppe Truppenfachlehrer, Dozent für Militärgeschichte und Kasernenkommandant an der Unteroffizierschule des Heeres, Münster, sowie Lehrbeauftragter an der Westfälischen Wilhelms-Universität in Münster. Zahlreiche Publikationen zur deutschen Militärgeschichte, zuletzt u.a. »Landesverteidigung und Militarisierung. Militär- und Sicherheitspolitik der DDR in der Ära Honecker 1971–1989«, Berlin 2011.

Daniel Niemetz, Jahrgang 1968, Dr. phil.; von 1988 bis 1990 Grundwehrdienst bei der NVA; von 1990 bis 1992 Volontariat; von 1993 bis 1999 Studium der Geschichte, Journalistik und Ethnologie an der Universität Leipzig; von 1999 bis 2000 wissenschaftlicher Mitarbeiter am Lehrstuhl für Neuere und Zeitgeschichte am Historischen Seminar der Universität Leipzig, Grund- und Promotionsstipendiat der Konrad-Adenauer-Stiftung e.V. sowie Promotionsstipendiat des Freistaates Sachsen, 2006 Promotion zum Thema »Die Wehrmachteinflüsse im Militär der SBZ/DDR 1948/49 bis 1989«; seit 2004 beim Mitteldeutschen Rundfunk (verschiedene Projekte zur Geschichte und Zeitgeschichte). Zahlreiche Veröffentlichungen zur deutschen Militärgeschichte, u.a. »Das feldgraue Erbe. Die Wehrmachteinflüsse im Militär der SBZ/DDR 1948/49 bis 1989«, Berlin 2006.

Matthias Uhl, Jahrgang 1970, Dr. phil.; von 1990 bis 1995 Studium der Geschichte, Politikwissenschaft und der Osteuropäischen Geschichte in Halle (Saale) und Moskau; von 1996 bis 2000 wissenschaftlicher Mitarbeiter am Lehrstuhl für Osteuropäische Geschichte der Martin-Luther-Universität Halle/Wittenberg, 2000 Promotion zum Thema »Stalins V-2. Der Technologietransfer der deutschen Fernlenkwaffentechnik in die Sowjetunion und der Aufbau der sowjetischen Raketenindustrie 1945 bis 1959«; von 2001 bis 2005 wissenschaftlicher Projektmitarbeiter der Berliner Abteilung des Instituts für Zeitgeschichte. Seit Juli 2005 wissenschaftlicher Mitarbeiter am Deutschen Historischen Institut Moskau. Zahlreiche Publikationen u.a. zur sowjetischen Militär- und Sicherheitspolitik in der zweiten Berlin-Krise, zur Rüstungs-, Technologie- und Reparationspolitik der UdSSR nach dem Ende des Zweiten Weltkriegs, zur DDR im östlichen Militärbündnis sowie zu Geheim- und Nachrichtendiensten im Kalten Krieg.

Rüdiger Wenzke, Jahrgang 1955, Dr. phil.; von 1976 bis 1981 Studium der Geschichte an der Universität Leipzig; von 1981 bis 1990 wissenschaftlicher Assistent bzw. Oberassistent am Militärgeschichtlichen Institut der DDR; seit 1990 wissenschaftlicher Mitarbeiter, seit 2008 Wissenschaftlicher Direktor am Militärgeschichtlichen Forschungsamt (MGFA)/Zentrum für Militärgeschichte und Sozialwissenschaften der Bundeswehr (ZMSBw) in Potsdam. Zahlreiche Veröffentlichungen zur Militärgeschichte der DDR, zuletzt u.a. »Ulbrichts Soldaten. Die Nationale Volksarmee 1956 bis 1971«, Berlin 2013.

Rüdiger Wenzke
Ab nach Schwedt!
Die Geschichte des DDR-Militärstrafvollzugs

496 Seiten, 83 Abbildungen
Broschur
ISBN 978-3-86153-638-3
39,90 € (D); 41,10 € (A)

»Ab nach Schwedt!« war eine Drohung, die Angst und Schrecken unter den Soldaten der Nationalen Volksarmee (NVA) auslöste. Der Name der kleinen Stadt an der Oder wurde seit 1968 zum Synonym für das einzige Militärgefängnis der DDR. 1982 entstand daraus die berüchtigte Disziplinareinheit der NVA.
Erstmals liegt nun eine Arbeit vor, die die Geschichte des »Armeeknastes« anhand neuester Forschungsergebnisse wissenschaftlich darstellt. Die Untersuchung ist eingebettet in die Entwicklung der ostdeutschen Militärjustiz sowie des NVA-Disziplinarwesens. Der Autor erläutert die Organisation des militärischen Strafvollzuges und gibt einen Einblick in den Alltag der Gefangenen. Ein umfangreicher Dokumententeil mit bisher nicht veröffentlichten Archivalien sowie ein Bildteil komplettieren die Studie.

www.christoph-links-verlag.de

Militärgeschichte der DDR
Herausgegeben vom Zentrum für Militärgeschichte und Sozialwissenschaften der Bundeswehr

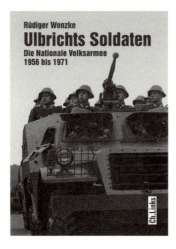

Rüdiger Wenzke
Ulbrichts Soldaten
Die Nationale Volksarmee 1956 bis 1971

816 Seiten, 85 Abbildungen, 4 Karten
Festeinband
ISBN 978-3-86153-696-3
49,90 € (D); 51,30 € (A)

Nachdem 2001 mit dem Band »Die getarnte Armee. Geschichte der Kasernierten Volkspolizei der DDR 1952 bis 1956« eine umfassende Arbeit zur Vorgeschichte der Nationalen Volksarmee (NVA) vorgelegt wurde, wird nun die Geschichte der NVA in der »Ulbricht-Ära« dargestellt. Es geht um die Etappe ihres Aufbaus und ihrer Konsolidierung als sozialistische Koalitionsarmee im Warschauer Pakt in der Zeit von Mitte der 1950er Jahre bis 1970/71. Dabei werden Anspruch und Wirklichkeit der DDR-Volksarmee miteinander verglichen und Legenden hinterfragt. Der Band fußt auf einer breit angelegten Quellenrecherche und Zeitzeugenbefragungen, wobei auch sozialgeschichtliche, kulturwissenschaftliche sowie geschlechter-, alltags- und mentalitätsgeschichtliche Ansätze verfolgt werden.

www.christoph-links-verlag.de

Militärgeschichte der DDR
Herausgegeben vom Zentrum für Militärgeschichte
und Sozialwissenschaften der Bundeswehr

Klaus Storkmann
Geheime Solidarität
Militärbeziehungen und Militärhilfen
der DDR in die »Dritte Welt«

704 Seiten, 28 Abbildungen, 1 Karte
Festeinband
ISBN 978-3-86153-676-5
49,90 € (D); 51,30 € (A)

Während im Westen die militärischen Aktivitäten der DDR in der »Dritten Welt« besondere Aufmerksamkeit erfuhren und Anfang der 1980er Jahre sogar über ein »Rotes Afrikakorps« Honeckers spekuliert wurde, unterlagen sie im Osten bis zum Ende der SED-Herrschaft strengster Geheimhaltung. Auch danach blieb die Frage lange unbeantwortet, ob die Nationale Volksarmee (NVA) mit Tausenden, ja Zehntausenden Soldaten tatsächlich in Afrika im Einsatz war.
Das vorliegende Buch räumt mit Legenden auf und bietet auf der Grundlage umfangreicher Archivrecherchen und Zeitzeugenbefragungen überraschende Antworten. Detailliert werden u. a. die Ausbildung ausländischer Militärs in der NVA und die Waffenlieferungen der DDR in die »Dritte Welt« analysiert.

www.christoph-links-verlag.de

Militärgeschichte der DDR
Herausgegeben vom Zentrum für Militärgeschichte und Sozialwissenschaften der Bundeswehr

Heiner Bröckermann
Landesverteidigung und Militarisierung
Militär- und Sicherheitspolitik der DDR in der Ära Honecker 1971–1989
968 Seiten, Festeinband
ISBN 978-3-86153-639-0
49,90 € (D); 51,30 € (A)

Torsten Diedrich / Walter Süß (Hg.)
Militär und Staatssicherheit im Sicherheitskonzept der Warschauer-Pakt-Staaten
384 Seiten, Festeinband
ISBN 978-3-86153-610-9
34,90 € (D); 35,90 € (A)

Julian-André Finke
Hüter des Luftraumes?
Die Luftstreitkräfte der DDR im Diensthabenden System des Warschauer Paktes
408 Seiten, 21 Abbildungen, 18 Karten, Festeinband
ISBN 978-3-86153-580-5
34,90 € (D); 35,90 € (A)

Gerhard Sälter
Grenzpolizisten
Konformität, Verweigerung und Repression in der Grenzpolizei und den Grenztruppen der DDR 1952–1965
496 Seiten, Festeinband
ISBN 978-3-86153-529-4
34,90 € (D); 35,90 € (A)

www.christoph-links-verlag.de

Torsten Diedrich, Winfried Heinemann, Christian F. Ostermann (Hg.)
Der Warschauer Pakt
Von der Gründung bis zum Zusammenbruch
1955 bis 1991

376 Seiten, Festeinband
ISBN 978-3-86153-504-1
34,90 € (D); 35,90 € (A)

Matthias Rogg
Armee des Volkes?
Militär und Gesellschaft in der DDR

704 Seiten, 63 Abbildungen, Festeinband
ISBN 978-3-86153-478-5
39,90 € (D); 41,10 € (A)

Daniel Niemetz
Das feldgraue Erbe
Die Wehrmachtseinflüsse im Militär der SBZ / DDR
(1948/49 – 1989)

360 Seiten, 21 Abbildungen, Broschur
ISBN 978-3-86153-421-1
39,90 € (D); 41,10 € (A)

Clemens Heitmann
Schützen und Helfen?
Luftschutz und Zivilverteidigung in der DDR
1955 bis 1989/90

488 Seiten, 20 Abbildungen, Festeinband
ISBN 978-3-86153-400-6
29,90 € (D); 30,80 € (A)

Torsten Diedrich / Ilko-Sascha Kowalczuk (Hg.)
Staatsgründung auf Raten?
Auswirkungen des Volksaufstandes 1953 und des Mauerbaus 1961
auf Staat, Militär und Gesellschaft der DDR

448 Seiten, Festeinband
ISBN 978-3-86153-380-1
29,90 € (D); 30,80 € (A)

www.christoph-links-verlag.de

Frank Umbach
Das rote Bündnis
Entwicklung und Zerfall des Warschauer Paktes 1955–1991

720 Seiten, Festeinband
ISBN 978-3-86153-362-7
34,90 € (D); 35,90 € (A)

Christian Th. Müller
Tausend Tage bei der »Asche«
Unteroffiziere in der NVA

448 Seiten, 27 Abbildungen, Festeinband
ISBN 978-3-86153-297-2
24,90 € (D); 25,60 € (A)

Armin Wagner
Walter Ulbricht und die geheime Sicherheitspolitik der SED
Der Nationale Verteidigungsrat der DDR und seine Vorgeschichte (1953–1971)

632 Seiten, 18 Abbildungen, Festeinband
ISBN 978-3-86153-280-4
34,90 € (D); 35,90 € (A)

Frank Hagemann
Parteiherrschaft in der NVA
Die Rolle der SED bei der inneren Entwicklung der DDR Streitkräfte (1956–1971)

280 Seiten, 1 Abbildung, Festeinband
ISB 978-3-86153-279-8
24,90 € (D); 25,60 € (A)

Hans Ehlert (Hg.)
Armee ohne Zukunft
Das Ende der NVA und die deutsche Einheit
Zeitzeugenberichte und Dokumente

594 Seiten, 42 Abbildungen, Festeinband
ISBN 978-3-86153-265-1
24,90 € (D); 25,60 € (A)

Ch.Links

www.christoph-links-verlag.de